新版

介護職員等による

喀痰吸引・経管栄養 研修テキスト

編集◉一般社団法人全国訪問看護事業協会

中央法規

はじめに

近年の著しい少子高齢化や医療技術の進歩によって，在宅や施設では従来の介護ニーズに加えて，医療を必要とする療養者が増加し，医療ニーズに対応する人材の確保が急務となりました。

このような課題の解決のために，平成 15 (2003) 年には，厚生労働省医政局長通知が発出され，一定の要件下における実質的違法性阻却論によって，ALS 療養者に対する家族以外の者による痰の吸引の実施が容認されてきました。その後，特別支援学校，ALS 以外の在宅療養者・障害者，特別養護老人ホームにおいても，実質的違法性阻却論に基づく実施が拡大していきました。この状況を受けて，平成 24 (2012) 年 4 月に社会福祉士及び介護福祉士法の一部改正によって，介護福祉士等の介護職員が一定の要件の下で，業として喀痰吸引等を実施できることになったのです。法制化の過程では，平成 22 (2010) 年 7 月に「介護職員等によるたんの吸引等の実施のための制度の在り方に関する検討会 (座長：大島伸一)」が設置され，研修体制の検討を踏まえた試行事業を経て，平成 23 (2011) 年 6 月に「介護サービスの基盤強化のための介護保険法等の一部を改正する法律」の公布に至りました。

介護職員が喀痰吸引等を実施するための要件の一つが，登録研修機関が行う研修を受けることです。本書の初版は，前述の試行事業の際に作成された研修テキストの内容がベースになっています。法制化の 2 年後には，「介護職員等によるたんの吸引等の研修テキスト見直しに関する調査研究事業 (委員長：川村佐和子)」により研修テキストの見直しが行われ，その改訂版が広く活用されてきました。本書は，その後さらに 5 年を経て見直された内容を反映したものです。

なお，前回の改訂からこれまでの間，介護職員による喀痰吸引の実施にかかる制度自体は変わっていません。一方で，関連する諸制度や社会情勢は変化しています。また，医療的ケアを要する療養者の支援において，介護職員に求められることや介護職員の認識には，立場や状況による違いが生じているかもしれません。法制化から一定の期間を経た今，変わらないことと変わったことがあります。

初版から変わらない本書の特徴は，不特定多数の者を対象とする 1 号・2 号研修のものであり，各行為の実施内容や研修内容の枠組みについては法令を遵守し，一般的に習得すべき知識・技術を介護職員の学修範囲を逸脱しない範囲で示していることです。実施にあたっては，さらに事業所の方針・個別の指示書等を個別の関係者とともに検討・確認してから行います。また，介護職員は日常生活の介護を業としており，そのなかで介護職員が医療的ケアを提供することの意味や位置づけを理解することも，これまでと変わらず重要な視点です。

主な改訂の内容として，介護職員の業としての医療的ケアの位置づけや，医行為との整理，制度の説明などの重要な視点をわかりやすく伝える表現の工夫や再構成をしました。また，国から発出された感染対策や救急蘇生法などとの整合性をはかり反映しました。安全管理等の内容や用語の解説を補足するなど，各所でわかりやすく伝えるための表現を工夫しています。

介護職員等による喀痰吸引等の実施が可能になっても，これらの行為が医行為であることに変わりはありません。介護職員が学修を経て適正な知識と技術をもって，生活支援という専門性をもちながら安全かつ確実に実践されることを期待します。さらに，看護職員をはじめとした多職種との効果的な連携によって，療養者の安全な療養と生活の質の向上につながることを期待しています。

令和3(2021)年7月

編集・執筆者を代表して
原口道子
(公益財団法人東京都医学総合研究所社会健康医学研究センター難病ケア看護ユニット)

目次

カリキュラム

基本研修（講義）

大項目 中項目	小項目	到達目標	講義時間（h）
第１章　人間と社会			
1. 介護職と医療的ケア	①介護職の専門的役割と介護の倫理 ②介護職が医療的行為を行うに至った背景と意義 ③医療的行為をするうえで，介護職に重要なこと ④介護職と医療職の連携	①介護職の専門的役割について説明できる ②医療的行為をするうえで，介護職に重要なことを説明できる	0.5
2. 介護福祉士等が喀痰吸引等を行うことに係る制度	①社会福祉士及び介護福祉士法改正による制度	①この制度の背景となる社会のニーズを説明できる ②介護福祉士等が喀痰吸引等をできる要件について説明できる ③介護福祉士等が喀痰吸引等をできる行為について説明できる	1.0
第２章　保健医療制度とチーム医療			
1. 保健医療に関する制度	①保健医療に関する制度 ②介護保険に関する制度 ③障害福祉に関する制度 ④地域保健に関する制度	①保健医療に関する主な制度を説明できる ②介護保険に関する制度を説明できる ③障害福祉に関する制度を説明できる ④地域保健に関する制度を説明できる	1.0
2. 医療的行為に関係する法律	①医療的行為とは（法律的な理解） ②医療的行為と医療従事者 ③医行為ではないと考えられる行為 ④医療の倫理 ⑤医療倫理４原則	①現行法の下での医療的行為について説明できる ②医療的行為に関係する法律について説明できる ③医療的行為と喀痰吸引や経管栄養について説明できる	0.5
3. チーム医療と介護職との連携	①チーム医療とその実際 ②喀痰吸引と経管栄養についての医療職と介護職の連携	①チーム医療について説明できる ②チーム医療のチームを構成する主な職種を述べることができる ③喀痰吸引と経管栄養についての医療職と介護職の連携について説明できる	0.5

大項目 中項目	小項目	到達目標	講義時間(h)
第３章　安全な療養生活			
1. 喀痰吸引や経管栄養の安全な実施	①安全に喀痰吸引や経管栄養を提供する重要性 ②リスクマネジメントの考え方と枠組み ③ヒヤリハット・アクシデント報告	①安全に喀痰吸引や経管栄養を提供する重要性を説明できる ②リスクマネジメントの考え方と枠組みを説明できる ③ヒヤリハット・アクシデントの報告が予防策につながることを説明できる	2.0
2. 救急蘇生法	①救急蘇生の意義 ②救急蘇生の目的 ③救急蘇生における法律 ④心肺蘇生の意思表示 ⑤救急蘇生法とは ⑥救命の連鎖と市民の役割 ⑦一次救命処置 ⑧人工呼吸の手順 ⑨ AED 使用の手順 ⑩気道異物 ⑪突然の心停止を防ぐために	①救急蘇生について説明できる ②救急蘇生法を説明できる	2.0
第４章　清潔保持と感染予防			
1. 感染予防	①地域集団，施設・組織としての予防策 ②手洗い	①感染予防策が理解できる	0.5
2. 職員の感染予防	①職員自身の健康管理 ②ワクチンによる予防 ③感染防護具（手袋やガウンなど）の装着 ④職員に切り傷がある場合やかぜの場合	①職員自身の健康管理について説明できる ②感染予防としての防護具（手袋やガウン）の装着効果を説明できる ③職員に切り傷がある場合の感染予防法を説明できる	0.5
3. 療養環境の清潔，消毒法	①居室，トイレ，キッチン ②排泄物，嘔吐物，血液や体液の付いた物 ③医療廃棄物の処理	①居室，トイレ，キッチンの清潔を保つ方法を説明できる ②排泄物，嘔吐物，血液や体液の処理について説明できる ③針や血液の付いた手袋の処理について説明できる	0.5
4. 滅菌と消毒	①消毒と滅菌について ②消毒薬の使い方と留意点	①消毒と滅菌について説明できる ②主な消毒薬と使用上の留意点を説明できる	1.0

大項目 中項目	小項目	到達目標	講義時間(h)
第５章　健康状態の把握			
1. 身体・精神の健康	①健康とは ②平常状態について	①平常状態について説明できる	1.0
2. 健康状態を知る項目（バイタルサインなど）	①意欲，顔貌，顔色，食欲，行動など ②バイタルサイン	①バイタルサインや意欲，顔貌，顔色，食欲，行動の観察法や平常状態と違う場合の報告について説明できる ②バイタルサインとそのみかたを説明できる	1.5
3. 急変状態について	①急変状態（意識状態，呼吸，脈拍，痛み，苦痛など） ②急変時の対応と事前準備（報告，連絡体制，応急処置，記録）	①急変状態を説明できる ②急変時の対応と事前準備を説明できる ③急変時の報告について説明できる ④連絡体制について説明できる	0.5
第６章　高齢者および障害児・者の「喀痰吸引」概論			
1. 呼吸のしくみとはたらき	①生命維持における呼吸の重要性 ②呼吸のしくみと主な呼吸器官各部の名称・機能 ③呼吸器官のはたらき（換気とガス交換）	①呼吸維持の必要性を説明できる ②呼吸のしくみと器官の名称を説明できる ③呼吸器官のはたらきを説明できる	1.5
2. いつもと違う呼吸状態	①いつもと違う呼吸状態 ②呼吸困難がもたらす苦痛と障害	①いつもと違う呼吸状態を推測するための項目が説明できる ②呼吸の苦しさがもたらす苦痛と障害が説明できる	1.0
3. 喀痰吸引とは	①痰を生じて排出するしくみ ②痰の貯留を示す状態 ③喀痰吸引とは ④喀痰吸引が必要な状態	①痰を生じて排出するしくみを説明できる ②痰の貯留を示す状態を説明できる ③喀痰吸引が必要な状態を説明できる	1.0
4. 人工呼吸器と吸引	①人工呼吸器が必要な状態 ②人工呼吸療法と人工呼吸器 ③非侵襲的人工呼吸療法の場合の口腔内・鼻腔内吸引 ④侵襲的人工呼吸療法の場合の気管カニューレ内部の吸引 ⑤人工呼吸器装着者の生活支援上の留意点 ⑥人工呼吸器装着者の呼吸管理に関する医療職との連携	①人工呼吸器が必要な状態が説明できる ②人工呼吸器のしくみと生活支援における留意点が説明できる ③人工呼吸器装着者に対する吸引の留意点が説明できる ④人工呼吸器装着者の呼吸管理に関する医療職との連携の必要性と具体的な連携内容が説明できる	2.0
5. 子どもの吸引について	①吸引を必要とする子どもとは ②子どもの吸引の留意点	①子どもの吸引に関する留意点を説明できる	1.0

大項目 中項目	小項目	到達目標	講義時間(h)
6. 吸引を受ける利用者や家族の気持ちと対応，説明と同意	①利用者の吸引に対する気持ち ②家族の吸引に対する気持ち ③利用者・家族の気持ちに添った対応と留意点 ④吸引の実施に関する説明と同意	①利用者・家族の吸引に対する気持ちを理解することの重要性が説明できる ②利用者・家族の吸引に対する気持ちに添った対応をするために必要なことが説明できる ③吸引の実施に関する説明と同意の必要性，説明内容と方法が説明できる	0.5
7. 呼吸器系の感染と予防（吸引と関連して）	①呼吸器系の感染が起きた可能性を示す状態 ②呼吸器系の感染症 ③呼吸器系の感染の予防	①感染の可能性を示す状態がいえる ②感染の予防として実施すべきことが説明できる	1.0
8. 喀痰吸引により生じる危険，事後の安全確認	①喀痰吸引に関連した危険の種類 ②危険防止のための医療職との連携体制：日常的な報告，連絡，相談 ③ヒヤリハット・アクシデントの実際と報告 ④ヒヤリハット・アクシデント報告書の書き方	①吸引により生じる主な危険の種類と危険防止のための留意点が説明できる ②危険防止のために必要な医療職との連携のしかたが説明できる ③ヒヤリハット・アクシデントの主な実際が説明できる	1.0
9. 急変・事故発生時の対応と事前対策	①緊急を要する状態 ②急変・事故発生時の対応 ③急変・事故発生時の事前対策―医療職との連携・体制の確認	①緊急を要する状態がいえる ②急変・事故発生時に実施すべき対応が説明できる ③急変・事故発生時の医療職との連携・体制を事前に共有しておくことの重要性と事前対策内容が説明できる	2.0
第 7 章　高齢者および障害児・者の「喀痰吸引」実施手順解説			
1. 喀痰吸引で用いる器具・器材とそのしくみ，清潔の保持	①吸引の必要物品 ②必要物品の清潔保持（消毒薬・消毒方法）	①吸引の必要物品がいえる ②吸引器・器具・器材のしくみが説明できる ③必要物品の清潔保持（消毒）方法が説明できる	1.0
2. 吸引の技術と留意点	①実施前の観察 ②実施準備（医師の指示等の確認，必要物品の準備・設置） ③ケア実施（利用者への説明，安全な実施・確認） ④吸引後の片づけ方法と留意点	①必要物品の準備・設置方法と留意点が説明できる ②吸引前の利用者の状態観察内容がいえる ③吸引前の利用者の準備方法と留意点が説明できる ④吸引実施の流れと吸引中の留意点が説明できる	5.0

大項目 中項目	小項目	到達目標	講義時間(h)
		⑤吸引実施にともなう利用者の身体変化の確認項目と医療職への報告の必要性が説明できる ⑥吸引実施後の吸引物の確認項目と医療職への報告の必要性が説明できる ⑦吸引後の片づけ方法と留意点が説明できる	
3. 喀痰吸引にともなうケア	①痰を出しやすくするケア ②体位を整えるケア ③口腔内のケア	①痰を出しやすくするケアが説明できる ②体位を整えるケアが説明できる ③口腔内のケアが説明できる	1.0
4. 報告および記録	①医師・看護職員への報告および連絡方法 ②記録の意義と記録内容・書き方	①報告および連絡方法について説明できる ②記録の意義・記録内容が説明できる	1.0
第８章　高齢者および障害児・者の「経管栄養」概論			
1. 消化器系のしくみとはたらき	①生命維持における栄養・水分摂取・消化機能の重要性 ②消化器系器官のしくみと役割・機能 ③主な消化器系器官各部の名称と構造 ④嚥下（えんげ）のしくみ	①消化器系器官の役割と機能を説明できる ②嚥下（えんげ）のしくみを説明できる ③消化に関係する器官の名称がいえる	1.5
2. 消化・吸収とよくある消化器の症状	①消化・吸収 ②よくある消化器の症状	①消化・吸収について説明できる ②よくある消化器の症状について説明できる	1.0
3. 経管栄養法とは	①経管栄養が必要な状態 ②経管栄養のしくみと種類	①経管栄養が必要な状態を説明できる ②経管栄養のしくみと種類が説明できる	1.0
4. 注入する内容に関する知識	①経管栄養で注入する内容 ②半固形栄養剤（流動食）を使用する場合	①経管栄養で注入する内容について説明できる	1.0
5. 経管栄養実施上の留意点	①経管栄養実施上の留意点	①経管栄養の実施上の留意点が説明できる	1.0
6. 子どもの経管栄養	①経管栄養を必要とする子どもとは ②子どもの経管栄養に使用する物品・使用法 ③子どもの経管栄養の留意点	①子どもの経管栄養の実際に関する留意点を説明できる	1.0

大項目 中項目	小項目	到達目標	講義時間（h）
7. 経管栄養を受ける利用者や家族の気持ちと対応，説明と同意	①利用者の経管栄養に対する気持ち ②家族の経管栄養に対する気持ち ③利用者・家族の気持ちに添った対応と留意点 ④経管栄養の実施に関する説明と同意	①利用者・家族の経管栄養に対する気持ちを理解することの重要性が説明できる ②利用者・家族の経管栄養に対する気持ちに添った対応をするために必要なことが説明できる ③経管栄養の実施に関する説明と同意の必要性，説明内容と方法が説明できる	0.5
8. 経管栄養に関係する感染と予防	①経管栄養を行っている利用者の消化器感染 ②経管栄養を行っている状態の感染予防 ③口腔ケアの重要性	①経管栄養を行っている利用者の消化器感染の可能性を示す状態がいえる ②経管栄養を行っている状態の感染予防として実施すべきことが説明できる ③口腔ケアの重要性が説明できる	1.0
9. 経管栄養により生じる危険，注入後の安全確認	①経管栄養に関連した危険の種類と安全確認，起こりうること ②危険防止のための医療職との連携体制（日常的な報告，連絡，相談） ③ヒヤリハット・アクシデントの実際と報告 ④ヒヤリハット・アクシデント報告書の書き方	①経管栄養により生じる危険の種類と危険防止のための留意点が説明できる ②危険防止のために必要な医療職との連携のしかたが説明できる ③ヒヤリハット・アクシデントの報告書が書ける	1.0
10. 急変・事故発生時の対応と事前対策	①緊急を要する状態 ②急変・事故発生時の対応（報告，連絡体制，応急処置，記録） ③急変・事故発生時の事前対策：医療職との連携・体制の確認	①緊急を要する状態（症状）がいえる ②急変・事故発生時に実施すべき対応が説明できる ③急変・事故発生時の医療職との連携・体制を事前に共有しておくことの重要性と事前対策内容が説明できる	1.0
第９章　高齢者および障害児・者の「経管栄養」実施手順解説			
1. 経管栄養で用いる器具・器材とそのしくみ，清潔の保持	①経管栄養の必要物品 ②必要物品の清潔保持（消毒薬・消毒方法） ③挿入部の清潔保持	①経管栄養の必要物品がいえる ②経管栄養の種類としくみが説明できる ③必要物品の清潔保持（消毒）方法が説明できる ④挿入部の消毒について説明できる	1.0

大項目		小項目	到達目標	講義時間(h)
	中項目			
	2. 経管栄養の技術と留意点	①必要物品の準備・設置（環境整備を含む）と留意点 ②経管栄養開始前の観察 ③経管栄養実施前の準備 ④経管栄養実施手順 ⑤経管栄養実施中の利用者の身体的変化の確認と医療職への報告 ⑥経管栄養実施後の手順と利用者の身体変化の確認 ⑦経管栄養終了後の片づけ方法と留意点	①必要物品の準備・設置方法と留意点が説明できる ②経管栄養前の利用者の状態・観察内容がいえる ③経管栄養前の利用者の準備方法と留意点がいえる ④経管栄養の実施の流れと注入中の留意点が説明できる ⑤経管栄養実施後，利用者の身体変化の確認項目と医療職への報告の必要性を説明できる	5.0
	3. 経管栄養にともなうケア	①消化機能を維持するケア ②生活様式に添った体位を整えるケア ③口腔内や鼻および皮膚のケア ④胃ろう部（腸ろう部）のケア	①消化機能を促進するケアについて説明できる ②体位を整えるケアについて説明できる ③口腔内や鼻のケアについて説明できる ④胃ろう部（腸ろう部）のケアについて説明できる	1.0
	4. 報告および記録	①医師・看護職員への報告・連絡方法 ②記録の意義と記録内容・書き方	①報告・連絡方法について説明できる ②記録の意義・記録内容が説明できる	1.0

基本研修（演習）

実施ケア等種類			実施回数	到達目標
基本研修（演習）	喀痰吸引	口腔内吸引	5回以上	介護職員が，喀痰吸引をシミュレーターを用いて，効果的に演習でき一人で実施できる
		鼻腔内吸引	5回以上	
		気管カニューレ内部	5回以上	
	経管栄養	胃ろうまたは腸ろう	5回以上	介護職員が，経管栄養をシミュレーターを用いて，効果的に演習でき一人で実施できる
		経鼻	5回以上	
	救急蘇生法		1回以上	介護職員が，救急蘇生法をシミュレーターを用いて演習できる

実地研修

（第1号研修・第2号研修）

実施ケア等の種類			実施回数	到達目標
実地研修	喀痰吸引	口腔内吸引	10回以上	介護職員が，指導看護師の指導を受けながら，利用者の心身の状態を正確に観察し，指導看護師と連携し医師に報告し，その指示に基づいて，喀痰吸引を安全，安楽かつ効果的に実施できる
		鼻腔内吸引	20回以上	
		気管カニューレ内部	20回以上	
	経管栄養	胃ろうまたは腸ろう	20回以上	介護職員が，指導看護師の指導を受けながら，利用者の心身の状態を正確に観察し，指導看護師と連携し医師に報告し，その指示に基づいて，経管栄養を安全，安楽かつ効果的に実施できる
		経鼻	20回以上	

注：第1号研修については，すべての喀痰吸引等の行為について実地研修を行う。
　　第2号研修については，喀痰吸引等の各行為のうち，任意の行為について実地研修を行う。

第Ⅰ部
総　論

第1章

人間と社会

1 介護職と医療的ケア

到達目標
- □ 介護職の専門的役割について説明できる
- □ 医療的行為をするうえで，介護職に重要なことを説明できる

喀痰《かくたん》吸引や経管栄養は医行為（医療的行為）です。この項目では，医療を提供する介護職としての基本的な考え方と法律について学習します。

●介護職の専門的役割と介護の倫理

介護職の専門領域は生活支援です。介護職の役割は，利用者の生命や健康を守り，その人らしい生活を継続させることにあります。単に，食事を摂り，排泄し，眠るというだけではなく，その人らしい生活の質（QOL）を維持・向上させることが重要です（表Ⅰ-1-1）。そのために介護職は，生活にかかわる介助をするだけでなく，生活全般に対して，観察や情報収集に基づいて課題やニーズを考慮しながらQOLを高めるための介護方法を見出していきます。

当然ながら，介護職という職業人として守るべき倫理をよく理解し，実践することが前提になります。

介護職の倫理を示すものとして，日本介護福祉士会は倫理綱領を示しています（表Ⅰ-1-2）。

介護職としての役割に責任をもち，利用者の権利を守っていくためのものが介護職の倫理といえます。介護職が介護を必要とする人のもつ力を最大限に発揮し，自立生活に向けた支援をするための留意点があげられています。介護職は，自らの行動を律し，倫理的な自覚をもって介護することで利用者が本当に必要とする介護を提供することができ，利用者の願う生活を実現していくことができるでしょう。

表Ⅰ-1-1　生活とは何か

- 生理的生活（食事，排泄，入浴・清潔，睡眠など）
- 作業的生活（①家事：炊事，洗濯，掃除など，②収入のための生活）
- 文化的・社会的生活（趣味活動，地域活動など）

表Ⅰ-1-2　日本介護福祉士会倫理綱領（1995年11月17日宣言）

前文

私たち介護福祉士は，介護福祉ニーズを有するすべての人々が，住み慣れた地域において安心して老いることができ，そして暮らし続けていくことのできる社会の実現を願っています。

そのため，私たち日本介護福祉士会は，一人ひとりの心豊かな暮らしを支える介護福祉の専門職として，ここに倫理綱領を定め，自らの専門的知識・技術及び倫理的自覚をもって最善の介護福祉サービスの提供に努めます。

1．利用者本位，自立支援

介護福祉士はすべての人々の基本的人権を擁護し，一人ひとりの住民が心豊かな暮らしと老後が送れるよう利用者本位の立場から自己決定を最大限尊重し，自立に向けた介護福祉サービスを提供していきます。

2．専門的サービスの提供

介護福祉士は，常に専門的知識・技術の研鑽に励むとともに，豊かな感性と的確な判断力を培い，深い洞察力をもって専門的サービスの提供に努めます。

また，介護福祉士は，介護福祉サービスの質的向上に努め，自己の実施した介護福祉サービスについては，常に専門職としての責任を負います。

3．プライバシーの保護

介護福祉士は，プライバシーを保護するため，職務上知り得た個人の情報を守ります。

4．総合的サービスの提供と積極的な連携，協力

介護福祉士は，利用者に最適なサービスを総合的に提供していくため，福祉，医療，保健その他関連する業務に従事する者と積極的な連携を図り，協力して行動します。

5．利用者ニーズの代弁

介護福祉士は，暮らしを支える視点から利用者の真のニーズを受けとめ，それを代弁していくことも重要な役割であると確認したうえで，考え，行動します。

6．地域福祉の推進

介護福祉士は，地域において生じる介護問題を解決していくために，専門職として常に積極的な態度で住民と接し，介護問題に対する深い理解が得られるよう努めるとともに，その介護力の強化に協力していきます。

7．後継者の育成

介護福祉士は，すべての人々が将来にわたり安心して質の高い介護を受ける権利を享受できるよう，介護福祉士に関する教育水準の向上と後継者の育成に力を注ぎます。

〔日本介護福祉士会（1995）『倫理綱領』（http://www.jaccw.or.jp/about/rinri　閲覧日 2021/7/19）〕

●介護職が医療的行為を行うに至った背景と意義

1）社会情勢の変化

わが国の社会状況は，現在大きな変化に直面しており，医療提供については，次のような課題があります。

- 病気や障害があっても，住み慣れた地域で生活できるために，自宅や施設で医療を提供することが必要になってきている。
- わが国の人口が減少に向かう一方，高齢化によるケアの受け手の増加が著しい。
- 経済成長が停滞し，医療費の高騰化を防ぐため，医療施設の専門分化や入院期間の短縮化を図る必要がある。

どのような状態になっても，住み慣れたわが家で生活したいと望む人は少なくありません。家族は，その人らしい生活の実現のために介護を行います。しかし，介護の負担を抱える家族は，高齢化や重度化が高まる社会のなかで，身体的にも，精神的にも，さらには経済的にも負担は増大しています。

2）実質的違法性阻却論による喀痰吸引等の実施

平成 14（2002）年 11 月に日本 ALS 協会は，在宅 ALS 患者の喀痰吸引等が家族によって行われることが多くなっており，家族の負担が大きいため，厚生労働大臣に「ALS 等の吸引を必要とする患者に，医師の指導を受けたヘルパー等介護者が日常生活の場で吸引することを認めてください」という要望書を提出しました。これを受けて，厚生労働省は通知を発出して容認することとしました。

このように，平成 15（2003）年 7 月以来，厚生労働省から 4 つの通知[*1]が発出され，当面の措置として，在宅・特別支援学校・特別養護老人ホームにおいて，例外として介護職員等の家族以外の者（医師・看護職員を除く）による「痰《たん》の吸引（喀痰吸引）」等のうちの一定の行為を，一定の要件を満たした場合に限って法律に違反しない（実質的違法性阻《そ》却《きゃく》論）として運用が認められてきたのです。

3）介護職員等による喀痰吸引等の実施の制度化

その後，平成 22（2010）年 6 月に規制・制度改革に係る対処方針が閣議決定され，そのなかで，医療的行為の範囲の明確化（介護職

＊1
「ALS（筋萎縮性側索硬化症）患者の在宅療養の支援について」医政発第 0717001 号（平成 15 年 7 月 17 日）http://www.wam.go.jp/wamappl/bb13GS40.nsf/vAdmPBigcategory/49256FE9001AC4C749256D67001AA792?OpenDocument
「在宅における ALS 以外の療養患者・障害者に対するたんの吸引の取扱いについて」医政発第 0324006 号（平成 17 年 3 月 24 日）http://www.mhlw.go.jp/web/t_doc?dataId=00tb2894&dataType=1&pageNo=1
「盲・聾・養護学校におけるたんの吸引等の取扱いについて（協力依頼）」医政発第 1020008 号（平成 16 年 10 月 20 日）
「特別養護老人ホームにおけるたんの吸引等の取扱いについて」医政発 0401 第 17 号（平成 22 年 4 月 1 日）http://www.mhlw.go.jp/web/t_doc?dataId=00tb5988&dataType=1&pageNo=1

による痰の吸引，胃ろう処置の解禁など）が示されました。

この決定を受けて，同年7月に厚生労働省は「介護職員等によるたんの吸引等の実施のための制度の在り方に関する検討会」を開催し，介護職による喀痰吸引等の実施のための研修と試行が行われ，平成24（2012）年4月に「社会福祉士及び介護福祉士法」が改正され，介護職員等による喀痰吸引等の実施が制度化されました。

介護職員等がこれらの行為を実施するためには，「登録研修機関」において研修を修了し，都道府県知事の認定を受けることとなります（法附則第3条，第4条）。また，制度化の前に介護福祉士の資格を取得している者もこれらの者と同様に研修を受け，認定を受けることができます（介護サービスの基盤強化のための介護保険法等の一部を改正する法律附則第13条）。

4）介護職が医療的行為を行うことの意義

わが国では，65歳以上の高齢者数が増加し続けていることから，高齢者の医療ニーズは高まり，医療を必要とする高齢者や障害のある人が慣れ親しんだ地域で生活するための地域医療提供体制の整備が課題となっています。介護職も多職種連携のもと，医療を必要とする高齢者や障害のある人の在宅生活が充実したものとなるように支えるため，医療的行為を行うことが必要となります。

しかし，介護職の専門領域は生活支援であり，医療を分担するものではありません。病気や障害のある人もそれまでの生活を維持し，日常生活を営むのに必要な支援として，介護職は医療的行為を行います。利用者の生活に最も近い介護職が，安全に必要な喀痰吸引等の行為を行うことができれば，家族の介護負担を軽減し，同時に日常生活の体調を見守りながら生活を支援することができます。家族や他職種とともに，利用者の生活を維持し，その人らしい生活を支援することに，介護職が喀痰吸引や経管栄養の一部を担う意義があります。

●医療的行為をするうえで，介護職に重要なこと

1）利用者の尊厳を守る

介護の提供と同様に，医療的行為の際にも，利用者を自分と同じ人間として尊重した介護をすることが重要です。利用者は自分と同じ人間で，大事にされるべきだと介護職の誰もが思っているのに，介護職がいつのまにか高みに立っていることがあります。介護する側と介護される側，世話する側と世話される側という上下の関係に陥りやすいのです。

人は，自分の身辺のことができなくなった人を低く見るという価値観や人間観を無自覚にもつことがあります。いつ自分自身がそのような考えをもたないとも限らず，常に自分を振り返ることが大事です。「尊厳」は人格に備わった何ものにも優先し，他のものでとって代わることのできない絶対的価値といわれますが，どのようなものかを示すことは難しいです。ただ，どのような人であろうと，どのような人生を歩んでこようと，生きてきたこと，生きていることに尊厳があるのです。人の人生にかかわるのが介護の仕事です。その重みと責任を常に考えられなければ尊厳は守れません。

「尊重する」「尊厳を守る」などという言葉は，使うのは簡単ですが，介護職の場合，実際の介護行為や行動で示せなければなりません。

①節度のある態度や丁寧な接し方が求められます。ごく一般的なマナーを守ります。いくら必要な介護でも，いきなり布団をめくる，いきなり起こすなど，声をかけずに行うのではなく，これからすることを説明し，理解しているかの確認をしてから始めます。

②利用者の行動には理由があることを理解します。介護職員がいつでも理解できるとは限りませんが，介護拒否などととらえず，利用者の行動の理由をまず探るという気持ちをもち続けましょう。介護職側の仕事の流れに沿わないからと，無理やり行うようなことや，だますようなことは決してしてはいけません。

③介護職自身の仕事の流れに利用者を組み込むのではなく，利用者本人のその時の気持ちや意向をよく聴き取り，大事にします。しかし，服薬時間など医療上の必要性がある場合は，よく説明し，理解し協力してもらえるようにします。医療上で不適切な状況が起こる場合は，医療職（医師・看護職員）に連絡・検討します。

医療的行為を行ううえでは，慣れない行為や予期せぬ出来事に遭遇することで，無意識に介護職員自身が自分本位になってしまうことがあります。「生命を守るために必要なことだから」「医師の指示があるから」「自分が絶対にやらなければ」などと自身の気持ちを優先してしまい，意識せずとも利用者の尊厳を軽んじてしまうことがあるかもしれません。そのような時こそ，今一度，利用者の尊厳を守る姿勢を確認します。

2) 利用者や家族のプライバシーを守る

介護職は利用者や家族の事情などを知ってしまうことも多くあります。

業務上，利用者の人生にふれ，知る必要のない個人的な情報まで知っていることをあたりまえのことのような感覚にならないようにすることや，利用者を介護業務の単なる対象としてのみ考えてはいないかを内省することが大事です。うっかり外で口にすることや，他の利用者の前で話すことなどは許されません。

このような個人的な情報の取り扱いについては，平成 15 (2003) 年に「個人情報の保護に関する法律」が制定されています。個人情報を取り扱うすべての者は，適切な取り扱いをする必要があります。また，「社会福祉士及び介護福祉士法」第 46 条では秘密保持義務が示され，正当な理由なく，業務を通して知り得た情報を漏らしてはならないことが明示されています。万が一にもその人の個人的な秘密が漏れれば，利用者との関係性は悪化し，信頼関係も崩れてしまいます。介護職が「知っている」ことの重みや責任をしっかり考えましょう。

医療的行為については，病気や治療上の情報を取り扱うことになります。このような情報は，家族のなかでも知らない人がいる場合もあるので，特に慎重に取り扱います。医療的行為の実施にともない，医師・看護職員との情報共有の場面が増えます。必要な情報を確実に伝えることは重要です。一方で，利用者・家族にとっては自分の知らないところで自身の情報がやりとりされていることを不快に思うこともあります。必要に応じて，利用者・家族の了解を得て，医師・看護職員との情報共有をすることが求められます。

3）利用者の自己決定を尊重する

利用者は長い人生のなかで，さまざまなことにおける好みや生活スタイル，価値観などを培ってきました。他人の援助を必要としない時は，誰からも気にされなかったようなことも本人の大事な生活習慣となっていることがあります。介護が必要になった時，介護職の価値観との違いに初めて気づくこともあります。そのような時こそ利用者の価値観は大事にされるべきであり，介護職は，利用者自身の考えや選択に配慮できる柔軟性が必要です。あくまでも利用者の自己決定を尊重する姿勢が求められます。

同様に，医療的行為に対する利用者のとらえ方も個々に違うという前提に立つことが重要です。医療上に不適切な状況が起こる場合は医師・看護職員に連絡して慎重に対応します。

4）利用者と家族に説明し，同意を得る

利用者は自分のことをどのようにしていくかを選択・自己決定することができます。利用者がその意思決定をするためには，利用者への説明と同意を得ることが必要です。利用者にとってわかりやすい説明により，その人が納得した判断を下すことができるでしょう。そして，説明をした介護職等は，その人との信頼関係をさらに深め，不安を最小限にした決定を進めていくことができます。説明と同意は，医療の場でよく実施されていますが，治療方針を決めるためだけに行うものではありません。利用者と家族が望むような生活に近づけるためにすべてのケアで欠かすことのできないものです。

また，利用者への支援は，介護職のみで行うものではなく，連携するさまざまな職種と情報を共有し，チーム全体の合意の下で協働し成り立っています。利用者の意思決定をチーム全体が共有して，本人と家族の意思決定を介護職のみでなくチーム全体で尊重することが大切です。

5）利用者の安全・安心を確保する

疾病の重症化，事故による骨折などは日常生活動作（ADL）に影響し，QOLが低下します。何とか歩いていた利用者が何かにつまずいて転倒し，大腿骨を骨折した結果，ベッド上から動けなくなったとしたら，QOLは低下し，本人にとってつらい毎日になってし

まいます。これでは尊厳を守ることにはなりません。

①利用者の病状をよく知り，悪化，再発させない介護をする。基本的な医療知識と介護を結びつけることが求められる。

②危険に気づける視点をもち，事故を予防する。

③アセスメントや介護計画をよく理解し，①，②を行う。

喀痰吸引等においても，どのようなリスクがあるのか知り，危険な事態が起きないようにするにはどうすればよいのか考え，またその事態が起きてしまった時にするべき対処法を知っておきます。慣れで実施するのは何らかの事故に結びつく危険性があります。どのような状態になったら医師・看護職員に連絡するのか知っておくことが重要です。介護職が実施すべき状態かどうか，判断できる情報や知識を日頃から得ておきましょう。

6) 利用者の自立や状態改善の可能性を追求する

利用者のできることを発見し，活かすという介護が利用者の尊厳を高めることになります。利用者が自分でできることを行い，自分で考え，決定していくことは，利用者の自尊心を高めて保つことにつながります。

ただ，何かができるようになることだけが自立ではありません。体を動かすことができなくても，自分の意思で選択・決定する，自ら自分の意思を十分伝えられない状態でも，周囲の人間によってその人らしい生活ができることなどはある種の自立といえます。

医療的行為が必要な人も同様に，自立や状態改善の可能性を追求しています。例えば，喀痰吸引が必要な人に対して医師・看護職員との連携により痰を効率的に出しやすくする取り組みを行うことがあります。また，経管栄養が必要な人に対して，嚥下《えんげ》機能を改善して経口摂取ができるよう取り組むこともあります。また，医療的行為を行わない時間を利用して身体への負担を考慮しながら自立に向けた活動を支援するなど，利用者の可能性を追求する支援は重要です。

●介護職と医療職の連携

前述したように，利用者の生活を支援するためには，医療職（医師・看護職員）との連携も必要です。介護職の専門領域は生活支援であって，医療的行為を行うことや診断することではありませんが，利用者の生活を観察して，健康状態をおかしいと感じた時には，適切に医療につなげなければなりません。

利用者の日頃の状態を熟知していることや医療的な知識をもっていることが，「おかしい，いつもと違う」という気づきを促し，また，「どこが」「どのように」おかしいのかという観察にもつながります。医師・看護職員に利用者の様子を報告する時，介護職の気づきや意見を医師・看護職員にわかるように言語化しなければなりません。医師・看護職員同士が使うような略語や極端に難しい医療用語を使う必要はありませんが，適切な表現を知っておくことは必要です。それには観察のポイントを知っておくことが重要となります。例えば，「顔が赤い，熱があるようだ」だけでは，医師・看護職員は判断できません。「熱は○℃，頭痛などもなく，ほかに痛みもない。今のところ下痢《げり》もなく，食事も全量摂取した」などという利用者の状態が適切に理解されるような情報を伝えます。

連携とは一方的に介護職から医療に情報を伝えることではありませんし，医師・看護職員からの指示を単に実行することでもありません。日常生活を支援する介護職からの意見や気づきも十分伝えながら，ケアの質を上げ，利用者の QOL を上げるために一緒にはたらくことです。お互いが判断し行動できるように，お互いが協力して行動することです。

介護職が医師・看護職員と連携するうえで重要なことは次のようなことです。

1）介護職としての視点と行動を失わない

- 利用者の生活全般をよく知ること。利用者の生活がどうあったらよいのか，その生活に変化はないのかを考え，観察します。それには，利用者とのコミュニケーションや観察力が大切になります。
- 介護職の視点をもち続けること。医療的行為の一部を実施するからといって医師・看護職員になるわけではありません。

- 介護職は介護職のできること，できないことを理解しておく。介護職の教育には医療的知識が少なく，実際の利用者の状態と疾病が結びつかないこともあります。
- 介護職は利用者の病状で理解できないことがあれば知ろうと努力する態度をもつ。介護職は必要最低限の医療知識を学ぶ必要があります。
- 利用者の自立を常に意識すること。常日頃から胃ろう等の経管栄養にならずに経口摂取を続けられるように考えたり，自力で排痰《はいたん》できたりするような介護について考えます。
- 利用者の疾病を知って生活を支援すること。「利用者の病気のことは看護職にまかせればよい，病気は自分とは関係ない」などと考える介護職もいますが，利用者が自立した生活を送るためには，病状の安定は欠かせません。経管栄養等に移行したとしても，医療的ケアを受けるのは24時間のなかのある時間だけのことです。それ以外の生活時間について心身ともに安心でき，快適な生活になるような介護サービスを考え実施するのは，介護職の大切な役割です。
- 自分の引き受けたことに責任をもつこと。

2) 介護職と医療職が連携するために行うこと

①相互理解

- お互いの仕事の領域や内容を理解する。
- お互いの教育や業務の視点の相違を理解する。
- 医療職（医師・看護職員）はわかりやすい説明を工夫する。医師・看護職員は介護職に理解できないことが何か質問して，わかりやすく説明する努力が必要。
- 医師・看護職・介護職の倫理を理解する。

②情報共有

- 医師・看護職員・介護職でそれぞれ大事だと思っていることを共有する。利用者にとって「大事なこと」だと思うことが，医師・看護職員と介護職では違っている可能性があります。まずは，なぜ大事だと思うのか話してみて，視点の相違を理解します。
- 利用者の状態を定期的・緊急時に共有化する。
- ケアの目標を共有化する。

2 介護福祉士等が喀痰吸引等を行うことに係る制度

到達目標

- □ この制度の背景となる社会のニーズを説明できる
- □ 介護福祉士等が喀痰吸引等をできる要件について説明できる
- □ 介護福祉士等が喀痰吸引等をできる行為について説明できる

●社会福祉士及び介護福祉士法改正による制度

介護職員等は，登録喀痰《かくたん》吸引事業者（登録特定行為事業者）において喀痰吸引等を行います。介護職員等で「登録研修機関」が行う「研修（喀痰吸引等研修）」を受けた者は都道府県に登録，「認定特定行為業務従事者認定証」が交付され，「認定特定行為業務従事者（1，2，3号）」となります。登録特定行為事業者に所属し，「医師の指示」を受けたうえで，「特定行為（喀痰吸引等）」を実施することができます。

介護福祉士や介護職員等が，喀痰吸引等を行うためには，一定の研修・教育が必要です。

研修・教育機関とは次のとおりです。

1）研修

- 登録研修機関：定められた研修内容を実施できる基準を満たしていることを都道府県が認めて，登録した研修機関です。
- 研修の内容と種類：認定特定行為業務従事者には３つの種類があり，それぞれ研修内容が異なります（表Ⅰ-1-3，Ⅰ-1-4）。

2）教育機関

- 登録研修機関のほか，介護福祉士養成課程や介護職員実務者研修のなかで，「医療的ケア（50時間以上）」の教育が行われます。

表Ⅰ-1-3 **認定特定行為業務従事者の認定の種類と実施可能な行為の種類**

認定の種類	対象	実施可能な行為
1号研修修了者 認定特定行為業務従事者 （1号）	不特定多数の対象者	口腔内の喀痰吸引，鼻腔内の喀痰吸引，気管カニューレ内部の喀痰吸引，胃ろうまたは腸ろうによる経管栄養，経鼻経管栄養
2号研修修了者 認定特定行為業務従事者 （2号）	不特定多数の対象者	口腔内の喀痰吸引，鼻腔内の喀痰吸引，気管カニューレ内部の喀痰吸引，胃ろうまたは腸ろうによる経管栄養，経鼻経管栄養の5つの行為のうち，いずれか任意の行為について実地研修を修了した行為
3号研修修了者 認定特定行為業務従事者 （3号）	特定の対象者	口腔内の喀痰吸引，鼻腔内の喀痰吸引，気管カニューレ内部の喀痰吸引，胃ろうまたは腸ろうによる経管栄養，経鼻経管栄養のなかで対象者が必要とする行為

表Ⅰ-1-4 **研修内容**

		講義	基本研修 演習	実地研修
1号	不特定多数の者	50時間	各行為5回以上	口腔内喀痰吸引10回以上 喀痰吸引（鼻腔内・気管カニューレ内部）各20回以上
				経管栄養（胃ろうまたは腸ろう，経鼻）各20回以上
2号		50時間	各行為5回以上	1号研修と同様の5つの行為のうちいずれか任意の行為
3号	特定の者	8時間	回数についての定めはない（1時間）	特定の対象者が必要な行為について，知識・技術を習得したと認められるまで
		＊新たに対象者に行為を行う場合は，基本研修を再度受講する必要はなく実地研修のみ受講する。		

3）認定特定行為業務従事者証（1，2，3号）

規定の研修を受けた者はその修了証を都道府県に提出し，認められると，「認定特定行為業務従事者証（1，2，3号）」が交付されます。

4）認定特定行為業務従事者が実施できる行為（特定行為）

喀痰吸引その他の日常生活を営むのに必要な行為であって，医師の指示の下に行われるものです。

①口腔《こうくう》内の喀痰吸引
②鼻腔《びくう》内の喀痰吸引
③気管カニューレ内部の喀痰吸引
④胃ろうまたは腸ろうによる経管栄養
⑤経鼻経管栄養

これらは，通知で次のことが定められています。

- 喀痰吸引については，咽頭の手前までを限度とすること。
- 胃ろうまたは腸ろうによる経管栄養の実施の際には，胃ろう・腸ろうの状態に問題がないことの確認，経鼻経管栄養の実施の際には，栄養チューブが正確に胃の中に挿入されていることの確認を医師または看護職員（保健師，助産師，看護師および准看護師を

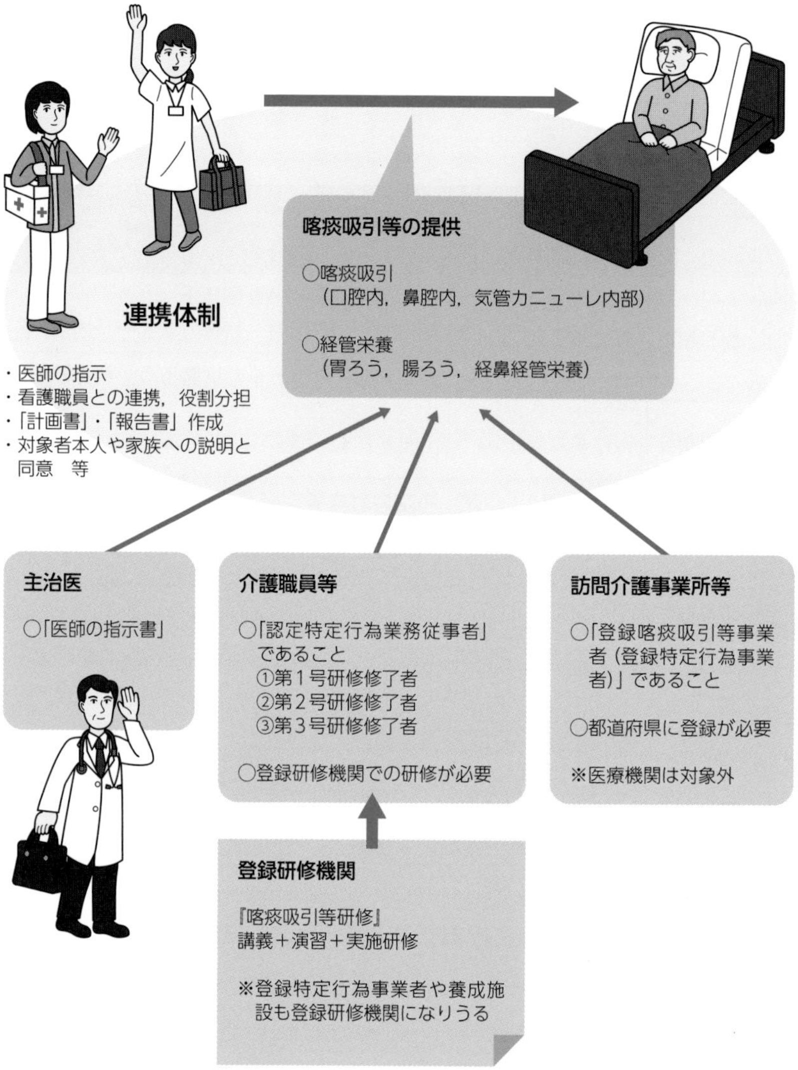

ザックリいうと！

都道府県に登録された登録特定行為事業者に所属する一定の研修を修了した認定特定行為業務従事者が，医師の指示書の下，医療機関と連携し，喀痰吸引等の行為を行う。

喀痰吸引等の制度の全体像

〔全国訪問看護事業協会（2013）『看護と介護との連携の概要』p 1〕

いう。以下同じ）が行うこと。

なお，人工呼吸器装着者に対する喀痰吸引が必要な場合は，別途研修を行う必要があります。

胃ろうまたは腸ろうによる経管栄養（半固形タイプ）が必要な場合は，滴下による方法に加えて別途研修を行う必要があります。

5）認定特定行為業務従事者の認定の種類と実施可能な行為の種類

介護職員等が受けた研修の種類（1，2，3号）によって認定特定行為業務従事者が行える行為の種類が定められています（表I-1-3）。

6）登録喀痰吸引等事業者（登録特定行為事業者）

自らの事業の一環として，喀痰吸引等の業務を行う要件の基準を満たしていることが認められた事業者を，都道府県が登録します（表I-1-5）。

なお，登録喀痰吸引等事業者は，介護福祉士の実地研修体制が整えられており，介護福祉士が行う事業者のことです。

表I-1-5　登録の基準

①医療関係者との連携に関する基準	• 医師の文書による指示，対象者の心身の状況に関する情報共有 • 喀痰吸引等の実施内容に関する計画書・報告書の作成，など
②安全適正に関する基準	• 安全確保のための体制の確保（安全委員会等），感染症予防措置，秘密保持，など

第2章

保健医療制度とチーム医療

1 保健医療に関する制度

到達目標
- □ 保健医療に関する主な制度を説明できる
- □ 介護保険に関する制度を説明できる
- □ 障害福祉に関する制度を説明できる
- □ 地域保健に関する制度を説明できる

●保健医療に関する制度

わが国では，胎児から高齢者まで生涯にわたり，誰もが尊厳をもって安心して生活できるように保健医療福祉制度が実施されています。

医療については，国民健康保険や，被用者保険（共済組合保険など），後期高齢者医療制度などに加入することによって，すべての人がいつでもどこでも，かかった医療費の1～3割（年齢や所得による）の自己負担で医療を受けることができる「国民皆保険制度」が導入されています。

後期高齢者医療制度の保険者は後期高齢者医療広域連合で，47都道府県に1カ所ずつ各都道府県単位に設置されており，すべての市町村が加入しています。被保険者は75歳以上ですが，65歳以上74歳までの方でも後期高齢者医療広域連合で障害等を認定した場合は，この制度に基づいた給付が受けられます。

さらに，公費負担医療制度があります。低所得者では生活保護法に基づく医療扶助の制度があります。筋萎縮性側索硬化症など長期にわたる療養を必要とする疾病（指定難病）の対象者では，「難病の患者に対する医療等に関する法律」に基づき医療費の自己負担額が軽減されるしくみになっています。また，医療費が高額になり，自己負担額が一定の限度額を超える場合には，高額療養費の制度によって，超えた分は加入先の保険者が支払うこともあります。

医療保険制度における給付内容は，受診した保険医療機関での検査や治療，薬剤投与などです。また，生活習慣病などの予防給付として，特定健診および特定保健指導も受けることができます。

「生活の質（QOL）の向上」を医療の目的とし，入院期間をできるだけ短縮して，訪問看護や訪問診療などを受けながら在宅で療養生活を送るための支援が進められています。訪問看護制度は，主治医との密な連携（指示・報告）のもとに，看護師などが住まいに訪問して，看護師が立てた看護計画に基づき，関係者とも連携しながら療養生活支援を行います。主な内容は，病状観察をはじめ，療養生活に関する相談指導，栄養・水分摂取の管理と看護，皮膚・口腔《こうくう》・排泄《はいせつ》・呼吸・循環器系・筋・骨格などの症状管理と看護，疼痛緩和や服薬指導，点滴，創傷などの医療処置，看取りなどです。また，認知症や精神疾患のある利用者への看護，精神的な支援も増えています。訪問看護では，本人のみならず，家族や介護従事者，ボランティアなど，本人を取り巻く人々にもかかわって，より安定した生活が過ごせるように支援します。

これからは，医療ニーズと介護ニーズを併せもつ人や終末期のケアを要する人が在宅や施設において，ますます増加します。また，在宅では単独世帯や高齢者世帯が増加し，家族介護力はますます低下します。このような人々を支援するためには，利用者本人・家族を中心に，医療職，特に看護職員と介護職員が連携してケアを提供することが求められます。

●介護保険に関する制度

1）介護保険制度とは

介護保険制度は，要介護認定に基づく区分支給限度基準額のなかで自らサービスを選び，ケアプラン（居宅サービス計画，施設サービス計画および介護予防サービス計画をいう）のもとにサービスを利用するしくみです。保険者は市町村または特別区（以下，市町村）です。被保険者については，第1号被保険者が65歳以上で，第2号被保険者は40歳以上65歳未満です。

介護保険制度のサービスの利用者は，市町村に要介護認定を申請して，介護認定審査会により，要支援または要介護と認定された方です。ただし，第2号被保険者では介護保険制度で定められた16

特定疾病の対象者のみ要介護認定の申請ができます。

2) 介護保険のサービスの内容と利用のしくみ（図Ⅰ-2-1）

介護保険制度が給付するサービス内容には，居宅サービス，施設サービス，地域密着型サービスがあります。

要支援者は介護予防サービスを利用できますが，施設サービスである介護老人保健施設，介護老人福祉施設，介護療養型医療施設，介護医療院は利用できません。訪問看護や訪問介護などの居宅サービスと，小規模多機能型居宅介護や認知症対応型共同生活介護のような地域密着型サービスは，要支援者も要介護者も利用できます。（認知症対応型共同生活介護は要支援1の者を除く，看護小規模多機能型居宅介護は要支援1，2を除く）。

利用のしくみは，要支援者は，地域包括支援センターの介護予防支援を受けて介護予防サービス計画に基づき，要介護者は，居宅介護支援事業所の介護支援専門員（ケアマネジャー）の居宅介護支援を受けて，ケアプランに基づきサービスを利用します。要介護度別の区分支給限度基準額で利用できる上限の単位が決められており，それを超える分は全額自己負担となります。

なお，医療保険と介護保険の違いについては表Ⅰ-2-1のとおりです。

●介護サービスの種類

	都道府県・政令市・中核市が指定・監督を行うサービス	市町村が指定・監督を行うサービス
介護給付を行うサービス	**居宅介護サービス** 【訪問サービス】 ○訪問介護（ホームヘルプサービス） ○訪問入浴介護 ○訪問看護 ○訪問リハビリテーション ○居宅療養管理指導 【通所サービス】 ○通所介護（デイサービス） ○通所リハビリテーション 【短期入所サービス】 ○短期入所生活介護（ショートステイ） ○短期入所療養介護 ○特定施設入居者生活介護 ○福祉用具貸与 ○特定福祉用具販売 **施設サービス** ○介護老人福祉施設 ○介護老人保健施設 ○介護療養型医療施設 ○介護医療院	**地域密着型介護サービス** ○定期巡回・随時対応型訪問介護看護 ○夜間対応型訪問介護 ○地域密着型通所介護 ○認知症対応型通所介護 ○小規模多機能型居宅介護 ○認知症対応型共同生活介護（グループホーム） ○地域密着型特定施設入居者生活介護 ○地域密着型介護老人福祉施設入所者生活介護 ○看護小規模多機能型居宅介護 **居宅介護支援**
予防給付を行うサービス	**介護予防サービス** 【訪問サービス】 ○介護予防訪問入浴介護 ○介護予防訪問看護 ○介護予防訪問リハビリテーション ○介護予防居宅療養管理指導 【通所サービス】 ○介護予防通所リハビリテーション 【短期入所サービス】 ○介護予防短期入所生活介護（ショートステイ） ○介護予防短期入所療養介護 ○介護予防特定施設入居者生活介護 ○介護予防福祉用具貸与 ○特定介護予防福祉用具販売	**地域密着型介護予防サービス** ○介護予防認知症対応型通所介護 ○介護予防小規模多機能型居宅介護 ○介護予防認知症対応型共同生活介護（グループホーム） **介護予防支援**

この他，居宅介護（介護予防）住宅改修，介護予防・日常生活支援総合事業がある。

●介護保険制度のしくみ

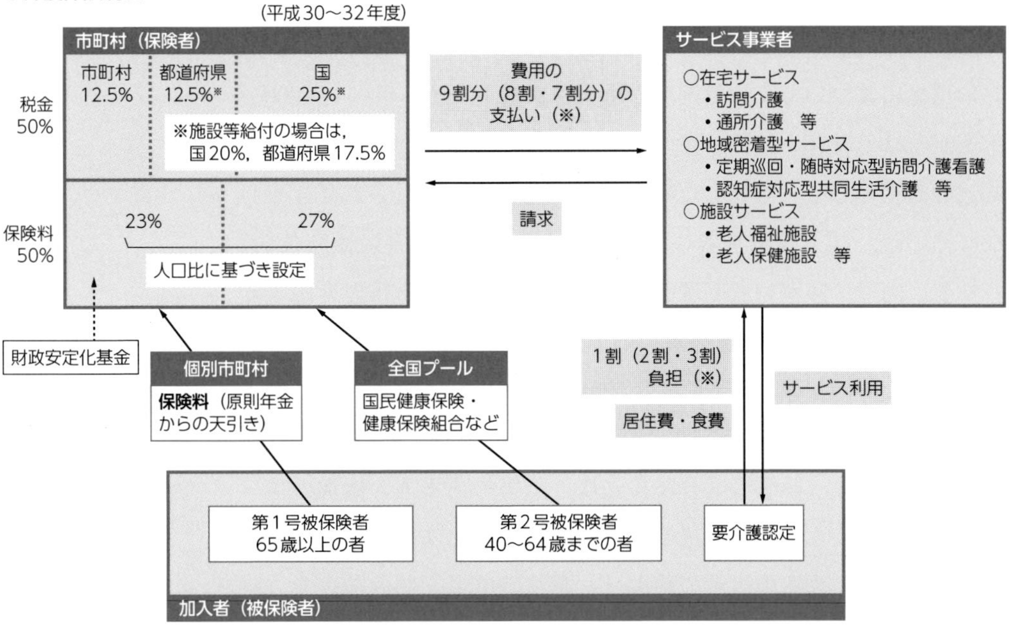

（注）第1号被保険者の数は，「平成28年度介護保険事業状況報告年報」によるものであり，平成28年度末現在の数である。
第2号被保険者の数は，社会保険診療報酬支払基金が介護給付費納付金額を確定するための医療保険者からの報告によるものであり，平成28年度内の月平均値である。
（※）一定以上所得者については，費用の2割負担（平成27年8月施行）又は3割負担（平成30年8月施行）。

図I-2-1　介護保険のサービスの内容と利用のしくみ
〔厚生労働省老健局（2018）『公的介護保険制度の現状と今後の役割』〕

表Ⅰ-2-1　**医療保険と介護保険の違い**

	医療保険	介護保険
制度	日本国民全員が加入する義務のある制度	40歳以上を対象に加入義務が設けられてた制度
利用できる対象	被保険者全員	65歳以上の要介護者・要支援者（特定疾病がある場合は40歳以上）
受けられるサービス	治療，処方，入院などが受けられる	生活支援のための介護サービスが受けられる（ケアプランの作成や介護施設の利用など）
認定制度	なし	あり
方針の決定者	医師	（医師の意見を踏まえて）介護支援専門員　など
自己負担割合	3割負担（一部対象者は1割・2割負担）	所得によって1～3割負担
支給限度額	なし	あり

●障害福祉に関する制度

1）障害者総合支援法とは

障害保健福祉施策は，平成15（2003）年度からノーマライゼーションの理念に基づいて支援費制度が導入されましたが，平成18（2006）年度からは，身体・知的・精神という障害種別ごとであった制度を共通の制度として一本化した障害者自立支援法が施行されてきました。その後，国連の障害者の権利に関する条約（障害者権利条約）の批准に向け，障がい者制度改革推進本部等における検討を踏まえて，平成25（2013）年「障害者の日常生活及び社会生活を総合的に支援するための法律（障害者総合支援法）」が施行されました。障害者総合支援法では，障害者（児）を権利の主体と位置づけた基本理念を定めています。障害者総合支援法は，障害のある人の個別のニーズに対応しながら，地域生活を送ることのできる法律です。

法律が対象とする障害者の範囲は，身体障害者，知的障害者，精神障害者（発達障害者を含む）に加え，制度の谷間となって支援の充実が求められていた難病等の患者も含まれています。

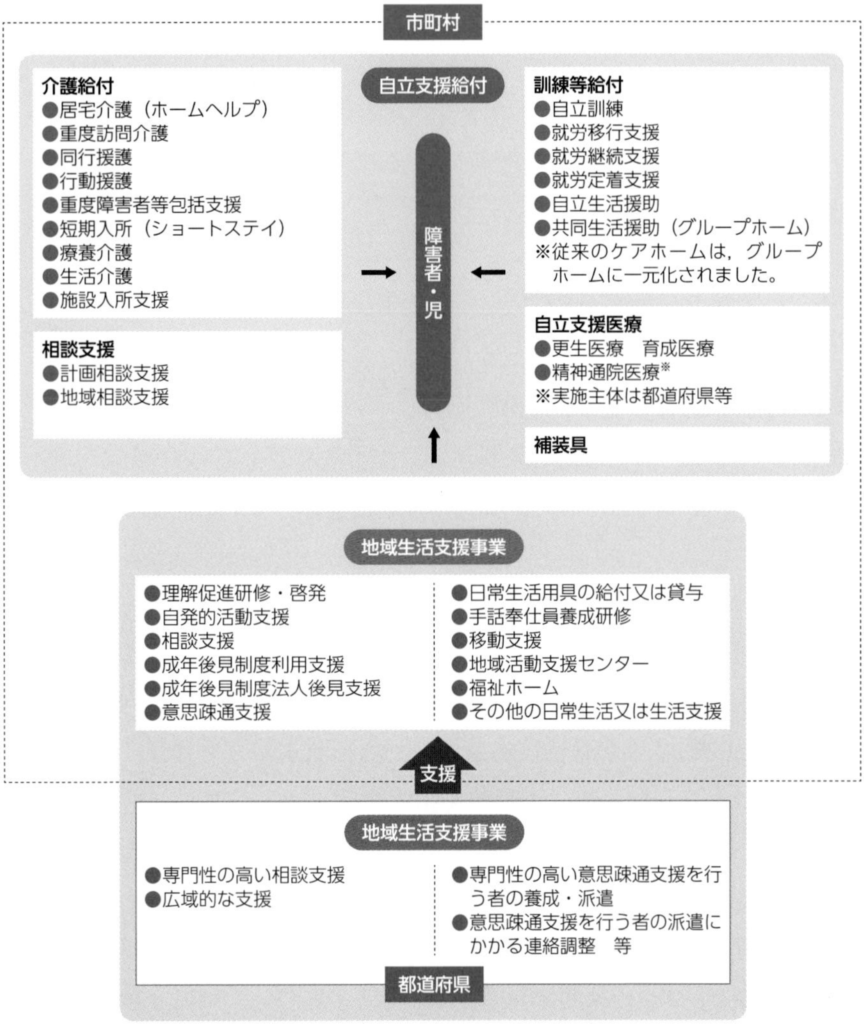

図Ｉ-2-2　障害者を対象としたサービス

障害者総合支援法による総合的な支援は，自立支援給付と地域生活支援事業で構成されています。
〔全国社会福祉協議会（2018）『障害者福祉サービスの利用について』p 3〕

2) 障害福祉サービスの内容と利用のしくみ（図Ｉ-2-2）

この法律によって受けられるサービスは主に自立支援給付と地域生活支援事業となります。

自立支援給付は，介護給付と訓練等給付に大別され，必要な介護や介助サービスを受けるための給付と，日常生活を送るために必要な訓練や就労に向けた訓練等を受けることのできる給付とがあります。

地域生活支援事業では，市町村や都道府県で効率的・効果的なサービスが展開されており，個別的なニーズに対する支援や相談等の個別給付に該当しないものがまとめられています。受給者は，身体障害者，知的障害者，精神障害者（発達障害者を含む）や難病のある人です。この法律では，80 項目に及ぶ調査を行い，その人に必要な支援の度合い（「障害支援区分」）を測り，この区分に基づき支給が決定されます。サービスの利用に際し，所得に応じた負担上限額が決められています。

なお，日常的な医学の進歩によって，NICU[*1] 等で長期入院したあとに，引き続き人工呼吸器や胃ろうなどを使用して喀痰《かくたん》吸引などのケアを日常的に必要としながら生活している障害児（医療的ケア児）については，障害者総合支援法および「児童福祉法」の一部が改正され（平成 28（2016）年），支援体制が構築されています。

*1
NICU：「Neonatal Intensive Care Unit」新生児集中治療室

3）障害児・者を支える制度

障害がある人に対する支援については，年齢に応じてさまざまな制度で施策が行われています。

18 歳未満では児童福祉法，65 歳未満では障害者総合支援法，65 歳以上では介護保険法が主な施策を担っています。ただし，40 歳以上 65 歳未満の場合，特定の疾病が原因となって介護が必要になった場合は，介護保険法のサービスも利用することができます。

また，障害者総合支援法と介護保険法のサービス，両方を利用できる人の場合，2 つの制度で共通するサービスについては，介護保険からの給付が優先されることになっています。しかし，訓練等給付など介護保険にはないサービスは障害者総合支援法からの給付を可能としています。

そのほか，全身性障害者等の場合には，介護保険のサービスでは支給限度額を超えてしまう場合がありますので，その場合の超過分についても，障害者総合支援法から給付することが認められています（図Ⅰ-2-3）。

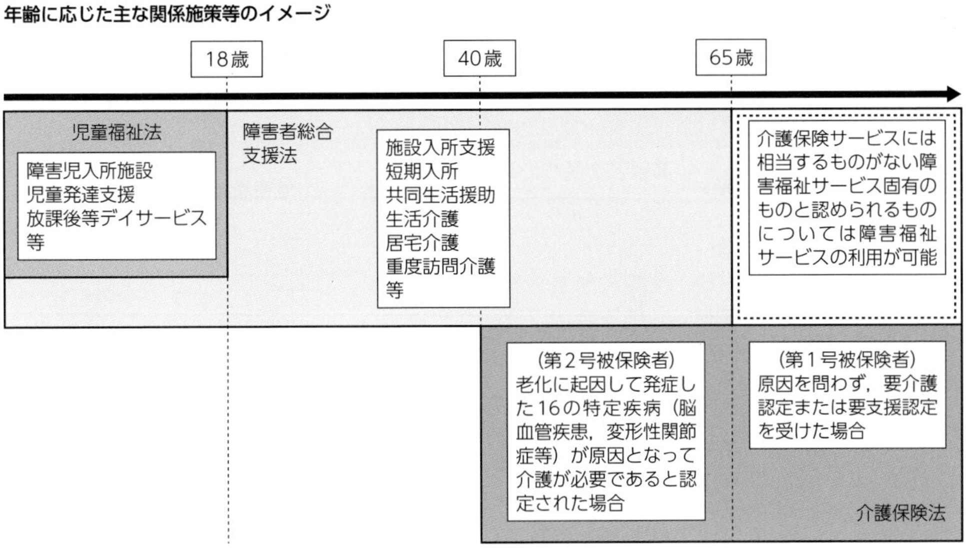

図Ⅰ-2-3　**障害児・者を支える制度**

●地域保健に関する制度

都道府県が設置する保健所と市町村の保健センターの役割は「地域保健法」で決められています。保健所には，保健師が配置されています。保健所は地域における公衆衛生の向上と増進を目的にしています。また，地域における健康危機管理体制を確保する役割もあります。

身近なところで頻度の高い母子保健サービスの実施主体は市町村の保健センターになっています。「健康増進法」や「母子保健法」「がん対策基本法」により，市町村保健センターが乳幼児健診やがん検診，心疾患や脳血管性疾患，糖尿病などの生活習慣病の予防に取り組んでいます（**表Ⅰ-2-2**）。

表Ⅰ-2-2　医療保険（健康保険法等）と介護保険法および障害者総合支援法のサービスについて

項　目	医療保険制度		介護保険制度	障害者 総合支援制度	保健制度
法律	健康保険法等	高齢者の医療の確保に関する法律	介護保険法	障害者総合支援法	地域保健法など
保険者 （給付者）	国民健康保険 被用者保険（組合管掌健康保険，協会けんぽ，共済組合など）	後期高齢者医療広域連合（47 都道府県）	市町村	市町村	国など
財源	公費（国・自治体）負担，保険料	公費（国・自治体）負担，各種保険者からの支援金，保険料	公費（国・自治体）負担，保険料	公費（国・自治体）負担	公費
受給者	受診し診療を受けた者：患者		要介護・要支援と認定された者：利用者	身体障害者・知的障害者・精神障害者（発達障害を含む）に，制度の谷間となって支援の充実が求められていた難病等	地域住民
サービスの内容	•病院・診療所（医師・看護師・理学療法士・作業療法士・言語聴覚士・薬剤師・栄養士）：往診，訪問診療，訪問看護，訪問リハビリテーション，訪問栄養食事指導，訪問薬剤管理指導など •歯科診療所（歯科技師・歯科衛生士等）訪問歯科診療，訪問歯科衛生指導など •薬局（薬剤師）：訪問薬剤管理指導，緊急訪問による医学的管理および指導など •訪問看護ステーション（保健師・看護師・准看護師・理学療法士・作業療法士・言語聴覚士）：訪問看護，訪問リハビリテーション，緊急時の訪問など提供する。		•居宅サービス（訪問介護・訪問看護・通所介護など） •地域密着型サービス（認知症対応型共同生活介護など） •施設サービス（介護老人福祉施設，介護老人保健施設）	•自立支援給付：介護給付，自立支援医療，補装具費など •地域生活支援事業：地域住民を対象とした研修・啓発，障害者等による自発的活動に対する支援，相談支援，成年後見制度利用支援，意思疎通支援，日常生活用具の給付または貸与，移動支援等	•保健所（保健師等）：難病や感染症対策など •市町村保健センター（保健師等）：乳幼児健診，家庭訪問・電話や来所による健康相談等

※１　自己負担額が一定の限度を超える場合は医療保険では高額医療費，介護保険では高額介護サービス費がある。高齢者医療制度では２つを合算して年限度額がある。

2 医療的行為に関係する法律

到達目標

- □ 現行法の下での医療的行為について説明できる
- □ 医療的行為に関係する法律について説明できる
- □ 医療的行為と喀痰吸引や経管栄養について説明できる

●医療的行為とは（法律的な理解）

「医師法」第17条[*2]では，「医師でなければ，医業をなしてはならない」と規定し，医師が医業を独占する旨を明らかにしています。併せて，医業とは，業として，その行為を行うにあたり，医師の医学的判断および技術をもってするのでなければ人体に危害を及ぼし，又は危害を及ぼすおそれのある行為（「医行為」）を，何回も繰り返して行うという意思をもって行われるものとされています[*3]。

また，看護師は，「保健師助産師看護師法」第5条において，「療養上の世話又は診療の補助を行うことを業とする者」とされ，診療の補助として医療行為を行うことができるものとされています。

しかし，医療が進歩して，医療が必要な方が地域で日常生活を送ることができるようになり，医師や看護師だけでは十分な医療を提供することが難しくなりました。特に，介護の現場では，生活のなかにおける医行為の境界線が不明瞭であったため，介護職として実施してよい行為なのか判断に迷う場面が多くありました。

そのようななか，平成24（2012）年4月に「社会福祉士及び介護福祉士法」の一部が改正され[*4]，介護福祉士等が，一定の要件の下であれば，介護職等が喀痰《かくたん》吸引を実施することが容認され，医師の指示の下で喀痰吸引と経管栄養を業として行うことが出来るようになりました。

このように，高齢者施設，在宅，学校等で日常生活を営むのに必要な支援として介護職員等が実施している喀痰吸引・経管栄養のことを「医療的ケア」といいます。「医療的ケア」である喀痰吸引・経

*2
「医師法」第17条

*3
厚生労働省「医師法第17条，歯科医師法第17条及び保健師助産師看護師法第31条の解釈について」医政発第0726005号（平成17年7月26日）http://www.mhlw.go.jp/stf2/shingi2/2r9852000000g3ig-att/2r9852000000iiut.pdf

*4
「社会福祉士及び介護福祉士法」第2条

管栄養については，介護福祉士等が日常生活を支援する行為のうち，医療に関連する特定行為として区別しています。また，本書では，医療従事者が実施する「医行為」に対して，介護職員が実施する「医療的ケア」を含む医行為を「医療的行為」と称しています。(図Ⅰ-2-4)。

「医療的ケア」は，多くの対象者に対して実施されます。例えば，医療的なニーズをもちながら在宅生活のできる医療的ケア児が増えているなか，就学を認められた医療的ケア児の学校での介護は，看護師の配置とともに研修を受けた教員等も医療的ケアを行うことができるようになりました。

介護福祉士等の専門的役割は生活支援です。医療的ケアを必要とする高齢者や障害者などに対する生活支援では，生活を送るうえで必要な医療的な行為を正しく理解した支援が求められます。

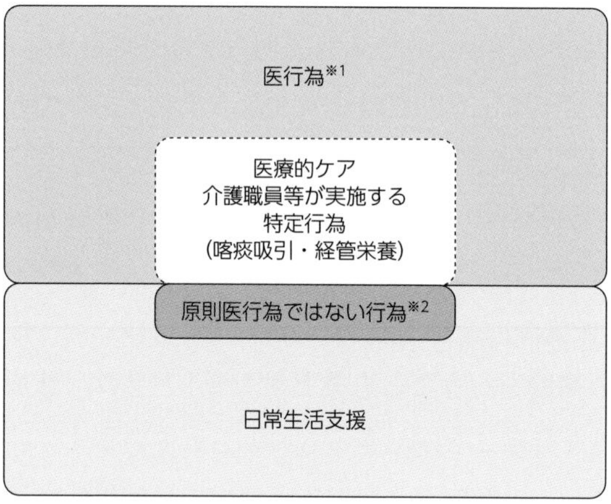

図Ⅰ-2-4

※1　介護職員等の実施が可能な行為も医行為に含まれるという側面を考慮して，本書では介護職員が実施する「医療的ケア」を含む「医行為」を「医療的行為」と称する。

※2　容態が不安定になるなどの通常の状態とは異なる場合は，医師や看護職員による対応が必要。

●医療的行為と医療従事者

本書では，医療従事者が実施する「医行為」に対して，介護職員が実施する「医療的ケア」を含む医行為を「医療的行為」と称しています。

医療従事者は，まず医師が第一義的に包括的に独占している「医行為」の一部を業務分担しています。例えば，診療放射線技師*5は，「人体に対する放射線の照射」を業務独占しています。また，看護師*6は「診療の補助」を業務独占しています。看護師が概括的に独占する「診療の補助」のうち，法律によって特定の行為が，限られた医療従事者に例外的に認められています。身近な例では，理学療法士や作業療法士*7が，理学療法や作業療法を行う場合がこれにあたります。

医療的行為である「痰《たん》の吸引（喀痰《かくたん》吸引）」については，平成22（2010）年に出された，チーム医療に関する通知*8のなかで，リハビリテーション関係等の医療従事者もその業務の一環として認められることになりました。さらに，これらの医療従事者に加えて，介護福祉士等による喀痰吸引等の特定行為が認められることになりました。

*5
「診療放射線技師法」第２条

*6
「保健師助産師看護師法」第５条，第31条

*7
「理学療法士及び作業療法士法」第15条１項

*8
厚生労働省「医療スタッフの協働・連携によるチーム医療の推進について」医政発0430第1号（平成22年4月30日）https://www.mhlw.go.jp/shingi/2010/05/dl/s0512-6h.pdf

●医行為ではないと考えられる行為

平成17（2005）年７月に，厚生労働省は，医行為ではないと考えられる行為を示しました*3。その行為は，医行為の範囲外とされた6項目と，ある一定の条件のもと原則医行為ではないとされた５項目で，以下の11項目となります（**表Ⅰ-2-3**）。これらの行為は，専門的な管理が必要な場合には，医行為とされる場合もあります。

これらの行為は，介護職員が実施できる行為ではありますが，一方で容態が不安定になったり，投薬量の調整等が必要になったり，通常の状態とは異なるため医師や看護職員による連続的な経過観察が必要となった場合などは，医師や看護職員による対応が必要な行為でもあります。そのため，このような行為による支援を必要とする利用者を担当する場合には，状態の変化が起こりうる場合を想定して，あらかじめ医師や看護職員に相談しやすい体制，連携しやすい体制を整えることが望ましいといえます。

表Ⅰ-2-3　原則として医行為ではないと考えられるもの

1. 体温測定：腋下での体温測定（水銀および電子体温計），外耳道での体温測定（耳式電子体温計）。
2. 血圧測定：自動血圧測定器による血圧測定。
3. パルスオキシメーターの装着：新生児以外，入院治療が必要ない者に対する装着。
4. 軽微な切り傷，擦り傷，やけど等の処置（汚物で汚れたガーゼの交換を含む）：専門的な判断や技術を必要としない処置。応急処置はこの限りではない。
5. 医薬品使用時の介助：①皮膚への軟膏の塗布，褥瘡の処置を除く，②皮膚への湿布の貼付，③点眼薬の点眼，④一包化された内用薬の内服（舌下錠の使用も含む），誤嚥の可能性がない場合，⑤肛門からの坐薬挿入の介助，⑥鼻腔粘膜への薬剤噴霧の介助。
   これらの介助を行うためには，以下の条件が必要とされています。
   1）医師，歯科医師又は看護職員が以下の３条件を満たした状態を確認する。
      （1）入院の必要がなく，容態が安定している。
      （2）副作用の危険性や投薬量の調整等のため，医師又は看護職員による連続的な容態の経過観察を必要としていない。
      （3）医薬品の使用そのものについて専門的な配慮を必要としていない。
   2）本人・家族に医師等の免許を有しない者が医薬品の使用時に介助できることを説明する。
   3）医師・歯科医師の処方による医薬品で，薬剤師の服薬指導のうえ，看護職員の保健指導・助言を遵守した医薬品の使用を介助する。
6. 爪の手入れ：爪や爪の周囲に異常がない場合。疾患にともなう専門的な管理が必要な場合を除く。爪を爪切りで切ることおよび爪やすりでやすりがけすること。
7. 口腔ケア：重度の歯周病等がない場合，日常的な口腔ケアである場合。歯ブラシや綿棒等を用いて，歯，口腔粘膜，舌の汚れを除去すること。
8. 耳垢の除去：耳垢塞栓の除去を除く。
9. ストーマ装具の交換およびパウチにたまった排泄物の破棄：ストーマおよびその周辺の状態が安定している場合。専門的管理が必要な場合を除く。
10. 自己導尿を補助するためのカテーテルの準備，体位の保持。
11. 浣腸：市販のディスポーザブルグリセリン浣腸器を用いる場合。以下の使用上の制限を除く。
    〈使用上の制限〉
    - 挿入部の長さ：5〜6 cm 程度以内
    - グリセリン濃度：50％
    - 使用できる容量：40 g 程度以下（成人用），20 g 程度以下（6〜12 歳未満の小児用），10 g 程度以下（1〜6 歳未満の幼児用）

●医療の倫理

病気の際に，私たちは病院で医師の診療を受け，処方箋《しょほうせん》をもらい，薬局等で処方箋にある薬を購入して服用します。これは薬の入手に制限があることを示しています。

理由は，病状に合わせた薬やその量を医師が決めることによって，体の状態に合わない薬の種類や量を飲まないようにするためです。不適切に薬を飲んだ場合には病状を回復させないばかりか，時に生命を危険な状態に陥らせることもあるからです。

私たちは，信頼できる医師や看護職員から医療を受けなければなりません。現実には，病院で初対面の医師の診療を受け，処方箋をもらい（服用する薬を決めてもらう），場合によっては看護師から薬を注射してもらいます。ここには，利用者は初対面であったとしても医療従事者が適切に医療を行える人たちであることを信頼しているから成り立つ関係があります。

国は人々が初対面の人であっても，医師や看護師等として信頼してもよいことを示すために，医師や看護師等に免許を与え，信頼を損なった場合には業務の停止や免許の取り消しを行っています。免許は，国の定めた知識や技術を習得して，国家試験でそれを確認し，国民に対して示す保証書の一種ともいえます。病院や診療所では医師の仕事は医師だけに，看護師の仕事は看護師だけに行わせるよう規定されています。

医療は人の生命と健康にかかわる行為です。医療を担う医師や看護師等は，免許を持っているだけではなく，利用者が自身の生命や健康をかけて信頼していることに対して謙虚に応えなくてはなりません。これが「医療の倫理」です。利用者の信頼に応える誠実な医療を行うために，どのような姿勢でどのような行動をとるべきかを示しています。喀痰吸引や経管栄養も医療の行為ですから，これらを行う介護職員も介護倫理とともに，医療の倫理を理解し原則を守ることが求められます。

●医療倫理４原則

医療従事者が倫理的な問題に直面した時に，どのように解決すべきかを判断するための指針となっている医療倫理の４原則があります（表Ⅰ-2-4）。

表Ⅰ-2-4　医療倫理４原則

1. 自律尊重の原則	その人の意思を尊重し，自由に選択・決定，行動できるようにします。
2. 無危害の原則	その人に危険や危害がないようにし，予防します。
3. 善行の原則	その人にとって最善の方向へと向かうように行動します。
4. 公正の原則	担当する人たちを平等に扱い，資源も適正に配分します。

〔高嶋愛里・重野亜久里・井出みはる（2017）第２部　倫理とコミュニケーション，3. 専門職としての意識と責任．特活多文化共生センター編『医療通訳』日本医療教育財団，p 95-124〕

3 チーム医療と介護職との連携

到達目標

- □チーム医療について説明できる
- □チーム医療のチームを構成する主な職種を述べることができる
- □喀痰吸引と経管栄養についての医療職と介護職の連携について説明できる

●チーム医療とその実際

国はこれからの医療提供の在り方について「チーム医療」に注目し，検討会を設置して，「医療スタッフの協働・連携によるチーム医療の推進について」*8 という通知文を出しています。それによると，各医療スタッフの専門性を十分に活用して，患者・家族とともに質の高い医療を実現するためには，各医療スタッフがチームとして目的と情報を共有したうえで，医師等による包括的指示を活用し，各医療スタッフの専門性に積極的に委ねるとともに，医療スタッフ間の連携・補完をいっそう進めることが重要であるとしています。

例えば，訪問看護では，医療を必要としている人が最期まで暮らせるよう他職種との協働により在宅生活を支えていきます。また訪問診療は，医師が患者の居宅まで出向いて行う診療です。訪問診療は，診療計画のもと，通院が困難な人に対し行われます。

訪問看護や訪問診療を含む在宅医療では，当初からチーム医療が実践されています。医療スタッフ等としては，医師，看護師，薬剤師，リハビリテーション関係職種，管理栄養士，臨床工学技士，診療放射線技師，介護職員などがあげられていますが，医療ソーシャルワーカーやケアマネジャーらもその一員として協働していくことが望まれています。多くの職種がチームとして活動するためには，各職種の専門性を理解し，尊重し合うこと，目的や情報を共有すること，自身の役割を果たすことが重要です。

さらに，地域包括ケアでは，地域包括支援センターなどで地域のケアマネジメントを総合的に行うために，介護予防ケアマネジメント，総合相談や支援，権利擁護事業，ケアマネジメント支援などを包括的に行う事業（包括的支援事業）を行っており，専門職員（社会福祉士・主任ケアマネジャー・保健師）を配置し，介護予防サービス等の提供を含めた保健・医療・福祉に関する相談・支援などに包括的かつ継続的に対応していきます。

●喀痰吸引と経管栄養についての医療職と介護職の連携

平成 24 (2012) 年の社会福祉士及び介護福祉士法の改正により，介護職員は喀痰《かくたん》吸引と経管栄養を行うことになり，医療チームの一員としても役割を果たすことになりました。医療職（医師・看護職員）と介護職は，利用者の安全と健康維持・増進のために日頃から利用者の心身の状況に関する情報を共有し，報告・連絡・相談について取り決めをもつなど密に連携し合うことが重要です（**表I-2-5**）。

表I-2-5　報告・連絡・相談についての取り決め

1. 介護職員等による喀痰吸引等の実施に際し，医師の文書による指示を受ける。
2. 対象者の状態について，医師または看護職員による確認を定期的に行い，対象者の心身の状況に関する情報を介護職員等と共有することにより，医師または看護職員および介護職員の間における連携を確保するとともに，適切な役割分担を図る。
3. 対象者の希望，医師の指示および心身の状況を踏まえて，医師または看護職員との連携のもとに，喀痰吸引等の実施内容その他の事項を記載した計画書を作成する。
4. 喀痰吸引等の実施状況に関する報告書を作成し，医師に提出する。
5. 対象者の状態の急変等に備え，速やかに医師または看護職員への連絡を行えるよう，緊急時の連絡方法をあらかじめ定めておく。
6. 上記の事項など必要な事項を記載した喀痰吸引等に関する書類（業務方法書）を作成する。

〔厚生労働省令（2011）『社会福祉士及び介護福祉士法施行規則の一部を改正する省令』（平成 23 年 10 月 3 日第 126 号）〕

第3章

安全な療養生活

1 喀痰吸引や経管栄養の安全な実施

到達目標

- □ 安全に喀痰吸引や経管栄養を提供する重要性を説明できる
- □ リスクマネジメントの考え方と枠組みを説明できる
- □ ヒヤリハット・アクシデントの報告が予防策につながることを説明できる

●安全に喀痰吸引や経管栄養を提供する重要性

医療の第一の使命は，人命を救うことです。命が危険にさらされた時に，その危険を除外し，人間がもっている自然治癒力[*1]を駆使し，生命活動が継続できるようにすることです。人命を救う使命の「医療」が，人々の命を危険な状態にすることは許されることではありません。安全に確実に行うことが何より重要です。

＊1
自然治癒力：生まれながらにしてもっている，傷を治したり病気を回復する力や機能。

安全に「喀痰《かくたん》吸引」や「経管栄養」を提供するために重要なのは以下のとおりです。

1）命を守ることを何よりも最優先にすること

喀痰吸引や経管栄養の行為は，体に直接，管の挿入や栄養物の注入を行うため，危険をともなう行為です。ですから，安全に行うためには適切な知識や技術を習得することが大切です。また，自信のない行為は原則行わないか，または確実に実施できる人に頼むことです。また，失敗した場合は一人で抱え込んだり隠したりせずに，早めに報告することが利用者の命を守ることになります。

2）安心につながる確実な行為ができること

喀痰吸引や経管栄養の行為を実施する者の「怖い」という思いが，利用者に不安を抱かせます。また，不安が不信感につながることもあります。喀痰吸引や経管栄養の行為を行う者は，自身が実施できる行為の範囲を正しく理解したうえで，その行為を確実に実施できる力をつけることが重要です。

3) 失敗などを隠さず報告すること

「恥ずかしいから」「みんなからの信頼がなくなるから」「できない人と見られるから」などという理由で，ヒヤリとしたり，ハッとしたりしたことなどを誰にも伝えず，隠してしまいがちです。そうではなく，それを隠さず報告することで，次回は確実にできるようにすることと，あるいは共有することで他の人が同じ過ちを繰り返さないようにしていくことに役立ちます。次からのケアに結びつけるためにも勇気を出して報告しましょう。

●リスクマネジメントの考え方と枠組み

まず，リスクとは何かを考えます。一般的には，「ある行動にともなって（あるいは行動しないことによって），危険の可能性を意味する概念」とされています。

潜在的に危険の原因となりうるものと，実際にそれが起こって現実の危険となる可能性とを組み合わせたものといわれています。潜在的に危険の原因があるとしてもそれがまず起こり得ない場合のリスクは低く，確率は低くても起こった場合の結果が甚大であれば，リスクは高いといわれます。

リスクマネジメントでは，おおむね次の2つのことについて対策を立てておくことであり，それを実行できるようにすることです。

①事故を起こさないように予防策を講じること（予防対策）

②事故に対する迅速で確実な対処が行えること（事故対策）

医療事故にかかわらず，あらゆる危機管理に用いられる理論に「ハインリッヒの法則」があります。このハインリッヒの法則は，「重大災害や重大な事故1件につき，軽微な事故が29件，さらにその背後に隠れたヒヤリハットが300件ある」とし，1：29：300の法則，もしくはヒヤリハットの法則とも呼ばれることがあります。ヒヤリハットは単純に「危なかった」では済まさず，同じミスの繰り返しが積み重なるとヒヤリハットから軽い事故，そして重大な事故につながるといわれていることを理解しましょう。そして，ヒヤリハットの段階でリスクマネジメントを実行することです。

事故を起こそうと思って起こす人はいません。起こさないように努力しても“絶対に起こさない”という保証はありません。気がつかないうちに起こってしまっていることもあります。

また，医療の現場におけるリスクとは，必ずしも人為的なミスによって起こるものばかりではありません。予期せぬ利用者の状態の変化や原因不明の機器の不具合に遭遇することもあります。個人の人為的なミスのみに着目するのではなく，組織的な視点など多面的な視点からとらえられる考え方が重要です。

リスクマネジメントには，以下の基本的な考え方があります。

1）人は誰でも必ず事故を起こすという考え

どんなベテランでも，誰でも事故を起こしうるものだという前提で，その予防策を講じることが重要です。職員の努力だけでは限界があります。起こしうる事故に対して，起こさないための予防策を立て，職員全員がそれを理解し，守り実行することです。

2）事故が起きても被害を最小にするという考え

事故が発生しても，対応により被害を最小にします。起きてしまった事故には，迅速に確実に対処する必要があります。事故発生時の基本的な対応（利用者の安全確保を優先する，迅速な報告，事実を正確に報告）を徹底します。起きた事故による被害者は，利用者だけではなく，居宅の場合などは家族や第三者，時に自分自身も含めた職員（介護職員，看護職員・医師など）の場合もあります。

3）組織で事故予防に取り組むシステムの構築をするという考え

組織での安全管理に対する基本的理念を示し，安全管理について検討する場をつくること，事故事例の報告や収集の体制を整え，定期的に事例を検討するなどの取り組みをシステム化します。現場では，リスクマネジメントを行うための文書（リスクマネジメント・マニュアルなど）を作成し，それを遂行する組織的な枠組みをつくっているところが多くあります。リスクマネジメントの全体像を理解しながら，それに沿って実施・報告などを行いましょう。

リスクマネジメントを確実に行うためには，「ヒヤリハット・アクシデント報告」が重要な役割を果たします。

●ヒヤリハット・アクシデント報告

喀痰吸引や経管栄養の行為のあとには，必ず，医師・看護職員に対し実施報告を行います。万が一，ヒヤリハットやアクシデントが発生した場合は，報告書を記載することも重要ですが，発生後は決められた手順に従い迅速に医師・看護職員に連絡し，対応します。ヒヤリハットやアクシデントを予防し，あるいは未然に防ぎ，安全に医療的行為を行うために，日常的に「ヒヤリハット・アクシデント報告書」に記載し，事故の予防や発生時の迅速で的確な対応につなげます。

1）ヒヤリハット

ヒヤリハットとは，アクシデント（事故）には至っていないが，事故寸前の危険な状況で，ヒヤリとしたこと，ハッとしたことなどです。

発生した理由には，手順の間違いや観察不足，医師・看護職員等との連携不足などがあります。結果として，利用者の状態の悪化を未然に防いだ場合や，すぐに回復した場合などは，一般に「出来事の影響度分類」のレベル 0～3a に分類されるものです（**表Ⅰ-3-1**）。

表Ⅰ-3-1　出来事の影響度分類

レベル	出来事
0	エラーや医薬品・医療用具の不具合が見られたが，利用者には実施されなかった。
1	利用者への実害はなかった（何らかの影響を与えた可能性は否定できない）。
2	処置や治療は行わなかった（利用者観察の強化，バイタルサインの軽度変化，安全確認のための検査などの必要性は生じた）。
3a	簡単な処置や治療を要した（消毒，湿布，皮膚の縫合，鎮痛剤の投与など）。
3b	濃厚な処置や治療を要した（バイタルサインの高度変化，人工呼吸器の装着，手術，入院日数の延長，外来患者の入院，骨折など）。
4a	永続的な障害や後遺症が残ったが，有意な機能障害はともなわない。
4b	永続的な障害や後遺症が残り，有意な機能障害の問題をともなう。
5	レベル 4b を超える影響を与えた。

表Ⅰ-3-2　ヒヤリハット・アクシデント報告書を書く目的

- 何が原因で，どうすれば次に同じ事故を起こさないことができるかを考えること。
- 自分だけでなく他のスタッフと情報を共有することで，施設や事業所として組織的な業務の改善につなげていくこと。
- 反省だけを書くことではない。

2) アクシデント

アクシデントとは，利用者に起こってしまった事故で，利用者の身体上の損傷の程度が大きく，濃厚な治療を要するなど，ヒヤリハットよりも利用者に与える影響が大きいものです。一般に「出来事の影響度分類」のレベル 3b～5 に分類されます（**表Ⅰ-3-1**）。

3)「ヒヤリハット」と「アクシデント」

実際の現場ではその区別が難しく，中間的であいまいな場合も少なくありません。利用者の状態や機器等の状況が「いつもと違う」「何かおかしい」ということに気づいた時に，医師・看護職員と共有して確認することです。重要なのは，「ヒヤリハット」「アクシデント」と気がつくことであり，気がつかないことが最も大きなリスクです。

ヒヤリハット報告書を記録する目的は，**表Ⅰ-3-2** に示したとおりです。

ヒヤリハットのとらえ方は，人それぞれで異なることがあります。

例えば，吸引の前に手洗いを忘れたが，訪問直後に手洗いをしたので問題ないと思う場合や，経管栄養の利用者に栄養物を滴下し始めた時，せき込んだことをヒヤリハットに記載しないでよいと思う場合もあるかもしれません。しかし，これらの事象もヒヤリハットに該当するため，ヒヤリハット報告書に記載することが必要です。自分以外の人がヒヤリとしたことを共有することは，自分では気づかなかったヒヤリハットを意識することにつながり，事故を未然に予防することにつながります。

ヒヤリハットやアクシデントは，個人のヒューマンエラーだけで発生するとは限りません。個人の責任ではなく，システム上の問題としてとらえ，事業所全体で事実の把握を行い，なぜ発生したのかという要因を，事例ごとに分析をします。ヒヤリハット・アクシデント報告書は，それぞれの施設や事業所などで報告書の様式を決めておきます。報告書の内容としては，「いつ，どこで，誰がまたは何が，どのように，どうしたか，どうなったか」を書くことが基本です。

人は生活のなかで常にリスクと隣り合っています。なかでも，医療的行為は，抵抗力が低下している療養者がケアの対象になっているため，一度事故が起きると重大な結果につながりやすく，介護者はいつでも当事者となりうるリスクをもっています。しかし，リスクを恐れるのではなく，反対にリスク感性を育てることが重要です。リスク感性とは「危ない・注意して」といわれなくても，リスクを察知して，自ら安全行動をとれる感覚を養うことです。そのためには，ケアを実施する一連の行為から，リスクを予知する訓練を実施します。ヒヤリハットやアクシデント報告を集中して分析し，問題を解決する力を重ねることことから事故防止につながります。

（別添様式 4）

喀痰吸引等業務（特定行為業務）ヒヤリハット・アクシデント報告書

報告者状況	事業所名称	
	介護職員氏名	
	管理責任者氏名	
被報告者状況	事業所名称	
	連携看護職員氏名	

発生日時	令和　　年　　月　　日（　　曜日）　　午前・午後　　時　　分頃	
発生場所	□ ベッド上　□ 車椅子　□ その他（具体的に　　）	
対象者	氏名：　　（ 男 ・ 女 ）	年齢：
	当日の状況	

出来事の情報（1 連の行為につき 1 枚）			
行為の種類	【喀痰吸引】 ①人工呼吸器の装着の有無　□ なし　□ あり ②部位　（ □ 口腔　□ 鼻腔　□ 気管カニューレ内 ） 【経管栄養】（ □ 胃ろう　□ 腸ろう　□ 経鼻経管 ）		
第 1 発見者 （□は 1 つ）	□ 記入者自身 □ 記入者以外の介護職員 □ 連携看護職員 □ 連携看護職員以外の看護職員	□ 医師 □ 介護支援専門員	□ 家族や訪問者 □ その他 （　　）
出来事の 発生状況	※誰が，何を行っている際，何を，どのようにしたため，対象者はどうなったか。		
医師への 報告	□ なし　□ あり		
連携看護職員への 報告	□ なし　□ あり		
出来事への 対応	※出来事が起きてから，誰が，どのように対応したか。		
救急救命処置の 実施	□ なし		

〔厚生労働省（2012）『喀痰吸引等業務に関する参考様式の送付について』（平成 24 年 3 月 28 日厚生労働省社会・援護局福祉基盤課福祉人材確保対策室事務連絡）の別添様式 4「喀痰吸引等業務（特定行為業務）ヒヤリハット・アクシデント報告書」より抜粋〕

	□ あり（具体的な処置：　　　　）	
出来事が発生した背景・要因 （当てはまる要因を全て）	※なぜ，どのような背景や要因により，出来事が起きたか。	
	【人的要因】 □ 判断誤り　□ 知識誤り　□ 確認不十分　□ 観察不十分　□ 知識不足 □ 未熟な技術　□ 技術間違い　□ 寝不足　□ 体調不良 □ 慌てていた　□ 緊張していた　□ 思いこみ　□ 忘れた □ その他（　　　　） 【環境要因】 □ 不十分な照明　□ 業務の中断　□ 緊急時　□ その他（　　　　） 【管理・システム的要因】 □ 連携（コミュニケーション）の不備　□ 医療材料・医療機器の不具合　□ 多忙 □ その他（　　　　）	
出来事の影響度分類（レベル 0～5 のうち一つ）	□ 0	エラーや医薬品・医療用具の不具合が見られたが，対象者には実施されなかった
	□ 1	対象者への実害はなかった（何らかの影響を与えた可能性は否定できない）
	□ 2	処置や治療は行わなかった（対象者観察の強化，バイタルサインの軽度変化，安全確認のための検査などの必要性は生じた）
	□ 3a	簡単な処置や治療を要した（消毒，湿布，皮膚の縫合，鎮痛剤の投与など）
	□ 3b	濃厚な処置や治療を要した（バイタルサインの高度変化，人工呼吸器の装着，手術，入院日数の延長，外来患者の入院，骨折など）
	□ 4a	永続的な障害や後遺症が残ったが，有意な機能障害は伴わない
	□ 4b	永続的な障害や後遺症が残り，有意な機能障害の問題を伴う
	□ 5	レベル 4b をこえる影響を与えた

介護職員　報告書記入日　令和　　年　　月　　日

医師・連携看護職員の助言等	①医師又は看護職員が出来事への対応として実施した医療処置等について
	②介護職員へ行った助言・指導内容等について
	③その他（今回実施した行為で介護職員の対応として評価できる点など）

医師・連携看護職員　報告書記入日　令和　　年　　月　　日

2 救急蘇生法

到達目標
- □ 救急蘇生について説明できる
- □ 救急蘇生法を説明できる

●救急蘇生の意義

消防庁によると，令和元（2019）年度の救急業務として，救急車等の現場到着所要時間は全国平均 8.7 分で，病院に収容されるまでの所要時間は全国平均 39.5 分です[*2]。介護職員が喀痰《かくたん》吸引や経管栄養を行っている時に，療養者の病状が急変し，療養者の救命救急の場面に遭遇することがあるかもしれません。また，器械や手技の不備のために，療養者の状態が悪くなってしまうことがあるかもしれません。急変時の対応は，事前に医師・看護職員との連携により体制を整え確認しておき，その対応に従います。救急車を呼ぶ場合は，救急車が到着するまでに，側にいる介護者が救急蘇生を速やかに行えば，療養者の救命率が向上し，その後の経過にもよい影響があります。

*2
消防庁「令和２年版 救急救助の現況」より。

実際の救急の現場においても，バイスタンダー（その場に居合わせた人）が救急蘇生を行うことによって，大切な命が救われた例は数多くあります。医療行為を行うにあたり適切な救急蘇生法に関する知識や技術を身につけておくことは大切です。

●救急蘇生の目的

一般的に，心肺蘇生法の目的は，傷病者が心肺停止，もしくはこれに近い状態になった時に，呼吸および循環機能を補助することです。まずは「救命」，命を救うことが目的になります。

次に，血流が停止していることによるその後のダメージの軽減です。助かったとしても血流の回復までに時間がかかってしまったら，脳や心臓に重い障害が残ってしまうことがあります。心臓が止まっている間に，胸骨圧迫法などの心肺蘇生を行うことによって，血流が途絶えず後遺症を軽減させることができます。

また，意識のある方にとっては，声かけや励ましの言葉をかけることによって苦痛や不安が軽減されます。

●救急蘇生における法律

善意の気持ちから心肺蘇生を行いたいと思っても，うまくいかなかった場合に罪に問われることがあるのではないか，と心肺蘇生を行うのを躊躇する気持ちをもつことがあるのではないでしょうか。

わが国においては，「民法」第698条の「緊急事務管理」の規定により，悪意または重大な過失がない限り，善意の救助者が傷病者などから損害賠償責任を問われることはないと考えられています。また，「刑法」第37条の「緊急避難」の規定では，害が生じても，避けようとした害の程度を超えなかった場合に限り罰しないとされています。善意に基づいて，注意義務を尽くし救急蘇生を実施した場合には，民事上，刑事上の責任を問われることはないと考えられています。

●心肺蘇生の意思表示

心肺蘇生は，救命の可能性があって，それを望む者は誰でも受けられるべき行為です。実際に市民および救急隊による心肺蘇生を受けて，多くの傷病者が心停止からの社会復帰を果たしています。一方で，「がんの終末期なので蘇生処置を受けずに心安らかに眠りにつきたい」「高齢なのでそのまま自宅で亡くなりたい」などの理由で心肺蘇生を望まない人もいます。しかし，そのように思っていても臨終期にあたり，望んでいない心肺蘇生を受けることがあります。

いざという時に療養者がどうしてもらいたいか，日頃から家族・本人を含めたケアチームで十分に話し合っておくこと（ACP）[*3]が大切です。療養者や家族の気持ちは，日々移り変わるので何度も確認し合いましょう。

＊3
ACP（アドバンス・ケア・プランニング Advance Care Planning）：今後の治療・療養について患者・家族と支援チームがあらかじめ話し合っておくプロセス。

この項では，厚生労働省の『救急蘇生法の指針2015』に基づき，一般的な救急蘇生法について記してあります。実際には，消防機関や日本赤十字社などが行っている救急蘇生法の講習会を受講するとよいでしょう。

●救急蘇生法とは

市民が行う救急蘇生法は一次救命処置と簡単なファーストエイドです（図Ⅰ-3-1）。

突然の心停止，もしくはこれに近い状態になった傷病者《しょうびょうしゃ》を社会復帰に導くための方法を一次救命処置といいます。一次救命処置には胸骨圧迫や人工呼吸による心肺蘇生とAED（自動体外式除細動器）を用いた電気ショックに加え，異物で窒息をきたした傷病者への気道異物除去も含まれます。一次救命処置は特別な資格がなくても誰でも行うことができるだけでなく，救急救命士や医師が医療資材を用いて行う二次救命処置よりも命を守るために大きな役割を果たします。

一方，一次救命処置以外の急な病気やけがをした人を助けるために行う最初の行動をファーストエイドといいます。ファーストエイドにより命を守り，苦痛を和らげ，それ以上の悪化を防ぐことが期待できます。ファーストエイドには熱中症への対応や出血に対する圧迫止血なども含まれます。

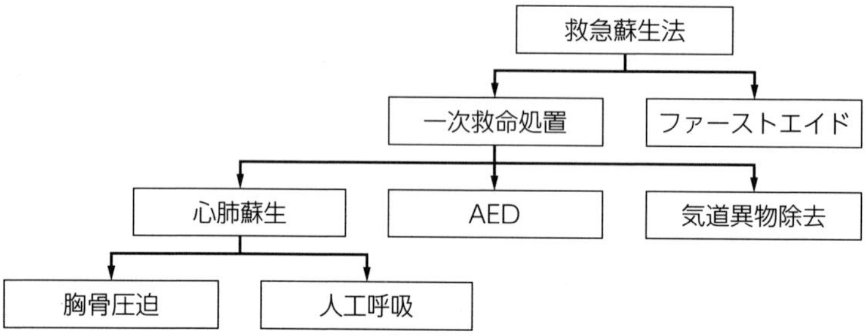

図Ⅰ-3-1　市民が行う救急蘇生法

●救命の連鎖と市民の役割

急変した傷病者を救命し，社会復帰させるために必要となる一連の行いを「救命の連鎖」（図Ⅰ-3-2）といいます。「救命の連鎖」を構

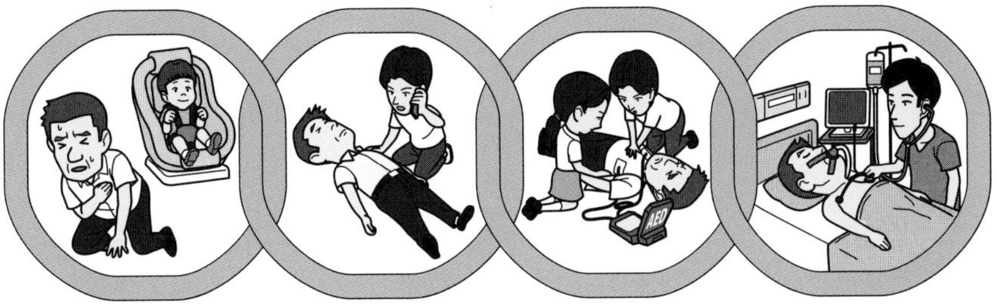

図Ⅰ-3-2　救命の連鎖

成する4つの輪がすばやくつながると，救命効果が高まります。鎖の1つめの輪は心停止の予防，2つめの輪は心停止の早期認識と通報，3つめの輪は一次救命処置（心肺蘇生とAED），4つめの輪は救急救命士や医師による高度な救命医療を意味する二次救命処置と心拍再開後の集中治療です。

「救命の連鎖」における最初の3つの輪は，現場に居合わせた市民によって行われることが期待されます。例えば，市民が心肺蘇生を行った場合は，行わなかった場合に比べて生存率が高いこと，あるいは市民がAEDによって除細動を行ったほうが，救急隊が除細動を行った場合よりも早く実施できるため，生存率や社会復帰率は高いことがわかっています。市民は「救命の連鎖」を支える重要な役割を担っているのです。

1)「救命の連鎖」の1つめの輪～心停止の予防～

「心停止の予防」は，初期症状に気がついて救急車を要請することを指します。これによって，心停止に至る前に医療機関で治療を開始することが可能になります。また，わが国では高齢者の窒息，入浴中の事故，熱中症なども原因として多く，これらを予防することも重要です。

2)「救命の連鎖」の2つめの輪～早期認識と通報～

早期認識は，突然倒れた人や，反応のない人をみたら，直ちに心停止を疑うことで始まります。心停止の可能性を認識したら，大声で叫んで応援を呼び，119番通報を行って，AEDや救急隊が少しでも早く到着するように努めます。

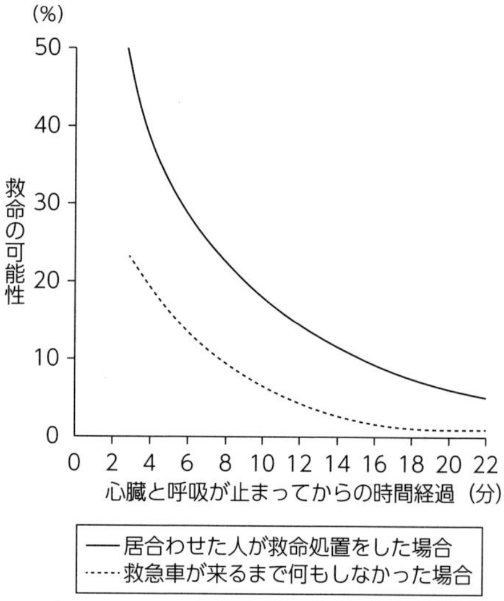

図Ⅰ-3-3　救命の可能性と時間経過
救命の可能性は時間とともに低下しますが，救急隊の到着までの短時間であっても救命処置をすることで高くなります。
〔Holmberg M (2000) Effect of bystander cardiopulmonary resuscitation in out-of-hospital cardiac arrest patients in Sweden.『Resuscitation』47 (1)，59-70 より引用・改変〕

3)「救命の連鎖」の３つめの輪～一次救命処置（心肺蘇生とAED）～

「救命の連鎖」の3つめの輪は一次救命処置（心肺蘇生とAED），つまり停止した心臓と呼吸のはたらきを補助することです。心臓が止まると約15秒で意識が消失し，そのままの状態が続くと脳機能の回復は困難となります。

①心肺蘇生

心肺蘇生によって心臓や脳に血液を送り続けることは，AEDによる心拍再開の効果を高めるためにも，さらには心拍再開後に脳に後遺症を残さないためにも重要です。

②AED

心臓の動きを戻すには電気ショックによる「除細動」が必要となります。心停止から電気ショック実施までにかかる時間が，傷病者の生死を決定する最も重要な因子となります。

③市民による一次救命処置と社会復帰率

心臓と呼吸が止まってから時間の経過とともに救命の可能性は急激に低下しますが（図Ⅰ-3-3の破線），救急隊を待つ間に居合わせた市民が救命処置を行うと救命の可能性が2倍程度に保たれる（図Ⅰ-3-3の実線）ことがわかっています。

4)「救命の連鎖」の４つめの輪～二次救命処置と心拍再開後の集中治療

救急救命士や医師は一次救命処置と並行して薬物や気道確保器具などを利用した二次救命処置を行い，傷病者の心拍を再開させることを目指します。

●一次救命処置

一次救命処置のうち，心肺蘇生の方法と AED の使用方法について順を追って説明します（図Ⅰ-3-4）。

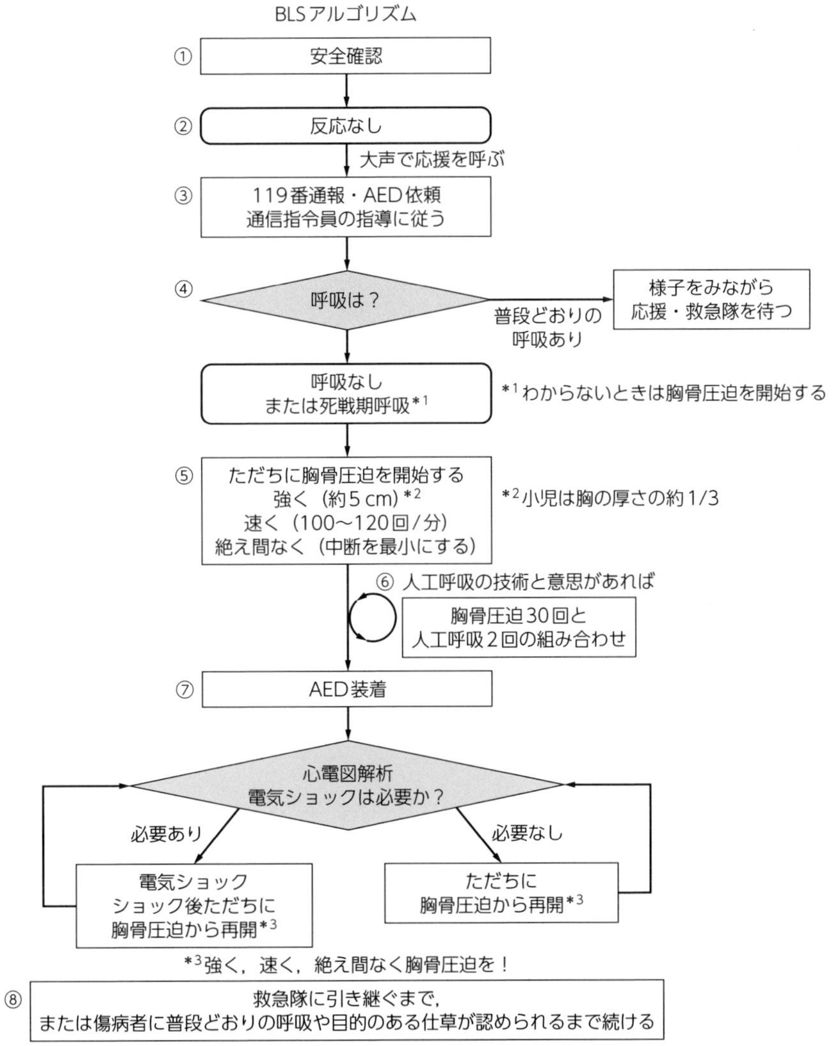

図Ⅰ-3-4　主に市民が行う一次救命処置（BLS）の手順

〔日本蘇生協議会（2016）『JRC 蘇生ガイドライン 2015』医学書院．p 18〕

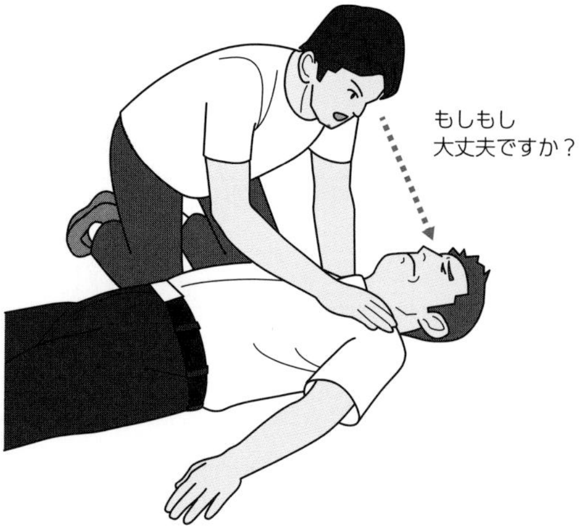

図Ⅰ-3-5　反応を確認する

1）心肺蘇生の手順

①安全を確認する

誰かが突然倒れるところを目撃したり，倒れているところを発見した場合は，まず周囲の状況が安全かどうかを確認します。自分自身の安全を確保することは傷病者を助けることよりも優先されます。暴力行為を受けたり，火事や感電事故に巻き込まれる危険がある場合には傷病者に近づかず，警察や消防の到着を待ったほうがよいこともあります。

②反応を確認する

安全が確認できたら，傷病者の反応を確認します。傷病者の肩をやさしくたたきながら大声で呼びかけた時に（図Ⅰ-3-5），目を開けるなどの応答や目的のある仕草があれば，反応があると判断します。

「反応なし」と判断した場合や，その判断に自信がもてない場合は，心停止の可能性を考えて行動します。「誰か来てください！人が倒れています！」などと大声で叫んで応援を呼んでください（図Ⅰ-3-6）。

③ 119番通報をしてAEDを手配する

そばに誰かがいる場合は，その人に119番通報をするよう依頼します（図Ⅰ-3-7）。また，近くにAEDがあれば，それを持ってくるよう頼みます。

119番通報する時は落ち着いて，できるだけ正確な場所と，呼びかけても反応がないことを伝えましょう。

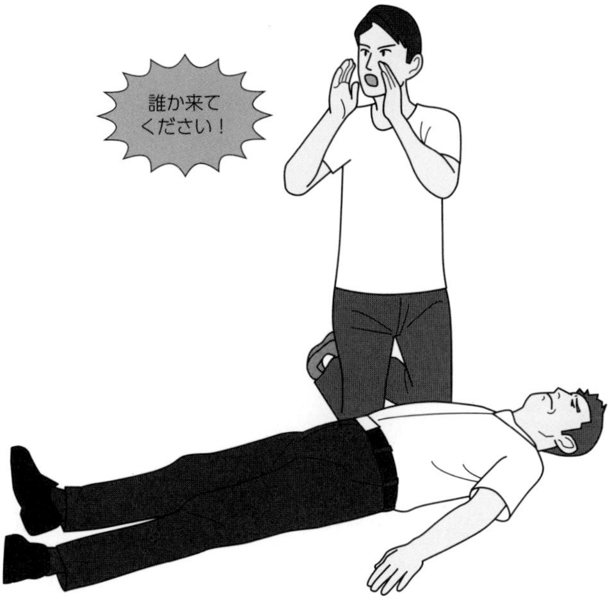

図Ⅰ-3-6　**大声で叫び応援を呼ぶ**

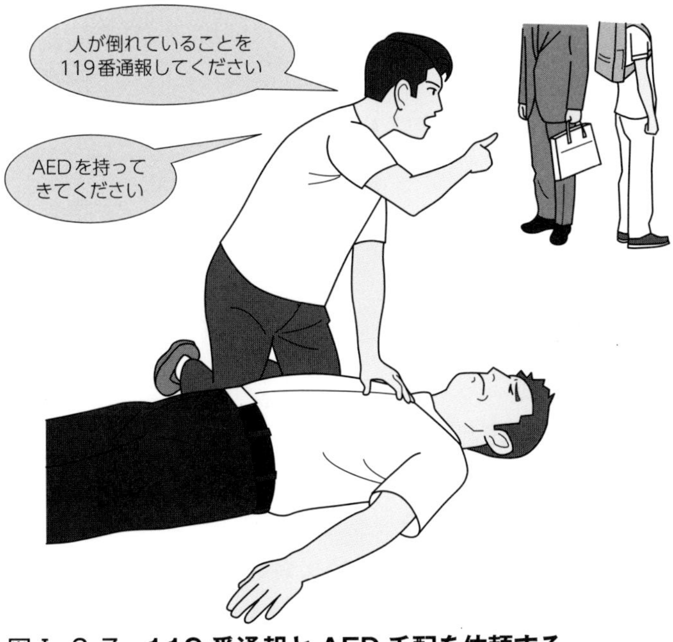

図Ⅰ-3-7　**119番通報とAED手配を依頼する**

119番通報をすると電話を通して，あなたや応援に来てくれた人が行うべきことを指導してくれます（図Ⅰ-3-8）。AEDが近くにある場合には，その場所を教えてもらえることもあります。

大声で叫んでも誰も来ない場合は，心肺蘇生を始める前に119番通報とAEDの手配をあなた自身が行わなければなりません。この

図Ⅰ-3-8　通信指令員による口頭指導

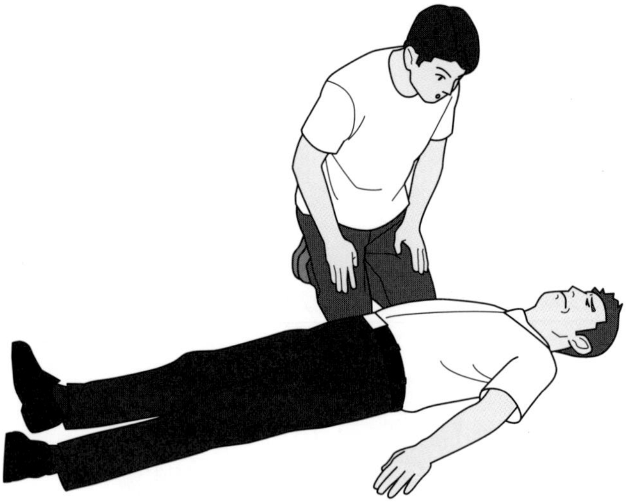

図Ⅰ-3-9　普段どおりの呼吸があるかどうかを観察

場合，AEDを取りに行くために傷病者から離れてよいのか心配になるかもしれません。すぐ近くにAEDがあることがわかっていれば，あなた自身でAEDを取りに行ってください。

④呼吸を観察する

心臓が止まると普段どおりの呼吸がなくなります。傷病者の呼吸を観察するには，胸と腹部の動き（呼吸をするたびに上がったり下がったりする）を見ます（図Ⅰ-3-9）。胸と腹部が動いていなければ，呼吸が止まっていると判断します。呼吸が止まっていれば心停止なので，胸骨圧迫を開始してください。

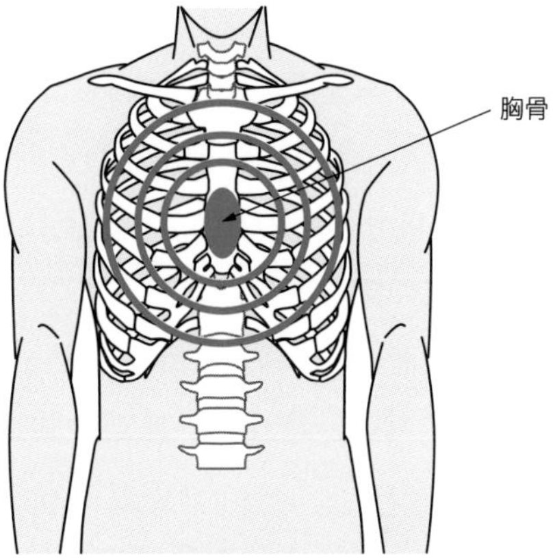

図Ⅰ-3-10　胸骨圧迫をする場所

一方，突然の心停止直後には「死戦期呼吸」と呼ばれるしゃくりあげるような途切れ途切れの呼吸がみられることも少なくありません。このような呼吸がみられたら心停止と考えて，胸骨圧迫を開始してください。普段どおりの呼吸かどうかがわからない時も胸骨圧迫を開始してください。

呼吸の観察には 10 秒以上かけないようにします。約 10 秒かけても判断に迷う場合は，普段どおりの呼吸がない，すなわち心停止とみなしてください。

反応はないが普段どおりの呼吸がある場合には，様子を見ながら応援や救急隊の到着を待ちます。特に呼吸に注意して，呼吸が認められなくなったり，呼吸が普段どおりではなくなった場合には，心臓が止まったとみなして，直ちに胸骨圧迫を開始してください。

⑤胸骨圧迫を行う

呼吸の観察で心停止と判断したら，直ちに胸骨圧迫を開始します。

a. 圧迫の部位

胸の左右の真ん中に「胸骨」と呼ばれる縦長の平らな骨があります。圧迫するのはこの骨の下半分です。この場所を探すには，胸の真ん中（左右の真ん中で，かつ，上下の真ん中）を目安にします（図Ⅰ-3-10）。

b. 圧迫の方法

胸骨の下半分に一方の手のひらの基部（手掌《しゅしょう》基部《きぶ》）を当て，その手の上にもう一方の手を重ねて置きます。重ねた手の指を組むとよいでしょう。圧迫は手のひら全体で行うのではなく，手のひらの基部（手掌基部）だけに力が加わるようにしてください。指や手のひら全体に力が加わって肋骨が圧迫されるのは好ましくありません。垂直に体重が加わるよう両肘をまっすぐに伸ばし，圧迫部位（自分の手のひら）の真上に肩がくるような姿勢をとります。

c. 圧迫の深さとテンポ

傷病者の胸が約 5 cm 沈み込むように強く，速く圧迫を繰り返します（**図Ⅰ-3-11**）。圧迫の強さが足りないと十分な効果が得られないので，しっかり圧迫することが重要です。小児では胸の厚さの約 1/3 沈み込む程度に圧迫します（**図Ⅰ-3-12**）。成人でも小児でも，こわごわと圧迫したのでは深さが足りずに十分な効果が得られません。強く，速く圧迫し続けるように心がけます。ただし，体が小さいため両手では強すぎる場合は片手で行います。

圧迫のテンポは 1 分間に 100〜120 回です。胸骨圧迫は可能な限り中断せずに，絶え間なく行います。

d. 圧迫の解除

圧迫と圧迫の間（圧迫をゆるめている間）は，胸が元の高さに戻るように十分に圧迫を解除することが大切です。ただし，圧迫を解除するために自分の手が傷病者の胸から離れると，圧迫位置がずれることがあるので注意します。

e. 救助者の交代

成人の胸が約 5 cm 沈むような力強い圧迫を繰り返すには体力を要します。疲れてくると気がつかないうちに圧迫が弱くなったり，テンポが遅くなったりするので，常に意識して強く，速く圧迫します。ほかに手伝ってくれる人がいる場合は，1〜2 分を目安に役割を交代します。交代による中断時間をできるだけ短くすることが大切です。特に人工呼吸を行わず胸骨圧迫だけを行っている場合は，より短い時間で疲れてくるので，頻繁な交代が必要になります。

⑥胸骨圧迫 30 回と人工呼吸 2 回の組み合わせ

講習を受けて人工呼吸の技術を身につけていて，人工呼吸を行う意思がある場合には，胸骨圧迫に人工呼吸を組み合わせます。胸骨圧迫と人工呼吸の回数は 30：2 とし，この組み合わせを救急隊員と交代するまで繰り返します。

人工呼吸のやり方に自信がない場合や，人工呼吸を行うために傷

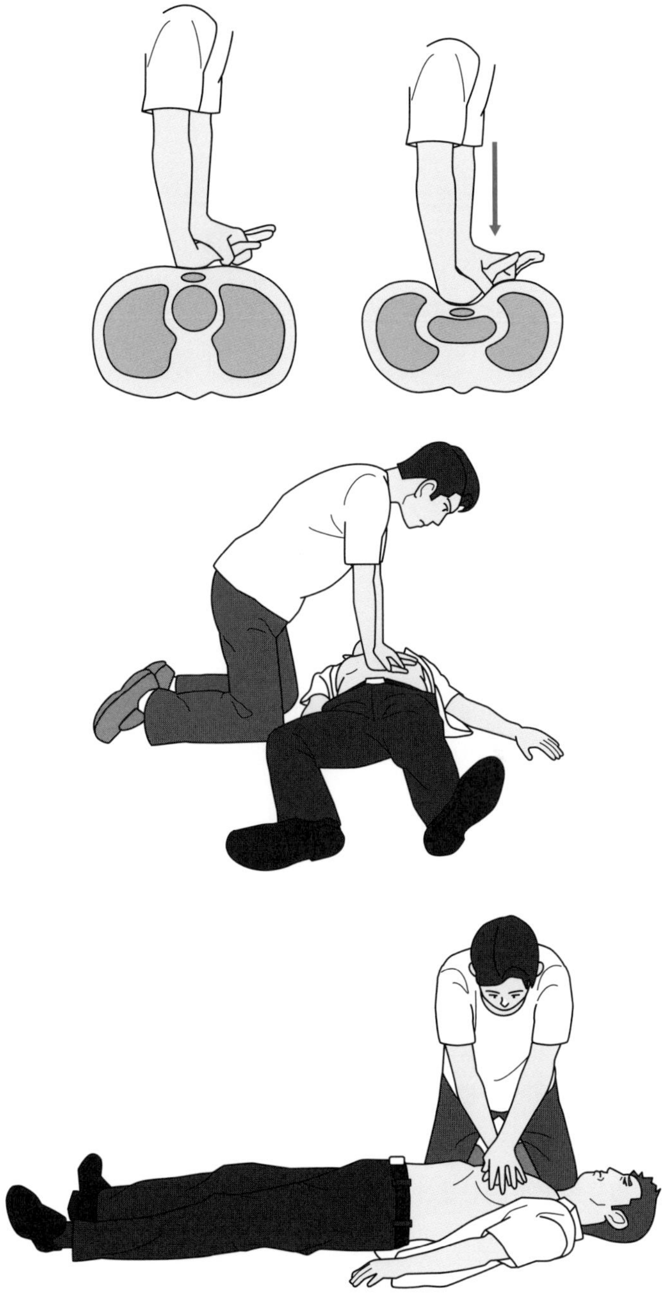

図Ⅰ-3-11　**胸骨圧迫の方法**

病者の口に直接接触することにためらいがある場合には，胸骨圧迫だけを続けてください。

⑦ AEDを使用する

AEDは，音声メッセージとランプで実施すべきことを指示してくれるので，それに従ってください。AEDを使用する場合も，

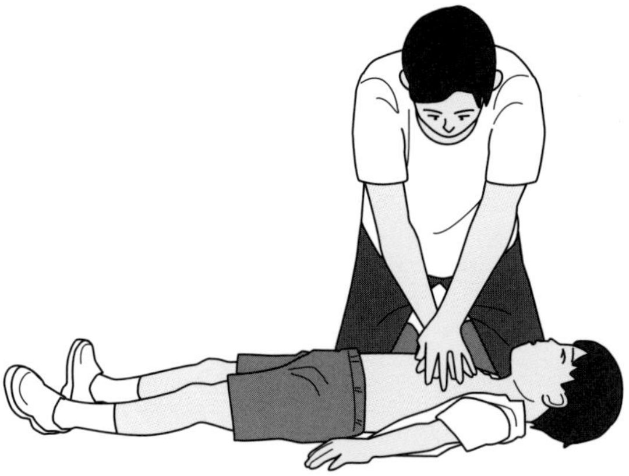

図Ⅰ-3-12　**小児に対する胸骨圧迫**

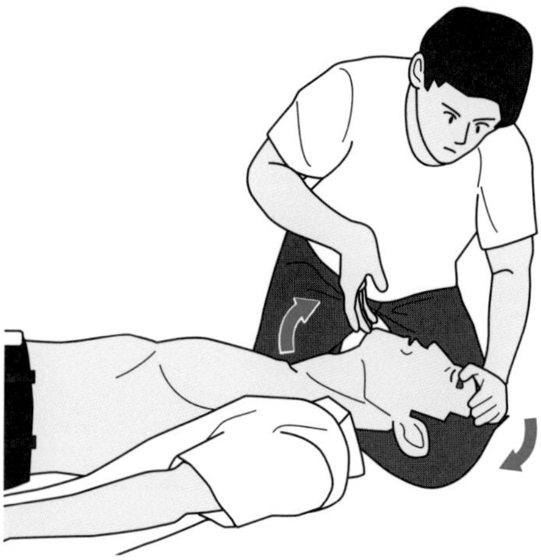

図Ⅰ-3-13　**頭部後屈あご先挙上法による気道確保**

AEDによる心電図解析や電気ショックなど，やむを得ない場合を除いて，胸骨圧迫をできるだけ絶え間なく続けることが大切です。

AED使用の手順は後述（p.72）を見てください。

⑧心肺蘇生を続ける

心肺蘇生は到着した救急隊員と交代するまで続けることが大切です。効果がなさそうに思えても，あきらめずに続けてください。

傷病者に普段どおりの呼吸が戻って呼びかけに反応したり，目的のある仕草が認められた場合は心肺蘇生をいったん中断しますが，判断に迷う時は継続してください。心肺蘇生を中断した場合は反応の有無や呼吸の様子を繰り返しみながら救急隊の到着を待ちます。呼吸が止まったり，普段どおりでない呼吸に変化した場合は直ちに心肺蘇生を再開します。

●人工呼吸の手順

1）気道確保

のどの奥を広げ，空気の通り道を確保することを気道確保といいます。片手で傷病者の額を押さえながら，もう一方の手の指先を傷病者のあごの先端，骨のある硬い部分に当てて押し上げます（図Ⅰ-3-13）。これにより傷病者の頭部が後屈され，顔がのけぞるような姿勢になります。このようにして行う気道確保を頭部後屈あご

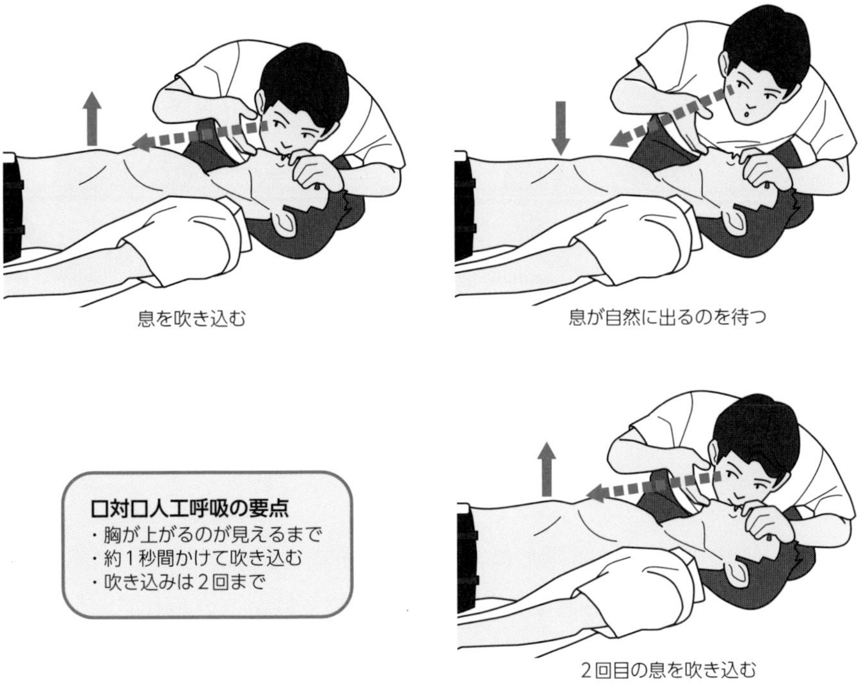

図Ⅰ-3-14　**口対口人工呼吸**

先挙上法と呼びます。この時，あごの下のやわらかい部分を指で圧迫しないよう注意してください。

2) 人工呼吸

頭部後屈あご先挙上法で傷病者の気道を確保したまま，口を大きく開いて傷病者の口を覆って密着させ，息を吹き込みます。この際，吹き込んだ息が傷病者の鼻から漏れ出さないように，額を押さえているほうの手の親指と人差し指で傷病者の鼻をつまみます。

息は傷病者の胸が上がるのが見てわかる程度の量を約1秒間かけて吹き込みます。吹き込んだら，いったん口を離し，傷病者の息が自然に出るのを待ち，もう一度，口で傷病者の口を覆って息を吹き込みます（図Ⅰ-3-14）。このような人工呼吸の方法を「口対口人工呼吸」と呼びます。

息を吹き込むにつれて傷病者の胸が（呼吸をしているように）持ち上がるのを確認します。息を吹き込んだ時に（2回とも）胸が上がるのが目標ですが，うまく胸が上がらない場合でも，吹き込みは2回までとします。2回の吹き込みを行う間は胸骨圧迫が中断され

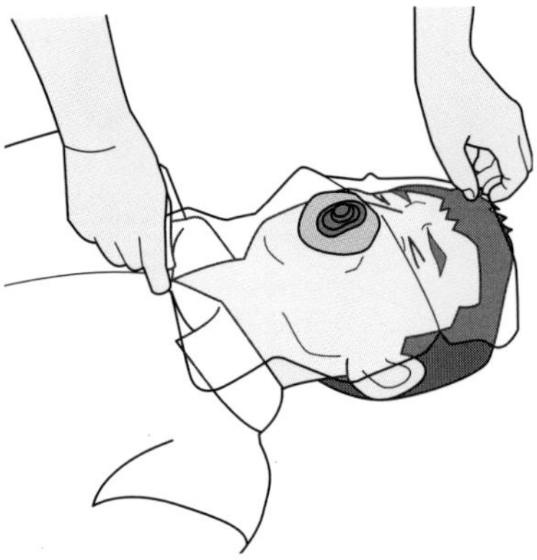

図Ⅰ-3-15　感染防護具（シートタイプ）

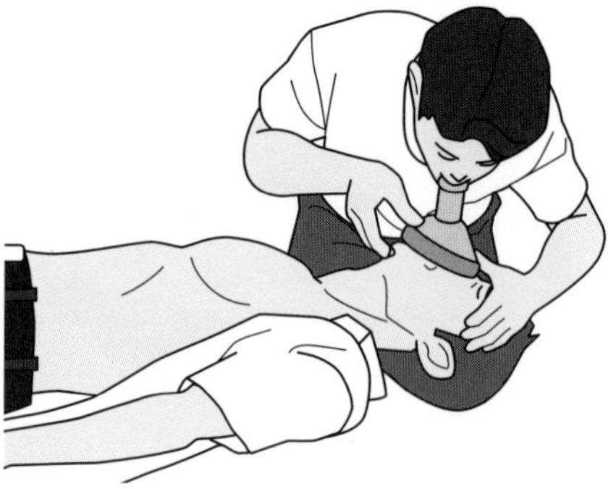

図Ⅰ-3-16　感染防護具（マスクタイプ）

ますが，その中断は10秒以上にならないようにします。

口対口人工呼吸による感染の危険性はきわめて低いといわれていますが，手元に感染防護具がある場合は使用します。感染防護具にはシートタイプのものとマスクタイプのものがあります。シートタイプのものは傷病者と自分の口の間に空気が通る部分を当てて通常の口対口人工呼吸を行います（図Ⅰ-3-15）。マスクタイプのものは傷病者の口と鼻を覆って顔面に密着させ，一方，弁の付いた吹き込み口から息を吹き込みます（図Ⅰ-3-16）。

令和3（2021）年3月現在「新型コロナウイルス感染症の流行を踏まえた市民による救急蘇生法について（指針）」が発出されています[*4]。

＊4
https://www.mhlw.go.jp/content/10800000/000632828.pdf

●AED使用の手順

1）AEDを持ってくる

AEDは人の目につきやすい場所に置かれています。多くの場合，図Ⅰ-3-17に示すように，AEDのマークが目立つように貼られた専用のボックスの中に置かれています。AEDを取り出すためにボックスを開けると，警告ブザーが鳴ります。ブザーは鳴りっぱなしにしたままでよいので，すぐに傷病者のもとに持参してください。

緊急事態に備えて，自分の職場や通勤途上のどこにAEDがあるかを普段から把握しておきましょう。設置場所がわかる全国AEDマップが公開されており（URL：https://www.qqzaidanmap.jp/），厚生労働省が登録を呼びかけています。いざという時に備えて事前

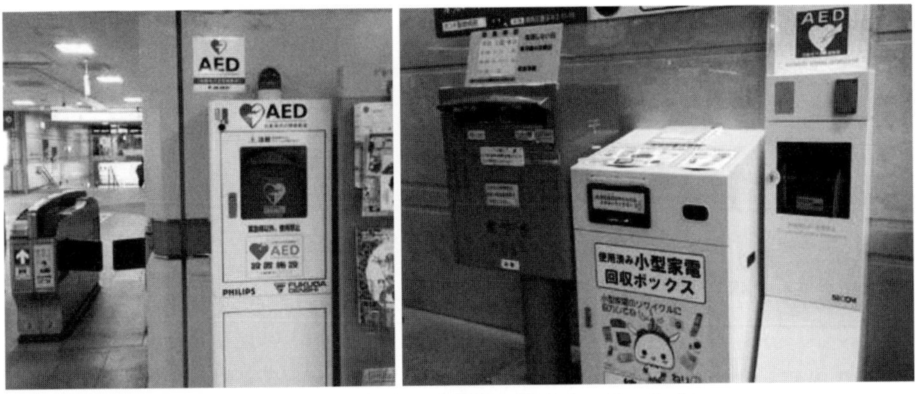

図Ⅰ-3-17　**AED は目につきやすい場所に置かれています**

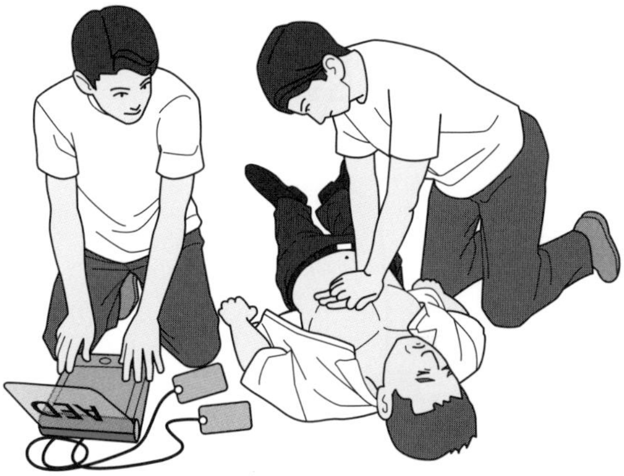

図Ⅰ-3-18　**AED を傷病者の頭の近くに置く**

にアクセスし，身近な AED を知っておくとよいでしょう。

2) AED の準備

心肺蘇生を行っている途中で AED が届いたら，すぐに AED を使う準備に移ります。

AED を傷病者の頭の近くに置くと操作しやすくなります（図Ⅰ-3-18）。

3) 電源を入れる

AED の電源を入れます（図Ⅰ-3-19）。機種によって，ボタンを押して電源を入れるタイプと，ふたを開けると自動的に電源が入るタイプ（電源ボタンはありません）があります。

電源を入れたら，以降は音声メッセージとランプに従って操作します。

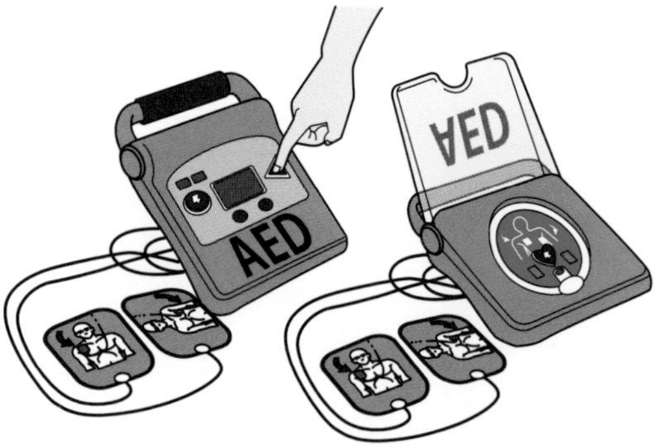

図Ⅰ-3-19　**AED の電源を入れる**

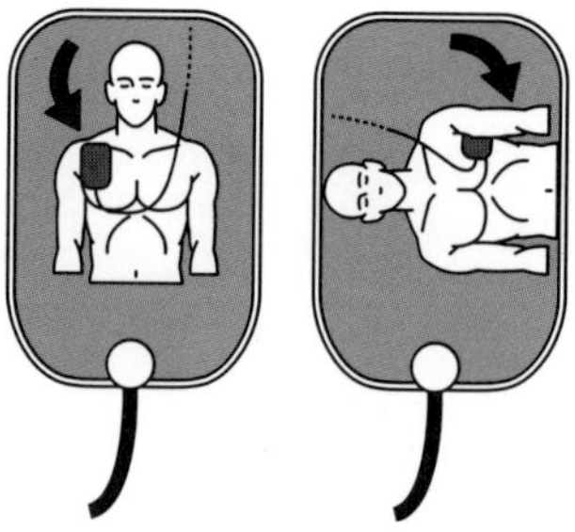

図Ⅰ-3-20　**電極パッドの貼り付け位置が図示されている**

図Ⅰ-3-21　**胸をはだけて電極パッドを肌に貼り付ける**

4）電極パッドを貼り付ける

傷病者の胸から衣服を取り除き，胸をはだけます。ボタンやホックがはずせない場合や，衣服を取り除けない場合には衣服を切る必要があります。

AED のケースに入っている電極パッドを袋から取り出します。電極パッドや袋に描かれているイラスト（図Ⅰ-3-20）に従って，2 枚の電極パッドを肌に直接貼り付けます（図Ⅰ-3-21）。イラストに描かれている貼り付け位置は，胸の右上（鎖骨の下で胸骨の右）と，胸の左下側（脇の下から 5～8 cm 下，乳頭の斜め下）です。電極パッドを貼り付ける間も胸骨圧迫は続けます。

電極パッドは傷病者の肌にしっかり密着させます。電極パッドと肌の間に空気が入っていると電気がうまく伝わりません（図Ⅰ-3-

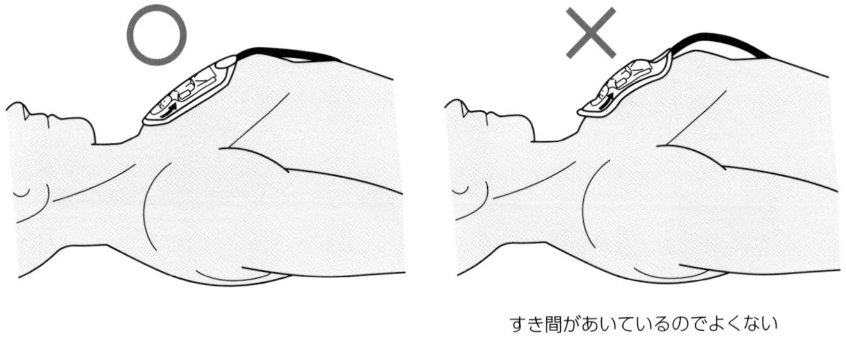

図Ⅰ-3-22　電極パッドは肌に密着させる

22)。

機種によっては，電極パッドから延びているケーブルの差し込み（プラグ）をAED本体の差し込み口に挿入する必要があります。AEDの音声メッセージに従って操作してください。

小学校に上がる前の子ども（乳児や幼児）には小児用パッドや小児用モードを使用します。成人用と小児用の2種類の電極パッドが入っている場合があり，イラストを見れば区別できます。小児用パッドが入っていなければ成人用の電極パッドを使用してください。

小児用モードがある機種は，キーを差し込んだり，レバーを操作するなどして小児用に切り替えて使用してください。これらの機能がなければ成人と同じように使用してください。

5）心電図の解析

電極パッドが肌にしっかり貼られると，そのことをAEDが自動的に感知して，「体から離れてください」などの音声メッセージとともに，心電図の解析を始めます。周囲の人にも傷病者から離れるよう伝え，誰も傷病者に触れていないことを確認してください（図Ⅰ-3-23）。傷病者の体に触れていると，心電図の解析がうまく行われない可能性があります。

6）電気ショックと心肺蘇生の再開

①電気ショックの指示が出たら

AEDは心電図を自動的に解析し，電気ショックが必要な場合には，「ショックが必要です」などの音声メッセージとともに自動的に充

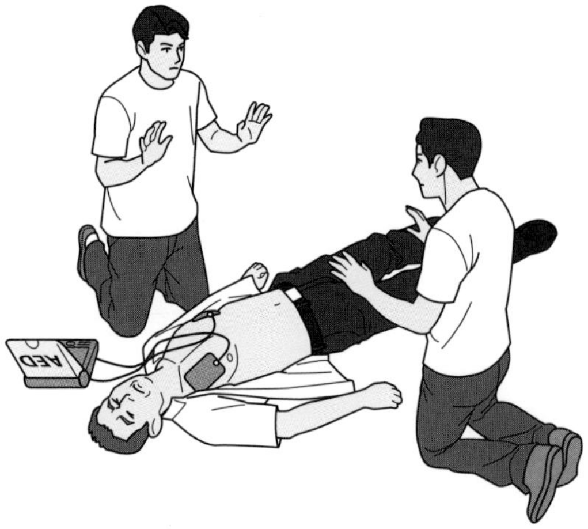

図Ⅰ-3-23　**誰も傷病者に触れていないことを確認する**

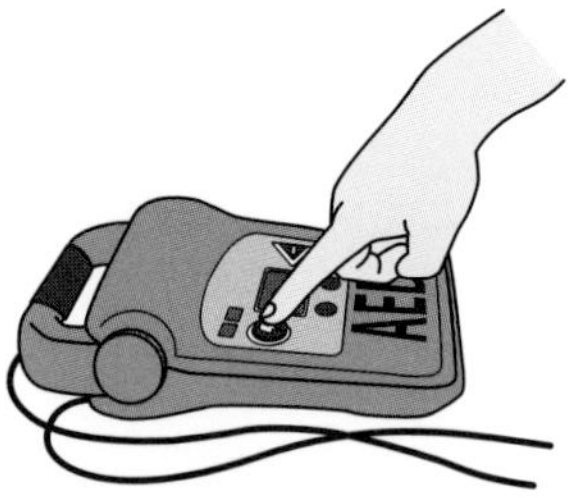

図Ⅰ-3-24　**ショックボタンを押す**

電を開始します。周囲の人に傷病者の体に触れないよう声をかけ，誰も触れていないことをもう一度確認します。

充電が完了すると，連続音やショックボタンの点灯とともに「ショックボタンを押してください」など電気ショックを促す音声メッセージが流れます。これに従ってショックボタンを押して電気ショックを行います（図Ⅰ-3-24）。この時 AED から傷病者に強い電気が流れ，体が一瞬ビクッと突っ張ります。

電気ショックのあとは，直ちに胸骨圧迫から心肺蘇生を再開します。「直ちに胸骨圧迫を開始してください」などの音声メッセージが流れるので，これに従ってください。

②ショック不要の指示が出たら

AED の音声メッセージが「ショックは不要です」の場合は，直ちに胸骨圧迫から心肺蘇生を再開します。「ショックは不要です」は，心肺蘇生が不要だという意味ではないので，誤解しないでください。

7）心肺蘇生と AED の手順の繰り返し

AED は 2 分おきに自動的に心電図解析を始めます。その都度，「体から離れてください」などの音声メッセージが流れます。心肺蘇生中はこの音声メッセージを聞きのがさないようにして，メッセージが流れたら傷病者から手を離すとともに，周囲の人にも離れるよう声をかけ，離れていることを確認してください。

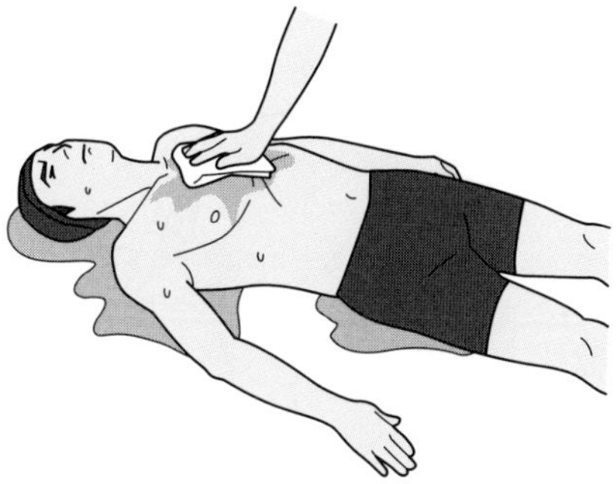

乾いた布やタオルで胸を拭く

図Ⅰ-3-25　胸が濡れている場合

以後も同様に心肺蘇生と AED の手順を繰り返します。

8) 救急隊への引き継ぎ

心肺蘇生と AED の手順は，救急隊員と交代するまであきらめずに繰り返してください。

傷病者に普段どおりの呼吸が戻って呼びかけに反応したり，目的のある仕草が認められた場合は，心肺蘇生をいったん中断して様子をみてください。再び心臓が停止して AED が必要になることもあるので，AED の電極パッドは傷病者の胸から剝がさず，電源も入れたままにしておいてください。

9) 特に注意をはらうべき状況

電極パッドを肌に貼り付ける時には，特に注意をはらうべきいくつかの状況があります。

①傷病者の胸が濡れている場合

パッドがしっかりと貼り付かないだけでなく，電気が体表の水を伝わって流れてしまうために，AED の効果が不十分になります。乾いた布やタオルで胸を拭いてから電極パッドを貼り付けてください（図Ⅰ-3-25）。

②傷病者の胸に貼り薬がある場合

ニトログリセリン，ニコチン，鎮痛剤，ホルモン剤，降圧剤などの貼り薬や湿布薬が電極パッドを貼り付ける位置に貼られている場合には，まずこれを剝がします。さらに，肌に残った薬剤を拭き取ってから，電極パッドを貼り付けます。貼り薬の上から電極パッ

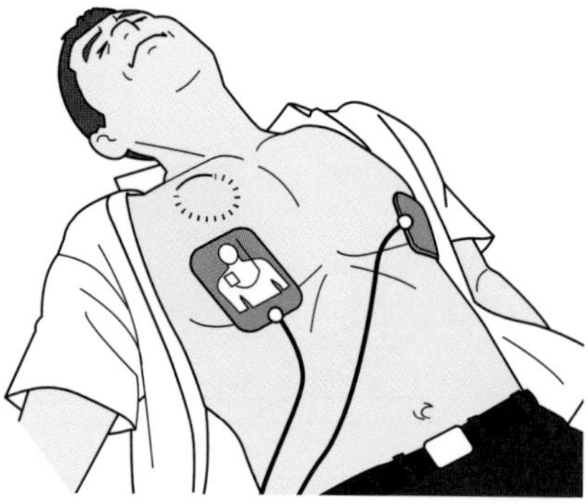

出っ張りを避けて貼り付ける

図Ⅰ-3-26　医療器具が植込まれている場合

ドを貼り付けると，電気ショックの効果が弱まったり，貼り付け部位にやけどを起こすことがあります。

③医療器具が胸に植込まれている場合

皮膚の下に心臓ペースメーカや除細動器を植込む手術を受けている傷病者では，胸に硬いこぶのような出っ張りがあります（図Ⅰ-3-26）。貼り付け部位にこの出っ張りがある場合，電極パッドは出っ張りを避けて貼り付けてください。

④小児用パッドと成人用パッドがある場合

小学生や中学生以上の傷病者には成人用パッドを使用してください。小児用パッドを用いると電気ショックの効果が不十分になります。

●気道異物

1）気道異物による窒息

気道異物による窒息とは，例えば食事中に食べ物で気道が完全に詰まって息ができなくなった状態です。死に至ることも少なくありません。窒息による死亡を減らすために，まず大切なことは窒息を予防することです。飲み込む力が弱った高齢者などでは食べ物を細かくきざむなど工夫しましょう。食事中にむせたら，口の中の食べ物を吐き出してください。

異物が気道に入っても，せきができる間は，気道は完全には詰まっていません。強いせきにより自力で排出できることもありま

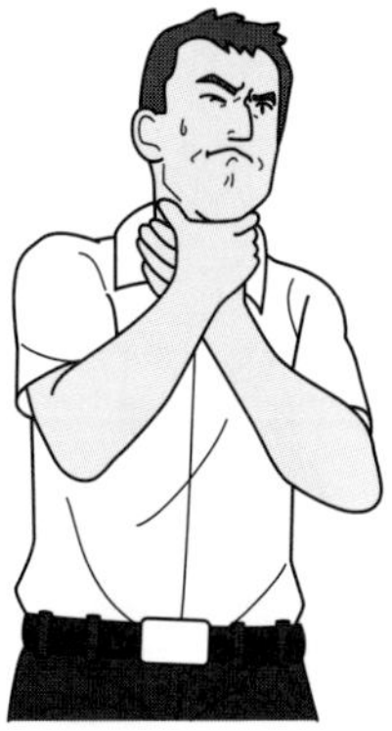

図Ⅰ-3-27　窒息のサイン

す。救助者は大声で助けを求めたうえで，できるだけ強くせきをするよう促してください。状態が悪化してせきができなくなった場合には，窒息としての迅速な対応が必要です。

もし窒息への対応が途中でわからなくなったら，119番通報をすると電話を通してあなたが行うべきことを指導してくれますので，落ち着いて指示に従ってください。

2) 窒息の発見

適切な対処の第一歩は，まず窒息に気がつくことです。苦しそう，顔色が悪い，声が出せない，息ができないなどがあれば窒息しているかもしれません。このような場合には「のどが詰まったの？」と尋ねます。声が出せず，うなずくようであれば直ちに気道異物への対処を行わなければなりません。

気道異物により窒息を起こすと，自然に親指と人差し指でのどをつかむ仕草（図Ⅰ-3-27）をすることがあり，これを「窒息のサイン」と呼びます。この仕草を見たら周囲の救助者は異物除去の手順を行ってください。また，傷病者は窒息したことを言葉で周りに伝えることはできないので，この仕草で知らせましょう。

3) 119番通報と異物除去

①反応がある場合

窒息と判断すれば，直ちに119番通報を誰かに依頼したあとに，腹部突き上げや背《はい》部《ぶ》叩《こう》打《だ》を試みます。

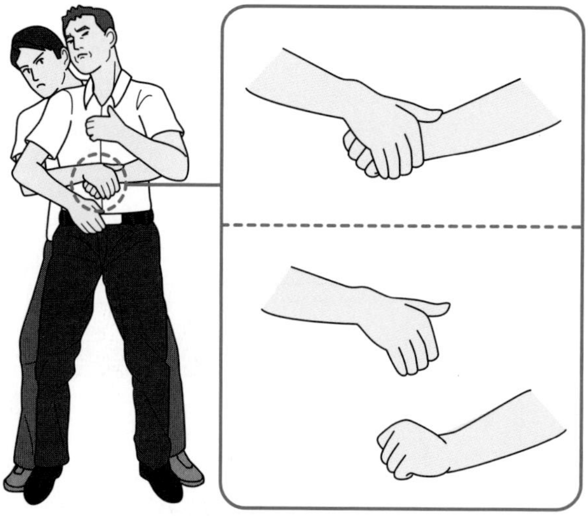

図Ⅰ-3-28　**腹部突き上げ法**

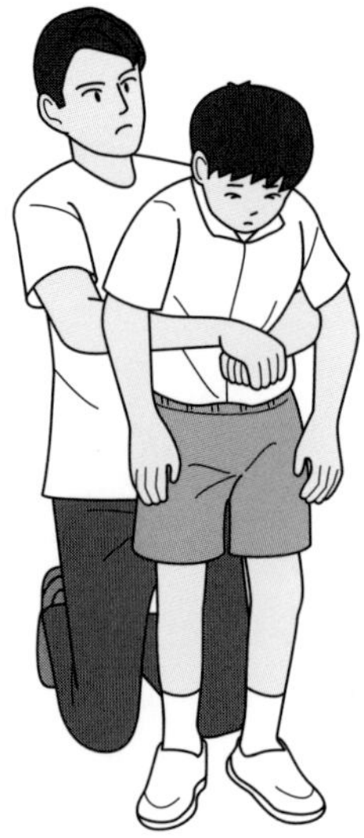

図Ⅰ-3-29　**小児に対する腹部突き上げ法**

腹部突き上げと背部叩打は，その場の状況に応じてやりやすい方法を実施して構いませんが，一つの方法を数度繰り返しても効果がなければ，もう一つの方法に切り替えてください。異物が取れるか反応がなくなるまで，2つの方法を数度ずつ繰り返して続けます。

なお，明らかに妊娠していると思われる女性や高度な肥満者には腹部突き上げは行いません。背部叩打のみを行います。

a. 腹部突き上げ法

救助者は傷病者の後ろに回り，ウエスト付近に手を回します。一方の手で臍《へそ》の位置を確認し，もう一方の手で握りこぶしをつくって親指側を傷病者の臍の上方でみぞおちより十分下方に当てます。臍を確認した手で握りこぶしを握り，すばやく手前上方に向かって圧迫するように突き上げます（図Ⅰ-3-28）。傷病者が小児の場合は救助者がひざまずくと，ウエスト付近に手を回しやすくなります（図Ⅰ-3-29）。

腹部突き上げを実施した場合には，腹部の内臓を痛める可能性があるため，異物除去後は，救急隊にそのことを伝えるか，速やかに医師の診察を受けさせることを忘れてはなりません。119番通報する前に異物が取れた場合でも，医師の診察は必要です。

b. 背部叩打法

立っている，または座っている傷病者では図Ⅰ-3-30のよう

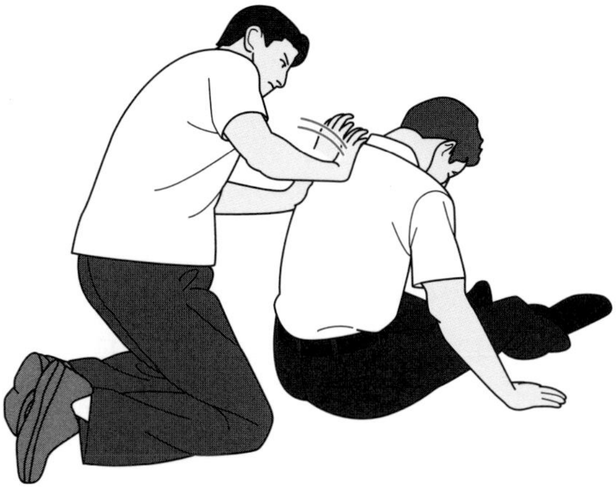

図Ⅰ-3-30　**背部叩打法**

に，傷病者の後方から手のひらの基部（手掌基部）で左右の肩甲骨の中間あたりを力強くたたきます。

②反応がなくなった場合

傷病者がぐったりして反応がなくなった場合には，心停止に対する心肺蘇生の手順を開始します。まだ通報していなければ119番通報を行い，近くにAEDがあれば，それを持ってくるよう近くにいる人に依頼します。

心肺蘇生を行っている途中で異物が見えた場合は，それを取り除きます。見えない場合には，やみくもに口の中に指を入れて探らないでください。また異物を探すために胸骨圧迫を長く中断しないでください。

●突然の心停止を防ぐために

1）環境が影響する心停止

①窒　息

窒息による死亡は年々増加しており，高齢者と乳幼児に多くみられます。一番多いのは食事中の窒息です。窒息をきたしやすい食べ物を制限したり，食べさせる時は細かく切るなどの配慮をしてください。

高齢者では，特に餅，団子，こんにゃくなどに注意が必要です。小さな子どもでは，前述のほかにピーナツ，ぶどう，ミニトマトなども危険です。また，手の届くところに口に入る小さな物を置かないこと，歩いたり寝転がったりしながら物を食べさせないことなども大切です。

②お風呂での心停止

お風呂での心停止は事故による溺水だけでなく，病気（急性心筋梗塞や脳卒中など）が原因で起こることもあります。特に冬季は湯船の中と浴室の温度差が大きいことなどから，心停止の発生頻度が夏季の約10倍も高くなります。お風呂での心停止を防ぐために，以下の注意をしてください。特に高齢者や心臓などに持病がある方には重要です。

a. 冬季は浴室，脱衣所や廊下をあらかじめ温めておきましょう。
b. 飲酒後や，眠気をもよおす薬を服用したあとの入浴は避けましょう。
c. 長時間の入浴や熱いお湯を避けてください。肩までつかるのを避け，半身浴とするのもよいでしょう。
d. 入浴前や入浴中にのどが渇いたらこまめに水分を摂りましょう。
e. 入浴中は周りの人が時折声をかけましょう。浴室内の様子が家族に届くような装置があれば，より安心です。

③熱中症

熱中症の発生には，気温や湿度，風通しといった気象条件だけでなく，本人の年齢，持病，体調などのほか，激しい運動や労働などの活動状況が関係します。屋外でのスポーツや労働だけでなく，屋内での日常生活のなかで高齢者が熱中症になることが増えています。特に一人暮らしの人や，認知症，精神疾患，心臓病，がんなどの持病がある高齢者では，熱中症で死亡する危険性が高くなります。

テレビやラジオの熱中症情報に注意し，危険な日には暑いところでの過度なスポーツや労働を避け，水分と塩分をこまめに摂らせ，熱中症の予防を心がけてください。高齢者のいる住まいでは風通しをよくしてください。エアコンがあれば適切に使用しましょう。

2) 子どもに特有の問題

①不慮の事故

けが（外傷），溺水《できすい》，窒息などの不慮の事故は子どもの心停止の原因として重要です。チャイルドシートやシートベルトの着用，自転車に乗る時のヘルメット着用，保護者がいない時の水遊びの禁止，ボート遊びでのライフジャケットの着用，浴室の施錠，浴槽に残し湯はしない，子どもの手の届くところに口に入る小さな物を置かないことなどが重要です。

②感染症の予防

子どもにおいても感染症は死亡の大きな原因です。いくつかの感染症はワクチン接種によって予防できます。適時，ワクチン接種を受けることが大切です。

参考文献

日本救急医療財団心肺蘇生法委員会 監（2015）「救急蘇生法の指針 2015（市民用）」厚生労働省

第Ⅰ部 第3章

第4章

清潔保持と感染予防

1 感染予防

到達目標 □感染予防策が理解できる

●地域集団，施設・組織としての予防策（図Ⅰ-4-1）

1）感染症とは

環境の中にはさまざまな微生物がいます。そのうち，病気の原因となるようなウイルス，細菌，真菌などが宿主《しゅくしゅ》[*1]となるヒトや動物の体の中に入り，臓器や組織の中で増殖することを「感染」と呼びます。その結果として，熱が出たり，下痢になったり具合が悪くなることが「感染症」です。

*1
宿主：ウイルス，細菌，真菌などが寄生する相手の生物のこと。

介護を必要とする人は，

- 高齢者または基礎疾患があるなど，感染への抵抗力が低下している
- 認知機能が低下していることにより適切な感染対策が実施されない

などの特徴をもつ人が多いので，介護現場における感染症対策は非常に重要です。

また，介護サービスを利用している場合は，施設や通所，訪問と

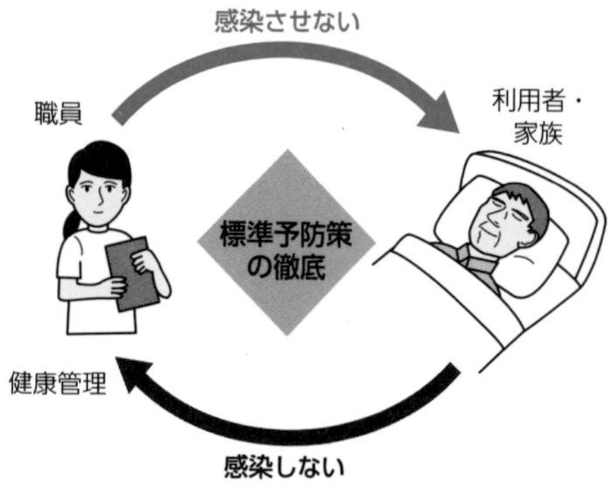

図Ⅰ-4-1　**感染予防の全体像**

いったサービスを組み合わせて提供されますが，その特性も理解する必要があります。また，1人の職員が複数の利用者を担当することが多く，職員を介して利用者に感染症が拡がること（媒介[*2]）もあります。

＊2
媒介：感染経路のなかだちとなるもの。感染している者から感染していない者に病原性の細菌やウイルスなどをうつしてしまうこと。

このように，いったん，感染症が介護現場に持ち込まれると，集団発生となりやすい環境でもあるので，まずは予防を徹底すること，そして発生した場合には，最小限に食い止めることが大切です。

介護サービスは，人々の生活の場に密着したサービスであり，利用者や職員の健康を守ることは，地域の暮らしを守ることにもつながります。感染症の基本的な事項を理解し，日々の現場で実践できるよう，関係者とも協力しながら取り組みましょう。

2）感染が成立する3つの要因

感染症が発生（感染が成立）するには，その原因となる病原体[*3]の存在，病原体が宿主に入り込むための感染経路，そして病原体が入り込んだ宿主に感受性があることが必要となります（例えば，「猫エイズ」はネコ免疫性不全ウイルスによって引き起こされる感染症で，ネコでは病気を引き起こしますが，ヒトはネコ免疫不全ウイルスへの感受性がないので，ネコからヒトには感染しません）。

＊3
病原体：ウイルス，細菌，真菌などの病原性をもつ微生物等のこと。

病原体，感染経路，感受性宿主の3つを，感染成立のための3大要因といいます（図Ⅰ-4-2）。

3）標準予防策（スタンダード・プリコーション）[*4] 3つのポイント（表Ⅰ-4-1，図Ⅰ-4-3）

①感染の有無にかかわらず，血液などの体液（汗を除く）は，感染性があるものとして素手で扱わない。
②粘膜面を素手で扱わない。
③正常でない皮膚（発疹や傷など）には素手で触らない。

＊4
スタンダード・プリコーション：1985年に米国CDC（国立疾病予防センター）が病院感染対策のガイドラインとして，ユニバーサル・プリコーション（一般予防策）を提唱。1996年に拡大整理した予防策が，スタンダード・プリコーション（標準予防策）である。

4）感染経路の遮断（感染経路別の予防策）（図Ⅰ-4-3，表Ⅰ-4-2）

感染経路別の予防策は，上記の標準予防策に加え，①空気感染（飛《ひ》沫《まつ》核[*5]感染），②飛沫感染，③接触感染ごとの予防策を行います。対象者の感染の有無にかかわらず，疑われる症状（発熱，せき，下痢など）がある場合には，医師の診断前であっても，速やかに予

＊5
飛沫核：5 μm未満の微粒子。落下速度0.06～1.5 cm/秒（参考：飛沫は飛沫核を含み，直径5 μm以上，落下速度30～80 cm/秒）。

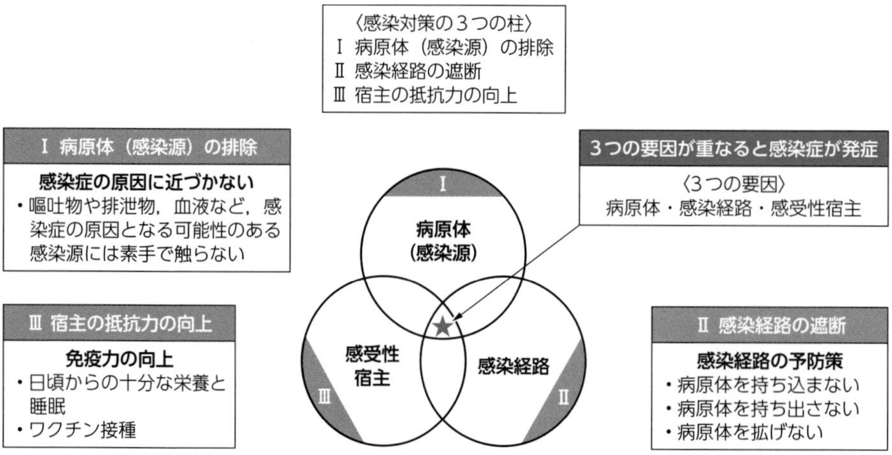

図Ⅰ-4-2　感染が成立する３つの要因と感染対策の３つの柱（イメージ）

〈感染対策の３つの柱〉Ⅰ 病原体（感染源）の排除，Ⅱ 感染経路の遮断，Ⅲ 宿主の抵抗力の向上

Ⅰ～Ⅲの感染対策の柱を実行していくためには，「標準予防策（スタンダード・プリコーション）」や「感染経路別予防策」と呼ばれる基本的な対応を日頃から徹底することが必要です。

〔厚生労働省老健局（2020）『介護現場における（施設系通所系訪問系サービスなど）感染対策の手引き』第１版より抜粋〕

表Ⅰ-4-1　標準予防策（スタンダード・プリコーション）

予防方法	予防策を実施する状況
手指消毒・手洗い実施	血液，体液・分泌物（痰や唾液，嘔吐物），排泄物（便や尿）に接触した時に，手袋をはずしたあとに実施する。誤って手に付着した場合には，流水と石けんでよく手洗いを行う。
手袋	血液，体液・分泌物（痰や唾液，嘔吐物），排泄物（便や尿）に接触する時に装着する。汚染された寝具や寝衣の交換など，これらを触る時も手袋を装着する。
マスク・ゴーグル・ガウン	血液，体液・分泌物（痰や唾液，嘔吐物），排泄物（便や尿）が飛び散る可能性のあるケアを行う時に装着する。
汚染した器具やリネンの消毒など	リネンや機器・器具等が汚染した場合には，決められた安全で適切な方法で消毒・処理・清掃を行う。
せきエチケット（マスクの着用）	かぜやインフルエンザなどの感染症症状のある人がくしゃみやせきをする場合，飛沫が飛ばないように口と鼻をティッシュで覆うようにする。口や鼻に接した部分には手を触れないように，ごみ箱に捨てるようにする。

防措置をとることが必要です。

サービス利用者への感染経路を遮断するためには，以下の３つへの配慮が必要です。

⇒病原体を「①持ち込まないこと」「②持ち出さないこと」「③拡げないこと」。

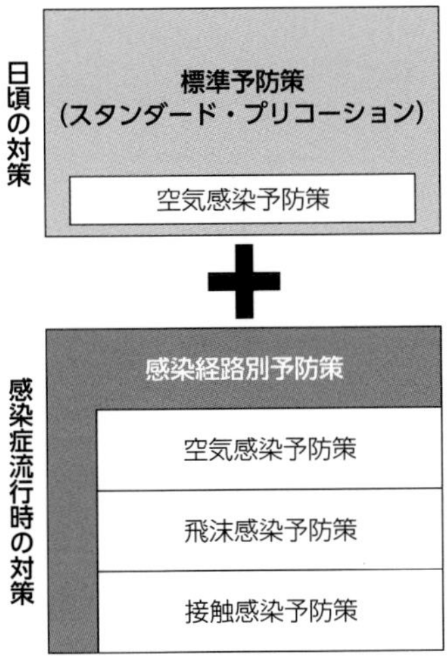

汗を除くすべての体液，血液，分泌物，排泄物は感染の危険性があるものとして取り扱う

内　容
手指衛生，手袋，マスク，エプロンなど個人用感染防護具（PPE）の装着やケアに使用した器具の洗浄・消毒，環境対策　など

標準予防策を行い，さらに以下の対応を行う

内　容
〈主な病原体〉結核菌，麻しんウイルス等 N95マスク　など
〈主な病原体〉インフルエンザウイルス等 マスク※1，ゴーグル　など
〈主な病原体〉腸管出血性大腸菌，ノロウイルス，疥癬等 ガウン（またはエプロン），手袋　など

※1：原則，サージカルマスク

図Ⅰ-4-3　日頃と感染症流行時の予防策
〔厚生労働省老健局（2020）『介護現場における（施設系通所系訪問系サービスなど）感染対策の手引き』第1版より抜粋〕

5）介護施設・事業所が組織で行う感染管理

サービス施設・事業所の人員，施設および設備の基準では，施設系，通所系，訪問系においては，感染症または食中毒の発生，まん延の防止のための措置を実施するとされています。主な措置としては，以下のようなものがあります。

施設サービスにおいては，集団感染のリスクが高いことから，感染対策として委員会の設置・開催，指針の整備，研修の定期的な実施などが求められています。一方で，基準省令*6上では対応は求められていないものの，通所系サービスにおいても，集合形式でサービスが提供され，食事の提供が行われる場合もあることから，施設系サービスにおける感染対策を踏まえた対策が必要です。また，訪問系サービスにおいては，複数の利用者の自宅を順次訪問することから，持ち込まない・持ち出さないことが重要であり，サービス提供者自身の衛生管理に加え，感染症発症時にどのように対応するかといった対策も必要となります。

*6
基準省令：介護保険法に規定されるサービス施設・事業所の人員，施設および設備並びに運営に関する基準を示している。

表Ⅰ-4-2　感染経路別の予防策

空気感染（飛沫核感染）	
特徴	•空気中の塵や飛沫核を介する感染。 •感染している人がせきやくしゃみ，会話をした際に，口や鼻から飛散した病原体がエアロゾル※1化し，感染性を保ったまま空気の流れによって拡散し，同じ空間にいる人もそれを吸い込んで感染。
主な病原体	結核菌，麻しんウイルス，水痘ウイルスなど。
予防策	〈個人防護〉 •利用者に感染が疑われる症状（発熱など）がある場合には，原則としてサービス利用を見合わせる（施設系を除く）。職員に感染が疑われる場合には，原則として出勤しない。 •結核で排菌（またはその疑いのある）患者と接触する際は，職員は高性能マスク（N95※2等）を着用。 •利用者はサージカルマスクを着用。 〈環境面〉 •十分な換気を行う。 •飛沫感染する病原体では接触感染も起こりうるため，接触が多い共用設備（手すり，ドアノブ，パソコンのキーボードなど）の消毒を行う。 •医療機関では，陰圧換気できる部屋で管理されうる。
備考	•高齢者においては，入院による治療が必要となることも少なくない。なお，感染判明後，病院へ移送するまでの間は，原則として個室管理。 •一般に市販されているマスク（不織布《ふしよくふ》製またはガーゼのマスク）では，飛沫核は通過するため，空気感染する感染症の予防策としては不十分であることに注意
飛沫感染	
特徴	•5 µm 以上の粒子（くしゃみのしぶき（飛沫）など）を介する感染。 •飛沫は 1 m 程度で落下し空中を浮遊し続けることはない。 •飛沫は 1 m 程度で落下するので，1～2 m 以上離れていれば感染の可能性は低くなる。 •感染している人がせきやくしゃみ，会話をした際に，口や鼻から病原体が多く含まれた小さな水滴が放出され，それを近くにいる人が吸い込むことで感染。
主な病原体	インフルエンザウイルス，風しんウイルス，ムンプスウイルス（おたふくかぜの原因ウイルス），新型コロナウイルスなど。
予防策	〈個人防護〉 •利用者に感染が疑われる症状（発熱など）がある場合には，原則としてサービス利用を見合わせる（施設系を除く）。職員に感染が疑われる場合には，原則として出勤しない。 •ケアの際には，職員はマスクを着用する（原則としてサージカルマスク）。 •疑われる症状のある利用者には，呼吸状態により着用が難しい場合などを除き，マスクを着用（新型コロナウイルス感染症では症状がなくとも着用。【参考】新型コロナウイルス感染症における医療施設での個人用感染防護具の使用例☞ 160 ページ）。 •マスクを着用せずに，せきやくしゃみをする場合※3は，口・鼻をティッシュなどで覆い，使用後は捨てる。ハンカチやタオルなどを使用した場合，そのハンカチやタオルは共用しない。唾液や鼻水が手に付いた場合は流水下で石けんを用いて洗う。 〈環境面〉 •十分な換気を行う。 •飛沫感染する病原体では接触感染も起こりうるため，接触が多い共用設備（手すり，ドアノブ，パソコンのキーボードなど）の消毒を行う。 〈介護施設〉 •原則，個室管理（やむを得ない場合は，同病者の集団隔離の判断もあり）。 •患者とその他の利用者を隔離できない場合は，ベッドの間隔を 2 m 以上あける，あるいは，ベッドの間をカーテン・パーティション等で仕切るなどの工夫を行う。 •居室に特殊な空調は必要なく，窓は開けたままでも可。
接触感染	
特徴	•感染している人との接触や汚染された物との接触による感染。 •接触感染の多くは，汚れた手で目，鼻，口，傷口などを触ることで病原体が体内に侵入して感染が成立する。 •感染しているヒトに直接触れること（握手など）で伝播が起こる直接接触感染と，汚染された物（ドアノブ，手すり，食器，器具など）を介して伝播が起こる間接接触感染がある。
主な病原体	ノロウイルス，疥癬《かいせん》，メチシリン耐性黄色ブドウ球菌（MRSA），新型コロナウイルスなど。
予防策	〈個人防護〉 •こまめに手洗いや手指消毒を行う。 •ケア時は，手袋を着用する。使用後の手袋は速やかに捨て，汚れた手袋で周辺を触ることがないよう注意する。手袋を脱いだあとは手指衛生を行う。 •利用者の膿み，血液，嘔吐物，排泄物などを扱う場合には，ガウンを着用。使用後のガウンは速やかに捨てること。またガウンを脱いだあとに，職員の衣類が利用者や利用者の物品に触れないように注意する。 〈環境面〉 •サービス提供場所には特殊な空調を設置する必要はない。 •共用タオルは使用せず，ペーパータオルの使用が望ましい。

※1：エアロゾル：気体中に浮遊する微小な液体または固体の粒子。
※2：N95 マスク：正式名称は，N95 微粒子マスク。米国 NIOSH（国立労働安全衛生研究所）が定めた規格を満たし，認可された微粒子用のマスク。
※3：せきエチケット：せきやくしゃみをする場合は，ハンカチ，タオル，ティッシュ等で口を覆い，飛沫を周りの人に浴びせないようにする。ハンカチやティッシュがない場合は，手のひらではなく，肘の内側で口を覆う（https://www.mhlw.go.jp/stf/seisakunitsuite/bunya/0000187997.html）。
〔厚生労働省老健局（2020）『介護現場における（施設系通所系訪問系サービスなど）感染対策の手引き』第 1 版より抜粋〕

●手洗い

1) 手洗い

手洗いは「1つのケアごと」に「ケアの前後」に行います。清潔な手でケアを行い，ケアの実施により汚染された手を洗うことで，利用者に感染させることを防ぎ，職員自身も感染することを防ぎます。また，健康な職員は感染しないような細菌であっても，抵抗力の弱い状態の利用者には感染することもあり，ケア実施後に手洗いを行わないことで，感染の媒介となってしまうことにもなります。これらを防ぐためにも，手洗いは徹底しましょう（図Ⅰ-4-4）。

手洗いの方法を図Ⅰ-4-5に示します。原則的な手洗いは，流水と石けんで行います。指の間や手首まで洗うため，指輪や腕時計ははずして手洗いを行います。指先や爪の間，指の間は忘れがちですので，意識して実施するようにしましょう。このような手洗いは15秒以上かけて行います。手洗いに使用する石けんはできれば液体のもののほうが望ましいでしょう。手洗い後には，ペーパータオルか乾燥した清潔なタオルでよく拭《ふ》き乾燥させます。濡れたタオルは細菌の温床となるので，手洗い後の手を，濡れたタオルで拭くことはやめましょう。また，使いまわしも厳禁です。

2) 消毒薬を用いて手指消毒を行う方法

エタノール含有*7の速乾性擦式手指消毒剤を手に取り，手洗いの方法同様に指先や指の間，手首までに消毒液をすり込むようにします（図Ⅰ-4-6）。この消毒液はすり込んでいるうちに乾燥してき

*7
濃度70％以上95％以下が望ましい。60％台のエタノールでも一定の有効性は報告されている。

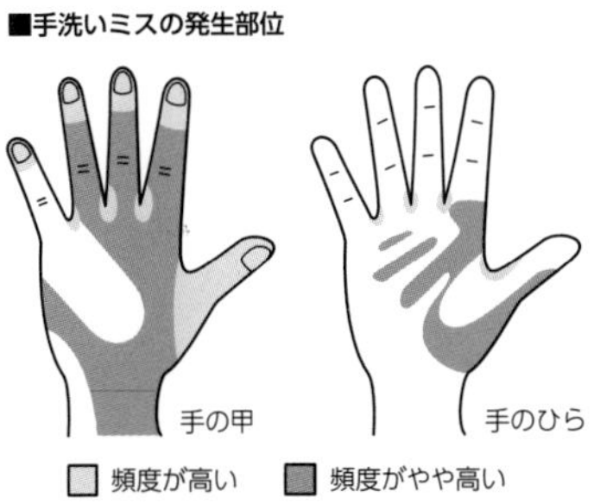

図Ⅰ-4-4　手洗いにおける洗い残しの発生しやすい箇所
〔辻明良（2001）『病院感染防止マニュアル』日本環境感染学会 監〕

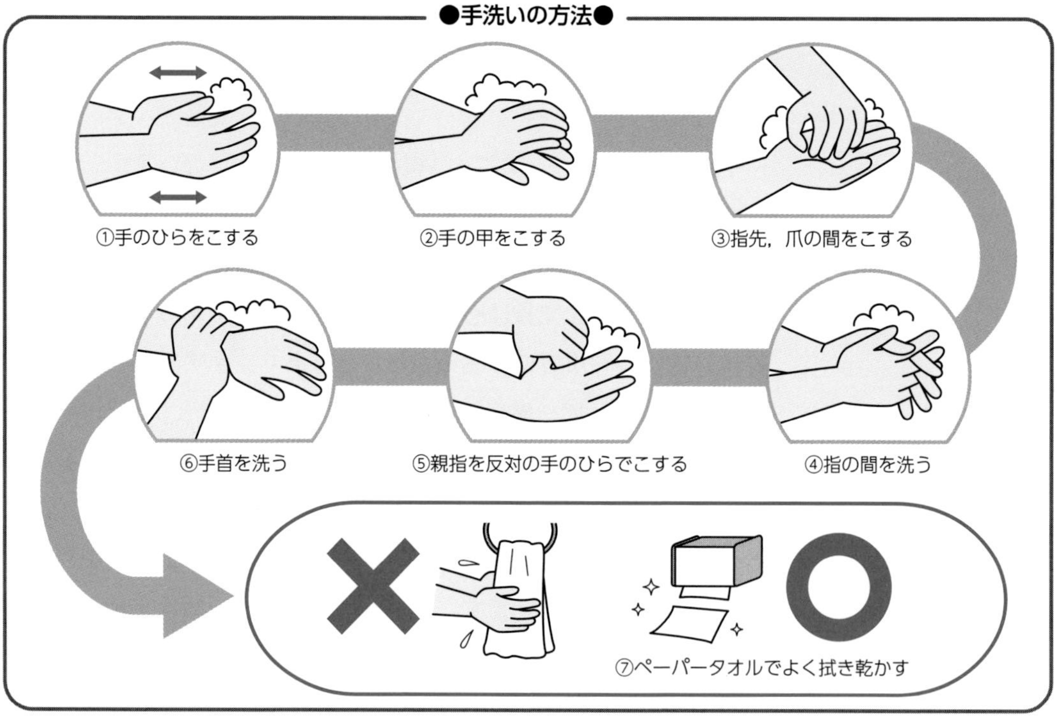

図Ⅰ-4-5　**手洗いの基本**

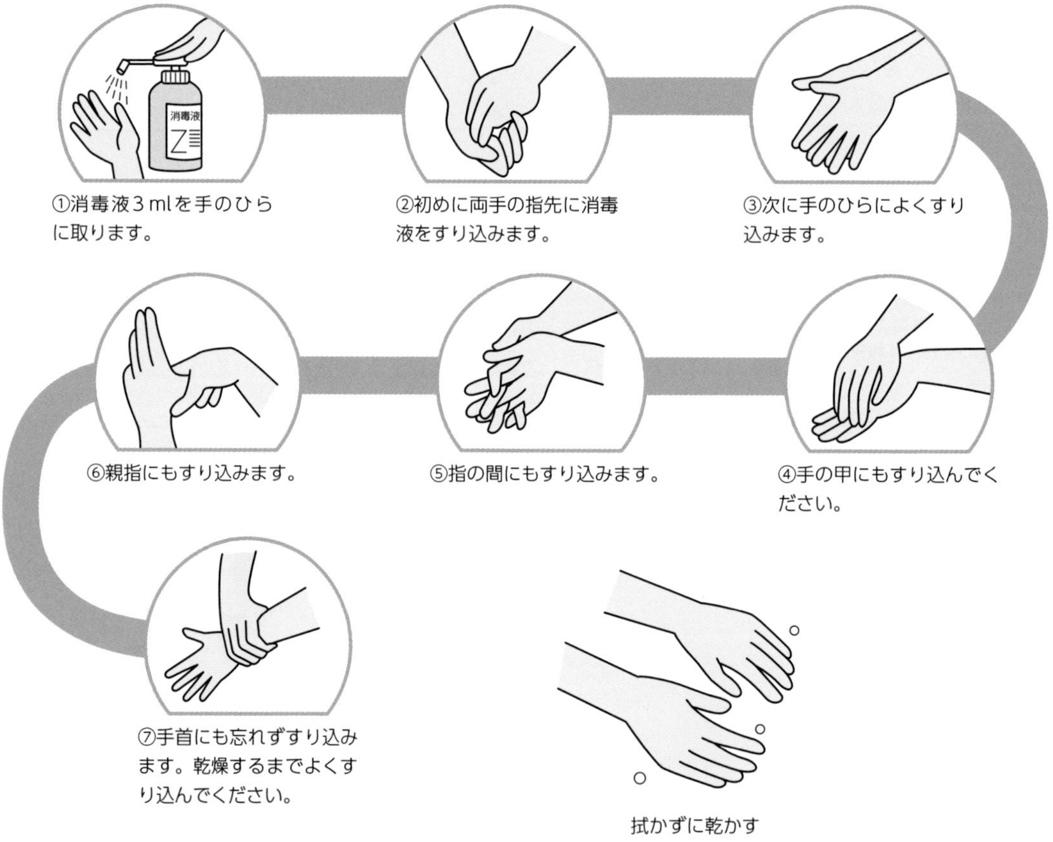

図Ⅰ-4-6　**手指消毒の方法**

ますが，乾燥することで薬効が出るので，途中で薬液を拭き取らないようにし，よく乾燥させてください。

ケアの場面では，基本的な手洗いと手指消毒を組み合わせながら実施していきます。手に汚物等が付着しているなどの目に見える汚染がある場合には，必ず流水と石けんで手洗いを行います。最初に十分な手洗いを行ったあと，体液や汚物に触れないようなケアを行って，手に汚染がない場合には，手指消毒を行って次のケアに移ることもできます。

速乾性擦式手指消毒剤を使いやすい場所（利用者の誤飲につながらない場所）に置いておくか，ケアを行う職員自身が携帯型の手指消毒液を持ち運び，ケアとケアの間で消毒を行うなどの工夫をしておくとよいでしょう。

2 職員の感染予防

到達目標
- □ 職員自身の健康管理について説明できる
- □ 感染予防としての防護具（手袋やガウン）の装着効果を説明できる
- □ 職員に切り傷がある場合の感染予防法を説明できる

●職員自身の健康管理

職員は，多くの利用者や家族および職員同士の接触機会が多く，そのために感染源となる細菌やウイルスに感染する危険性が高いと考えられます。さらに，このように接触機会が多いということは，感染の媒体となる機会も多くなります。「感染する」「感染させる」機会を減らすためにも，職員自身が健康であることが必要であり，職員自身の健康管理が重要です。

健康管理の方法としては，まず，自身の規則正しい生活，ストレスを減らす生活を送ることが必要です。手洗いの励行，十分な食事，十分な睡眠・休息をとり，体調を整えましょう。

以下を徹底して行うことが重要となります。

- 標準予防策の実施
- 感染症の予防接種の実施
- 定期的な健康診断の受診
- 体調不良時の早期対応等の学習と実施

●ワクチンによる予防

ワクチン接種で予防可能な感染症があります。感染症に対する自身の抗体の有無を確認し，抗体のない感染症についてはワクチンの接種を行うことで感染を予防していきます。

主な予防接種としては（**表Ⅰ-4-3**）のようなものがあります。ただし，予防接種を受ける場合には，その注射の効果と副作用をよく

表Ⅰ-4-3　**予防接種の種類**

<table>
<tr><th>インフルエンザワクチン</th><td>毎年接種することが推奨されます。</td></tr>
<tr><th>B 型肝炎ワクチン</th><td>医療処置をする者の場合は，採用時までに接種することが推奨されます。</td></tr>
<tr><th>麻しん（はしか）
ワクチン</th><td rowspan="2">これまでかかったことがなく，予防接種も受けていない場合は，入職時までに接種することが推奨されます。
また，感染歴やワクチンの接種履歴が明確でない場合は，抗体検査を行って免疫の有無を確認しておくことが望まれます。</td></tr>
<tr><th>風しん（3 日ばしか）
ワクチン</th></tr>
</table>

聞き，医師と相談のうえで実施してください。

●感染防護具（手袋やガウンなど）の装着

利用者や職員を感染や汚染から守るためには，血液などの体液・排泄物《はいせつぶつ》などをすべて感染源とみなして，感染症の有無にかかわらず，個人用の感染防護具（PPE[*8]）を適切なタイミングで着用し，さらに，個人用感染防護具を脱ぐ（はずす）際には，正しい方法で行うことが，自身や他者を守り，さらなる感染を防ぐために必要です。そのためには，個人用感染防護具の着脱に関する正しい知識と動作を習得することが重要です。

＊8
PPE（personal protective equipment）：個人用の感染防護具。米国 CDC では，1996 年の隔離予防策ガイドラインにおいて，感染経路を遮断するための有効な手段としている。

個人用の感染防護具には，マスク，手袋，ガウン，エプロン，ゴーグル，フェイスシールドなどがあり，これらを状況に応じて，適切に選択し，組み合わせて使用します。

1）手袋の装着（図Ⅰ-4-7）

血液等の体液や嘔吐物《おうとぶつ》，排泄物などに触れる可能性がある場合に，手袋を着用してケアを行うことは，利用者や職員の安全を守るために必要不可欠なことです。

①基本的な考え方

手袋は，標準予防策（スタンダード・プリコーション）や接触感染予防策を行ううえで，最も一般的で効果的な防護具です。利用者や職員の感染リスクを減少させるために，感染症の有無にかかわらず，すべての人の血液などの体液，嘔吐物，排泄物に触れる時には必ず手袋を着用します。また，触れる可能性がある場合にも，確実に着用します。

手袋の着け方

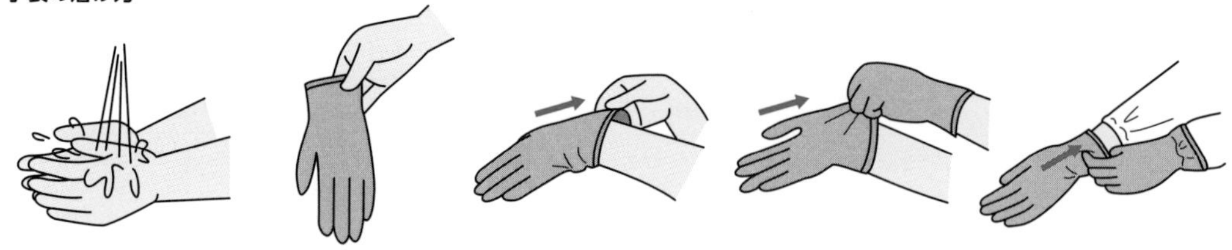

最初に手指衛生

手袋の手首部分を持つ。

手袋がどこにも触れないように装着する。

同様に反対側の手にも装着する。

手袋でガウンなどの袖口をしっかりと覆う。

手袋の外し方

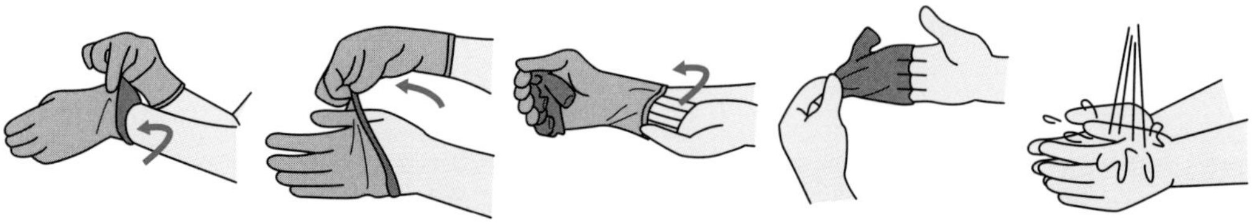

手袋の手首部分の外側をつまみ，内側に触れないように手袋をめくる。

汚染された外側が内側になるよう中表に外していく。

外した手袋を丸めて握り，手袋を外した指先を手袋と手首の間に差し入れる。

もう一方の手袋も中表になるようにめくりながら外し，廃棄する。

最後にも手指衛生

図Ⅰ-4-7　手袋の着脱

②してはいけないこと

次のようなことは，絶対にしてはいけません。

- 汚染した手袋を着用したままで他のケアを続けることや，別の利用者をケアすること
- ケアの際に着用した手袋をすぐにはずさずに，施設内のいろいろな場所を触ったり，次のケアを行う時に使用した手袋を再利用すること
- 手袋を着用したからという理由で，衛生学的手洗いを省略したり簡略にすませたりすること

③注意事項

- 手袋をはずした時は，原則，石けんと流水による手洗いを行います（ビニールの手袋には製造過程で小さな穴があいてしまう場合があること，ケアの途中で小さな穴があいてしまうことがあると考えられます）。
- 手袋の素材によっては，手荒れを悪化させたり，アレルギーを起こしたりする場合もあるので，選ぶ時には手袋の材質やパウダーの有無等の確認が必要です。

表Ⅰ-4-4　**ケア内容と防護の必要性**

ケア内容	防護の状況			
	手　袋	ガウン，エプロン	マスク	ゴーグル
汚染リネンの交換	必要	必要	必要	
血液や体液付着物の洗浄	必要	必要	飛散がありそうなら	飛散がありそうなら
排泄処理（おむつ）	必要	排泄物がゆるいなど		
気管・口腔吸引	必要	飛散がありそうなら	飛散がありそうなら	飛散がありそうなら
経管栄養	必要			

表Ⅰ-4-5　**介護・看護ケアにおける感染予防策（例）**

・血液などの体液，嘔吐物，排泄物（便）などに触れる時 ・傷や創傷皮膚に触れる時	手袋を着用します。手袋をはずした時には手指衛生（目に見える汚れが付いている場合は，アルコール消毒等だけではなく液体石けんと流水による手洗いで汚れを落とします）を行います。点滴や採血の際も同様です。
・血液などの体液，嘔吐物，排泄物（便）などに触れてしまった時	嘔吐物，排泄物等による汚染が考えられる場合には，液体石けんと流水による手洗いを行います。触れた場所の皮膚に損傷がある場合は，流水で十分に洗い流したうえで，直ちに医師に相談します。
・血液などの体液，嘔吐物，排泄物（便）等が飛び散り，目，鼻，口を汚染するおそれのある時	マスク，必要に応じてゴーグルやフェイスマスクを着用します。
・血液などの体液，嘔吐物，排泄物（便）などで衣服が汚れ，他の利用者に感染させるおそれがある時	使い捨てエプロン，ガウンを着用します。可能な限り使い捨てのエプロン，ガウンが望ましいです。使用したエプロン，ガウンは，別の利用者のケアをする時に使用してはいけません。

*9
滅菌：微生物を完全に殺滅または除去すること。

また，手袋には，微生物を消滅する処理を施した「滅菌[*9]手袋」というものもあります。滅菌手袋は，無菌状態を維持する必要のある場合に装着します。喀痰吸引では職員と利用者の両方の安全にかかわるため，鼻腔・口腔吸引の場合は使い捨て手袋を，一方，気管カニューレ内部の吸引の場合は基本的には滅菌された清潔な手袋を使用します。

2) ガウン，エプロン，ゴーグル，マスクの装着（表Ⅰ-4-4，Ⅰ-4-5，図Ⅰ-4-8，Ⅰ-4-9，Ⅰ-4-10，Ⅰ-4-11）

血液，体液・分泌物《ぶんぴつぶつ》（痰《たん》や唾液《だえき》，嘔吐物），排泄物（便や尿）が飛び散る可能性のあるケアを行う時に装着します。例えば，喀痰吸引

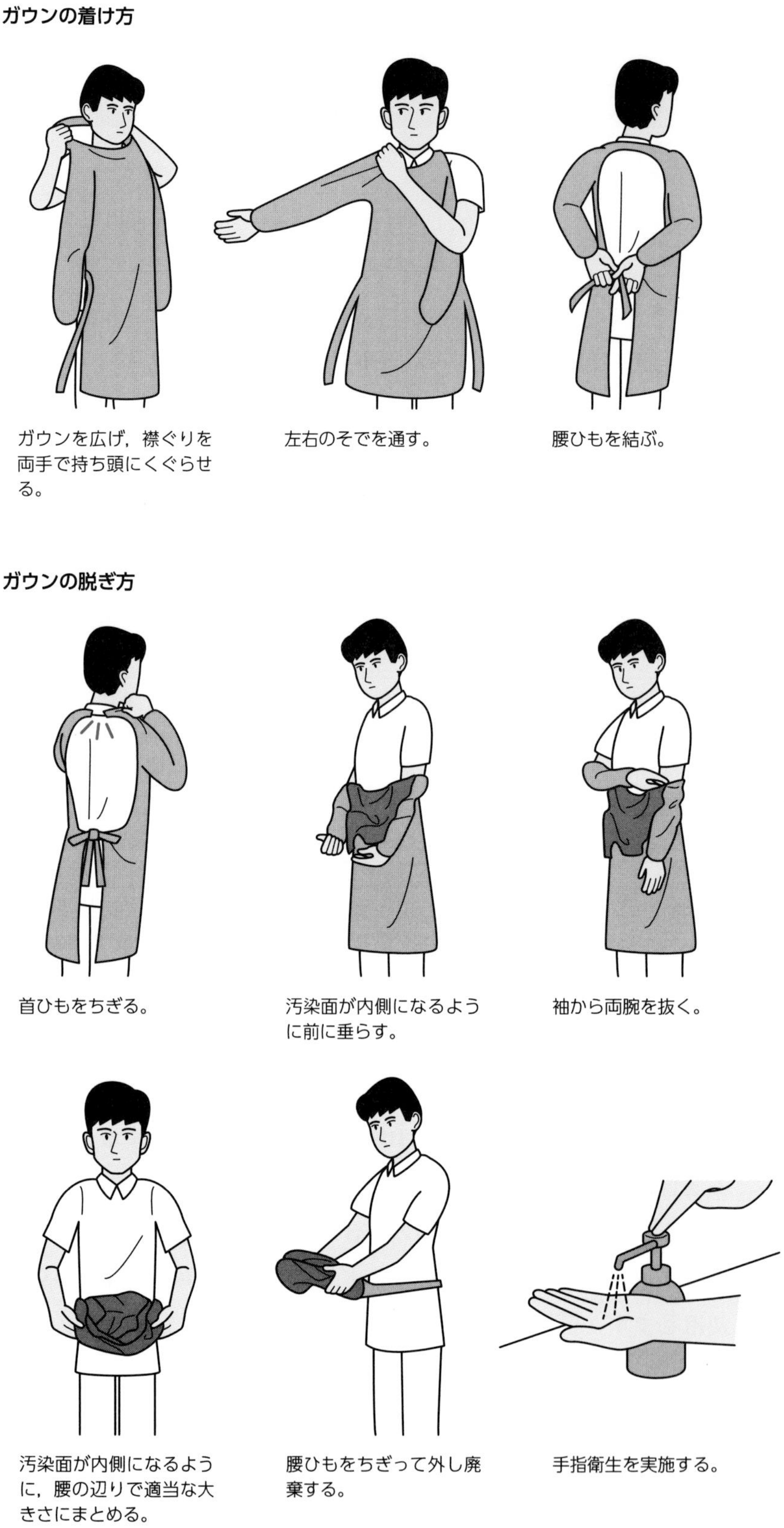
ガウンの着け方
ガウンを広げ，襟ぐりを両手で持ち頭にくぐらせる。
左右のそでを通す。
腰ひもを結ぶ。
ガウンの脱ぎ方
首ひもをちぎる。
汚染面が内側になるように前に垂らす。
袖から両腕を抜く。
汚染面が内側になるように，腰の辺りで適当な大きさにまとめる。
腰ひもをちぎって外し廃棄する。
手指衛生を実施する。

図Ⅰ-4-8　ガウンの着脱

使い捨てのエプロンの着け方

プラスチックエプロンを首にかける。

腰ひもを広げる。

腰ひもを後ろで結ぶ。

使い捨てのエプロンの外し方

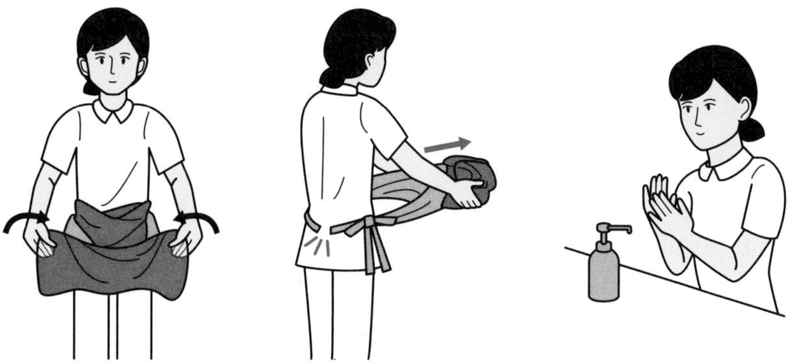

首ひもをひきちぎる。

汚染面が内側になるように腰の辺りで折りたたむ。

適当な大きさにまとめ，腰ひもをひきちぎって外し廃棄する。

最後に手指衛生を行う。

図Ⅰ-4-9　**エプロンの着脱**

ゴーグルは
耳の部分をつかんで
着脱します。

図Ⅰ-4-10　**ゴーグルの着脱**

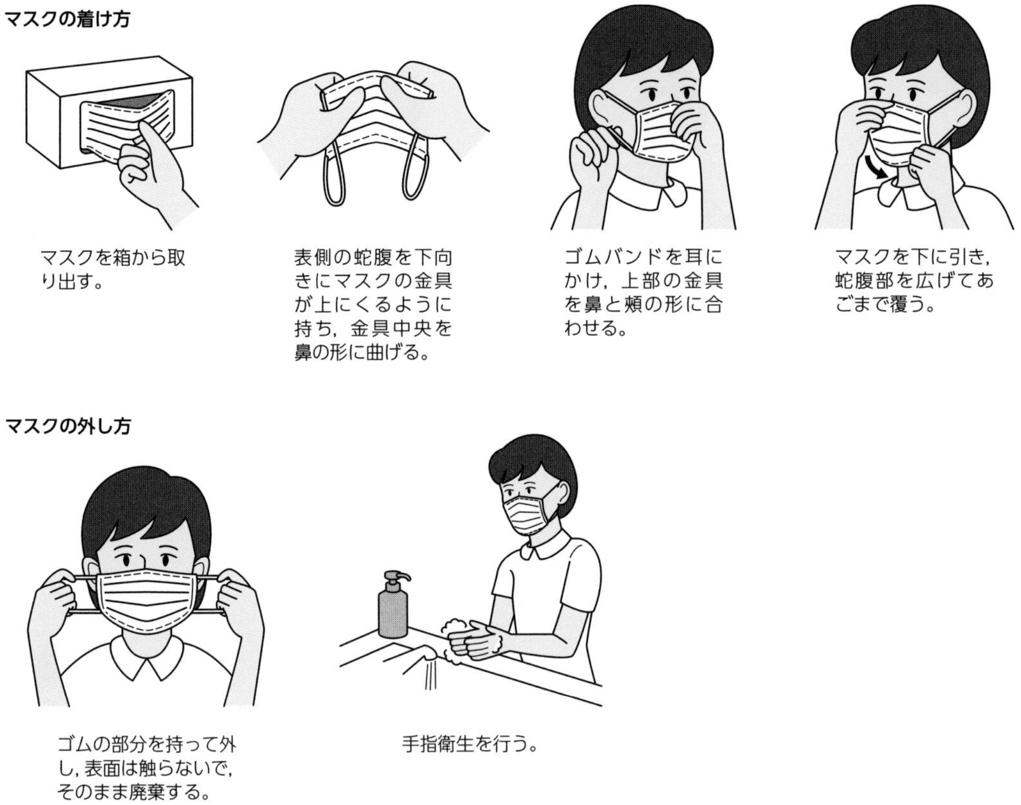

図Ⅰ-4-11　マスクの着脱

時にひどくむせて，痰や唾液が飛ぶ可能性がある場合，さらに吸引の刺激により嘔吐が誘発されてしまう場合，排泄物（便）が非常にゆるい場合などに装着の必要があると考えられます。

なぜマスクやゴーグルで防御する必要があるかというと，飛散する飛沫にある細菌やウイルスが，目や咽頭の粘膜に付着する可能性があるからです。そのため，マスクやゴーグルをして，自身への感染を防ぎます。また，自身の衣類に血液，体液などが付着し，すぐに洗浄することが困難な場合，さらにそのまま他の利用者の介助を行うことで細菌やウイルスを運ぶ可能性があります。そのような状況を防ぐためにも，ガウン，エプロンを着る必要があります。ガウン，エプロンは使い捨てのものが望ましく，目に見える汚染の有無にかかわらず，利用者ごとのケア終了後に脱ぐようにします。

●職員に切り傷がある場合やかぜの場合

職員自身に切り傷がある場合やかぜをひいている場合には，利用者に感染させることのないように対応していく必要があります。切り傷で，特に指に傷がある場合には，絆創膏をしていても必ず手袋を装着してケアを行います。特に，経管栄養の準備の際には，手袋の装着は必須です。

かぜをひいている場合，せきエチケットとしてもマスクは必ず装着します。せきやくしゃみによるウイルスや細菌の飛散を防ぐためです。マスクは，できるだけディスポーザブルのものとし，1使用ごとに口に面した側には手を触れないようにして，捨てます。また，マスクをはずした時にせきやくしゃみが出る時には，すぐにティッシュで口を覆うようにし，口に当てた部分に手を触れないようにして処理します。

可能であれば，職員自身に呼吸器症状（せき，痰，息苦しさなど）がある場合には，直接介助は避けるようにしましょう。

3 療養環境の清潔，消毒法

到達目標

- □居室，トイレ，キッチンの清潔を保つ方法を説明できる
- □排泄物，嘔吐物，血液や体液の処理について説明できる
- □針や血液の付いた手袋の処理について説明できる

清潔であるということは衛生管理が行き届いて，病原菌などが発生・増殖しにくい状態を指します。

●居室，トイレ，キッチン

療養環境は，清潔に保ち病原菌などが発生・増殖しにくい状態にします。

床，壁，ドアなどは，水拭きしますが，多くの人が触れるドアノブ，手すり，ボタン，スイッチなどは，状況や場所に応じての消毒（消毒用エタノール等でよい）をして清潔にすることが望ましいです。

なお，菌・ウイルス等によっては消毒用エタノールが効果のない場合もあるので，必ず効果を確認して使用します。ノロウイルス感染症発生時は 0.02 %（200 ppm）次亜塩素酸ナトリウム液を使用します。利用者が感染性の疾患でなければ，温度・湿度を適度に保ち，清潔に保てば問題はありません。洗濯や食器の洗浄も，家族のものと同様に通常の洗剤で構いません。

リネン交換後は，利用者の接触面を内側にして小さくまとめ，洗濯場まで運びます。こうすることで，シーツ等に付着している細菌や汚れを室内に落とすことがありません。この時，血液等の汚染があった場合には，水洗いして汚染部分をきれいにし，その後通常どおりに洗濯を行います。洗濯後は，天日を当てて十分に乾燥させます。

トイレは，家庭用のトイレ用洗剤を用いて通常どおりの清掃を行います。キッチンは，経管栄養の準備などを行うので，できる限り

清潔にしておきましょう。栄養剤注入用の容器は食中毒を予防するためによく洗浄し，乾燥させる必要があります。吊《つ》るして干すことができたり，食器乾燥器を使用したりと，十分に乾燥できるような環境を整えます。汚れが残っていたり，乾燥が不十分な場合には，細菌が増殖したりカビが生えたりと，食中毒の原因ともなるので十分に気をつけましょう。

環境を整えるうえで，リネンや床，壁，カーテン等に血液や分泌《ぶんぴつ》物《ぶつ》・排泄物《はいせつぶつ》の付着がある場合には，消毒薬等を用いて拭き取ったり，浸漬《しんし》（つけ置き）したりして，汚染を取り除くようにします。消毒方法や消毒薬は次に示します。

●排泄物，嘔吐物，血液や体液の付いた物

嘔吐物《おうとぶつ》・排泄物の処理については，感染性胃腸炎（ノロウイルス等）を想定して，速やかにかつ入念に清掃することが重要です（図Ⅰ-4-12）。

まず，近くにいる人を別室などに移動させ，換気をしたうえで，嘔吐物・排泄物は，マスク，使い捨てエプロンまたはガウン，使い捨て手袋を着用（できればゴーグル，靴カバーも着用）して，ペーパータオルや使い捨ての雑巾で拭《ふ》き取ります（排泄物や嘔吐物，血液や体液には病原菌がある場合があり，決して素手で触ってはいけません）。

特に嘔吐物は広範囲に飛散するため，拭き残しのないように注意しましょう。

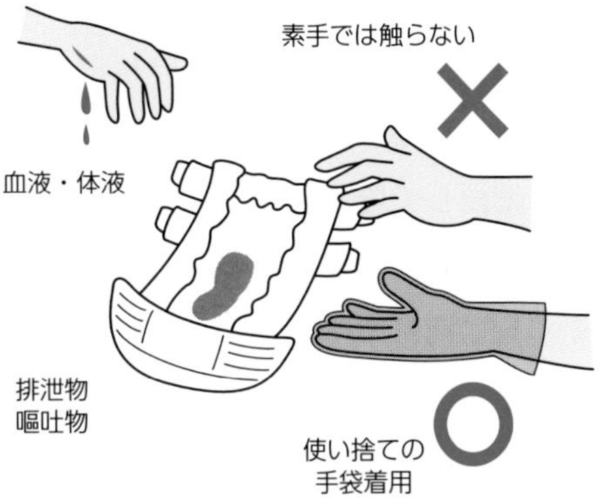

図Ⅰ-4-12　汚染物・汚染箇所の処理

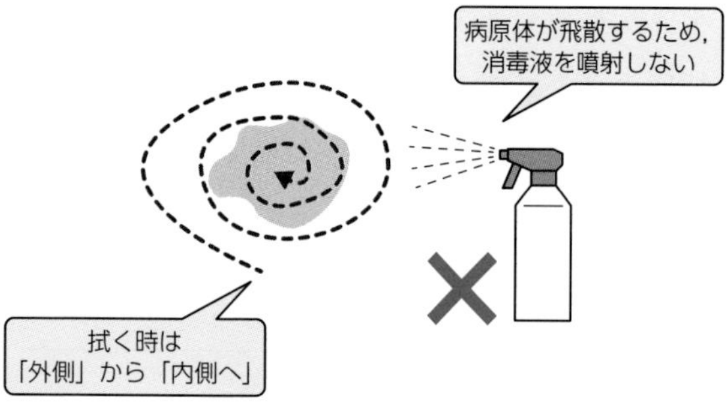

図Ⅰ-4-13　**消毒の注意点**

1）処理手順：ポイント

- 窓を開けて換気する。
- 近くの利用者を移動させ，職員は立ち寄らない。
- 嘔吐物・排泄物の処理の手順を徹底し，速やかに処理。
- マスク，使い捨てエプロンまたはガウン，手袋を着用。
- 嘔吐は，まずは濡れたペーパータオルや布などを嘔吐物にかぶせて拡散を防ぐ。
- ペーパータオルや布などで，外側から内側に向けて静かに拭き取る（汚染を拡げないために，一度拭き取ったペーパータオルは捨てる）。
- 最後に次亜塩素酸ナトリウム液（0.02％）で浸すように拭き取り，その後に水拭きする。
（ノロウイルス等の場合）：消毒液をスプレーで吹きかけると，逆に乾燥した病原体が舞い上がり，感染の機会を増やしてしまうため，絶対に噴霧はしないようにする（図Ⅰ-4-13）。
- 使用したペーパータオル等は，ビニール袋に入れ密閉（ビニール袋に廃棄物が十分に浸る量の次亜塩素酸ナトリウム液（0.1％），を入れることが望ましい）。
- おむつ等は速やかに閉じて排泄物等を包み込み，ビニール袋に密閉して廃棄。
- トイレで使用の場合も換気を十分にし，便座や周囲の環境も十分に消毒する。
- 使用した洗面所等はよく洗い，消毒する。
- 処理後は手袋，エプロン，マスクをはずして液体石けんと流水で入念に手を洗う。

- 次亜塩素酸ナトリウム液を使用したあとは窓を開けて，換気をする。

血液など体液の取り扱いは，他の利用者や職員の感染を防ぐためにも，十分注意が必要です。血液等の汚染物が付着しているところは，手袋を着用し，消毒薬を用いて清拭・消毒します。また，化膿した患部等に使用したガーゼ等は，他のごみと別のビニール袋に密閉して感染性廃棄物*10として分別処理することが必要です。

*10
感染性廃棄物：医療関係機関等から生じ，ヒトが感染し，もしくは感染するおそれのある病原体が含まれ，もしくは付着している廃棄物またはこれらのおそれのある廃棄物。

手袋，ガウンなどは，可能な限り使い捨て製品を使用することが望ましいといえます。使用後は，汚物処理室で専用のビニール袋や感染性廃棄物容器に密閉し，専用の業者に処理を依頼します。

●医療廃棄物の処理

医療廃棄物は，医療機関等で医療行為にともなって排出される廃棄物です。医療廃棄物の処理については，医療者とよく相談をして定められた方法で処理します。原則として区市町村のルールに従いますので，廃棄前に必ず区市町村のホームページで確認をするか，直接問い合わせをします。

注射針等の鋭利なもので「感染等への留意が必要」なものについては，直接手に触れないよう，針が突き抜けないような容器に入れて，かかりつけの医療機関もしくは薬局に持参し，処理してもらいます。その他の「感染等への留意が不要な物」であるチューブ類，おむつ，ガーゼや脱脂綿については，通常，一般ごみとして処理します。この時，吸引チューブやガーゼ・脱脂綿は血液の付着などにより一般の方々が不快とならないように，外から見えないように新聞紙などに包んで廃棄します。また，紙おむつの場合にも，排泄物を取り除き，臭気が漏れないよう袋に入れ袋の口を縛るなどの工夫をして，一般ごみとして処理します（**表I-4-6**）。なお，医療廃棄物については，医師・看護職員の判断により指示を受け，適切な処理を行います。

表Ⅰ-4-6　医療廃棄物の処理

分　類		廃棄物の種類	処理方法
鋭利なもの	取り扱いによっては感染等への留意が必要なもの	医療用注射針，注射器など（未使用の物も）	かたい容器に入れて，医療機関・薬局に持参しての処理依頼もしくは許可業者に委託して処理する。
鋭利でないもの	通常，感染等への留意が不要なもの	吸引チューブ，経管栄養チューブ，脱脂綿・ガーゼ，紙おむつなど	漏れないよう袋へ密閉し，地域のルール（各自治体に確認のこと）に従って廃棄もしくは許可業者に委託して処理する。

※鋭利なもののうち，ペン型自己注射針は，針ケースを装着した場合，感染等への留意は不要となる。
〔環境省在宅医療廃棄物の処理の在り方検討会（2008）『在宅医療廃棄物の処理に関する取組推進のための手引き』（平成 20 年 3 月）p12 より作成（簡略化）（http://www.env.go.jp/recycle/misc/gl_tmwh/main.pdf）；東京都環境局（2018）『感染性廃棄物を適正に処理するために（平成 30 年 11 月）』より一部加筆して引用〕

4 滅菌と消毒

到達目標	
	□消毒と滅菌について説明できる
	□主な消毒薬と使用上の留意点を説明できる

●消毒と滅菌について

消毒とは，病原性の微生物を死滅させること，または弱くすることで，滅菌とはすべての微生物を死滅させること，または除去することです。つまり，消毒ではすべての微生物を死滅させることはできないため，微生物を死滅させることが必要な場合には，滅菌を行うこととなります。このような滅菌してあるものを使う時というのは，例えば，気管カニューレ内部の吸引の時です。肺や気管の中には，通常，病原性の微生物はいませんので，外部から持ち込んではいけません。そのためには，微生物が付着していない（＝滅菌されている）吸引チューブなどの物品・器具を使用する必要があります。

滅菌は，高圧蒸気や酸化エチレンガス，放射線などを用いて専用の施設・設備で行うことから，在宅においては滅菌をすることはできません。滅菌が必要な器材は医療機関から滅菌済みの物を渡されるか，業者より滅菌済みのものが納品されるかになります。滅菌済みのものは，滅菌済みであることが明確にわかるように表示があります。

滅菌物を使用する前には，滅菌済みの表示を確認すること，滅菌期限の表示を見て期限切れでないかを確認すること，開封していないかを確認することが重要です（図Ⅰ-4-14）。万が一，使用前に封が開いていたら，その滅菌物は汚染していますので使用しないでください。

消毒は滅菌ほど厳密に微生物の侵入を阻止しなくてもよい場合の器材や，体内に入れない物品等に行います。例えば，口腔内や鼻腔内にはすでにたくさんの常在菌[*11]がいるため，気管内のように滅

＊11
常在菌：ヒトの身体に存在する微生物（細菌）のうち，多くのヒトに共通してみられ病原性をもたないもの。

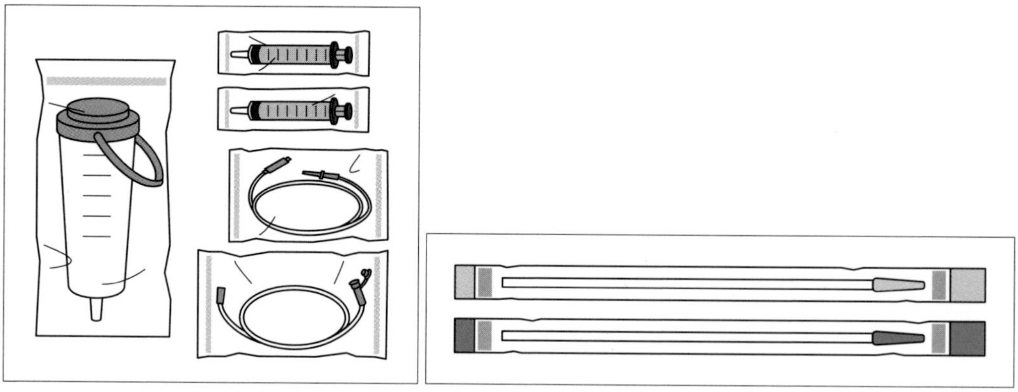

図Ⅰ-4-14　吸引チューブ（右）と経管栄養セット（左）

菌の手袋をする必要はありません。

消毒の主な方法には，熱水によるものと薬液によるものとがあります。熱水消毒には家庭用の食器洗浄機が利用でき，すすぎ工程で80℃・10分程度のすすぎができれば，MRSA[*12]や大腸菌などの細菌は殺滅できるとされています。また，80℃・10分間であればB型肝炎ウイルスやHIV（ヒト免疫不全ウイルス）などのウイルスにも効果が期待できるといわれています。薬液による消毒には，次亜塩素酸ナトリウムや消毒用エタノールを使用します。

ケアの場面では手指消毒が重要です。流水での手洗いが大切ですが，利用者の負担を考えて時間をあまりかけずにケアを終了させたい場合，手を洗いに行くことができない場合があります。ケアの途中で目に見える汚れのない場合には，速乾性擦式消毒剤を用います。この薬剤には塩化ベンザルコニウムという消毒薬とアルコールが含まれており，細菌叢《そう》[*13]を抑制することができます。しかし，汚れは落ちないため，汚れている場合には流水での手洗いを行いましょう。

＊12
MRSA（メチシリン耐性黄色ブドウ球菌）：多くの抗菌薬に対して耐性を示して難治性の感染症を生じる細菌。咽頭や鼻腔粘膜，皮膚などに常在する場合もある細菌で，健康な人に危険性はないが，抵抗力の弱い場合には治療が困難な場合がある。

＊13
細菌叢：細菌の塊（かたまり）のこと。

●消毒薬の使い方と留意点

主な消毒薬とその留意点を**表Ⅰ-4-7**に，希釈液については**表Ⅰ-4-8**にまとめています。次亜塩素酸ナトリウムは，前述（「排泄物，嘔吐物，血液や体液の付いた物」，p.103）でも紹介しましたように，ノロウイルス等による嘔吐物などで汚染したリネン類の洗浄

表Ⅰ-4-7　**消毒薬の種類・特徴と使用上の留意点**

消毒薬	使用濃度	消毒対象	留意点
次亜塩素酸ナトリウム※	0.0125～ 0.02％	• 経管栄養セット • 器具・器材	• 金属の腐食 • 強アルカリ性のため，酸性のものと混ぜると塩素ガスが発生
アルコール 消毒用エタノール（70％）	原液	• 正常皮膚の消毒 • 医療器具の消毒，器材やドアなど	• 引火性に注意する • 粘膜や損傷部分には禁忌
塩化ベンザルコニウム 塩化ベンゼトニウム	0.1～ 0.5％	• 器材等の消毒 • 手指消毒（0.1％）	• 誤飲に注意する • 濃度間違いをしない

※：ミルトン®やピューラックス®などが市販されている。

〔尾家重治 著，小林寛伊 編（2005）『在宅ケアと感染制御』メヂカルフレンド社，p 168；服部万里子（2006）『感染症・衛生管理の知識と心構え』（ケアワーク・スキルアップ⑤），ひかりのくに，p 49；厚生労働省『感染対策の手引き』（令和2（2019）年10月）より一部修正して引用〕

や食器類の洗浄消毒に有効です。しかし，市販されている漂白剤においても「混ぜるな危険」と大きく書かれているように，酸素系洗剤と塩素系漂白剤が混ざることによってガスが発生し危険なので，決して混ぜることのないように，使用時には十分注意が必要です。

アルコールは，皮膚消毒としても一般的で，70％の消毒用エタノールを使用します。部屋のドアノブ，吸引等のケアに必要な物品を並べる台などの清掃にも有効です。塩化ベンザルコニウムや塩化ベンゼトニウムは，速乾性の手指消毒液として使われており，器材の消毒等でも利用します。

食器洗浄機などによる
熱水消毒

次亜塩素酸ナトリウムなどによる
薬液消毒

表Ⅰ-4-8　**次亜塩素酸ナトリウムの希釈例（参考）**

調製する濃度	用いる製品	希釈法
0.01%（100 ppm）	ミルトン	水 1 l に対して 10 ml
	ミルクポン	
	ピュリファンP	
	ヤクラックスD	
	ピューラックス	水 1 l に対して 2 ml
	次亜塩６%「ヨシダ」※1	
	テキサント※1	
	ハイター※2	
	ピューラックス10	水 1 l に対して 1 ml
	ハイポライト10※1	
0.1%（1,000 ppm）	ミルトン	水 1 l に対して 100 ml
	ミルクポン	
	ピュリファンP	
	ヤクラックスD	
	ピューラックス	水 1 l に対して 20 ml
	次亜塩６%「ヨシダ」※1	
	テキサント※1	
	ハイター※2	
	ピューラックス10	水 1 l に対して 10 ml
	ハイポライト10※1	
1%（10,000 ppm）	ミルトン	原液のまま使用
	ミルクポン	
	ピュリファンP	
	ヤクラックスD	
	ピューラックス	５倍に希釈して使用
	次亜塩６%「ヨシダ」※1	
	テキサント※1	
	ハイター※2	
	ピューラックス10	10倍に希釈して使用
	ハイポライト10※1	

※１：冷所保存が必要な製品。
※２：ハイターは医薬品ではないので，濃度は確実なものではない。
〔厚生労働省研究班『バイオテロ対応ホームページ』（https://h-crisis.niph.go.jp/bt/material/m2/）〕

消毒する素材や菌・ウイルスなどによって，消毒薬を適切に使い分けましょう。

参考文献

1）厚生労働省老健局（2020）『介護現場における（施設系通所系訪問系サービスなど）感染対策の手引き』p 45-47，52，56-58，61
2）東京都環境局（2018）『感染性廃棄物を適正に処理するために』p 58

第5章

健康状態の把握

1 身体・精神の健康

到達目標 □平常状態について説明できる

●健康とは

世界保健機関（WHO）憲章[*1]では健康の定義を，「健康とは，肉体的，精神的および社会的に完全に良好な状態であり，単に疾病又は病弱の存在しないことではない」としています。しかし，この定義について，「完全に良好な状態」が「理想にすぎない」とか，「完全を求めれば誰も健康ではなくなってしまう」という考え方もあります。また「完全に良好な状態」ではなく「十分に調和のとれた状態である」と訳する場合もあります。

*1
世界保健機関（WHO）憲章：世界保健機関（World Health Organization）が，1946年，ニューヨークで採択された。日本語訳は，厚生労働省『平成26年版厚生労働白書』p 2より。

私たちが日頃生活しているなかで，このような「健康」を意識したり，考えたりすることはそれほどありません。なぜなら「健康」であるということは，それを意識せず「自分らしい日常生活を送る」ことができるということだからです。病気やけがで治療や入院を余儀なくされ，「自分らしい日常生活」を送れなくなった時に初めて「健康」のありがたさを意識し，いかにそれを取り戻すか考えることになります。その人が「自分らしい日常生活を送る」ことが健康なのであって，人により健康の定義のとらえ方は異なるといえます。

●平常状態について

一方，こうした健康な状態と不健康な状態（病気）には明確な境界線があるのでしょうか？　例えば，仕事量が増し残業が増え，ここ数日ろくに睡眠もとれていない状況を考えてみましょう。こうした日々が続けば身体がだるく感じるでしょうし，仕事の能率も上がらないと思います。さらに，そのストレスから食欲も減少するでしょう。こうなってしまっては健康な生活を送っているとはいえません。しかし，私たちは通常，週末に身体を休めたり，ストレス発散に出かけたり，美味しいものを食べに出かけることによって「自分らしい日常生活」を送れるよう，自分自身の生活を軌道修正します。つまり，健康と不健康（病気）の間には明瞭な境界線があるわけではなく，より健康な状態と，より不健康な状態の一直線上を行ったり来たりしているのです。

一人ひとりが日々営んでいるのが生活です。生活の流れのなかで，身体を構成している，各部分の構造と機能をそれぞれに理解するのではなく，生活している人の内部でどのようなことが起きているか，それは生活することによってどのように変化しているのかを日々明らかにすることが必要です。自分で健康を維持したり回復したり，動的に変化させられる力に注目したフーバーらは，2011 年に「適応してセルフマネジメントする力」としてみることを提案しています。健康を「状態」とするのではなく，それを個人や社会で変化させられるものであり，健康を「力」としてとらえ直したものです。

このように健康とは，その人らしく日常生活を送ることであり，「その人」の年齢や生活様式，さらに価値観によっても異なってきます。健康状態とは，健康という境界線で仕切られた領域にいるのではなく，健康−不健康（病気）という天秤のバランスによって決められており，常に身体が「平常状態」を保てるように行動でき，またそのバランスを保てる能力があることが，「健康」であるともいえるのです。

2 健康状態を知る項目（バイタルサインなど）

到達目標

- □バイタルサインや意欲，顔貌，顔色，食欲，行動の観察法や平常状態と違う場合の報告について説明できる
- □バイタルサインとそのみかたを説明できる

●意欲，顔貌，顔色，食欲，行動など

人間を社会生活のなかで「生きていく存在」としてとらえるならば，健康であるということは，その人に意欲があり，生活行動が問題なく行えているかどうかが，その人の「健康状態」を考えるうえで重要な観察項目となります。測定器具を使わずとも，その人と話をして，外観や行動を観察するだけでも，実に多くの情報を得ることができます。

例えば，ある利用者との出会いを想像してください。初めて居宅にお邪魔した時，呼び鈴に応じて玄関まで来てくださり，挨拶のあと，部屋に招いてくださったとします。ここからどんなことがわかりますか？　少なくとも利用者の聴力や言語能力は日常生活上の問題もなく，大きな見当識障害はなさそうです。さらに，家の中では移動がスムーズにできていることから，視覚は保たれ，移動という大きな動作を支える筋・骨格系や神経系についても，家の中では大きな問題はなさそうです。その後，話をする時には，利用者の表情を見てください。基本的に健康であれば表情に活気があります。逆に無表情であった場合は活気がなく，周囲に無関心である可能性があります。健康とは「自分らしい日常生活を送ることができる」ことといいましたが，そうした行動の動機づけとなるのが活気，つまり意欲であり，また健康であることが意欲を生み出すともいえます。さらに，顔をよく見てください。例えば，仮面のように表情が乏しくないか，まぶたが垂れ下がっていないか，顔のむくみはないかなど，顔貌《がんぼう》を見るだけで実に多くの情報が得られます。そして，

顔色を見てください。顔色は紅潮《こうちょう》していませんか？　蒼白《そうはく》ではありませんか？

もし，食事の場面を目にすることができたら，食欲の観察をしてください。食欲は健康状態のバロメーターでもあり，病気により身体機能が衰えたり，ストレスがたまると食欲も低下します。食事量まで確認できなければ，ぜひ皮膚の状況を観察してください。はり・つやはどうですか？　乾燥していませんか？　その人の栄養状態がある程度わかります。さらに，食事を口元まで運ぶ動作を観察してください。箸《はし》は使いづらそうではありませんか？　食べ物の飲み込みはできていますか？　震《ふる》えなどはありませんか？　もちろん，食事以外の入浴や排泄《はいせつ》，衣服の着脱など，生活における行動や姿勢などもじっくり観察してください。その方の筋・骨格系や神経系の状態を把握するうえでとても重要ですし，こうした理解が利用者の転倒・転落の事故を未然に防ぐことにもつながります。

さらに，行動そのものに不可思議な点がないかも確認してください。もし問題があれば，認知症や高次脳機能障害[*2]などが疑われます。これは社会生活を健康に暮らすことに大きな影響をもたらすものであり，十分なかかわりが必要となります。

＊2
高次脳機能障害：脳の損傷によって起こる症状で，損傷部位によってその症状が異なる。見当識，記憶，情緒の障害や言葉を発することができない，学習した行動がうまく行えない，得た情報の意味がわからないなどといった障害が単独あるいは一部限局的に出現している状態をいう。

●バイタルサイン

バイタルサインは，人が生きていくうえで最低限必要な生体情報です。人間を「生物として生きている存在」と考えるならば，呼吸によって取り入れた酸素が血液によって全身を巡り，さらに体外からの異物に抵抗できる能力があることが「健康」といえます。その観察項目がバイタルサイン（vital signs）です。文字通り「生命（vital）徴候（signs）」のことであり，生きている私たちが外に向けて発しているサインすべてが含まれます。異常の早期発見のための重要な観察項目であり，一般には体温，脈拍，呼吸，血圧を指し，場合によっては意識の状態も含めます（**表Ⅰ-5-1**）。バイタルサインを測定する目的は，①健康状態や平常状態の把握，②異常の発見，③異常の程度の把握などです。

表Ⅰ-5-1　バイタルサインの正常値（基準値）と測定方法（いつもと違う状態に気づくための目安）

	正常値	測定方法（目安）
呼吸	呼吸回数 12〜18 回	呼吸回数と呼吸のしかたの２つを見ます。呼吸回数は「吸って吐く」を１回と数え，上下する胸郭および腹部を見ながら１分間測定。回数と一緒に（ゼーゼー，ヒューヒューなど）の異常音の有無や苦しそうではないかなど，いつもと違う呼吸ではないか観察します。
体温	36〜37℃	個人差があること。早朝は比較的低く夕方につれ高くなるという性質があります。平熱からどの程度変化しているかという点に注意します。
血圧	120 mmHg 未満（収縮期）/ 80 mmHg 未満（拡張期）	測定時は心臓と同じ高さに置き，肘を曲げないように注意します。血圧は時間帯によっても，緊張するような場所での測定でも値が変化します。平常時の数値を把握しておき，変化の幅に注意します。
脈拍	60〜80 回/分	１分間の脈拍数を測ると同時に，リズムが一定であるかも確認します。通常の測定では人さし指・中指・薬指の３本の指の腹を手首の橈骨動脈に軽く当て，１分間測定します。
酸素飽和度（SpO_2）	95〜100 %	装着した指先を接地面とは水平，もしくは下に下げます。手先を挙上しないようにします。
意識レベル	意識清明	意識の状態は，呼びかけに対する反応をみて確認をします。反応がある場合，反応がはっきりしているか，鈍くないかを確認します。反応がない場合，大きな声をかけたり痛み刺激に対する反応をみることがあります。身体を揺さぶって反応をみることもありますが，状態によっては動かすことが危険なこともあるので注意が必要です。

数値は成人を対象。

1）体温

体温とは生体の温度のことです。体温は，脳の視床下部にある体温調節中枢のはたらきにより，体内で産生された熱（熱産生）と，体外へ放出す熱（熱放散）によって一定にコントロールされています。正常体温（腋窩温《えきかおん》）は成人で 36.0〜37.0℃未満であり，基礎代謝の影響を受け，乳幼児では高く，高齢者では低めになります。また，外気温にも影響を受け，午後 2〜6 時が最も高くなり，運動や食事，精神的興奮によって上昇する傾向にあります。

①体温測定

体温測定は，脇《わき》の下（腋窩《えきか》）で行うのが一般的ですが，口腔《こうくう》内や場合によっては直腸で行うこともあります（図Ⅰ-5-1）。体温を測定する体温計の種類には，耳式体温計，腋窩体温計，口腔体温計，

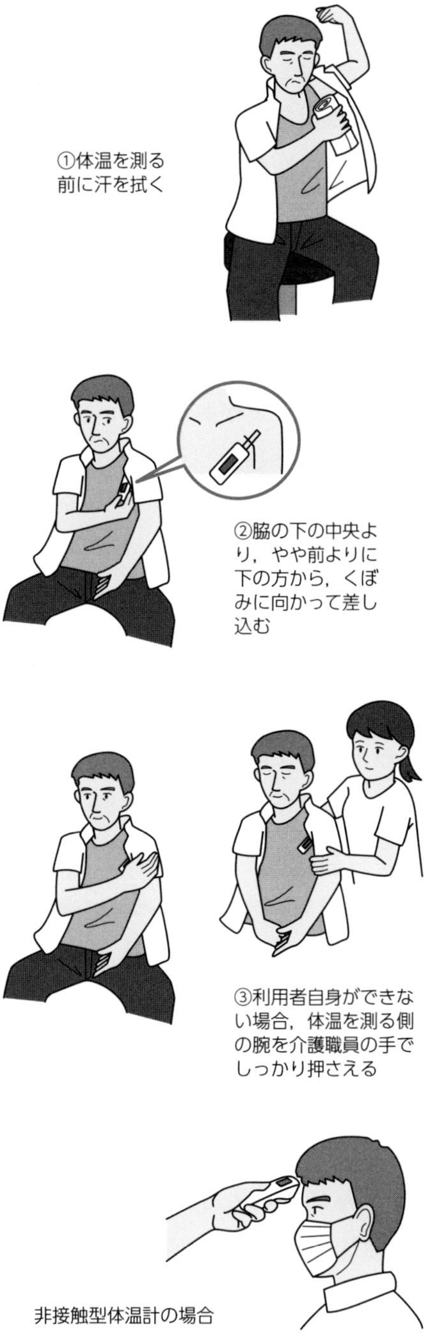

図Ⅰ-5-1　体温測定の方法

直腸体温計などの種類があります。最も多く用いられる体温計は腋窩体温計ですが，その腋窩体温計には「予測式」と「実測式」があり，測定時間が異なり，値にも差が生じることがあります。また，非接触型体温計も用いられるようになっていますが，値はやや外気温などの環境に左右されて表示される傾向があります。どの体温計を用いたとしても説明書に基づき使用すること，いつも同じ部位で同じ体温計を使用して測定するようにしましょう。利用者の年齢や状態から，医師から体温計の種類に指示があった場合は，その指示に従い測定します。

腋窩で測定する場合，発汗していると気化熱[*3]により実際の体温より低く測定されてしまうので注意が必要です。また，高齢者や，やせている利用者の場合は正確に腋窩に密着せず，不正確な測定値になることがあります。体温計の先端が腋窩くぼみの中央に密着するように測定しましょう。

*3
気化熱：液体は蒸発するために熱が必要となる。液体が気体になる時に周囲から吸収する熱のことをいう。

②体温上昇は感染を疑う

体温上昇は，その原因によって「うつ熱」と「発熱」に大別されます。「うつ熱」の原因は病気によるものではなく，外部環境の異常，例えば真夏の炎天下に長時間外出していたり，病気や障害によって自力で体が動かせない状態で高温・多湿の部屋に長時間いることによって生じます。例えば，高齢者では，加齢によって暑さ・寒さを感じにくくなると着衣や室温の適度な調整ができずにうつ熱を生じることもあります。

体内の熱は輻射・対流・伝導・蒸散という 4 つのメカニズムによって体外へ放熱され，体温を恒常に保つための体温調節機構が作動しますが，外部環境が高温・多湿・無風という環境下においては，放熱効率が悪くなり，結果として体温上昇を招くことになります。その体温調節機構に重要な役割を果たしているのが水分です。

一方，何らかの細菌やウイルスによる感染でみられる体温上昇（感染症による発熱）は，体内における熱産生の著しい増加と，末《まっ》梢《しょう》血管収縮による放熱機構の抑制によって発症します。特徴的な症状として，高熱であるにもかかわらず，体温上昇期では寒さ（これを悪寒《おかん》といいます）を感じ，全身の震え（これを戦慄《せんりつ》といいます）がみられます。

また，放熱を抑制するために末梢血管が収縮するので，血流量が減少し，末梢の手や足は冷たく，また発汗がみられないのが特徴です。これは体温調節中枢が発熱物質などによって高い水準にセットされるので，まるで低温の環境下におかれた場合と同様の体温調節機構がはたらくからです。逆に，体温下降期では，末梢血管が拡張

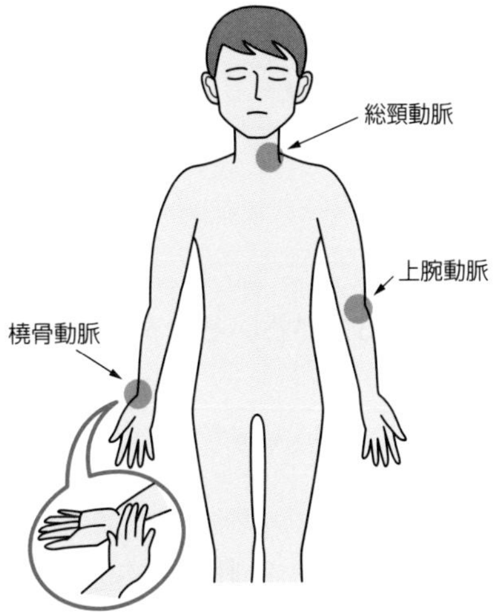

図Ⅰ-5-2　脈拍の測れる主な部位

し，血流量が増加するため，末梢の手や足は温かく，発汗が増大するのが一般的です。

悪寒や戦慄がみられた際は，全身を十分に保温し，体温上昇を手助けする必要があります。また，体温下降期には，着替えを頻回に行って発汗を助けるとともに，失った水分を十分に補う必要があります。

2）脈拍

心臓の収縮により血液が動脈に送り出され，体表近くの血管壁がその弾性によって拍動し，脈拍として触れることができます（図Ⅰ-5-2）。一般には橈骨《とうこつ》動脈や上腕《じょうわん》動脈に沿って第2～4指の3指を触れて観察しますが，緊急時には総頸《そうけい》動脈で確認することもあります。正常値は成人では1分間に60～80回程度ですが，運動や入浴，食事のあとには増加するので注意が必要です。なお，100回/分以上の状態を頻脈といいます。また，数だけでなく，リズムも重要な観察項目で，リズムが乱れる場合を不整脈といいます。

3）呼吸

呼吸とは，肺において酸素を取り入れ，二酸化炭素を排出するはたらきであり，外呼吸（肺呼吸）と内呼吸（組織呼吸）からなります。1分間に12～18回程度の規則的な呼吸が正常の目安とされて

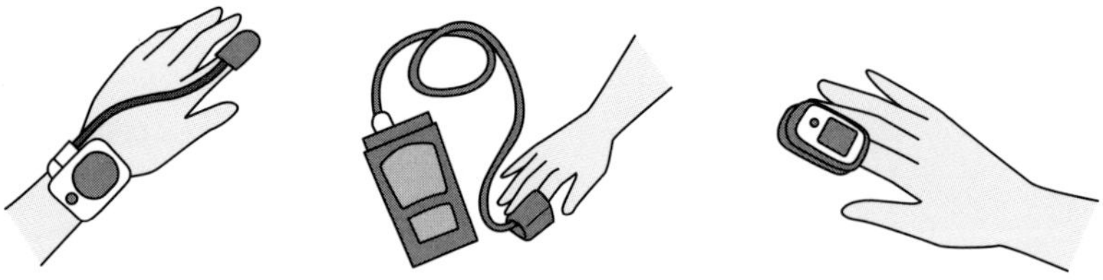

腕時計型　　ハンディー型

図Ⅰ-5-3　いろいろなタイプの経皮酸素飽和度モニター（パルスオキシメーター）

います。ただし，呼吸は本人の意思で回数が変えられるので，観察していることを意識されないように測定することが重要です。

なお，換気（空気を吸って吐《は》く）が不十分になると，肺胞から血中に入る酸素の量が減るため，低酸素症状態となります。こうした状況を把握する手段として，チアノーゼ（口唇や爪床《そうしょう》が青紫色になる）を観察したり，医師の指示に基づき経皮的に（皮膚表面から）測定する機器であるパルスオキシメーター*4を用いて，動脈の血液中の酸素の量（動脈血酸素飽和度）を調べる方法があります。パルスオキシメーターは，動脈血酸素飽和度（SpO_2）を指先などに光を当てることによって測定する装置です（図Ⅰ-5-3）。では，酸素飽和度とは何でしょうか。血液中の酸素の大半は，赤血球の中にあるヘモグロビンによって運ばれます。飽和とは最大限の状態を指し，酸素飽和度とはヘモグロビンが運べる最高の状況に対して，実際には，どれくらいの酸素を肺から血液中に取り込み運んでいるかを表します。よって，肺炎などで肺がダメージを受けると，それだけ肺から血液に酸素が送られなくなり，その結果，酸素飽和度が下がります。パルスオキシメーターが，肺炎の重症化の可能性を見つけるツールとなっています。パルスオキシメーターで測定した値を「経皮的動脈血酸素飽和度（SpO_2）」といい，基準値はおおよそ95〜100％ですが，指を変えて測定すると，わずかに値が違う場合があります。また，指先が冷たい場合や，状態が悪く血流が低下している場合などでは測定できないこともあります。全身状態を観察して，酸素飽和度の値だけで状態を判断しないようにし，測定値は医師・看護職員に報告します。

＊4
パルスオキシメーター（経皮酸素飽和度モニター）：酸素は，血液中の赤血球中のヘモグロビンによって運ばれる。動脈の血液中のヘモグロビンの何％が酸素と結合しているかを「酸素飽和度」という。血液を採取しなくても酸素飽和度を測定できる機械を経皮酸素飽和度モニターという。センサーを手足の指などに当てて数値を読み取る。

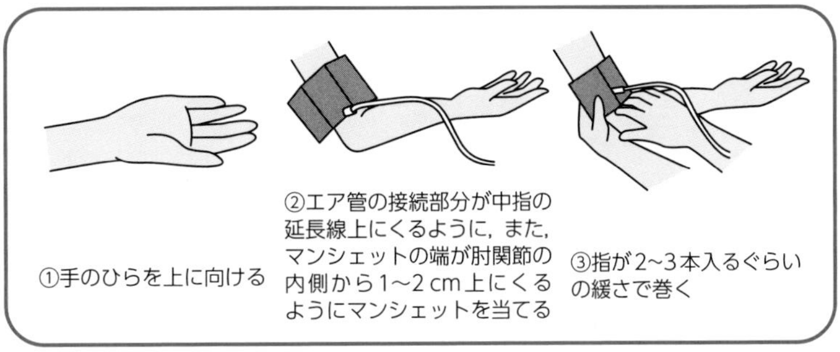

図Ⅰ-5-4　血圧測定の方法（上腕式）

4）血圧

血圧とは，心臓が全身に血液を送り出す時に動脈壁を押す圧力のことです。左心室の収縮によって生じる圧力が，大動脈を経て全身の動脈へと伝わり，これが血圧として測定されます。血圧に影響を及ぼすものとしては，心臓の収縮力や血液の量，血液の粘稠性および末梢血管の抵抗があります。血圧には個人差や1日の中での変動があり，その人の正常値を知ることが何より重要です。参考までに，一つの基準として，日本高血圧学会の『高血圧治療ガイドライン 2019』では，収縮期（最大）血圧 120 mmHg 未満かつ拡張期（最小）血圧が 80 mmHg 未満を正常血圧，収縮期血圧が 140 mmHg 以上または拡張期血圧が 90 mmHg 以上を高血圧としています。

電子血圧計で簡便に測定できますが，動脈を圧迫するマンシェットの巻き方が適切でないと，正確な血圧が測定できないので注意が必要です（図Ⅰ-5-4）。拘縮《こうしゅく》があり，上腕で測定できない場合は，手首用の血圧計を用いるなどを検討します。

3 急変状態について

到達目標
- □ 急変状態を説明できる
- □ 急変時の対応と事前準備を説明できる
- □ 急変時の報告について説明できる
- □ 連絡体制について説明できる

●急変状態（意識状態，呼吸，脈拍，痛み，苦痛など）

急変状態とは，急激に意識の状態が悪くなったり，呼吸が浅くなったり，脈拍が弱くなったり，今までにない強い痛みを訴えたり，苦痛の表情が強くなったりなど，通常の介護では対応しきれない状態で，救急車，もしくは医師や看護職員にすぐに報告をしなければならないようなものを指します。意識がない，呼吸をしていない，脈が触れないなどは，生命に直結する重大な変化です。

介護の対象である高齢者や障害者では，身体の諸機能が衰えており，身体の急激な変化により，場合によっては死に至るケースも少なくありません。呼びかけに反応がなく，十分な呼吸がなければ即，救急の対応が必要です。早期発見のための対策や連絡体制など，日頃から利用者にかかわる人々で話し合っておくことが重要です。

●急変時の対応と事前準備（報告，連絡体制，応急処置，記録）

1）報告

目の前の利用者の状態が，すぐにでも連絡をしなければいけない急変状態なのか，もう少し様子をみてもよい状態なのかの判断は非常に困難です。しかし，連絡をためらったために，手遅れになる可能性を考えれば，いつもと異なるわずかな変化があれば，必ず担当の医師や看護職員へ連絡することが重要です。能力や経験の有無にかかわらず，それが介護職の業務上課せられた重要な仕事だといえます。

なお，危険な状態の徴候（サイン）には，以下のようなものがあります。いつもと違う状態に気づき，さらには異常時の徴候（サイン）があれば，特に迅速な対応が必要です。

①呼吸の状態

- 1分間に24回以上の頻回な呼吸や明らかに浅い不十分な呼吸。
- 安静呼吸では使わない呼吸筋を動員して行う努力呼吸の有無。
- 呼吸時に聞こえる異音・雑音の有無。
- 動脈血酸素飽和度の急激な低下。

②末梢《まっしょう》循環の状態

- 皮膚の蒼白《そうはく》，顔・口唇《こうしん》・手足の先のチアノーゼ[*5]。
- 冷感，冷汗。
- 脈の触れ（速さ・強さ）。

＊5
チアノーゼ：血液中の酸素濃度が低下し，口唇や爪床が青紫色になること。

③意識

刺激に対する反応。呼びかけに対する反応。会話の可否。

生体は気道，呼吸，循環，意識のサイクルであるため，これら一つでも異常が起こると生体に何らかの変化を起こします。この変化にはすばやい判断能力が求められます。

2）連絡体制

キーパーソンあるいは医師や看護職員を中心に連絡網をつくり，連絡体制を整えておくことが重要です。

連絡すべき内容などはファイルに整理して，関係者が連絡体制をすぐに実行できるよう，いつでも見えやすいところに張り出すようにしましょう。

①事前に，療養者ごとにどういう状態を急変とするかを共有します。
②救急車対応についても事前に確認して連絡網に明記しましょう。
③状態は無理に医療用語を使う必要はありませんが，具体的かつ正確に伝えます。
④それぞれの連絡先を明記します。
⑤ケアを実施する際に，個別的に注意すべき事項を明記します。
⑥緊急時には焦らず連絡がとれるように見えやすく，簡潔にかつ重要なことが目立つように工夫しましょう。

3）応急処置

急変の状態によって，その処置・対応は全く異なりますが，共通事項の心得を以下に記します。

①まず，落ち着くこと

慌ててしまうと冷静な判断力を失うだけでなく，さらに状態を悪化させてしまう可能性もあります。何が起こっているのかなど，状況の観察や確認をしましょう。

②自己判断で行動しない

報告・連絡・相談が大切です。緊急連絡網に従って行動しましょう。特に疾病の悪化については，医師・看護職員および救急隊員の指示に従ってください。

③複数の職員で対応する

特に緊急時は疾病の管理や処置，電話連絡などやらなければならないことが次々と生じるので，正確な情報を共有しながら，手際よく正確にことを進めていきましょう。日頃から緊急時の動き方についてイメージトレーニングしておきましょう。緊急時はいつでもどこでも対応が必要になります。

④利用者（家族）の同意を得る

緊急時においても，基本的には利用者への同意が前提です。ただし，本人の意識がなく，家族が不在の場合もあるので，急変時にはどのような対応をするか，事前に具体的な対応について話し合っておきましょう。

4）記録

「何時何分，どのような状態になり，それに対してどのような対応を行った」のか，メモを取りながら行い，一通りの対応が終わったところで整理します。急変状態のような緊迫した状況においては，メモを取るのは難しいと考えるかもしれませんが，逆にそういった状況だからこそ，メモを取りながら頭の中を整理することによって心にゆとりが生まれ，冷静な判断・行動につながります。記録はあとに，急変時の状況を正確に説明したり，ケアについての振り返りになるなどに活用できます。よって，記憶が新しいうちに記録として残すことは大変重要になります。

第Ⅱ部
高齢者および障害児・者の喀痰吸引

第1章
高齢者および障害児・者の「喀痰吸引」概論

1 呼吸のしくみとはたらき

到達目標

- □ 呼吸維持の必要性を説明できる
- □ 呼吸のしくみと器官の名称を説明できる
- □ 呼吸器官のはたらきを説明できる

「喀痰《かくたん》吸引」（以下，「痰の吸引」という）とは，痰を吸引することです。

●生命維持における呼吸の重要性

「呼吸」とは，口や鼻から肺に空気を吸い込み，肺から空気を吐き出すことをいいます。人間の細胞は，常に新しい酸素を必要としています。空気を吸うことで生命の維持に必要な酸素を体の中に取り込み，肺に吸い込まれた酸素が血液中に混ざり，体中に運ばれます。体の中の細胞で酸素が使われたあとは，二酸化炭素となって再び血液に混ざり，肺に受け渡されて，肺から口・鼻を通って体の外に吐き出されます。

人間の体は，この酸素と二酸化炭素の適切なバランスを失うと，さまざまな部分に支障が出てきたり，生命が維持できなくなってしまいます。

呼吸ができなくなったり，空気の吸い込み・吐き出しのどこかで不具合が生じた場合には，呼吸の苦しさを感じたり，体の中で酸素不足による障害が起こってきます。また，「呼吸（息）が苦しい」などといった訴えがないからといって，呼吸器の病気をもっていないとは限らず，体の中での異常が起きている場合があります。

このように，呼吸を正常に保つことは，生命維持において非常に重要なことです。

●呼吸のしくみと主な呼吸器官各部の名称・機能

呼吸のはたらき（酸素の吸い込みと二酸化炭素の吐き出し）にかかわる体の器官を呼吸器官といいます。呼吸器官は，いくつかの部分で成り立っています。呼吸の際の空気の流れは図Ⅱ-1-1に示すとおりです。

なお，呼吸には外呼吸と内呼吸があります。吸い込んだ空気が肺胞に達して，血管との間で酸素・二酸化炭素を受け渡すことを「外呼吸」といいます。一方，血液によって運ばれる酸素・二酸化炭素を全身の細胞との間で受け渡すことを「内呼吸」といいます。以下，外呼吸の空気の流れにそって，呼吸器官の名称と機能を説明します。

呼吸により吸った空気は，口腔《こうくう》・鼻腔《びくう》から吸い込まれ，咽頭《いんとう》，喉《こう》頭《とう》，気管，気管支を経て，肺胞まで取り込まれ，肺胞から血液中に入ります。肺胞から酸素を受け取った血液は，いったん，心臓にいってから全身の細胞に送り届けられます。二酸化炭素を吐き出す時は，この逆の順番で吐き出されることになります。

口や鼻からの空気の通り道は非常に狭く，吸引などで管を口や鼻から挿入する時には，内側の表面部分（粘膜）を傷つけないように注意が必要です。口腔には歯や舌があり，唾液を分泌する唾液腺もあります。

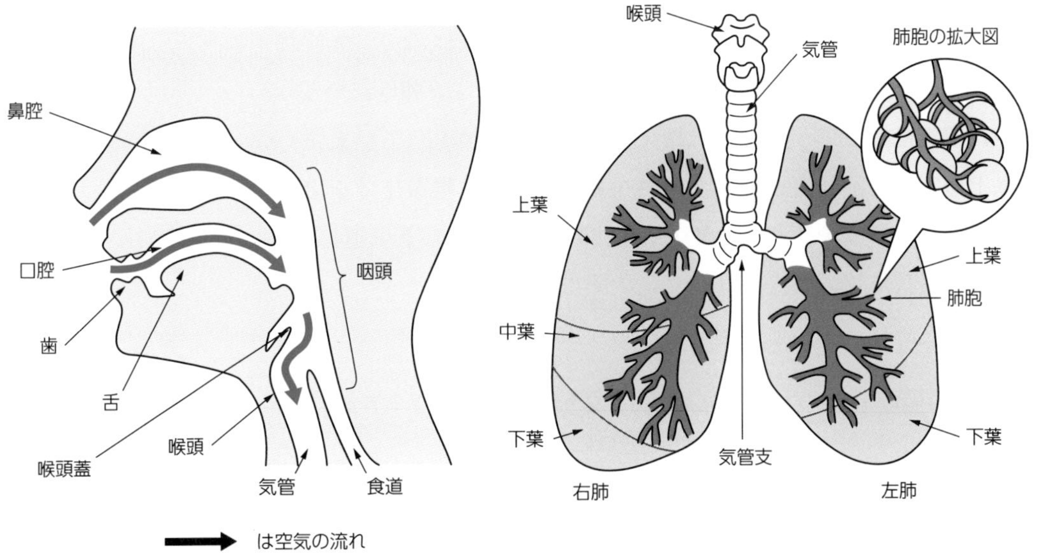

図Ⅱ-1-1　呼吸器官各部の名称

口の中の清潔ケアなどをする際に，器具などが舌の奥の部分に触れたり，咽頭の奥の部分に触れた際には，嘔吐《おうと》（吐いてしまうこと）が誘発されることがあるので注意が必要です。鼻腔は，鼻中隔によって左右に分かれています。鼻毛が生えており，吸い込む空気を暖めたり加湿する役割があります。鼻腔は見えにくいうえに非常に細い血管がたくさんあるため出血しやすく，器具を挿入する際には慎重に行うことが必要です。

次に，吸い込んだ空気は，のどの奥の部分（咽頭）を通ります。咽頭は急に曲がる構造になっています。咽頭までは食物も空気と同じ場所を通りますが，咽頭を通過したあとは喉頭を境に枝分かれしており，食物は食物の通り道である食道に，空気は空気の通り道である気管に流れていきます。

喉頭の入り口には喉頭蓋（ふたのようなもの）があり，食物が通る場合はふたをして，食物が気管へ入らないようにして誤嚥を防ぎます。ここで区別された空気は，喉頭を通過して気管を流れます。成人の場合，気管の長さは10～12 cm，太さは16 mm程度といわれていますが，病気の種類や体格などによって個人差があります。気管は，胸の真ん中あたりで左右の気管支に枝分かれして，左右に分かれている肺に入ります。気管支の形状は左右で異なり，右の気管支のほうが太くて短く，枝分かれの傾斜は垂直に近いので，誤って気管に入ったものは右肺に吸い込まれやすいです。右肺で上葉・中葉・下葉の3つ，左の肺で上葉・下葉の2つに分かれています。気管支は，肺に入ると何度も枝分かれを繰り返して細くなり，先端は小さなぶどうの房のような袋状の肺胞になっています。肺胞にたどりついた空気はここで，酸素や二酸化炭素のガス交換をしています。

以上の空気の通り道を気道といい，鼻腔・咽頭・喉頭までを上気道，気管・気管支を下気道といい，区別しています。下気道には，原則として病原性の微生物はいない状態です。

●呼吸器官のはたらき（換気とガス交換）

呼吸器官の主なはたらきは，換気とガス交換です。呼吸の正常なはたらきは，換気とガス交換が適切に行われることによって維持されています。

1) 換気

換気とは，体内への空気の取り込みと体外への吐き出しをすることです。

換気をするためには，肺を膨らませるための呼吸運動[*1]，すなわち胸を膨らませたり，縮めたりする筋肉による運動が必要です。呼吸運動は，自分の意識によって胸を膨らませたり縮ませることで呼吸の深さや速度をコントロールすることもできますが，通常はあまり意識せずに脳からの指令によって自動的に調整されています。換気するための胸や腹部を動かす筋肉のはたらきが低下したり，空気の通り道が狭くなると，換気に不具合が生じて，呼吸に問題が起きます。換気のはたらきが低下することによる病気は，例えば，筋萎縮性側索硬化症（ALS）[*2]や気管支ぜんそく[*3]などがあります。

呼吸運動によって，1回に吸い込める空気の量も変わります。この量は，年齢・体格や病気などによって非常に個人差があります。

換気をするためには，すべての呼吸器官が正常にはたらき，正常な呼吸運動をすることが必要であり，どこかに不具合が生じると呼吸に問題が起きてきます。

2) ガス交換

もう一つの呼吸器官のはたらきは，ガス交換です。換気が空気の出し入れのはたらきであるのに対して，ガス交換とは，肺に運ばれた空気と血液との間で，酸素や二酸化炭素の受け渡しをするはたらきをいいます。肺では，直径 0.1～0.2 mm ほどの肺胞がぶどうの房のように密集しています。肺胞と，肺胞を取り巻く非常に細い血管との間で，ガス交換は行われます（図Ⅱ-1-2）。

このガス交換は，肺胞の数が少なくなったり，肺胞の膨らみが悪くなるなどといった肺の病気（例えば，慢性閉塞《へいそく》性肺疾患[*4]など）や肺以外の病気（例えば，慢性心不全[*5]など）によってはたらきが低下し，呼吸に問題が起きてきます。

*1
呼吸運動：肺は筋肉をもたない。呼吸中枢からの刺激が肋骨の間をつなぐ外肋間筋と横隔膜に伝えられて呼吸運動を行う。

*2
筋萎縮性側索硬化症（ALS）：運動をつかさどる神経の変性によって全身の筋力低下や運動，コミュニケーション，嚥下，呼吸の障害が進行性に生じる原因不明の難病である。体の感覚や知能，内臓機能などは通常保たれる。

*3
気管支ぜんそく：気道が何らかの刺激を受けることで炎症を起こして，発作的に気道が狭くなりゼーゼー・ヒューヒューという呼吸音をともなう呼吸困難が起こる病気。

*4
慢性閉塞性肺疾患：気道の炎症によって慢性的に痰やせきが認められたり，肺胞の破壊が進んで体動時の息切れを認めるなど，不可逆的に気道内の空気の流れや血管との酸素・二酸化炭素の受け渡しに支障を生じる病態。

*5
慢性心不全：心臓の全身に血液を送り出すという機能が低下するために血流が滞り，全身で必要とする酸素量の不足が生じたり，肺や静脈内に血液がたまることで生活機能に支障を生じる病態。

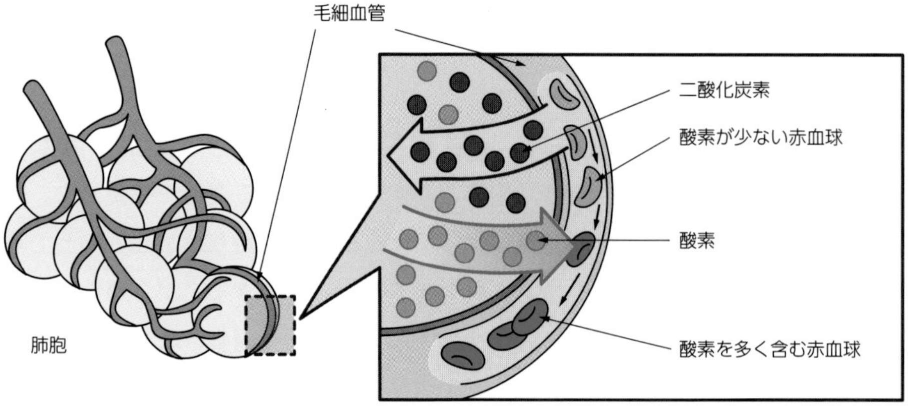

図Ⅱ-1-2　ガス交換のしくみ

2 いつもと違う呼吸状態

到達目標
- □ いつもと違う呼吸状態を推測するための項目が説明できる
- □ 呼吸の苦しさがもたらす苦痛と障害が説明できる

●いつもと違う呼吸状態

いつもと違う呼吸状態かどうかをみる時は，

- 呼吸の回数
- 呼吸の音
- 呼吸のしかた（リズム・呼吸法）
- 呼吸の苦しさ（呼吸困難）

を観察します。

以下の 1)～4) に，正常な呼吸の状態といつもと違う呼吸について具体的に説明します。

1) 呼吸の回数

正常の呼吸の回数は 1 分間に，成人では約 12～18 回，乳児では約 30 回，5 歳児では約 25 回といわれています。しかし，何らかの呼吸器官の障害や発熱などによって，いつもよりも体内で酸素を必要とする時には，不足する酸素を補うため呼吸回数が増えることがあります。また，体内（脳）の酸素が不足しすぎている場合には，呼吸の回数が減ったり，停止してしまうことがあります。特に呼吸器の病気をもつ人では，歩行や入浴などの際に，活動のための体内の酸素の必要量が多くなるため，呼吸の回数が増えることがあります。

2) 呼吸の音

正常な呼吸の音は，スースーといった空気の通る微かな音が聞こえる程度です。しかし，空気の通り道である「口腔《こうくう》・鼻腔《びくう》・咽頭《いんとう》・

喉頭《こうとう》・気管・気管支」のいずれかで，空気の通りが悪くなった場合に，呼吸の音が変化します。

例えば，気管支ぜんそくなどの病気では，気管支が細くなることで呼吸に合わせて「ヒューヒュー」「ゼーゼー」という音が聞こえたり，さらに，痰や分泌物で空気の通りが悪くなると，ゴロゴロとした音がしたりします。

3）呼吸のしかた（リズム・呼吸法）

正常な呼吸のしかたは，安静時には胸や腹が比較的一定のリズムで呼吸に合わせて膨らんだり縮んだりします。しかし，呼吸のリズムが速くなったり，不規則に呼吸の間隔が長くなったり短くなったりする場合は，体内の酸素が非常に不足してきた徴候を示している可能性があります。さらに，呼吸のしかたが，胸や腹の動きだけでなく，肩を上下させて呼吸したり，口をすぼめて呼吸したりする場合は，呼吸が困難な状態と考えて対処します。

4）呼吸の苦しさ（呼吸困難）

呼吸器官に異常がない場合，通常は呼吸の苦しさを感じません。しかし，呼吸器官やその他の病気などによって，「息がうまく吸えない」「呼吸がしづらい」など，呼吸する時に苦しく不快と感じることがあります。これを「呼吸困難」といいます。本人が「苦しい」といえる場合だけでなく，意識がない状態の人や「苦しい」とは訴えない人であっても，観察によって苦痛の表情がみられたり，胸をかきむしるなどの行為や，息が荒くなっていたりする場合は，呼吸困難があると考えて対処します。呼吸困難には，息切れの軽い状態から，息ができないと感じるほど重篤な状態まで，さまざまな状態があります。

以上の 1）～4）について，いつもの状態との比較をしながら，おかしいと感じた場合は，重篤な状態の徴候を示している可能性があるため，医師・看護職員に連絡し適切に対処してもらいましょう。

●呼吸困難がもたらす苦痛と障害

呼吸が困難となり，苦しさを感じることは，今まで意識せずに行えていた呼吸が思うようにできないことから，「息が止まるのではないか」「死ぬのではないか」といった生命が脅かされるような恐怖を感じることがあります。このような恐怖や不安な気持ちに加えて，呼吸の苦しさが改善されない場合には，心身ともに衰弱してしまい，精神的に非常に不安定な状態となります。

また，呼吸が困難となり，体内の酸素が不足していくことで，行動や意識にも変化が生じてきます。例えば，軽度の酸素不足の場合は，階段などで息切れを自覚したり，注意力・判断力の低下や，落ち着いた行動がとれなくなるなどの変化がみられます。重症になると身の回りのことをするだけで息苦しさを感じ，日常生活の活動が難しくなります。さらに，酸素不足が長期化した場合には，意識が薄れて反応が乏しくなってきたり，呼びかけに反応を示さなくなったりすることもあります。

このように，呼吸の苦しさは，身体に重篤な影響を与えたり，不安や恐怖心をもたらすことが考えられるため，早急に医師・看護職員による対応が必要であるとともに，苦痛を受け止める支援が必要です。

3 喀痰吸引とは

到達目標

- □ 痰を生じて排出するしくみを説明できる
- □ 痰の貯留を示す状態を説明できる
- □ 喀痰吸引が必要な状態を説明できる

●痰を生じて排出するしくみ

呼吸器官の内部の表面は，分泌物《ぶんぴつぶつ》によって常に湿った状態になっています。この分泌物には，呼吸器官が乾燥するのを防ぐとともに，吸い込んだ空気中に含まれる塵や微生物・異物をとらえて気管や肺の奥深くに入らないようにするはたらきがあります。気管の内部の表面では，せん毛という細かい毛が一定方向に動くことにより分泌物がベルトコンベヤーに乗ったように気管の奥深くに入らないように，のどのほうに押し上げるような動き（せん毛運動）をしています（図Ⅱ-1-3）。そして，気管の奥からのどの部分まで押し上げられた分泌物は，通常，無意識のうちに食道のほうに飲み込んでいます。

しかし，塵や微生物・異物をとらえた分泌物が増加したり，粘り気（粘性という）が増したりすると，排出されずに空気の通り道（気

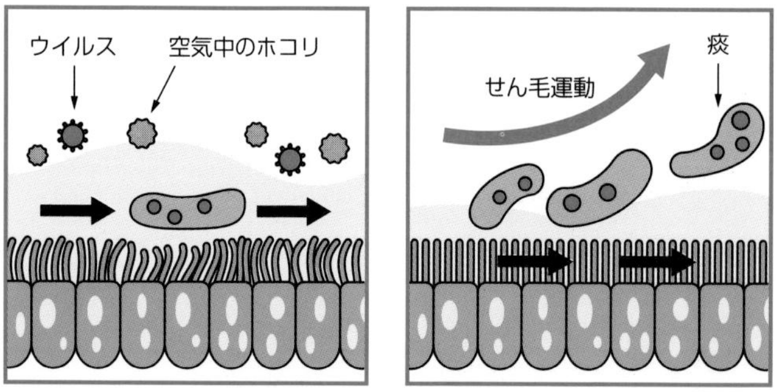

気道の粘膜にあるせん毛が一定方向に運動することによって，分泌物や異物などはベルトコンベヤーに乗ったように，口腔のほうへ送られていく。

図Ⅱ-1-3　気道粘膜のせん毛運動

表Ⅱ-1-1　いつもと違う，痰の性状の変化

痰の観察項目	性状の変化	推測される状態
色	白色の濁りが強くなる	何らかの感染がある
	黄色っぽくなる	
	緑色っぽくなる	
	うっすら赤くなる	口・鼻・のど・気管などに傷がある
	赤い点々が混ざっている	口・鼻・のど・気管などに傷がある
	鮮やかな赤色が混ざっている	口・鼻・のど・気管などから出血している
	黒ずんだ赤色が混ざっている	口・鼻・のど・気管から以前に出血していた
粘性（粘り気）	サラサラしている	•透明色で量が増える場合：急性の気道の炎症など •鮮やかな赤色：緊急対処をともなう出血がある
	粘り気がある	•体内の水分が不足して乾燥している •色の変化（黄色・緑色）をともなう場合は何らかの感染がある
におい	腐敗臭	何らかの感染がある
	甘酸っぱいにおい	

管・のどなど）にたまってしまいます。この塵や異物をとらえた余剰な分泌物を痰《たん》といいます。のどや気管にからまった痰は，通常はせきやせきばらいをして排出することができます。

痰の性状は，分泌物が取り込んだ塵・微生物・異物の種類や量によって変化します。通常の痰の性状は，無色透明またはやや白色に濁っていて，強いにおいはありません。気道の内部の湿った状態が正常に保たれていれば，痰の粘性はやや粘り気がある程度です。普通は，痰の排出《はいしゅつ》については意識していません。

痰の色に変化がないか，粘り気に変化がないか，痰のにおいがおかしくないかを確認して，痰がいつもと違うことに気づけるよう留意します（**表Ⅱ-1-1**）。また，いつもと違うと感じた時には，医師・看護職員に連絡するとともに，痰の性状を記録します。

●痰の貯留を示す状態

痰がたまっている（貯留する）状態とは，痰の量が増えたり粘性が増して，分泌物を食道のほうに飲み込めずに，気道やのど，口・鼻に停滞している状態をいいます。自分で「痰がたまっている」「息が苦しい」と伝えられる人もいますが，伝えられない人もいます。

空気の通り道に痰が貯留すると，通り道が狭くなり，呼吸に合わせて音が聞こえることがあります。痰が貯留している場所や量によって音は異なりますが，例えば，口の中やのどでゴロゴロと聞こえたり，鼻の奥のほうでズルズルと聞こえたり，もっと奥のほうでゼロゼロという音がすることがあります。

また，痰が貯留すると，人間の体は痰を異物と判断して，反射的に体外に排出しようとしてせきをします。痰がからむような音をともないながらせきを繰り返している状態の時は，気管の奥のほうで，痰が貯留している可能性があります。

さらに，痰が貯留することによって空気の通り道をふさいでしまっている状態（気道閉塞《へいそく》という）の時には，呼吸が苦しくなり呼吸のしかたや顔色が変化します。また，痰の貯留などによって，体の中の酸素が不足してしまう状態を低酸素状態といいます。気道閉塞は，気管に食物などが入らないようにするための咽頭の下にある喉頭蓋《こうとうがい》（ふたのようなもの）が，うまくはたらかずに気管に何らかの物が入ってしまった場合（誤嚥《ごえん》など）に起こり，全く空気が入らなくなってしまった場合は，窒息してしまう可能性もあります。このような状態の時には，痰を除去して，酸素の取り込みを正常に戻すような対処が必要になるので，迅速に医師・看護職員に連絡しましょう。

●喀痰吸引とは

貯留している痰を迅速に除去しなければ，人間の体は酸素を取り込むことが困難になって，場合によっては死に至ります。貯留している痰を出しやすくするためには，環境調整や体位の工夫などを行います（「第Ⅱ部第2章3　喀痰吸引にともなうケア」p.195を参照）。しかし，それでも自力で痰を出すことが難しい場合に器具を使って，痰を吸い出す「喀痰《かくたん》吸引」を行います。

喀痰吸引は，医行為であり，「医師の医学的判断および技術をもってするのでなければ人体に危害を及ぼし，または危害を及ぼすおそれのある行為」です。介護職員が喀痰吸引を実施する場合は，必ず医師の指示書が必要です。

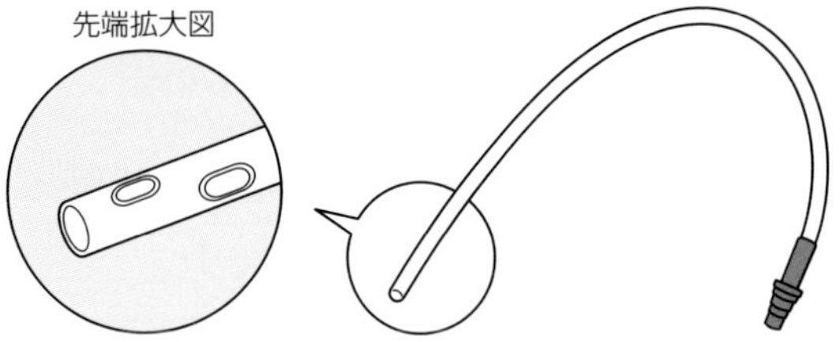

図Ⅱ-1-4 吸引チューブ
※さまざまな種類があるA

具体的には，吸引器につないだ管（「吸引チューブ[*6]」，図Ⅱ-1-4）を口や鼻から挿入して，痰を吸い出します。口の中から管を挿入する場合を「口腔《こうくう》内吸引」，鼻の穴から挿入する場合を「鼻《び》腔《くう》内吸引」といいます。口から吸引したからといって鼻腔内吸引が不要なわけではありません。また，鼻から吸引したからといって口腔内吸引が不要なわけではありません。いずれの場合も医師・看護職の指示に従い実施します。

＊6
吸引チューブ：「吸引カテーテル」ともいう。本書では「吸引チューブ」を用いる。

介護職員の実施できる範囲は，口腔内・鼻腔内吸引では，咽頭の手前までを限度とし，気管カニューレからの吸引は，吸引チューブの先端が気管カニューレを超えない気管カニューレ内部の吸引とされています（「第Ⅰ部第１章２　介護福祉士等が喀痰吸引等を行うことに係る制度」p.26 を参照）。

喀痰吸引では，吸引チューブを口や鼻から挿入するため，清潔な器具や清潔な操作をすることが大切です。また，硬い管を挿入するので，口や鼻を傷つけないよう，個々の利用者によって決められた吸引チューブの挿入の深さや，痰を吸い取る圧（吸引圧という）を守ることが必要です。吸引中，利用者は十分な呼吸ができなくなります。このことにより，体の中の酸素が不足して生命に危険を及ぼす可能性もあるので，吸引前後の利用者の状態を十分観察すること，吸引チューブの挿入時間（吸引する時間）を確実に守ることが非常に大切です。

喀痰吸引とは，痰を除去することによって利用者の呼吸をしやすくするために行うものです。しかし，確実な方法で実施しなければ，かえって利用者の身体に危害を加えてしまうおそれがあるので，十分留意しましょう。（喀痰吸引の実施にともなう詳細な留意点は，第Ⅱ部第２章参照）

●喀痰吸引が必要な状態

前述のような「喀痰吸引」が必要な状態とは，以下のような状態です。よく観察することが重要です。

- 痰が増加している状態
- せき*7をするための「のど」の反射やせきの力が弱くなり，痰を排出しにくい状態
- 痰がかたくなり，排出しにくい状態

以下に，それぞれの状態について説明します。

*7
せき：せきは，自発的意識的に発することが可能だが，基本的には神経を介して発生する反射運動である。気道などで刺激を受けると神経を経て延髄にあるせき中枢に神経の興奮が伝えられ無意識的にせきが起こる。

1）痰が増加している状態

痰が増加する原因は，細菌などが口や鼻から入り込むことによる呼吸器官での何らかの感染，食物を誤って食道ではなく気管のほうに送り込んでしまった時に起こる誤嚥性肺炎，体が異物と判断してしまうような治療の器具等が口や鼻から入れっぱなしになっていることなどが考えられます。これらは，体に侵入しようとしている細菌や異物を除去しようと，自分の体を守るためのはたらきとして，痰を作り出し，排出しようとしている反応です。いつもより，痰が増加していて，さらに自分の力での痰の排出が間に合わない場合に，喀痰吸引が必要となります。

このほか，活動やケアとの関係で痰が増加する場合があります。例えば，食事によって唾液の量が増えたり，食物が少しのどにひっかかったりすることによって食後に痰が増えることがあります。また，清拭などで体を動かしたあとでは，体の向きを変えることで，肺の奥底にたまっていた痰がのどのほうに上がってくることがあります。また，入浴では，湿度が上がることによって痰がやわらかくなり痰が増えることがあります。これらの場合にも，安全のためにケアの前後で必要に応じて喀痰吸引を行います。

2）せきをするためののどの反射やせきの力が弱くなり，痰を排出しにくい状態

せきには，人間の体に細菌などの異物が入り込まないように排出するというはたらきがあります。せきは，自発的におなかや胸の筋肉を使って出す場合と，痰が貯留した際に，無意識のうちに神経を

通じて「反射」として出す場合があります。

しかし，反射としてせきを出すための神経のはたらきが低下したり，自発的に意識してせきを出そうと思っても，せきを出すための力が弱くなった場合には，痰を機械的に吸い上げる喀痰吸引が必要となります。

3) 痰がかたくなり，排出しにくい状態

痰を排出するためのせきの力があったとしても，痰が呼吸器官にへばりつくような粘り気の強いものであると，痰がかたくなり，十分出しきれないことになります。

痰の粘り気は，痰に含まれる細菌・異物の種類や水分の量によって変わってきます。体の中の水分が不足していたり，乾燥した外気を吸っている場合などにも，痰が乾燥して粘り気が強くなるので，喀痰吸引が必要となります。

以上の1)～3)の状態に対する治療や処置などの対処は，医師・看護職員によって行われますが，並行して喀痰吸引による除去をしていく必要があります。

実際の喀痰吸引については，医師の指示の下で看護職員等と相談して決めます。

4 人工呼吸器と吸引

到達目標	
	□ 人工呼吸器が必要な状態が説明できる
	□ 人工呼吸器のしくみと生活支援における留意点が説明できる
	□ 人工呼吸器装着者に対する吸引の留意点が説明できる
	□ 人工呼吸器装着者の呼吸管理に関する医療職との連携の必要性と具体的な連携内容が説明できる

●人工呼吸器が必要な状態

呼吸器官のはたらきには，前述のとおり，体内への空気の取り込みと吐《は》き出しをする「換気」と，肺と血管との間で酸素や二酸化炭素の受け渡しをする「ガス交換」があります。何らかの理由で換気が十分にできなくなった状態の人に対して，人工的に換気を補助するために人工呼吸器を装着します。人工呼吸器による呼吸の補助では，全面的に呼吸のはたらきを助ける場合と，本人の呼吸に合わせて一部分を補助する場合があります。人工呼吸器を装着する時間が決められており，24 時間装着している人もいれば，夜間のみに装着している人もいます。24 時間装着している状態では，喀痰《かくたん》吸引のために人工呼吸器をはずせる時間が非常に短くなります。つまり，喀痰吸引は，非常に短い時間で確実に行うことが必要になります。

長期間人工呼吸器を装着する場合には，手術により気管に穴をあけて管を挿入し，人工呼吸器を装着します。

人工呼吸器は，急激な呼吸状態の悪化によって緊急で装着する場合と，療養経過が比較的ゆるやかで，時機をみて装着する場合があります。いずれの場合でも，利用者は，人工呼吸器を装着することの意思を決定するにあたって，その後の体のことや人工呼吸器の装着にともなうさまざまな問題に対する不安や葛藤などを抱えています。

●人工呼吸療法と人工呼吸器

1）人工呼吸療法

人工呼吸器とは，圧力をかけて空気を肺に送り込む医療機器です。人工呼吸器を装着して，呼吸を維持・改善する治療を人工呼吸療法といいます。人工呼吸療法には，侵襲的な方法（侵襲的人工呼吸療法）と非侵襲的な方法（非侵襲的人工呼吸療法）があります。

侵襲的人工呼吸療法[*8]は，気管に空気を出入りさせる穴をあけて（気管切開），チューブ（気管カニューレ）を挿入し，そこからホース（蛇管《じゃかん》）を通じて空気を送り込む方法です。

非侵襲的人工呼吸療法[*9]は，口・鼻または鼻のみをマスクで覆い，そのマスクを通して空気を送り込む方法です。

*8
侵襲的人工呼吸療法：医学用語では「侵襲的陽圧換気」といい，「気管切開」によって行う換気法は「気管切開下陽圧換気（tracheostomy positive pressure ventilation：TPPV）」という。なお，侵襲的陽圧換気には，気管切開による換気法のほか，口や鼻から気管に管を留置する気管挿管による方法もある。本書では，介護職員の実施範囲である気管切開による方法のみを説明する。

*9
非侵襲的人工呼吸療法：医学用語では「非侵襲的陽圧換気（non-invasive positive pressure ventilation：NPPV）」という。

2）人工呼吸器のしくみ

人工呼吸器のしくみは，図Ⅱ-1-5に示すとおりです。人工呼吸器は，人工呼吸器本体と蛇管や付属品などの回路を接続して使用します。人工呼吸器本体では，室内の空気をいったん本体に吸い込ん

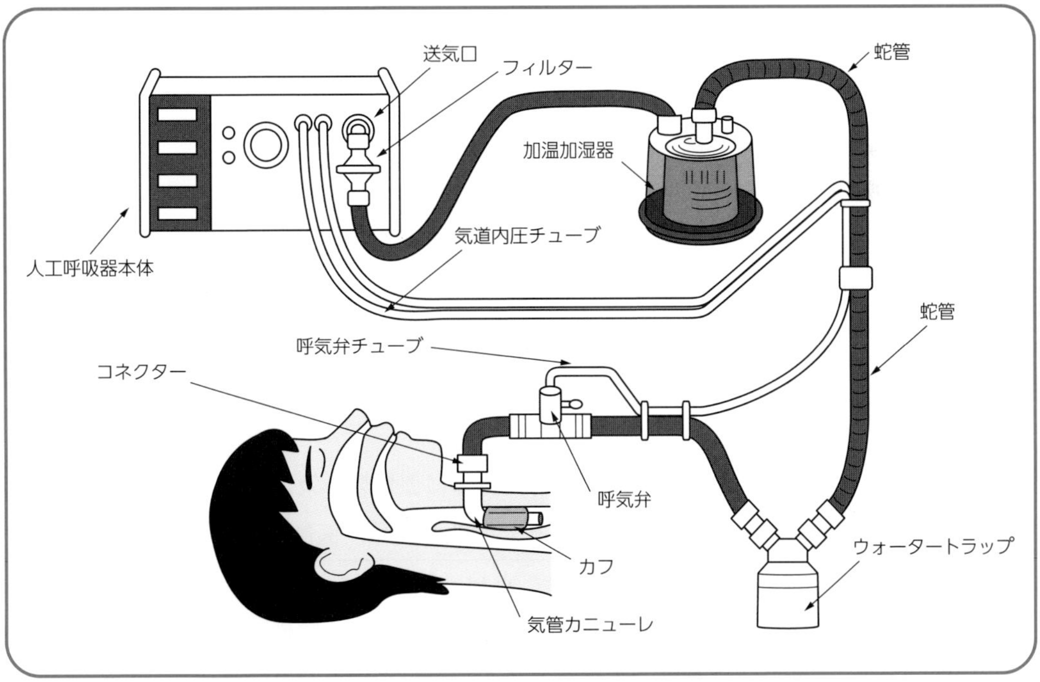

図Ⅱ-1-5　人工呼吸器のしくみ（侵襲的人工呼吸療法の場合）
※人工呼吸器の回路にはさまざまなタイプがある。

で，フィルターを通してから体内に送ります。人工呼吸器は，各利用者の呼吸状態に合わせて，医師が換気回数や量を設定します。

人工呼吸器の電源には，通常，居宅の場合は家庭用電源を用いていますが，停電時に備えた電源の確保（バッテリーなど）が必要です。人工呼吸器から送り出される空気は，蛇管を通して運ばれます。呼吸器の回路は，いくつかの蛇管をつなぎ合わせ，空気を一定方向に流すための弁，感染を予防するためのフィルター，空気を一定の温度・湿度に保つための加温・加湿器，蛇管内にたまる水滴を集めて廃棄するための部品（ウォータートラップ）を接続して使用します。そして，利用者の気管切開部，または非侵襲的人工呼吸療法で使用する口鼻マスクおよび鼻マスクと，回路をつなぐコネクターがついています。また，人工呼吸器の本体には，空気の送り込みが設定どおりに作動していない場合に，アラームが鳴る機能がついています。

3) 人工呼吸器の管理

人工呼吸器の管理は，基本的に医師や看護職員が行うものです。しかし，介護職員が人工呼吸器を装着した利用者の喀痰吸引を行ううえで，最低限知っておくべき注意点もあります。

多くの付属品を接続して使用する回路は，接続がゆるんだり，ねじれたり，破損することによって容易に空気が漏れてしまいます。また，加温・加湿や呼吸の状況によって，回路内に水がたまってしまうので，適切にその水を捨てなければなりません。

人工呼吸器には多くの機種があり，それぞれ特徴や取り扱い方法が異なります。小型の人工呼吸器などもあり，全身の状態が安定している場合には，人工呼吸器を装着したまま外出することが可能な場合もあります。また，病院内で使用する機種と，居宅において使用する機種が異なる場合もあります。

人工呼吸器が適切に作動しないと，利用者の身体に悪影響を及ぼすのみならず，生命への危険を生じかねません。そのため，医師・看護職員，医療機器提供会社による定期的な点検・整備によって，故障やトラブルを未然に防ぐように管理します。十分に点検・整備を行っていても，予期せずに故障する場合があるので，予備などの備えを確保しておくことが必要です。また，回路などの付属品についても，細菌などが付着して，それを空気とともに吸い込むと感染の原因になるので，消毒や定期的な交換などにより常に清潔に保ち，破損や不具合がないかどうかについても，医師・看護職員により確実に管理される必要があります。

●非侵襲的人工呼吸療法の場合の口腔内・鼻腔内吸引

1）口鼻マスクおよび鼻マスク

非侵襲的人工呼吸療法では，口や鼻を覆ったマスク（口鼻マスク）や，鼻のみを覆うマスク（鼻マスク）を顔に装着して空気を送り込み呼吸を補助します（図Ⅱ-1-6）。使用するマスクは，利用者の状態に応じて何度か試しながら，医師との相談によって選択されます。24 時間装着する場合や一定時間のみ装着する場合があります。

マスクは，空気が多量に漏れ出さないように顔の皮膚に密着させて，ベルト（ヘッドストラップ）で頭の周りに固定しています。一方，マスクを密着しすぎてしまうと，接触している皮膚の部分が傷ついてしまうので，適切な装着が必要です。清潔ケアや排泄《はいせつ》のケア，移動など身体や頭を動かす際には，顔の向きや動きによってこのマスクがずれないように注意します。マスクは，常に顔の皮膚に

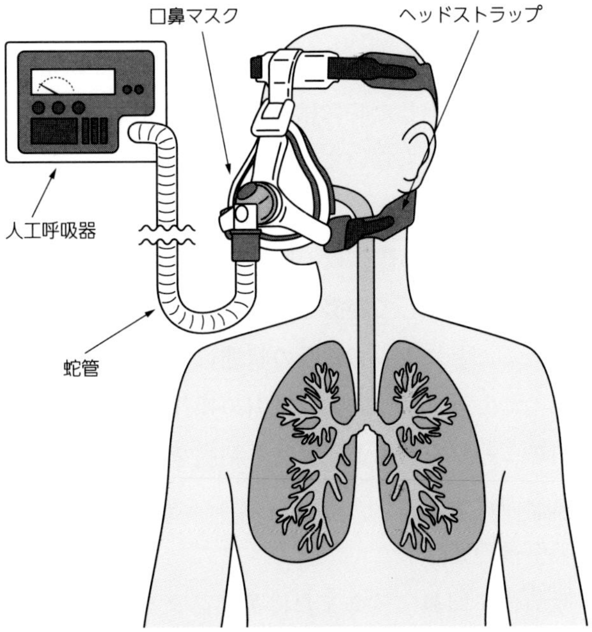

図Ⅱ-1-6　非侵襲的人工呼吸療法の場合の口鼻マスク

密着して接触している状態となるので，顔の皮膚が赤くなるなどの変化に気づいた時には，医師・看護職員に連絡しましょう。

さらに，口や鼻の状態を観察したり，喀痰吸引を実施する際には，マスクを取り外したり再度装着することになるため，確実な着脱を心がけましょう。

マスクを取り外している間は，必要な空気が送られないことになります。さらに，気管切開をしている人のように，口・鼻以外の気道が確保されているわけではありません。吸引や口腔内の観察時には，必要に応じて医師・看護職員の判断のもと，鼻のみを覆う鼻マスクに変更して，空気の送り込みを確保しておく方法をとることもあります。

2) 口腔内・鼻腔内吸引の留意点

前述のとおり，人工呼吸器の管理は，医師や看護職員の日頃からの管理の下で行われるので，十分連携をとりながら実施します。

①吸引前の観察

吸引を実施する前には，人工呼吸器による呼吸の状態や口腔内の観察が非常に重要となります。観察の項目は，人工呼吸器を装着していない場合の口腔内・鼻腔内の吸引前の観察に加えて，人工呼吸器の作動状況と，人工呼吸器による呼吸の状態がいつもと違っていないかを確認します。また，口鼻マスクおよび鼻マスクの位置や，顔の接触部分の皮膚に異常がないかどうかを観察します。実施前の段階で異常を感じた時には，吸引する前に医師・看護職員に連絡をして，対処してもらいましょう。

②吸引の実施

吸引を実施する際には，吸引による嘔吐の誘発で気道がふさがれないように留意して姿勢を整えます。吸引中は，空気の送り込みが途絶えることによって呼吸の状態に異常をきたしてしまう可能性が高いので，迅速かつ確実に吸引の操作を行います。一方で，急いで吸引チューブを勢いよく入れ，粘膜を傷つけてしまうことのないよう気をつけます。

③吸引後の確認

吸引後に口鼻マスクまたは鼻マスクを装着する時は，固定位置，固定の強さ，顔の接触部分の皮膚の状態などを確認して，確実に装着をしましょう。装着後は，人工呼吸器による空気の送り込みにともなって胸が上がっているかなどを確認することで，人工呼吸器が正常に作動しているかどうかを確認します。吸引の実施前と変化がないかどうかを確実に観察します。

緊急時のみに限らず，日常的に医師・看護職員との連携を確実に図っておくことが重要です。

●侵襲的人工呼吸療法の場合の気管カニューレ内部の吸引

1）気管カニューレ

手術で気管に穴をあけることを気管切開といい，そこから呼吸を補助することを「侵襲的人工呼吸療法」といいます。気管切開は，病気による呼吸機能の低下や繰り返す肺炎，痰が増加しても自分で出しきれないことなどの理由で，人工呼吸器による長期の管理が必要な場合に行われます。通常，気管切開をすると声を発することが困難になります。

①気管カニューレのしくみ

気管カニューレ（図Ⅱ-1-7，Ⅱ-1-8）は，首の中央部から気管に挿入されています。気管カニューレの先端近くには，気管カニューレの外側周囲に小さい風船のようなものがあり，これを「カフ」といいます。カフの中には，利用者の状態に合わせた設定の空気が入っており，気管の内壁に接しています。カフによって，送り込まれた空気が漏れることなく十分な換気を維持したり，口や鼻からの唾液《だえき》や痰などが気管に流れ込むのを防ぐことができます。

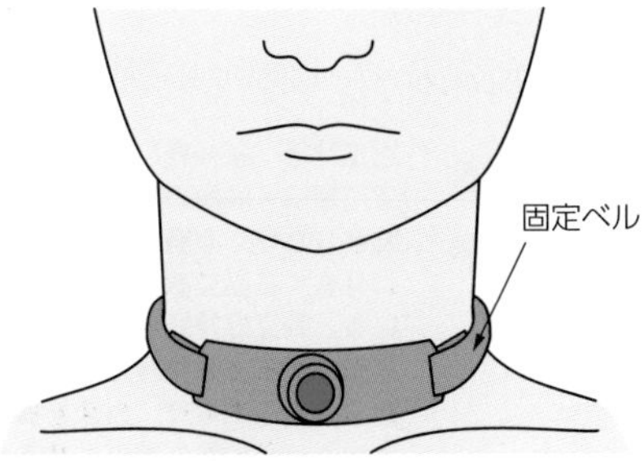

図Ⅱ-1-7　**気管カニューレ**

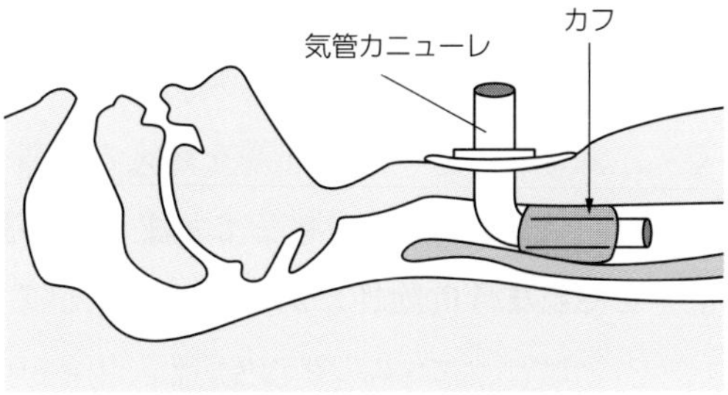

図Ⅱ-1-8　**気管カニューレのしくみ**

カフの中の空気が多すぎると，気管の粘膜を圧迫して傷つけてしまいます。また，カフの中の空気が抜けてしまうと，送り込まれるはずの空気が気管から肺へ十分届かなかったり，唾液や痰が気管に流れ込んでしまうので，注意が必要です。

気管カニューレの種類には，カフが付いていない気管カニューレ，カフ付き気管カニューレ，カフとサイドチューブ付き気管カニューレがあります。サイドチューブとは，気管カニューレの外側に付いている細い管で，「カフ」の上部（口側）にたまっている分泌物等を吸い出すためのものです。

また，利用者の状態によっては，医師の判断により人工呼吸器は装着せずに（または，気管カニューレを挿入せずに），気管切開の穴をあけたままの状態にしている場合があります。気管切開をしている人は，通常，声を発することが困難ですが，発声を可能にする器具を挿入して会話ができるようにする場合もあります。気管カニューレは，医師が定期的に清潔なものと交換します。

②気管カニューレの取り扱い

気管カニューレは，固定ベルトを首の周りに通して，ずれたり抜けたりしないように固定します。利用者の体動や頭の向き，回路が引っ張られることなどによってずれることがあるので，注意します。また，気管カニューレの挿入部の皮膚には，長期間硬い異物（気管カニューレ）が接触しているために，皮膚のただれや出血，滲出液《しんしゅつえき》がみられることがあります。気管カニューレ周囲は，常に清潔に保ちましょう。

そして皮膚に異常がみられる時には，医師や看護職員による皮膚の処置や対処が必要になるので，医師や看護職員に連絡します。

2）気管カニューレ内部の吸引の留意点

介護職員が実施する気管カニューレ内部の吸引とは，吸引チューブの先端が気管カニューレからはみ出さない深さまでの吸引ということです。気管カニューレの先端を超えた気管の近くには，迷走神経[*10]があり，この部分を刺激してしまうと心臓や呼吸のはたらきを停止させてしまう危険性があるので注意が必要です。

＊10
迷走神経：脳神経のうちの一つで，咽頭・喉頭の筋肉の運動に関与したり，心臓・肺・消化管に分布する副交感神経を含んでいる。副交感神経とは体を緊張状態にする交感神経と反対のはたらきをしており，血管を拡張させたり心拍数を減少させるなどのはたらきがある。

①気管カニューレ内部の吸引の特徴

気管切開をしている場合は，体が気管カニューレを異物とみなすことで，かえって痰が増えることがあります。吸い込む空気が口や鼻を通過しないので，そのままでは空気が保温・加湿されずに乾燥し，痰がかたくなります。空気の出口が大きいことでせきをしにくくなり，痰を吐き出しにくい状態になります。

気管カニューレ内部の吸引は，通常病原性の細菌等がない気管に，感染の原因となるような分泌物や細菌を付着させたり落とし込まないように，清潔な吸引チューブや滅菌精製水などを用いて無菌的な操作で行います。

気管切開をして人工呼吸器を装着している状態では，通常は言葉によって訴えることが困難となるので，吸引前と吸引後に，十分な説明や声かけ，意思確認を行う必要があります。さらに，吸引前と吸引後の呼吸状態や顔色・表情などを観察して，いつもと違う状態ではないかどうかを確認することが必要です。

②人工呼吸器の着脱

吸引する際は，一度，気管カニューレと人工呼吸器の回路をつなぐコネクターの接続をはずすことになります。

コネクターをはずす際には清潔に取り扱い，はずした回路内の水滴が気管カニューレや利用者の口に入らないように留意します。コネクターに付着している痰は，清潔なもの（清浄綿[*11]など）で拭《ふ》き取ります。吸引前後に利用者の状態をきちんと確認することと，吸引後は速やかにかつ確実に人工呼吸器回路を接続することが非常に重要です。人工呼吸器の回路をはずすとアラームが鳴るしくみになっています。吸引後に人工呼吸器を装着するまでの間，利用者には人工呼吸器からの空気の送り込みはなく，全く呼吸のない，もしくは呼吸が弱い状態になり，利用者は非常に苦しい状態になります。吸引後に再び人工呼吸器を装着してもアラームが鳴りやまない場合は，緊急を要する状態の可能性もあり，医師・看護職員に連絡をする必要があります。

③気管カニューレ内部の吸引によるリスクと留意点

人工呼吸器を装着している人は，呼吸の補助が必要な状態の人です。そのような人に対する気管カニューレ内部の吸引では，吸引の圧が高すぎたり，吸引時間が長すぎることは，利用者の体内の酸素

＊11
清浄綿：洗浄綿は，脱脂綿に殺菌消毒剤をしみ込ませたものである。同じく殺菌消毒剤をしみ込ませて使用する「消毒綿」は「手指や皮膚の洗浄・消毒など」が目的であるのに対して，清浄綿は「皮膚・口腔などの清浄・清拭など」を目的としており，殺菌消毒剤は低濃度である。

量をさらに低下させてしまうことにつながります。適切な吸引圧と吸引時間を守ることが非常に重要です。

また，吸引チューブを深く挿入しすぎて，気管カニューレ内部を越え，気管に吸引チューブが当たって気管の壁を刺激してしまい，気管の粘膜から出血したり，突然の心停止や血圧の低下などを起こす危険性があります。気管カニューレ内部の長さには個人差があるので，利用者によって決められた吸引の深さを確実に守る必要があります。

介護職員による喀痰吸引の範囲は気管カニューレ内部となっているため，十分に痰を吸い取りきれない場合があります。そのような場合は医師・看護職員に対応を依頼します。

以上のように，人工呼吸器の着脱をともなう気管カニューレ内部の吸引には，多くの重篤な危険をともなうため，密に医師・看護職員との連携を図り，安全を確保しましょう。

④サイドチューブからの吸引

カフとサイドチューブが付いている気管カニューレを装着している利用者の場合には，サイドチューブからカフの上部にたまっている分泌物等を吸い上げる場合があります。サイドチューブから分泌物等を吸い上げるということは，吸引圧が直接気管の内壁（粘膜）にかかるということになります。利用者自身でカフ上部の貯留物を自覚しにくいうえ，分泌物が視覚的に確認できない状況で吸い上げることになるので注意が必要です。

誤嚥の有無など利用者の状態によっては，吸い上げる内容物の量や性状が変わります。性状によっては，サイドチューブが詰まりやすくなることがあります。効果的に吸い上げるためには，分泌物が気管に流れ込まないようカフの中の空気圧が適切に保たれていることが必要です。サイドチューブから分泌物等を吸い上げる場合は，サイドチューブからの吸い上げの方法について事前に医師・看護職員に確認するとともに，サイドチューブから吸い上げた分泌物等の量や性状についても観察して医師・看護職員への報告を行います。

●人工呼吸器装着者の生活支援上の留意点

人工呼吸器は，前述のように複雑なしくみになっています。人工呼吸器を装着している利用者への生活支援の場面では，トラブルを防ぐために以下のことを留意します。

1）療養環境の整備

人工呼吸器本体は室内の空気を吸い込むため，人工呼吸器は部屋の壁にぴったりくっつけずに，室内の空気を清潔に保ち，ほこりを立てないようにします。また，回路は，引っ張られることがないよう余裕をもって設置します。おむつ交換や清拭《せいしき》・体位交換などのケア時には，回路が引っ張られたり，鼻マスクまたは口鼻マスクがずれたりしないように留意します。万が一，回路の接続部がはずれたり，ゆるんだり，ねじれたりした場合や，非侵襲的人工呼吸療法の鼻マスクまたは口鼻マスクがずれてしまった場合には，空気が漏れてしまい，利用者に酸素が届かなくなり，生命への危険を生じる場合もあります。さらに，回路が引っ張られることにより，気管に挿入している気管カニューレが抜けてしまうこともあり，早急な医師・看護職員による対処が必要な緊急事態となってしまいます。

人工呼吸器には多くのスイッチがあり，このスイッチによって送り込む空気を調節しているので，体が触れないよう留意します。人工呼吸器以外の物を使用するために電源を操作する際には，誤って人工呼吸器の電源の差し込みをゆるめてしまうことがあるかもしれません。人工呼吸器の電源がきちんと差し込まれているかをその都度，確認しましょう。

2）意思伝達手段の確保

人工呼吸器を装着している場合は，声を発して会話したり，要求を正確に伝えることが困難な状態になります。苦しいということを伝えることが困難なこともあります。必ず意思伝達の手段[*12]を確保して，利用者が思いや要求をきちんと伝えられるような工夫や，十分な声かけ，表情の変化などの観察をしましょう。

このように，人工呼吸器装着者に対する支援では，日常生活支援の場面においても十分な注意をしなければ，生命への危険が生じる

＊12
意思伝達の手段：言葉を発することができない場合の意思伝達の手段として，文字を書くことが可能であれば筆談，文字を指すことができれば文字盤などを使用する。このほか，わずかな四肢の動きのみで意思を伝達できるようなパソコンを利用した意思伝達装置や眼球の動きを読み取る透明文字盤などがあり，利用者の状況に応じて工夫する。

おそれがあります。

●人工呼吸器装着者の呼吸管理に関する医療職との連携

人工呼吸器を装着する状態とは，自分の力だけでの呼吸が困難であり，呼吸を補助してもらう必要のある状態です。そして，人工呼吸器という複雑な医療機器を使用しているうえに，吸引の際にも多くの危険をともないます。医師・看護職員および医療機器提供会社による専門的な呼吸管理の下で，適切な連携を図り，安全を確保することが重要です。

以下，医師・看護職員との連携のとり方について，1）日常的な連携，2）緊急時対応について説明します。

1）日常的な連携

人工呼吸器を装着している人の支援にあたり，吸引に関連する留意点以外にも，前述のとおり，生活支援場面で留意することが必要です。日常的な管理を確実にすることは，多くの危険を未然に防ぎ，異常を早期に発見することにつながります。利用者の変化にかかわらず，日常的に以下のことを実施します。

①吸引方法の留意点

吸引チューブの種類・吸引チューブ挿入の深さ・吸引時間・吸引圧などは各利用者の状態によって異なります。具体的な方法の留意点は，事前に医師の指示の下で連携する看護職と確認しておきます。

留意点は，利用者の状態の経過（変化）にともなって変更する必要があるので，定期的に医師・看護職員との間で相談して見直す必要があります。

②利用者の状態

体温や呼吸の状態，痰の性状，吸引前後の利用者の様子（気持ちも含めて）については，定期的に医師・看護職員に連絡します。

連絡を受けて，医師・看護職員は，利用者の状態変化がないかどうか，対処が必要かどうかを判断します。医師・看護職員は，その情報から専門的な排痰ケア（痰を出しやすくするケア）や人工呼吸器の設定の変更・薬剤の検討などを判断し対応します。

③人工呼吸器や付属品，気管カニューレの管理

人工呼吸器や回路などの付属品，気管カニューレの管理および周囲の皮膚の管理などは，基本的に医師・看護職員が実施することです。しかし，何かいつもと違うようだと気づいた際には，医師・看護職員にすぐ連絡をして，対処してもらいます。

以上のように，日常的な連携については，いつ・どこで・どのような内容をどのような方法で連絡を取り合うのかということを，事前に医師・看護職員との間で決めておきます。

2) 緊急時対応

人工呼吸器装着者の呼吸管理および吸引に関連して，緊急の対応を要する状態とは，主に，以下の状態です。

- 人工呼吸器の音に合わせて胸の膨らみがない（弱い）
- 痰を吸引して除去したにもかかわらず「呼吸が苦しい」という訴えがある（または，苦しい表情である）
- 顔色が青白い，気管からの吸引物が鮮やかな赤色である
- 気管カニューレが抜けている
- 人工呼吸器のアラームが鳴りやまない
- 停電などにより，人工呼吸器の作動が停止している

上記のような緊急時は，生命の危険を生じる可能性があり，迅速な対応が必要です。

普段から，緊急時を想定しておくことが大切です。

- 緊急時の連絡先（連絡網）
- 緊急時に連絡すべき内容
  （いつ・どこで・誰がまたは何が・どのように・どうしたか・どうなったか）
- 対応方法

以上について，家族や医師・看護職員と取り決めて共有しておくことが非常に重要です。

緊急を要する状態の原因としては，利用者の病状の急激な変化や，人工呼吸器や回路などの付属品が正常に作動していない（トラブルが発生している）こと，吸引の操作にともなって異常が発生したことなどが考えられます。

特に，人工呼吸器は，停電時・災害時などに電源が確保されなければ利用者の生命にかかわるので，日頃から停電時・災害時を想定した対処や備えについて，医師・看護職員に確認をしておきます。

緊急事態の原因の特定は困難かもしれません。しかし，医師・看護職員が到着するまでの対応として，利用者の状態を常に観察しておくことと，人工呼吸器の回路や周辺の状況にいつもと違ったことがないかをみておくことが，早期対処につながることがあります。

医師・看護職員（または救急車）が到着してからは，その異常の原因を確認したうえで，呼吸状態を回復するための治療や処置が行われます。緊急事態に早期に対応するためには，日常的に医師・看護職員との情報交換をして，緊急時に備えた事前の取り決めをしておきます。

5 子どもの吸引について

到達目標 □子どもの吸引に関する留意点を説明できる

●吸引を必要とする子どもとは

1）吸引を必要とする子どもの理解

日常的な医学の進歩によって，NICU 等へ長期入院したあとに，引き続き人工呼吸器や胃ろうなどを使用して喀痰《かくたん》吸引などのケアを日常的に必要としながら生活している子ども（医療的ケア児 p.38，第Ⅰ部第2章）がいます。吸引を必要とする子どものなかには，重症心身障害児[*13]のように運動障害や知的障害のある子どももいれば，歩ける子どももいます。吸引が必要になった原因は，脳性麻痺[*14]や神経・筋疾患など先天性の疾患から後天性の疾患，事故によるものなどさまざまです。在宅や施設で生活するほか，特別支援学校[*15]等に通う子どももいます。

生活する環境や支える家族，支援に携わる関係者は，一人ひとり違います。子どもと家族の安全を守るための支援者間の連携が重要です。

＊13
重症心身障害児：重度の知的障害と重度の肢体不自由が重複している子どものこと。

＊14
脳性麻痺：胎生期，出産時あるいは出生直後に生じた非可逆的な脳障害による運動障害の総称。

＊15
特別支援学校：学校教育法に基づき，視覚障害者，聴覚障害者，知的障害者，肢体不自由者または病弱者（心身衰弱者を含む）に対して，幼稚園，小学校，中学校または高等学校に準ずる教育を施すとともに，障害による学習上または生活上の困難を克服し自立を図るために必要な知識技能を授けることを目的に設置される学校。

2）身体的な特徴

子どもの呼吸器官は成人に比べて組織が十分に発達していません。呼吸運動をする筋肉が未熟で，呼吸の力が弱く疲労しやすいです。また，肺胞が少なかったり気管が細く肺の膨《ふく》らみも少ないため，1回の呼吸で吸い込む空気の量が少なく，成人に比べて呼吸回数が多くなります。鼻腔《びくう》や気管は細いうえに一般的にやわらかく，外力でさらに狭くなってしまうことがあり，乳幼児は特に寝る姿勢（首の向き）などによって呼吸が妨げられてしまうことがないよう注意が必要です。

また，子どもは感染への抵抗力が弱く，感染症にかかった時は進行が早く悪化しやすいです。気道が細くやわらかいので，感染により炎症を起こすと気道がさらに狭くなり，痰《たん》が詰まりやすくなります。

病気によっては，肺の大きさや気管の太さが左右で異なっていたり，背骨が曲がっていたり，気管が変形していたりすることもあります。また，病気によっては呼吸機能だけでなく，心臓・循環器系や内分泌系の障害なども併せてもっていることがあるので，個々の状態を事前に確認しておくことが重要です。

3）吸引にともなう子どもへの対応・説明

身体的な特徴に加え，子どもは自分の体調の悪さを訴える表現力が未熟なため，異常の発見が遅れる場合があります。子どもの心停止は，呼吸不全に引き続くことも多いため，呼吸にかかわる介護には十分な観察力が必要となります。

吸引は，自分でせきをしたり，体位ドレナージ[*16]（図Ⅱ-2-9，p.196）などのような侵襲性の少ない方法で気道内から痰や異物・血液などを出すことができない場合に実施します。子どもにとっての吸引は，吸引チューブの挿入の際の違和感や吸引時の音の大きさなど，恐怖と苦痛をともなう処置であるといえます。そのため，吸引を嫌がって，手で払いのけたり，顔を横に振ったり，手足をばたつかせて動いたりすることがあります。そのような場合に無理やり吸引を実施することは大変危険で，効果も期待できません。事前に子どもの理解力に応じた説明を行い，心理的準備（プレパレーション）[*17]が行えるように援助します。

不安を取り除くような声かけに加えて，安全に配慮するための最小限の抑制が必要となる場合もあります。

＊16
体位ドレナージ：重力を利用して効率よく痰を排出させる方法。痰が貯留している部位を上部にもっていく体位を保持して痰を排出しやすいように移動させる。

＊17
心理的準備（プレパレーション）：子どもの発達に応じて処置についてわかりやすく説明し，子どもの正直な気持ちを表現させる。さまざまな混乱に対して準備や配慮をすることによって，悪影響を和らげ，対処能力を引き出すこと。

●子どもの吸引の留意点

1）吸引に必要な物品・設定

子どもの吸引では，子どもの身体的特徴に合わせて吸引に必要な物品を準備します。子どもには一人ひとりの成長過程にともなう体格の違いがあり，当然，呼吸機能や気管の太さ・長さにも個人差があります。吸引チューブの種類にはさまざまな太さや，やわらかさのものがあります。吸引チューブが太すぎると粘膜を傷つけてしまい，吸引チューブが細すぎると吸引物が詰まりやすくなります。したがって，一人ひとりの状態に適した吸引チューブを医師の指示に従って使用します。

前述のとおり，子どもは成人に比べて呼吸機能が未熟です。そのため，吸引による呼吸への影響を受けやすく，さらに，子どもの気管の粘膜はやわらかくて傷つきやすいため，通常，吸引圧は成人よりも低く設定します。吸引後の呼吸状態の変動や出血を起こさないためにも，医師の指示による吸引圧・吸引時間を厳守するよう留意します。

2) 吸引前の準備

吸引をする前には，年齢や理解力に合わせて説明し，声をかけて，不安を取り除くことが重要です。苦しくなった時には手を握るなどの合図を決めておきます。年少であったり，説明の理解が十分でなく，吸引の協力が得られない場合には，半座位，抱っこなどで頭部，顔などを固定します。泣いている時，体動が激しい時は落ち着くのを待ちます。安全に行うために，家族の協力を得ることもあります。

3) 口腔内・鼻腔内の吸引

口腔《こうくう》内・鼻腔内の吸引では，吸引チューブの接続部位を指で押さえて吸引圧が加わらないようにし，口腔または鼻腔より挿入します。鼻腔より吸引する際は，顔に対して垂直に咽頭《いんとう》の手前（口角～耳たぶまでの長さ）まで挿入します。口腔より吸引する際は，口蓋垂《こうがいすい》[*18]を刺激しないように注意して挿入します。吸引圧を加えゆっくりと回しながら，できるだけ短時間で（長くても10秒以内）で引き上げるように実施し，痰や分泌物が取りきれていなくても長時間継続しないようにします。痰が取りきれていない場合は，間隔をおいて呼吸が安定してから再度実施します。

＊18
口蓋垂：口を大きく開けた際に，口腔内の後方中央部から垂れ下がる円椎形の突起。

6 吸引を受ける利用者や家族の気持ちと対応，説明と同意

到達目標

- □ 利用者・家族の吸引に対する気持ちを理解することの重要性が説明できる
- □ 利用者・家族の吸引に対する気持ちに添った対応をするために必要なことが説明できる
- □ 吸引の実施に関する説明と同意の必要性，説明内容と方法が説明できる

●利用者の吸引に対する気持ち

吸引を必要とする状態とは，何らかの病気や障害によって，痰《たん》を自力で排出することができない状態です。利用者は，自身の病気や障害に対して，「治るのか」「悪化しないか」などといった不安や症状による苦痛を抱えています。また，吸引が必要な状態になってしまったことを受け止めるまでに，それぞれの経過に沿った思いがあります。吸引では，かたい管を口や鼻などから挿入することや，吸引の間は呼吸を止めるような状態になることでの苦痛をともないます。しかし，これらの苦痛があっても，「痰が詰まってしまったら，呼吸が苦しくなり，生命に危険をきたしてしまう」というような思いから，吸引を受け入れていると思われます。または，このような苦痛をともなうことや，吸引の必要性が十分理解できないことで，吸引に対して拒否的な気持ちを抱いていることもあります。

利用者は，必要時に迅速かつ安全に吸引してもらえることを望んでいます。また，吸引は前もって吸引する時間が確実に推測できるものではありません。場合によっては，昼夜を問わず，吸引が必要な場合もあります。家族への気遣いや吸引をしてもらうことに対して申し訳ないというような思いも抱きながら，療養を続けていることもあります。

「吸引」に対する利用者の気持ちは，療養生活のなかで日々変化

します。喀痰吸引は，利用者の協力がなければ効果的に実施できないばかりか，危険をともなうことにもなりかねません。利用者の気持ちを受け止めながら接しましょう。

●家族の吸引に対する気持ち

利用者が吸引を必要とする状態になってしまうことに対して，家族も利用者本人と同じように，さまざまな不安や希望を抱いています。

利用者の病状や，障害の今後の見通しの心配に加えて，家族の生活や仕事のこと，経済的なことなど，さまざまな心配事や不安を抱えている可能性があります。

特に，退院・退所により在宅での療養を開始・継続していくには，介護の見通しについて考えることが多いでしょう。喀痰《かくたん》吸引を必要とする利用者の「介護」では，昼夜を問わず吸引が必要になったり，生命にかかわる緊急事態が生じるかもしれません。吸引を家族が受け入れるには，その技術を習得するだけでなく，精神的な覚悟と家族自身が精神的・身体的に健康であることが必要になります。このような家族の精神的な不安や精神的な負担感について，十分に把握しておく必要があります。また，吸引の方法や，支援する介護の体制などについて，家族の希望も十分確認しておきましょう。療養経過にともない，介護を担う家族の疲労も増していく可能性があります。家族の気持ちの変化についても留意しておきましょう。

また，家族の不安や負担を感じていることを把握した際には，支援の体制そのものについて関係職種とともに検討することもあります。療養経過に沿って家族の気持ちを把握し，その思いを関係職種間で共有できるように，適宜，情報を提供していくことが望まれます。

●利用者・家族の気持ちに添った対応と留意点

このような利用者・家族の気持ち（気持ちの変化）に対して，支援者はまず，それを否定せずに受け止めることが大切です。利用者・家族の気持ちは変化することがあることを念頭に置き，療養生活のなかで，不安や希望などについての具体的な話を聞くようにしましょう。

また，不安や希望の訴えや相談内容によっては，医療的な対処が必要になるかもしれません。例えば，利用者が「痰を取りきるために，もっと長く深く吸引チューブを入れてほしい」と希望するかもしれません。しかし，吸引チューブを長く深く挿入することは非常に危険な行為です。そのような時には，利用者の気持ちを受け止めたうえで，「痰が取りきれていない」という思いがあることを医師・看護職員に連絡・相談をして，痰を取りやすくする別の専門的な手段を検討・対処してもらうようにしましょう。居宅などでは，日中の確実な喀痰吸引や医師・看護職員等による専門的な排痰ケアによって，夜間の吸引回数を減らし，家族の負担軽減につなげられる場合があります。

また，利用者や家族から吸引の必要性の理解が十分に得られなかったり，吸引を受け入れられないことで，激しく抵抗することがあるかもしれません。抵抗する際に，かえって吸引によって身体を傷つけてしまう危険性もあります。そのような場合には，医師・看護職員とともに，理解が得られるように説明したり，複数名でかかわるなど，安全な吸引を行うための方法について十分検討する必要があります。

医師・看護職員への連絡・相談をして利用者の気持ちを共有するということは，適切な医療の対応につながるので，非常に重要なことです。

●吸引の実施に関する説明と同意

吸引は，苦痛をともないます。したがって，利用者自身の協力や吸引の実施者との信頼関係が必要となります。そこで，吸引の実施に関する説明（**表Ⅱ-1-2**）と同意，さらに吸引を実施する前の適切な説明（声かけ）と利用者の同意を確認することが重要になります。

説明と同意については，「第Ⅰ部第１章１　介護職と医療的ケア」（p.16）で説明したとおり，利用者の自己決定に必要な情報をわかりやすく提供することと，自由に決定できる環境が必要です。

表Ⅱ-1-2 に示した項目を十分に説明したうえで，利用者の同意

表Ⅱ-1-2　吸引の実施に関する説明項目

- なぜ吸引が必要なのか（どのような病状であるから吸引が必要なのか）
- 吸引の目的や方法（どのように実施されるのか）
- 吸引により予想される結果や危険性
- 吸引以外にも痰を取り除く方法が可能かどうか（またその方法について）
- 吸引をしないことにより予想される結果

を得なければなりません。その際，利用者それぞれの年齢や理解力に応じたわかりやすく丁寧な説明が必要になります。場合によっては，説明を聞くだけでは，恐怖心を増大させてしまう危険性もあります。できれば，実際の吸引器具等を見せながらイメージできるように説明して，利用者の同意を得ることが必要でしょう。

1）吸引前の説明・声かけ

また，前述の説明と同意に加えて，吸引を実施するたびに利用者への説明（声かけ）と同意が必要です。

①吸引前の声かけの例

「呼吸が苦しいですか」「どこに，どれくらい，痰がありそうですか」「痰がからむ感じがありますか」など

利用者の希望がなかったり，意思の疎通が困難な利用者である場合でも，痰の音がしたり，呼吸のしかたや顔色に変化がみられるなど，客観的にみて吸引が必要であると考えられる場合もあります。このような時には，その様子を利用者に伝え，吸引したほうがよい理由を説明し，同意を得たうえで，実施します。

②吸引の説明・声かけの例

「痰の音がゴロゴロとしてきましたね。痰をチューブで吸い取りましょうか？　よろしいですか」「痰を取る間少しだけ苦しいかもしれませんが，痰が取れると少し呼吸が楽になるので頑張ってください」など

声をかけて確認する際には，吸引に関する説明と同様，利用者それぞれの状況や理解力や年齢などに合わせた説明や声かけを心がけ

ます。

ただし，吸引のタイミング（喀痰吸引が必要な状態）は，利用者それぞれの状態や前後のケア（食後・体位の変換後や入浴前後など）の状況によって異なるので，事前に十分看護職員と相談して確認をしておきます。

事前に声をかけずに実施することは，吸引の苦痛や恐怖心をさらに増すことになるので，声かけは毎回必要になります。そして，利用者の協力が得られるよう，励ましの言葉もかけましょう。吸引に対して否定的な思いを抱いている人や，必要性が十分理解できない人などは，吸引に対して激しい抵抗をするかもしれません。無理に吸引をしようとすると，かえって力を入れて噛んだり，体の動きによって気道が傷ついてしまうなど危険があるので，このように吸引への協力が得られない人については，看護職員が実施する，複数名でかかわるなどの安全策が必要となるので，看護職員に連絡・相談します。

2) 家族への説明・声かけ

また，吸引の際に家族が近くにいる状況では，利用者が苦痛をともなう吸引を受ける姿を目の当たりにすることになります。利用者に対する声かけや吸引の操作などを丁寧かつ確実に実施してくれることを期待しています。吸引前の利用者に対する説明と同様，家族に対しても，その都度，吸引の必要性を説明して同意を得ることが必要です。そして，利用者のみでなく，家族とも協力的な関係を築きましょう。

3) 吸引後の声かけ・ねぎらい

さらに，吸引の実施後は，まず，苦痛をともなう処置を受けたことに対するねぎらいの言葉をかけたり，吸引の効果を伝えましょう。

①吸引後の声かけの例

「お疲れさまでした。痰のゴロゴロという音がなくなりましたね」「呼吸は楽になりましたか。たくさん取れましたよ」など。

居宅などで家族が側にいる時は，家族に対しても痰が取れたことを伝えて利用者の状態を家族と共有しておくことも大切です。

②吸引後の確認の例

「痰は十分取りきれましたか」「痛いところはありませんか」「息は苦しくないですか」など。

また，言葉によって不快な気持ちなどが表現できない人もいるので，表情の変化などにも留意して確認しましょう。

また，吸引直後には不快に感じることがない場合でも，時間の経過とともに変化が生じることもあります。吸引後は，しばらく利用者の様子を見て，通常の呼吸状態や表情に戻ったかどうかを確認します。そしてもし，「痰が取りきれていない」「のどが痛い」などの訴えや，その他の苦痛・不満などがあった場合には，医師・看護職員に連絡・相談をして対処を検討してもらいます。

利用者も家族も，療養の経過にともなって吸引に対する気持ちが変化することがあると念頭に置き，丁寧でわかりやすい説明や声かけ・励ましをしましょう。

7 呼吸器系の感染と予防（吸引と関連して）

到達目標

- □ 感染の可能性を示す状態がいえる
- □ 感染の予防として実施すべきことが説明できる

●呼吸器系の感染が起きた可能性を示す状態

人間の体には，細菌やウイルスなどが侵入してきた時に，それらを追い出そうとして攻撃するはたらきがあります。その際には，体の各部で炎症が起きて体温が上昇します。

細菌やウイルスが口や鼻から侵入して，呼吸器官に感染することがあります。

呼吸器官に感染した可能性がある場合には，口・鼻・咽頭《いんとう》・気管・気管支などの内側の組織（粘膜）が炎症により赤っぽく変化したり，腫れてきたり，分泌物《ぶんぴつぶつ》が増えたりします。このような変化により，利用者には，体温が上昇したり，のどなどに痛みを感じたり，痰《たん》が増えてきたり，またその痰を排出しようとしてせきが出てくるなどの症状が現れます。

痰の変化としては，量が増えるのみでなく，色が黄色や緑色っぽく変化することがあります。これらの症状は，細菌やウイルスの種類や量によって程度が異なります。

●呼吸器系の感染症

呼吸器の感染症には，例えば肺炎や気管支炎，インフルエンザなどがあります。もともと呼吸器の病気をもっていない人でも，食べ物の飲み込みが悪くてむせやすい人は，本来，気管に入らないはずの食べ物が気管に入り込み（誤嚥《ごえん》），その食べ物から細菌による炎症（誤嚥性肺炎）を起こすこともあります。

●呼吸器系の感染の予防

吸引を必要とする利用者が呼吸器系の感染を起こす原因として，呼吸器系の病気によって呼吸器官が弱まっていること（感染しやすい状態にあること）や，吸引操作にともなって細菌やウイルスが侵入しやすいことが考えられます。

吸引にともなう感染を予防するために，留意する点は以下の事項です。

- 吸引器材は，吸引実施後には毎回必ず洗浄・消毒をして，清潔に保管しておく
- 吸引の器具は，生活動作などで汚染されない安定した清潔な場所に設置する
- 居室の空気を清潔かつ適切な温度・湿度に保つために換気や調整をする
（吸引器具にほこりなどが入らないようにする）
- 吸引前後に手洗いまたは速乾性擦式手指消毒剤による手指消毒をする
（吸引実施前に，おむつ交換など他のケアを行う場合もあるため，十分に清潔を保つ）
- 吸引チューブの挿入部分に触れないように清潔に操作をする
- 口や鼻からの細菌・ウイルスの侵入を防ぐために利用者の口腔《こうくう》内を清潔に保つ

図Ⅱ-1-9に，喀痰《かくたん》吸引にともなって呼吸器系の感染を引き起こす原因の例を示します。吸引を実施する者自身がかぜをひいているにもかかわらずマスクを着用しない，吸引チューブを不潔に扱うなどといった感染を引き起こす原因となるような行為は避けなければなりません。また，気管カニューレ内部の吸引では，口腔内・鼻腔《びくう》内吸引のあとに，同じ吸引チューブで気管カニューレ内部の吸引を行ってはなりません。下気道（p.128 参照）は原則，病原性の微生物はいないことを理解して，口腔内・鼻腔内の菌が入り込むことのないように気をつけます。このほかにも，例えば居宅などで経済的な理由から吸引器具の消毒薬を使用しないでほしいと言われる場合があるかもしれません。このような時は，別の清潔な保管方法を検討したり，吸引器具を清潔に保たなければ感染の危険性があるこ

とを家族に十分説明して理解してもらう必要があります。

喀痰吸引にともなう感染は，喀痰吸引を実施する人の確実な手技と心がけで予防することが可能です。

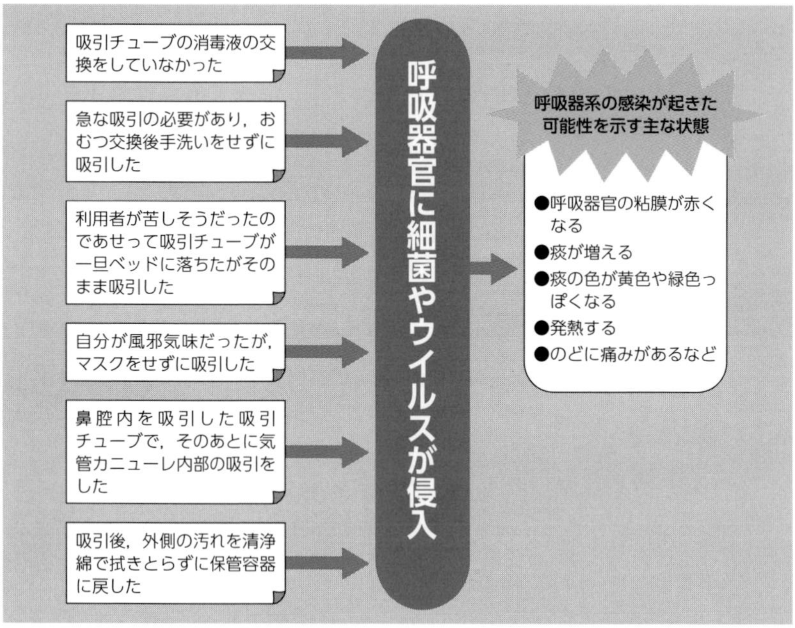

図Ⅱ-1-9　事例　喀痰吸引にともなって呼吸器系の感染を引き起こす原因

8 喀痰吸引により生じる危険，事後の安全確認

到達目標

- □ 吸引により生じる主な危険の種類と危険防止のための留意点が説明できる
- □ 危険防止のために必要な医療職との連携のしかたが説明できる
- □ ヒヤリハット・アクシデントの実際が説明できる

●喀痰吸引に関連した危険の種類

喀痰《かくたん》吸引とは，吸引器につないだ吸引チューブを口や鼻，気管カニューレから挿入して，痰を吸い出すことです。この一連の行為では，十分留意しなければ利用者の体に危険が生じることがあります。また，十分留意していても予期せぬ出来事が起こる可能性があります（表Ⅱ-1-3）。

利用者に起こりうる危険（リスク）としては，呼吸状態が悪くなる，顔色が悪くなる，嘔吐《おうと》する，出血するなどがあります。また，吸引器が正しく作動しない，痰の色がいつもと違う，痰がかたくて吸引が困難になるなどといったことが起こる可能性もあります。

また，人工呼吸器を装着して口鼻マスクを使用している利用者の口腔《こうくう》内・鼻腔《びくう》内の吸引や，気管切開をしている利用者の気管カニューレ内部の吸引の場合には，このほかに人工呼吸器の機器や回路など付属品のトラブルや，口鼻マスクの装着の不具合，装着面の皮膚のトラブル，気管カニューレ挿入部分のトラブルが考えられます。

吸引器や人工呼吸器の回路などの付属品のトラブルについては，医師・看護職員に連絡します。呼吸状態や顔色が悪くなったり，嘔吐がみられたり，痰の色が赤く出血が疑われる場合には，吸引を直ちに中止して，医師・看護職員に連絡します。呼吸状態や顔色が悪くなった状態とは，吸引などにより体内の酸素が不足している状態（低酸素状態）になっている可能性や，食後の吸引による刺激で吐

表Ⅱ-1-3　口腔内吸引時に想定されるリスクと対応例

リスク	介護職員の対応	看護職員の対応および予防策
吸引器が正しく作動しない	以下の確認を行う ・電源 ・吸引びんのふた（きちんとしまっていて，密閉状態になっているか） ・吸引びんの中身（いっぱいなら破棄） ・吸引チューブの接続 ・吸引圧（チューブの接続部を折り曲げ，吸引圧が上昇するか確認）	・利用者等の全身状態の観察（顔色の変化・チアノーゼの有無・呼吸数および自覚症状の有無などを確認し，情報を介護職員と共有する） ・定期的な吸引器のチェック（吸引びんのパッキン交換，吸引器と吸引チューブを連結する管の消毒など）
呼吸状態が悪くなる，顔色が悪い	・直ちに吸引を中止し，気道を確保する ・看護職員に連絡する	・呼吸状態と酸素飽和度をチェック ・状況により，吸引，酸素投与，用手換気（手動式人工呼吸器を使用）を実施 ・呼吸状態の改善がみられない時は病院への救急搬送を医師や家族と検討
嘔吐する	・直ちに吸引を中止し，誤嚥（ごえん）を防ぐため顔を横に向ける ・看護職員に連絡する（可能な場合は，吐物を確認してもらう。確認できない場合は，吐物の内容を報告する） ・吐物は，決められた方法で片づける	・全身状態の観察 ・緊急性の判断（吸引刺激による嘔吐だったのか）
出血する	・出血が少量の時：吸引物に少量血液が混じる程度 →直ちに吸引を中止し，看護職員に連絡する ・出血が多量の時：吸引物がすべて血性のものである場合など →直ちに吸引をやめ，顔を横に向け，看護職員に連絡する ・決められた吸引圧であったかを確認する	・出血量，出血位置の確認 ・正しい吸引操作の確認
痰がかたく，吸引が困難	・室内の空気の乾燥を防ぐ ・看護職員に報告する	・摂取水分量の検討 ・気道浄化法による気道ケアの実施
痰の色がいつもと違う	・体温を測り，看護職員に報告する ・全身状態の観察	・感染徴候の観察 ・ほかの利用者などへの感染を考慮する
吸引ができない（チューブを噛む，口を開けない）	・ゆっくりと吸引チューブを引き抜き，全身状態を観察する ・全身状態を観察して看護職員に報告する	・痰の除去が必要な場合は看護職員が鼻腔から吸引を行う

き出した嘔吐物や痰が気管に入り込み，気管をふさいでいる（気道閉塞《へいそく》）可能性があります。

特に，呼吸状態・顔色が悪い時や，嘔吐がみられる時，出血が多い時には，医師・看護職員による迅速な対応が必要です。

また，介護職員による喀痰吸引の場合は，利用者の要望や独自判断によって，医師の指示を超えた範囲や方法で行ってはなりません。医師の指示に従って実施することが介護職員自身を守ることにもつながります。

●危険防止のための医療職との連携体制：日常的な報告，連絡，相談

吸引にともなう危険は，吸引を実施する人の個人的な手技・手順の誤りだけで起こるものではありません。実際に吸引する人と，日常的な吸引器具の清潔管理をする人が異なるかもしれませんし，どの段階での誤りや不備でも危険につながる可能性があります。

危険を防止するためには，日常的に利用者の状態や疑問点・問題点，利用者・家族の気持ちに対する対応など，ささいなことと思われるような事柄についても医師・看護職員に連絡し，相談のうえ共有しておきましょう。また，連絡・相談を受けた医師・看護職員が確認・判断をしたあとは，吸引に関する留意点が見直されたり追加されるかもしれません。定期的に開催される安全委員会や利用者ごとのカンファレンス以外にも，常に情報を共有できる医師・看護職員との信頼関係の構築が重要です。新たな留意点を伝えてもらうようにして，共有しておきましょう。このように，危険を未然に防ぐためには，常に医師・看護職員との情報の交換がきちんとされるような組織的な体制を整えておく必要があります。

●ヒヤリハット・アクシデントの実際と報告

喀痰吸引の実施にあたっては，「第Ⅰ部第３章　安全な療養生活」(p.49) で説明するリスクマネジメントの考え方に基づいて行います。ヒヤリハット報告とは，“ヒヤリ”としたり，“ハッ”とした段階のものについて記入し，アクシデント報告は，ヒヤリハットに気づかなかったり，適切な処置が行われなかったりして，問題が生じた場合に報告するものです。

いつもと違う変化（異常）が利用者または使用する機器に生じた際に，「ヒヤリハット・アクシデント」に相当する出来事に気づか

ずに見過ごしてしまうことのないよう，「いつもと違う」と気づいた時点で，迅速に医師・看護職員に連絡・報告をして，医師・看護職員とともに確認します。利用者の状態の変化や機器の不具合などは，必ずしも人為的なミスがなくても発生する可能性があります。「ヒヤリハット・アクシデント」に相当する出来事であるのか，それが「ヒヤリハット」であるのか，「アクシデント」であるのかは，医師・看護職員とともに判断することが適切です。

「喀痰吸引」は，どの段階の手順が欠けてしまっても，利用者の身体に危険をもたらしてしまう結果につながりかねません。吸引の手順が守れなかったことも，ヒヤリハットに相当する出来事になるということを知っておきましょう。

以下に，喀痰吸引に関するヒヤリハット・アクシデントの実際について，2つの事例を示します。

事例で示しているように，利用者の異常や症状が起きたあと，状態が回復したり安定した場合は，ヒヤリハット報告をします。状態が回復せずに悪化した場合は，アクシデント報告をします。

このほか，喀痰吸引により生じたヒヤリハット・アクシデントの例を表Ⅱ-1-4に示します。

事例1　嘔気の誘発の場合

吸引中に嘔気《おうき》が誘発されたため，吸引を中止して利用者の状態を観察した。その後，顔色が悪くなったり，嘔吐するなど状態が回復しなかった場合，介護職員は看護職員に連絡し対応する。状態が回復しなかった場合は，「アクシデント」となる。利用者の嘔気が治まり，状態が安定したと考えられる場合についても，介護職員は看護職員に嘔気が出現したことを連絡・報告する。状態が安定した場合は，「ヒヤリハット」となる。

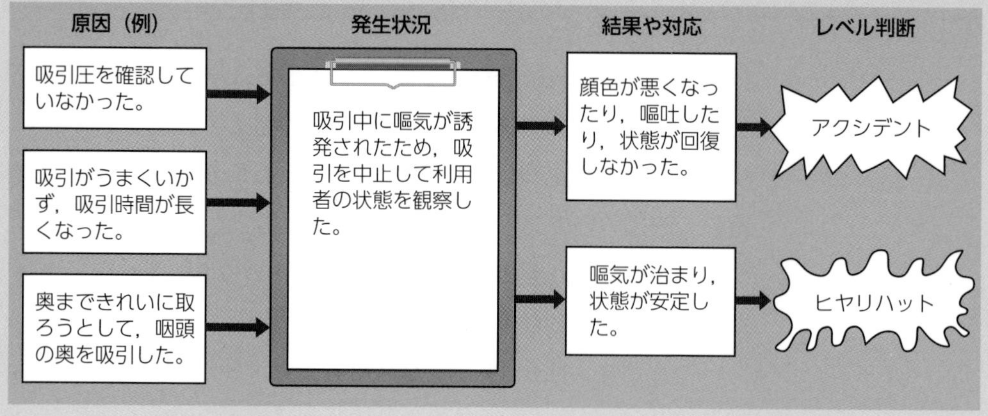

事例2 低酸素状態（体内の酸素が不足した状態）の場合

吸引中に表情，顔色の変化がみられたため，吸引を中止して利用者の状態を観察した。その後顔色が悪くなったり，普段より反応が鈍くなったり，意識状態が回復しなかった場合，介護職員は看護職員に連絡し対応する。状態が回復しなかった場合は，「アクシデント」となる。

利用者の表情が落ち着き，状態が安定したと考えられる場合についても，介護職員は看護職員に顔色の変化が出現したことを連絡・報告する。状態が安定した場合は，「ヒヤリハット」となる。

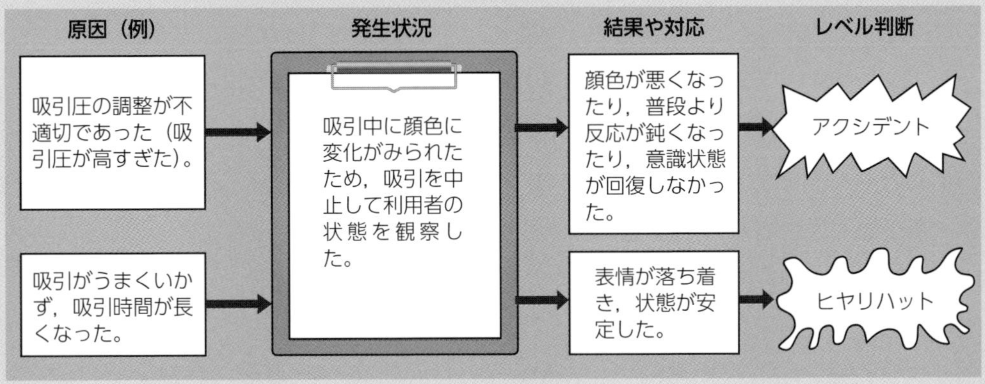

表Ⅱ-1-4 **喀痰吸引により生じたヒヤリハット・アクシデントの例**

原因	事例
手技や手順のミス	• 吸引する時間が長く，酸欠を起こしそうになった。 • 吸引圧の確認をせず，最高の吸引圧で実施してしまった。 • 人工呼吸器を装着している人の気管カニューレ内部の吸引後に，取り外した呼吸器の再設置が遅れアラームが鳴った。
機器や物品等の不備	• 吸引器の接続ホース内腔部に変色（茶褐色様）した付着物を発見した。 • 吸引を行う時に機器の電源が入らず，吸引圧が上がらなかった。 • 吸引びんに多量の排液がたまっており，すぐ使用できず，利用者を待たせてしまった。
安全管理体制の不備	• 落雷による停電があり，復旧までに40分程要したが，その間吸引器の使用ができなかった。
利用者自身に起因するもの	• 気管チューブの自己抜去。 • 吸引（口腔内）中，利用者がカテーテルを噛み切って飲み込んだ。

●ヒヤリハット・アクシデント報告書の書き方

ヒヤリハット・アクシデント報告書は，各施設または事業所などで，報告基準や報告の体制とともに報告様式を決めておく必要があります。ヒヤリハット・アクシデント報告書には，施設名または事業所名，報告者氏名，管理責任者氏名，連携看護職員氏名，発生日時，発生場所，発見者，行為の種類（どこの部位からの吸引か）・発生時状況，対応，背景，要因（吸引手技が手順どおりにできなかった理由など）などを記載します（別添様式4）。

吸引にともなうヒヤリハット・アクシデントの「考えられる原因」には，吸引をした人自身の手技や手順の誤りなどがあります。そのほかに，器具の点検段階でのトラブルや，周辺の環境変化にともなう要因，医師・看護職員との連携がうまくいっていなかったというようなことも考えられます。これらの原因が複数からみ合って発生してしまう出来事もあるでしょう。

同じようなヒヤリハット・アクシデントを繰り返さないためには，なぜそのようなことが起きたのかを具体的に検討して，今後に生かす必要があるので，ヒヤリハット・アクシデント報告書には状況を詳細に記録する必要があります。

この記録は，吸引にかかわるすべての人，特に医師・看護職員と共有して，人為的なミスはもちろん，物品管理や吸引をするための医師・看護職員との連携体制などに不備がなかったかなど，さまざまな視点から今後の再発予防策を検討することが大切です。この再発予防策は，吸引を実施する者のみで気をつけていくことではなく，施設および事業所内の管理体制や医師・看護職員との連携体制にもかかわることですので，吸引にかかわるすべての人で共有しましょう。

（別添様式4）

喀痰吸引等業務（特定行為業務）ヒヤリハット・アクシデント報告書（記入例）

報告者状況	事業所名称	特養△△ホーム
	介護職員氏名	厚生　○子
	管理責任者氏名	労働　○子
被報告者状況	事業所名称	特養△△ホーム
	連携看護職員氏名	○山　省子

発生日時	令和３年４月１日（木曜日）　午前・午後　2　時 40 分頃	
発生場所		
	☑ベッド上　□車椅子　□その他（具体的に　）	
対象者	氏名：　△田　○蔵　（男・女）	年齢：80 歳
	当日の状況： 吸引を嫌がり，実施時も首を振っていた。	

出来事の情報（一連の行為につき１枚）			
行為の種類	【喀痰吸引】 ①人工呼吸器の装着の有無　☑なし　□あり ②部位　（☑口腔　□鼻腔　□気管カニューレ内部　） 【経管栄養】（　□胃ろう　□腸ろう　□経鼻経管　）		
第１発見者 （☑は１つ）	☑記入者自身 □記入者以外の介護職員 □連携看護職員 □連携看護職員以外の看護職員	□医師 □介護支援専門員	□家族や訪問者 □その他 （　）
出来事の発生状況	＊誰が，何を行っている際，何を，どのようにしたため，対象者はどうなったか。		
	口の中からゴロゴロと痰がたまっている音がしたために口から吸引を行った。本人が首を振って嫌がっていたが，吸引をしなければならないと焦って，口が少し開いた瞬間にチューブを奥まで入れすぎてしまい，本人が嘔吐しそうになった。		
医師への報告	□なし　☑あり		
連携看護職員への報告	□なし　☑あり		
出来事への対応	＊出来事が起きてから，誰が，どのように対応したか。		
	直ちに吸引をやめて，連携看護職員に報告した。 しばらく利用者の様子を見て落ち着いてから，連携看護職員が吸引した。		
救急救命処置の実施	☑なし □あり（具体的な処置：　）		

<table>
<tr><td rowspan="2">出来事が発生した背景・要因</td><td colspan="3">＊なぜ，どのような背景や要因により，出来事が起きたか。</td></tr>
<tr><td colspan="3">• 別の利用者に実施した時の吸引は大丈夫だったので，今回も大丈夫だと思った。
• 痰の音がしていたので急いで吸引をしなければいけないと思った。
• 利用者が首を動かし抵抗されたのでさらに焦って，口を開いた瞬間に急いでチューブを挿入した。
• 利用者が吸引を嫌がっていることをあらかじめ連携看護職員に報告しておかなかった。</td></tr>
<tr><td>（当てはまる要因をすべて）</td><td colspan="3">【人的要因】
☑判断誤り　□知識誤り　□確認不十分　□観察不十分　□知識不足　□未熟な技術
□技術間違い　□寝不足　□体調不良　☑慌てていた　□緊張していた
☑思いこみ　□忘れた　□その他（　　　　　　　　　　）
【環境要因】
□不十分な照明　□業務の中断　□緊急時　☑その他（利用者が首を動かしていた。）
【管理・システム的要因】
☑連携（コミュニケーション）の不備　□医療材料・医療機器の不具合　□多忙
□その他（　　　　　　　　　　　　　　　　　　　　）</td></tr>
<tr><td rowspan="9">出来事の影響度分類（レベル0～5のうち一つ）</td><td>□</td><td>0</td><td>エラーや医薬品・医療用具の不具合が見られたが，対象者には実施されなかった</td></tr>
<tr><td>☑</td><td>1</td><td>対象者への実害はなかった（何らかの影響を与えた可能性は否定できない）</td></tr>
<tr><td>□</td><td>2</td><td>処置や治療は行わなかった（対象者観察の強化，バイタルサインの軽度変化，安全確認のための検査などの必要性は生じた）</td></tr>
<tr><td>□</td><td>3a</td><td>簡単な処置や治療を要した（消毒，湿布，皮膚の縫合，鎮痛剤の投与など）</td></tr>
<tr><td>□</td><td>3b</td><td>濃厚な処置や治療を要した（バイタルサインの高度変化，人工呼吸器の装着，手術，入院日数の延長，外来患者の入院，骨折など）</td></tr>
<tr><td>□</td><td>4a</td><td>永続的な障害や後遺症が残ったが，有意な機能障害はともなわない</td></tr>
<tr><td>□</td><td>4b</td><td>永続的な障害や後遺症が残り，有意な機能障害の問題をともなう</td></tr>
<tr><td>□</td><td>5</td><td>レベル4bを超える影響を与えた</td></tr>
</table>

介護職員　報告書記入日　令和３年４月１日

<table>
<tr><td rowspan="3">医師・連携看護職員の助言等</td><td>①医師又は看護職員が出来事への対応として実施した医療処置等についてバイタルサインを測定し，口腔内および全身状態を確認した。
嘔吐はなかったが利用者に不安を与えないために嘔気が落ち着いてから私が吸引を行った。</td></tr>
<tr><td>②介護職員へ行った助言・指導内容等について
呼吸器官に関する確認と嘔吐の時の対応について再度確認した。
挿入する吸引チューブの長さと，看護職員に連絡する状況について確認した。</td></tr>
<tr><td>③その他（今回実施した行為で介護職員の対応として評価できる点など）
利用者の状況はすでに落ち着いていたが，利用者が吸引を嫌がり，首を動かすようなことが頻回に見られるようであれば介護職員による吸引対象としてふさわしいか今一度検討の必要があるのではないか。
吸引を続けず，すぐに連絡した点は評価できる。</td></tr>
</table>

医師・連携看護職員　報告書記入日　令和３年４月１日

9 急変・事故発生時の対応と事前対策

到達目標

- □緊急を要する状態がいえる
- □急変・事故発生時に実施すべき対応が説明できる
- □急変・事故発生時の医療職との連携・体制を事前に共有しておくことの重要性と事前対策内容が説明できる

●緊急を要する状態

喀痰吸引により生じる危険については前項に説明したとおりです。本項は，特に緊急を要する場合の対応と事前対策について説明します。喀痰吸引に関連して，緊急を要する状態とは，呼吸が停止している場合，呼吸状態が悪化している場合（苦しそうな表情や顔色が悪くなった場合），多量に出血している場合，嘔吐《おうと》して気管に嘔吐した物が詰まっている場合です。また，人工呼吸器を装着している人の緊急を要する場合とは，前述に加えて，人工呼吸器が作動していない場合や，アラームが鳴りやまず苦しそうにしている場合などです。また，急な停電などによって，人工呼吸器が作動しなくなってしまう場合には，早急な対処が必要になります。

●急変・事故発生時の対応

緊急を要する状態であると気づいた時には，いずれの場合も直ちに医師・看護職員への報告・連絡をします。その際の報告相手や報告内容については，事前に緊急時対応のマニュアルとして利用者・家族・医師・看護職員と共有しておきましょう。医師・看護職員への報告内容は，いつ・どこで・誰が，または何が・どのように・どうしたか・どうなったかを明確に伝えます。

例えば，以下のように連絡・報告をします。「7分前に（時間を正確に覚えておきます），吸引をしたあと2分くらいしてから（時間を正確に覚えておきます），吸引びんの中身を片づけて戻ってきたら，利用者が，居室のベッド上（いつも寝ているところ）で，呼吸を苦しがっています」「口びるが紫色に変化して，声をかけてもいつものような応答がなくなっています。のどの奥のほうから，いつもよりもゴロゴロと大きめな音がします」など。

「どのように・どうしたか・どうなったか」については，わかる範囲で詳細に報告する。

また，利用者の変化に気づいた時間やその後の変化については，正確な時間を確認して，随時，記録をとっておきます。その記録が，その後の医師・看護職員の対応に重要な情報となるからです。

呼吸状態や顔色が悪くなった場合，嘔吐がみられたり，痰の色が赤く出血が疑われる場合には，吸引を直ちに中止します（医師・看護職員の指示により対応します）。

意識がなく（通常，意識のある人が呼びかけても応答しない），呼吸が停止しているような状態（胸やおなかが動いていない）で人工呼吸器を装着していない人の場合は，直ちに心肺蘇生（p.64）に従い，胸骨圧迫（30回）と人工呼吸（2回）を開始して，医師・看護職員の到着を待ちます。在宅においては，救急車を要請することもあるでしょう。

明らかに口の中に何かが詰まっていて呼吸が苦しい様子である場合には，気道に異物が入った際の背部叩打《はいぶこうだ》法（p.80）などを開始して医師・看護職員（あるいは救急車）の到着を待ちます。医師・看護職員の到着を待つ間は，利用者の側を離れず，その後の状態にさらに変化がないかどうかを確認・記録します。

急変・事故発生時の事前対策 ―医療職との連携・体制の確認

急変・事故発生の事態に備えて，事前に緊急時の連絡先について連絡網を用意して利用者・家族・医師・看護職員と共有しておく必要があります。そして，誰に何を報告すべきかについて整理しておきます。緊急時の医師・看護職員への報告は，「いつ・どこで・誰がまたは何が・どのように・どうしたか・どうなったか」という内容です。

例えば，以下のような内容です。

- 「いつ」：どのような状況の時か；例えば吸引前か・吸引後か・何をしている時かなど
- 「どのように・どうしたか・どうなったか」：利用者にどのような変化があったのか；
  例えば，呼吸の状態，顔色，痰の色，嘔吐物の有無，出血している場合はどのくらいの量か，吸引器や人工呼吸器の不具合の様子など

緊急時の対応方法については，事前に医師・看護職員と相談して，利用者個々の「応急処置方法のマニュアル」として共有しておきましょう。

また，急変・事故発生時の記録には，人為的なミスの有無にかかわらず，すでに前項の「ヒヤリハット報告書の書き方」(p.170) で説明したように，「いつ・どこで・誰がまたは何が・どのように・どうしたか・どうなったか（利用者に起こったこと，医療機器等に起こったこと）」を正確に記録します。

記録は，医師・看護職員がその後の治療や対処を決めるための重要な情報になります。さらに，急変・事故発生後には，記録を関係者・医師・看護職員とともに共有して，なぜそのようなことが起こったのかについて話し合う機会をもちます。それぞれの立場から，今後同じようなことが起こった場合の早期対応の方法や，事前対策が可能なことであれば再発防止策を共有しておくことが重要です。

また，急変・事故発生後の記録については，どのような急変・事故が，どのようにして起こっているのかという状況を定期的に施設や事業所でまとめ，組織的な安全管理体制の一貫として振り返りや事例検討などにより評価できるようにしておきましょう。

（別添様式 3）

喀痰吸引等業務（特定行為業務）実施状況報告書

基本情報	対象者	氏名		生年月日	
		要介護認定状況	要支援（ 1 2 ） 要介護（ 1 2 3 4 5 ）		
		障害程度区分	区分 1 区分 2 区分 3 区分 4 区分 5 区分 6		
		住所			
	事業所	事業所名称			
		担当者氏名			
		管理責任者氏名			
	担当看護職員氏名				

業務実施結果	実施期間		年 月 日 ～ 年 月 日	
	実施日 （実施日に○）		（喀痰吸引） 令和 年 月 1 2 3 4 5 6 7 8 9 10 11 12 13 14 15 16 17 18 19 20 21 22 23 24 25 26 27 28 29 30 31	（経管栄養） 令和 年 月 1 2 3 4 5 6 7 8 9 10 11 12 13 14 15 16 17 18 19 20 21 22 23 24 25 26 27 28 29 30 31
	実施行為		実施結果	特記すべき事項
	喀痰吸引	口腔内の喀痰吸引		
		鼻腔内の喀痰吸引		
		気管カニューレ内部の喀痰吸引		
	経管栄養	胃ろう又は腸ろうによる経管栄養		
		経鼻経管栄養		

上記のとおり，喀痰吸引等の業務実施結果について報告いたします。

令和 年 月 日

事業者名

責任者名 ○印

○ ○ ○ ○ 殿

第2章

高齢者および障害児・者の「喀痰吸引」実施手順解説

1 喀痰吸引で用いる器具・器材とそのしくみ，清潔の保持

到達目標
- □ 吸引の必要物品がいえる
- □ 吸引器・器具・器材のしくみが説明できる
- □ 必要物品の清潔保持（消毒）方法が説明できる

●吸引の必要物品

吸引を行う際の必要物品を表Ⅱ-2-1，図Ⅱ-2-1 に示します。吸引を行う部位別に必要な物品の種類や，守らなくてはならない清潔度には違いがあります。吸引を実施するそれぞれの部位の清潔度に応じて適切な物品を準備します。

表Ⅱ-2-1　**吸引の必要物品**

必要物品	用　途	吸引部位と必要な者		
		口腔内	鼻腔内	気管カニューレ内部の吸引
吸引器（吸引びん・接続チューブ・連結管）	圧がかかる装置と排液をためるもの	○	○	○
吸引チューブ	分泌物を吸引するチューブ[※1]	○	○	○
保管容器（ふた付き）	再利用時，吸引チューブを保管する容器	○	○	○
清浄綿等	吸引チューブの外側を洗浄する	○	○	○
洗浄水	吸引チューブの内側を洗浄する	○ 水道水	○ 水道水	○ 滅菌精製水[※3]
消毒液（浸漬法の場合）	再利用時，吸引チューブを消毒する	△	△	△
清潔な手袋，または鑷子（セッシ）[※2]	吸引チューブを操作するため	○	○	○

○：必ず必要なもの，△：適時必要なもの
※１：吸引チューブの太さや材質は吸引を行う部位別に異なる。
※２：鑷子（セッシ）とは，吸引チューブを挟んで持つ大きなピンセット状の器具。
※３：吸引前と吸引後の滅菌精製水は区別するとよい。

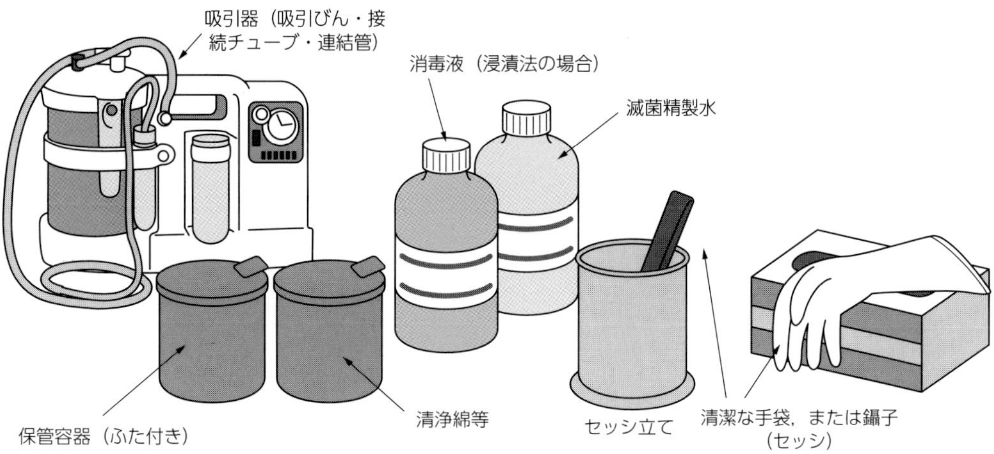

図Ⅱ-2-1　吸引器と必要物品

1）吸引器

吸引器は，掃除機のように，空気を吸い込む力（陰圧[*1]）によって痰《たん》を吸い出す機械です。吸引力等によってさまざまな種類が市販されています（図Ⅱ-2-2）。施設や在宅で使用するものは「電動式」が主で，電源が入っていないと動きません。病院や施設などでは，吸引用の中央配管につなぐ壁掛け式のもの，在宅ではポータブル式の吸引器が使用されています。充電式では，充電を忘れないようにします。最近では災害時に備え，電気を必要としない足踏み式，手動式の吸引器を備えておくよう推奨されています。

吸引器は，陰圧を起こすモーター部分と，痰をためる吸引びん，痰を吸い出すためのホース部分（接続チューブ）から構成されています。ホースに穴があいていたら掃除ができないように，吸引器はモーター部分から接続チューブに至るすべての部位に隙間や亀裂があると陰圧にならず正しく作動しないため，痰を吸引することができません。接続部位にゆるみがないか，パッキンが破損していないか，ホースや吸引びんに穴があいたりしていないか確かめることが大切です。また，モーター部分に吸引物が入り込むとモーターは故障してしまいます。このため，吸引びんとモーターの間にはフィルターが付いています。吸引びんをこまめに観察し，びんの容量の70～80％になる前には中身を廃棄して，逆流しないように注意します。

＊1
陰圧：容器など内部の圧力が外部よりも小さくなっている状態のことである。吸引器の電源を入れると吸引器の内部が陰圧になり痰を吸い込むことができる。

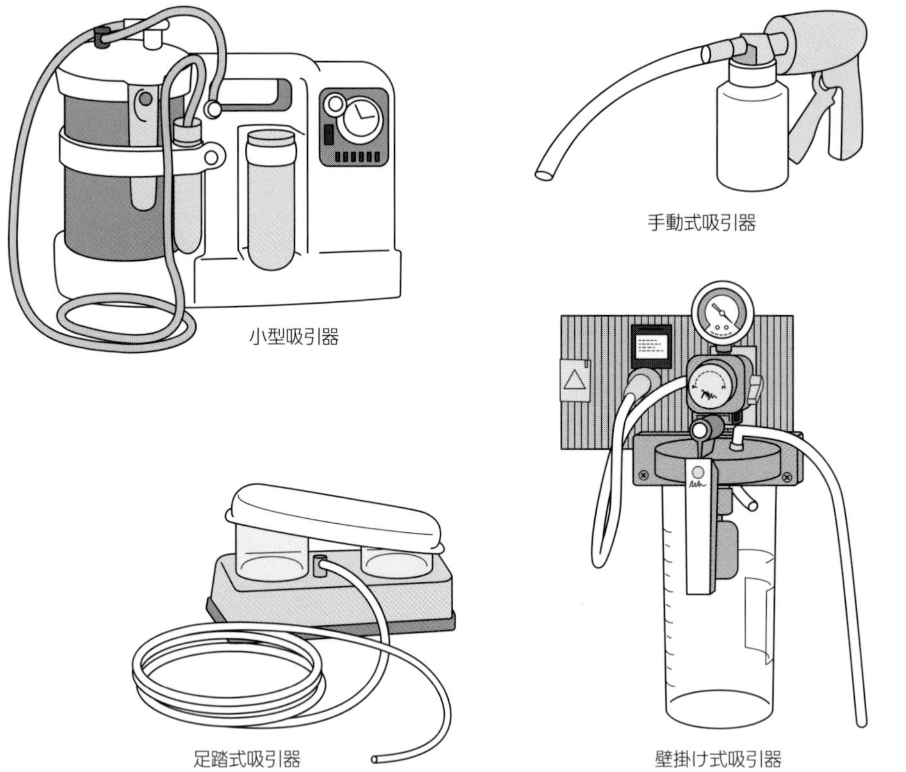

図Ⅱ-2-2　吸引器の種類

2) 吸引チューブ[*2]

吸引を行う際は，吸引器の接続チューブに吸引チューブを接続して吸引をします。接続チューブと吸引チューブが正しく接続できるか確認します。また，吸引チューブには，材質や太さ，先端の孔の数などにさまざまな種類があります。口腔内用には，咽頭まで達しない長さのものもあります。一般的には，太いチューブのほうが吸引物を多く吸引できますが，その分空気も多く吸引してしまうため，危険もともないます。医師・看護職員が，吸引部位別にその人に合ったものを選定します。その選定されたものを正しく使用するようにします。

＊2
吸引チューブ：「吸引カテーテル」ともいう。

●必要物品の清潔保持（消毒薬・消毒方法）

1）物品の清潔

吸引必要物品の清潔を保持することは非常に大切なです。正しい吸引手技を行えたとしても，不潔な物品の使用は感染を引き起こす原因となります。清潔と不潔の区別（p.105 参照）を常に意識します。物品を準備する前に手洗いを行う重要性はいうまでもありません（「第Ⅰ部第 4 章 1　感染予防　手洗い」p.91 を参照）。

吸引器は日常的に清掃します。定期的に内部のメンテナンスを受けることも大切です。吸引びん・接続チューブも定期的に洗浄・交換します。

2）吸引チューブの清潔な操作

直接，利用者の体内に挿入する吸引チューブの清潔保持が最も重要です。気道は上気道・下気道（「第Ⅱ部第 1 章 1　呼吸のしくみとはたらき」p.126 を参照）に分かれています。上気道は喉頭までの口《こう》腔《くう》や鼻腔《びくう》，咽頭《いんとう》を指し，通常多くの常在菌[*3]が存在していますが，下気道（気管・気管支）は原則として病原性の微生物はいない無菌状態に保たれています。吸引チューブの清潔が保たれていないと，吸引時に下気道に微生物を押し込むことにもなりかねません。

＊3
常在菌：人の身体に存在する微生物（細菌）のうち，多くの人に共通してみられ病原性をもたないものである。

吸引の際にセッシを使用する場合には，セッシの先端が不潔にならないように十分注意して取り扱う必要があります（**表Ⅱ-2-2**）。不潔になったセッシには細菌などが繁殖してしまう危険性があるので，セッシ自体を清潔なものに適宜交換したり消毒する必要があります。

表Ⅱ-2-2　鑷子（セッシ）の使用上の注意

- セッシ立てをほこりなどがかからない清潔な場所に設置する。
- セッシ立ての内部には触れない。
- セッシ立てから出ている部分のみをつかむ。
- 先端が下向きになるように持つ。
- セッシを取り出したり戻したりする際には先端がどこにも触れないようにする。

3) 吸引チューブの清潔保持の方法

吸引部位によって清潔保持の方法は異なります。

気管カニューレ内部の吸引では，特に，吸引チューブの気管内への挿入部分に菌がつかないように吸引チューブを扱う必要があります。したがって，気管カニューレ用の吸引チューブは，1回の吸引ごとに使い捨てすることが原則です。しかし，やむを得ず再利用する場合には，利用者ごとに清潔に保管しなければなりません。

吸引チューブの清潔保持の方法には，消毒液の中に浸して保管する「浸漬法《しんしほう》」と，消毒薬を用いないで保管する「乾燥法」があります。表Ⅱ-2-3にこれらの代表的な手順等を記します。吸引後に吸引チューブを拭《ふ》く清浄綿などは，必ず1回ごとに破棄します。

表Ⅱ-2-3　吸引チューブの清潔保持方法

	浸漬法	乾燥法
概要	吸引チューブを消毒液に漬けて保管する方法	吸引チューブを乾燥させて保管する方法
手順	①吸引後，チューブ外側の汚染除去のため，清浄綿等で拭く ②チューブ内側の粘液の除去のため，滅菌水（口鼻腔は，水道水でも可）を吸引する ③吸引チューブを消毒液に浸して保管する	①吸引後，チューブ外側の汚染除去のため，清浄綿等で拭く ②チューブ内側の粘液の除去のため，滅菌水（口鼻腔は，水道水でも可）を吸引する ③吸引チューブ内の水滴がない状態で，ふた付きの乾燥容器に保管する
交換頻度（推奨）	•吸引チューブ，消毒液は24時間ごと •洗浄水は8時間ごと	•吸引チューブ，保管容器の消毒は24時間ごと
注意点	•「乾燥法」は，細菌の生存に必要な水分や喀痰（かくたん）が存在しなければ，細菌の発育がしにくいという性質に基づいた方法で簡便であるが，実際，吸引チューブ内の乾燥を保つのは，吸引頻度によっては至難である。細菌は目にみえないため，いっそうの注意が必要である。 •口・鼻の上気道には，常在菌が存在するため，口鼻用のチューブを無菌状態に保つのは困難である。よく水洗された清潔な状態に保つように心がける。 •気管内・口鼻腔用ともに，チューブ内側の粘液等を吸引しながら，十分洗い流すことが肝要である。	

2 吸引の技術と留意点

到達目標

- □ 必要物品の準備・設置方法と留意点が説明できる
- □ 吸引前の利用者の状態観察内容がいえる
- □ 吸引前の利用者の準備方法と留意点が説明できる
- □ 吸引実施の流れと吸引中の留意点が説明できる
- □ 吸引実施にともなう利用者の身体変化の確認項目と医療職への報告の必要性が説明できる
- □ 吸引実施後の吸引物の確認項目と医療職への報告の必要性が説明できる
- □ 吸引後の片づけ方法と留意点が説明できる

●実施前の観察

喀痰《かくたん》吸引は，利用者からの要請に応じて必要になり実施する場合と，看護職員らによって必要な状態と判断され実施する場合（「第Ⅱ部第１章３　喀痰吸引とは　喀痰吸引が必要な状態」p.138を参照）とがあります。後者の場合，日常的・継続的な看護職員らの観察によって吸引が必要であるか否かが判断されています。吸引は決められた時間で画一的に行うものではありません。

本来は，まず吸引器を使用しない方法での痰の除去を試みますが，自力での喀出が難しい場合や，吸引のほうが利用者の苦痛・不安が少ないと思われる場合に吸引を実施することになります。

吸引が必要な状態を判断するにあたっては，口腔内の状態に加え，全身状態も観察しておく必要があります（**表Ⅱ-2-4**）。さらに，一人ひとりの利用者の状態や，ケアの前後（食事，体位の変換，入浴など）の状況によって吸引の必要性は異なるので，事前に看護職員に確認をしておく必要があります。

また，高齢者などでは義歯《ぎし》（入れ歯）を装着している場合があります。義歯は，総義歯の場合と，部分義歯の場合があります。義歯

表Ⅱ-2-4　吸引前の観察項目

	口鼻腔内吸引	気管カニューレ内部の吸引
観察項目	• 口腔内の状態：出血や傷 • 鼻腔内の状態：出血や傷 • 義歯の状態（総義歯か部分義歯か，装着状況など） • 口腔内の貯留物（痰や唾液） • 口腔内の食物残渣（ざんさ） • 鼻からのどにかけての貯留物 • 顔色（青白さ，苦しそうな表情など） • むせ込み • 咽頭付近で痰のからむ音（ゴロゴロ音）	• 口腔内・鼻腔内・気管カニューレの状態（出血や損傷など） • 気管カニューレ周囲の状態（出血やびらん[※1]） • 肉芽[※2]の有無など）および固定の状態 • 気管内の状態（出血や損傷など） • むせ込み • 痰の溢れ出し • 喉頭部以降での痰のからむ音（ゴロゴロ音） • 顔色（青白さ，苦しそうな表情など） • 酸素飽和度の低下 • 脈拍数の上昇
	【口鼻マスク等における人工呼吸器装着者の場合】 • 人工呼吸器の作動状況 • 口鼻マスクまたは鼻マスクの位置 • 皮膚の状態	【人工呼吸器装着者の場合】 • 人工呼吸器の作動状況 • 吸気（陽圧）時の胸の膨らみの程度 • 吸気（陽圧）時の異常音 ＊カフ付き気管カニューレの場合には，カフエアの確認を行う。
	【共通】 • 全身状態（意識レベル，覚醒の状況，呼吸の状態など） • 利用者の訴え（息苦しさ，痰がたまっている，痰が出しにくいなど）	
注意点	• どの場所に吸引物（痰や唾液，食物残渣など）があるかを見極めることが重要である。 • 口腔内にある場合は，スポンジブラシなどでかき出す方法が適切である。 • 口を開けた際，食物残渣や義歯が気道内に落ち込まないよう注意する。	• 気道内に痰がたまると，十分なガス交換がされずに，低酸素に陥るため，酸素飽和度の低下や脈拍数の上昇をきたす。 • 気道を閉塞するため，特に人工呼吸器装着者では，胸が上がりにくくなる。

※1：表面の皮膚が破壊されて皮膚の下の組織が露出している状態。通常は，湿った状態で限局的にみられる。
※2：外傷や炎症によって皮膚が欠損している部分に，赤くやわらかい粒状の組織ができたもの。

の装着が不安定な場合は，口を開ける際に気道内に落ち込んでしまう場合があるので，注意が必要です。義歯の種類によって取り外しの取り扱い方法が異なるので，事前に確認しておきましょう。

そのうえで，吸引を行うごと表Ⅱ-2-4 のような観察を行い，普段と変わりないことを確認します。口腔内の状況は，看護職員が観察し，異常がないことを朝などに定期的に確認していますが，吸引の実施前には再度，実施者の目で観察することが重要です。普段と違うこと，気になることなどの異常を発見したら，速やかに看護職員に連絡・報告します。

●実施準備（医師の指示等の確認，必要物品の準備・設置）

1）医師の指示書等の確認

吸引を実施することになったら，初めに利用者の医師の指示書や看護職員からの吸引に関する引き継ぎ事項・留意事項などを確認します。

2）手洗い・手指消毒

手洗いは，石けんと流水で手を洗う，または速乾性擦式手指消毒剤による手指消毒を行います。速乾性擦式手指消毒剤による手指消毒では，アルコール過敏症によって皮膚を傷つけてしまうことがあります。また，消毒剤でむせ込んでしまうことがあるので，拭き取らずに手指に擦り込んで，十分乾燥させます。吸引を実施する前に他のケア（清拭《せいしき》やおむつ交換など）を行う場合もあるので，吸引の前の手洗いまたは手指消毒は重要です。

3）必要物品の準備・設置（図Ⅱ-2-3～Ⅱ-2-5）

吸引の必要物品は，施設などでは吸引ごとに利用者の元へ運ぶ場合もありますが，居宅などでは多くの場合あらかじめ設置されています。

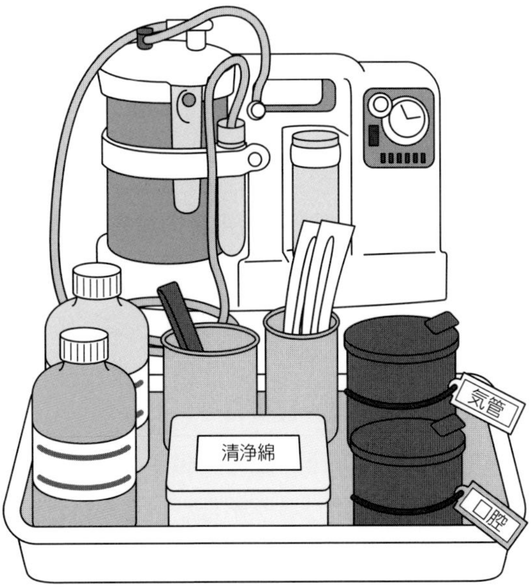

図Ⅱ-2-3　**吸引セット**

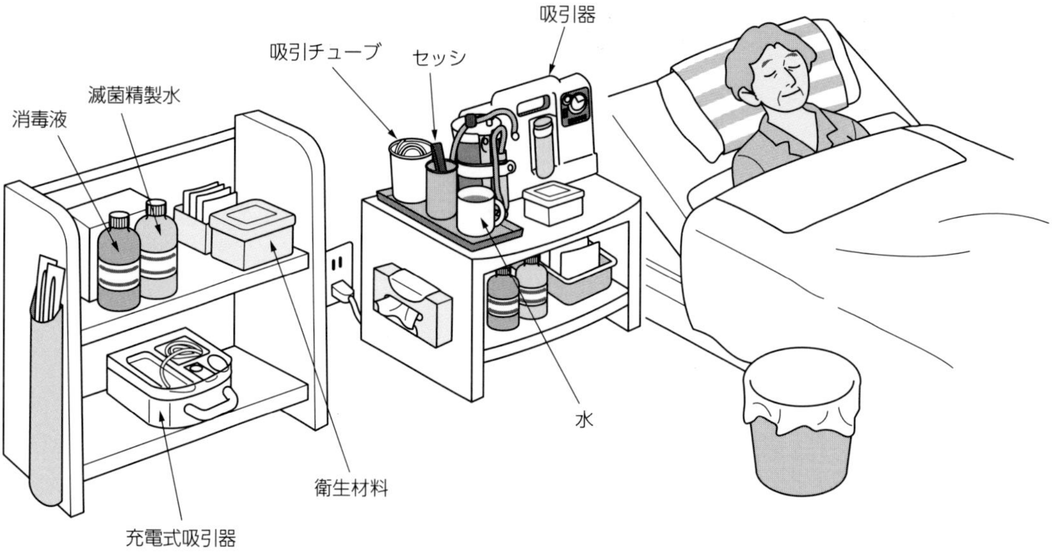

図Ⅱ-2-4　吸引を行う利用者の居室図イメージ

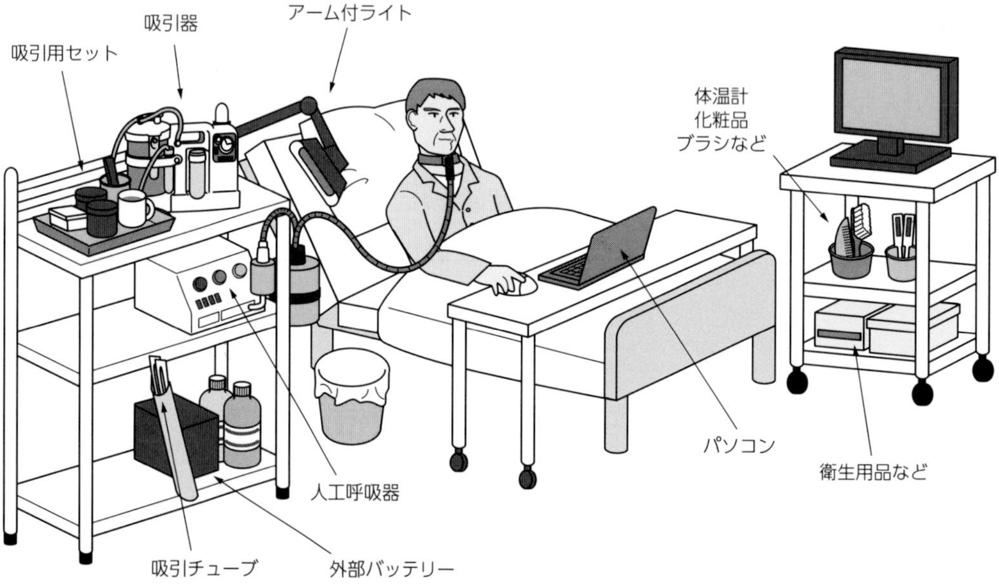

図Ⅱ-2-5　吸引を行う利用者の居室図（人工呼吸器装着）イメージ

必要物品の準備・設置については，以下を確認します。

- 吸引器は，落下や逆流の起きない水平な場所に設置する。
- 電源コードにひっかからないように電源を確保する。
- 引っ張らなくても十分届く長さの接続チューブを用意する。
- 吸引必要物品はトレイなどに載せ，ひっくり返す心配のない，かつ使いやすい安定した台などに置く。

- 気管カニューレ内部用と口腔・鼻腔用の物品は，わかりやすく区別しておく（図Ⅱ-2-3）。

チューブを保管しておくために消毒剤を使用する場合もありますが，誤飲《ごいん》（誤って飲んでしまうこと）等が起きないよう注意しましょう。特に，誤嚥《ごえん》や気道閉塞《へいそく》（窒息《ちっそく》）の危険がある利用者の食事の際は，緊急時に備え，すぐに吸引できるようにあらかじめ準備をしておきます。特に，認知症や視覚障害のある利用者に対しては，消毒液を誤って飲まないように注意します。

●ケア実施（利用者への説明，安全な実施・確認）

1）吸引前の説明と利用者の準備

吸引は苦痛をともないます。利用者の理解度や意識レベルに応じた丁寧な説明が必要になります。実施の前には，以下のような説明，確認するとともに，準備を整えましょう。

①吸引前の説明

まず，利用者に吸引の必要性を説明し，実施してよいか確認します。吸引を何の説明もなく行うと，利用者はびっくりして緊張し，顔に力が入り，口を開けなくなったり，鼻腔が狭くなったりします。吸引チューブがうまく入らなくなり，苦痛を増大させ，吸引に対する嫌悪感にもつながりやすくなります。しかし，一度，成功経験があると，次の吸引の協力が得られやすくもなります。

②利用者の準備

喀痰吸引は，口を開けて行ったり苦痛をともなう処置ですので，施設等では，プライバシー保護のためカーテン・スクリーンをするとよいでしょう。

できる限り，吸引を楽な姿勢で受けられるよう，姿勢を整えます。口腔内吸引の場合，せきの力を利用して，痰が出せるようであれば，起きた姿勢のほうが力を入れやすいでしょう。起き上がれない場合や，唾液の吸引の場合は，枕の位置を工夫し，口を開けやすい姿勢をとります。

鼻腔内吸引の場合には，ベッドは水平から10〜15度程度の挙上が吸引チューブを挿入しやすいといわれています。

また，利用者にあごを少し上げてもらうと，吸引チューブがスムーズに進みやすいでしょう。気管カニューレ内部の吸引の場合は，気管カニューレ部分が見えやすく清潔にチューブが挿入でき，利用者の安楽が保てる角度にベッドの挙上を調節します。その際は，管のはずれやベッドの挙上による足元へのずり落ち，背部の痛み，体位が安定でないか観察して整えます。

吸引の実施手順を**表Ⅱ-2-5**に示します。

2）吸引の前の観察

吸引の必要性を判断する段階で，看護職員等により観察され，異常がないことを確認されていますが，実施前には再度，実施者の目で観察することが重要です。利用者の口腔内の状態，義歯の状態，口腔内の分泌物《ぶんぴつぶつ》等の貯留物を観察します（前述 p.184）。

3）吸引の実施（図Ⅱ-2-6，Ⅱ-2-7，Ⅱ-2-8）

前述の準備および観察のあとに，**表Ⅱ-2-5**の手順により吸引を実施します。

吸引の手順における注意点は，清潔の保持（前述の「必要物品の清潔保持（消毒薬・消毒方法）p.181」）です。順番を間違えると，消毒液や保管液すべてが汚染されることになるので，気をつけましょう。吸引中に注意すべきことは，吸引の時間・挿入の深さ・吸引圧です。医師の指示書に記載されている時間（おおむね10〜15秒以内）で，決められた挿入位置とします。特に口腔内・鼻腔内は，咽頭の手前までとし，気管カニューレからの吸引は気管カニューレ内部までを厳守します。清潔な操作を行い，通常は病原性の微生物がいない下気道に分泌物を落とし込まないように注意しましょう。

1回の吸引で十分取りきれないこともあるので，無理をせずにいったん休み，呼吸を整えてから行いましょう。

吸引圧[*4]はあらかじめ設定されているので，勝手に調整しないようにしましょう。

＊4
吸引圧：吸引圧は，指示書の通りの圧で行うが，一般的には，成人の場合20 kPa（キロパスカル）以下を目安とします。

表Ⅱ-2-5　吸引実施の手順

手　順		口腔内吸引・鼻腔内吸引 【非侵襲的人工呼吸療法（鼻・口鼻マスク式）】	気管カニューレ内部の吸引 【侵襲的人工呼吸療法（気管切開）】
清潔	①	・石けんと流水で手を洗う（または手指消毒）。 ・清潔な手袋を両手につける（またはセッシを持つ）。 （補足説明：手袋の着用には清潔に吸引チューブを取り扱うということ，実施者自身を痰や分泌物等から守ることの両面がある。）	・石けんと流水で手を洗う（または手指消毒）。 ・原則として滅菌された清潔な手袋を両手につける（またはセッシを持つ）。 （補足説明：滅菌手袋を常備することが困難な場合，施設・事業所の衛生・安全管理に関する判断に基づいて統一した方法で行う。） ・吸引チューブを単回使用とする場合は，先にパッケージを開封して取り出しやすくしておく。
	②	保管用の容器に入れてある吸引チューブを取り出し，連結管に接続して吸引器と連結する。吸引チューブをどこにも触れないよう保持する。	
	③	（浸漬法の場合）チューブの外側に付いている消毒液を清浄綿等で拭く（連結部から先端まですべて拭く）。	
確認	④	吸引器の電源を入れて，水の入った容器へ吸引チューブを入れる。吸引圧が事前に取り決められた設定になることを確認する※1。	吸引器の電源を入れて，（原則として）滅菌精製水の入った容器へチューブを入れ，吸引圧が事前に取り決められた設定になることを確認する※1。
	⑤	チューブの先端の水をよく切る。	
呼吸器装着者の場合※2		・実施前に声かけをする。 ・（口腔内）事前の取り決めに沿って，マスクをはずすか，鼻マスクに変更する。 ・（鼻腔内）事前の取り決めに沿って，マスクをはずす。	・実施前に声かけをする。 ・（手袋の場合）利き手でチューブを持ち，人工呼吸器の吸気を確認してから，利き手と反対の手で人工呼吸器のコネクターの接続をはずす。 ・（セッシの場合）利き手と反対の手にセッシとチューブを持ち，人工呼吸器の吸気を確認してから，利き手で接続をはずす。 ・はずしたあとの回路は不潔にならないよう，保持する。
挿入※3	⑥	・実施前に声かけをする。 ・チューブを静かに挿入する。	
		・チューブの根元を折って吸引圧をかけずに，咽頭の手前まで吸引チューブを挿入する。 ・（口腔内）利用者の口を開け，口腔のカーブに合わせ，粘膜を刺激しないよう静かに吸引チューブを挿入する。肉眼で確認できない部分まで挿入しないように注意する。 ・（鼻腔内）粘膜を刺激しないよう静かに吸引チューブを鼻腔に進める。鼻腔入り口は，粘膜が薄く，毛細血管があるため出血をきたしやすいので，十分注意する。	・チューブの根元を折らず，圧をかけた状態で，所定の位置まで（分泌物のあるところで気管カニューレ内部まで）静かに挿入する。

（つづく）

吸引	⑦	• 分泌物等を吸引する。 • 吸引チューブをとどめておくと，粘膜への吸い付きが起こる場合もあるため，（手袋の場合）チューブを回し（こより）たり，（セッシの場合）ずらしたりしながら，圧が1カ所にかからないよう，まんべんなく吸引する。	• 分泌物等を吸引する。 • 吸引チューブをとどめておくと，気管カニューレ内壁への吸い付きが起こる場合もあるため，（手袋の場合）チューブを静かに回し（こより）ながら，（セッシの場合）1カ所にとどまらないよう気をつけて分泌物を吸引する。
抜去※4	⑧	チューブを静かに抜く。	
人工呼吸器装着者の場合		• 鼻・口鼻マスクを元に戻す。	• 呼吸器回路の接続を元に戻す。
			• 気管カニューレとの接続が不十分な場合，送気が十分にならないため注意が必要。回路を元に戻している際，吸引チューブを清潔に保持する。
終了時の清潔※5	⑨	チューブの外側を清浄綿等で拭く。吸引チューブを拭く清浄綿等は必ず1回ごとに破棄する。	
	⑩	洗浄水を吸引し，チューブ内側の汚れを吸引する。	
	⑪	（セッシの場合はセッシを所定の場所に戻す） 吸引器の電源を切る。	
	⑫	吸引チューブを連結管からはずす。吸引チューブは保管容器に入れておく，または，単回使用の場合は破棄する。	
	⑬	手袋をはずす。	
終了の声かけ	⑭	吸引が終了したことを告げ，ねぎらいの言葉をかける。痰が取りきれたかどうかを確認する。	
	⑮	利用者の希望の姿勢に整える。	
人工呼吸器装着者の場合	⑯	人工呼吸器の作動状況を確認する（人工呼吸器回路の接続，固定位置，固定の強さ，皮膚の状態など含む）。	
	⑰	口鼻マスクまたは鼻マスクの確認をする。	気管カニューレおよび周囲の確認をする。
観察	⑱	吸引物および利用者の状態を観察する。吸引前と吸引後の変化に注意する。	
終了※6	⑲	石けんと流水で実施者の手を洗う。または，速乾性擦式手指消毒剤による手指消毒を行う。	
	⑳	次回使用物品の確認をする。水や物品を補充する。	

【注意点】

※1：吸引圧を確認する方法には，吸引チューブの根元を折る方法もある。喀痰吸引前に水を吸引することは，吸引圧の確認のほかに，吸引器の正常作動の確認や吸引チューブの滑りをよくし，（浸漬法の場合）チューブ内の薬液を洗浄するなどの目的がある。この際の水は，このあとに気道に挿入することを考えると，清潔でなければ意味がない。また，気道内に水滴が浸入しないよう，挿入前にはよく水を切る。

※2：人工呼吸器装着者の場合

【非侵襲的人工呼吸療法（鼻・口鼻マスク式）】

• 挿入のため，マスクをはずすか，鼻マスクに変更してもらう。実施手順のうちのどの時点で行うかは，対象ごとに呼吸の状態によって考慮するが，呼吸状態の変動に十分な注意が必要である。

【侵襲的人工呼吸療法（気管切開）】

• 着脱の際，気管カニューレを押さえすぎたり，引っ張りすぎたりしないように十分注意する。装着がゆるいと呼吸状態に変化をきたすため，十分注意する。（「侵襲的人工呼吸療法の場合の気管カニューレ内部の吸引」（p.145）

- 気管カニューレの種類によっては，サイドチューブからカフ上部にたまった分泌物等を吸い上げる（p.148）。

※3：口鼻腔では，粘膜への損傷や多量の空気を吸引しないように，圧をかけずに吸引チューブを挿入する。一方，気管カニューレ内部は粘膜がなく，分泌物の落とし込み防止のため，圧をかけた状態で挿入するのが一般的である。利用者の主観もあり，吸引圧を少しにしたり，圧をかけないで挿入する場合もある。個別計画に基づき事前に取り決められた方法で行う。気管カニューレ内部については，吸引圧をかけながら挿入することで空気の吸いすぎを懸念することもあるが，適切な吸引チューブを用いることで空気の吸引量は，わずか数 10 ml であること，気管切開カニューレ内部であれば粘膜損傷の危険はないこと，「吸引圧をかけない」ということによる弊害として，吸引時に一気に吸引チューブを開放することによる陰圧が急激にかかり粘膜の損傷を招くということがあり吸引圧をかけたままでも問題ないことが指摘されている〔道又元裕（2007）痰を出せる技術の根拠『Expert Nurse』9，p.53〕。

※4：開口しない，チューブを噛むなどの場合は，噛んだ時に隙間ができる道具（バイトブロックなど）を用いるか，2 名体制で行うなど工夫する。途中でチューブを噛んでしまう場合は，無理にチューブを引っ張らず，ずらしながら開口時にはずす。吸引中に突然口を閉じてしまうことにより，指を損傷する危険性があるため十分に注意する。

※5：分泌物は細菌等を含んでいるため，まずチューブ外側を清拭し，次に洗浄水を通すことによって，チューブ内側を清潔にし，適切に管理する。この順番を間違えると，洗浄水を汚染することになる。終了時，チューブに損傷がないか，チューブ内に吸引物が残っていないか，よく観察する。

※6：次回使用物品の確認では，吸引びんの状況や吸引チューブ・綿・消毒剤入り保存液・水などの不足の有無を確認して，補充をする。次回の使用時に備えて，チューブに損傷を認めた場合や，保存液（消毒液）などに浮遊物などを確認したら，速やかに交換する。

4）吸引の実施にともなう利用者の状態変化の確認

吸引は苦痛をともないます。吸引の実施中から実施直後にかけては，利用者の呼吸状態，吸引による弊害の有無，痰や唾液の残留の有無など，利用者の状態が変化していないかを絶えず観察します。低酸素状態にないかどうか，経皮酸素飽和度モニター（パルスオキシメーター）[*5] を用いて血液中の酸素の状態（酸素飽和度[*6]）を確認します。また，直後は問題がなくても，その後状態が変化する危険性もあります。

気管カニューレを超えて深く挿入してしまった場合には，迷走神経反射による呼吸停止・心停止を引き起こす可能性もあるので，確実に観察します。顔色が青白くなったり，呼吸が速くなるなどの異常がある場合は，直ちに医師・看護職員に連絡をします。

具体的には，顔色，表情，酸素飽和度の値，声かけへの返答の有無を観察します。さらに，嘔吐やむせ込みがないか，口腔内吸引では口の中に残っていないか観察し，利用者に声をかけて，発声できるかを確認します。

また，経鼻経管栄養を実施している人が対象の場合は，吸引にと

*5
経皮酸素飽和度モニター（パルスオキシメーター）：酸素は，血液中の赤血球中のヘモグロビンによって運ばれる。動脈の血液中のヘモグロビンの何%が酸素と結合しているのかを「酸素飽和度」という。血液を採取しなくても酸素飽和度を測定できる機械を経皮酸素飽和度モニターという。センサーを手足の指などに当てて数値を読み取る。

*6
酸素飽和度：酸素は，血液中の赤血球のヘモグロビンによって運ばれる。動脈の血液中のヘモグロビンの何％が酸素と結合しているのかを「酸素飽和度」という。

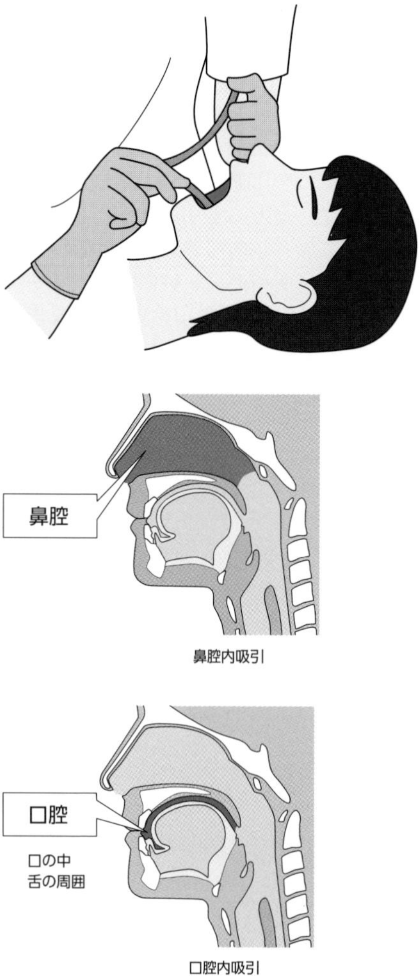

図Ⅱ-2-6　吸引の実施（口腔内吸引）

図Ⅱ-2-7　吸引の実施（気管カニューレ内部の吸引）

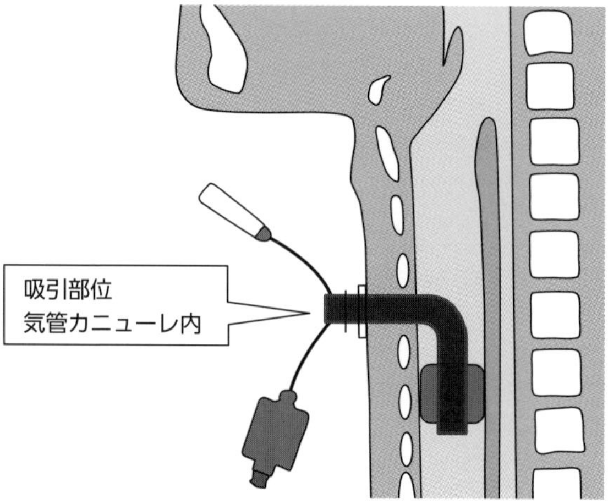

図Ⅱ-2-8　吸引の範囲
※黒い部分が介護職の吸引の範囲

もなうせき込みなどによって経鼻経管栄養チューブが口腔内に出てきてしまうことがあるので，経鼻経管栄養チューブについても確認します。

これらの観察項目に異常がある場合や，いつもと違う，何か変という場合には，医師・看護職員に報告しましょう。

また，人工呼吸器を装着している人の場合は，吸引後に人工呼吸器の着脱にともなう呼吸の変動の可能性があります。吸引実施後の利用者の身体変化の有無を確認する際には，表Ⅱ-2-6のほか，人工呼吸器回路のコネクター接続部からの空気の漏れや，口鼻マスク等の装着感が通常どおりになっていること，人工呼吸器回路等が実施前と同じ状態になっていることを確認することが非常に大切で

表Ⅱ-2-6　吸引実施中～実施後の観察

	口鼻腔内吸引	気管カニューレ内部の吸引
観察項目	①利用者の呼吸状態 • 表情，顔色不良（青白さ，苦しそうな表情など） • 唇や爪床が紫色（チアノーゼ）になっていないか	
	②全身状態（意識状態の低下はないかなど）	
	③吸引による弊害 • むせ込み • 嘔吐・嘔気の誘発 • 酸素飽和度・脈拍数の回復があるか • 口腔内の状態：出血や傷 • 気管切開部の状態：出血，傷 • 鼻腔内の状態：出血や傷 • 鼻血や口腔内への血液の流れ込み	
	④貯留物（痰や唾液）の残留 • 貯留物（痰や唾液）が取れたかどうかの利用者の主観 • 吸引前の痰のからむ音（ゴロゴロ音）の消失があるか	
注意点	• 刺激でせきが誘発される場合もあり，嘔吐の出現にも十分注意する。 • 鼻腔の入り口は，粘膜が薄く，毛細血管があるため出血をきたしやすいので，十分注意する。	• 吸引操作による気道粘膜の損傷，出血 • 吸引チューブが誤って深く挿入された場合の迷走神経反射の出現 • 嘔気・嘔吐の誘発 • 吸引時間が長くなることによる低酸素血症を起こす可能性があるので十分注意して観察を行う。

す。

5）吸引実施後の吸引物の確認

吸引実施中から吸引後に吸引物を観察するのは，利用者の状態の観察の次に重要なことです。

第Ⅱ第１章の「**表Ⅱ-1-1　いつもと違う，痰の性状の変化**」(p.135)に示したように，痰の観察により，体の変化を推測することができます。

痰の色，粘性，においを毎回，確認します。とはいえ，色以外の吸引物の性状を直接観察することは，なかなか難しいものです。吸引中の吸引チューブや，吸引器の接続チューブ内の通過の速度，詰まり具合によって粘性を推測します。また，サイドチューブからの分泌物等や，吸い上げた分泌物等の量や性状などについて確認をします。

例えば，以下のように報告します。

XX時XX分に，のどのあたりからゴロゴロと音がしたので，本人に確認し，吸引しました。吸引物は，黄白色のドロっとした粘性の強い痰が少量でした。血液の混入はありませんでした。せき込みはありませんが，本人はまだすっきりしないとのことですので対応をお願いします。

吸引中・吸引後の利用者の状態や，吸引した物の量，性状などについては，異常の有無にかかわらず，看護職員に日常的に報告して，連携をとることが望ましいです。介護職員からの報告を受けて看護職員は，再度観察や確認をします。

特に，いつもと違うことがあれば，速やかに医師・看護職員に相談しましょう。

●吸引後の片づけ方法と留意点

一連の吸引が終了したら，片づけを行います。吸引必要物品は，次の使用に備え，清潔に保管します。洗浄用の水（水道水，滅菌精製水*7），浸漬用消毒薬，吸引チューブは，使用頻度などを考慮して定期的に交換します。保管容器も定期的に交換，消毒を行います。

吸引びんの排液量が，びんの70～80％になる前に排液を捨てます。あるいは，居宅などでは，1日1～2回，定期的に排液を捨てて，洗剤で洗浄して流水でよく洗い流します。これは，吸引モーター部への逆流を防ぐためにも必要なことです。

排液の破棄の方法は，自宅ではトイレ等の下水に流すのが一般的ですが，施設や吸引の内容物によっては感染源となりうる場合もあるので，その場合は施設が定めた指針に従い処理をします。吸引びんの交換時には，底から1～2 cmの水をはり，感染症のある場合は医師の指示により消毒薬を入れます。

特に施設では，使用後の消毒の不備による感染症のまん延や，後片づけを実施する者の取り扱いの不備による職員の感染などを起こすおそれもあり，注意が必要です。

物品の後片づけで留意する点は，日常的に使用しやすい配置にすること，機器等は事故予防や故障予防のため点検してから片づけることです。

*7
滅菌精製水：精製水とは，常水を蒸留・イオン交換・ろ過などによって精製している水である。滅菌精製水とは，精製水を滅菌処理したもの。

3 喀痰吸引にともなうケア

到達目標

- □ 痰を出しやすくするケアが説明できる
- □ 体位を整えるケアが説明できる
- □ 口腔内のケアが説明できる

●痰を出しやすくするケア

痰を出しやすくするためには，①重力，②痰の粘性，③空気の量と速さが大切といわれています。

①の重力とは，痰のある部位を上にして重力を利用し，痰を移動させるケアです。これについては，後述で詳しく説明します。

②の痰の粘性とは，痰をスムーズに排出するためには適度な粘性が必要であるということです。気道粘膜のせん毛運動による痰を外に出そうとするはたらき（「第Ⅱ部第１章３　喀痰吸引とは　痰を生じて排出するしくみ」p.134を参照）をスムーズに行うには，痰に適度の湿性（保湿性，加湿性）が必要です。

つまり，痰の粘性が適度であれば，せん毛運動のベルトコンベアー機能で，徐々に痰は排出されます。ここで大切なことは，「体液バランスを整える」ことです。

体内の水分が不足している状態では，気道粘膜も同様で，痰もかたく，せん毛運動機能がはたらかないことになります。身体全体の水分バランスを整える健康管理が必要になります。また，気管切開をしている場合は，取り込む空気が口や鼻を通過しないため加湿機構がありません。気道に適切な加湿が必要です。過剰な加湿は，人工呼吸器の回路に結露を生じさせ，吸引ではその水分を吸い上げるだけになってしまいます。一方，過小な加湿は，気道粘膜や痰を乾燥させてしまうことになります。

③の空気の量と速さは，せきの力のことです。本来，分泌物は，せきによって喀出《かくしゅつ》（口から吐き出すこと）されます。せきは，異物

や分泌物を体外に排出するための防御反応の一つで，肺内の空気が気道を通じて爆発的に吹き出された状態です。この力を保つようなケアが重要になります。

●体位を整えるケア

一般的に，人は同一体位でいることに苦痛を感じます。それは単に身体的苦痛のみならず，精神的にも苦痛であることが多く，そのために体位を調整することが必要です。体位（姿勢）を整えるということは，非常に大切なケアの一つであるといえます。

同一体位が持続すると，組織循環の障害が引き起こされる危険があり，褥瘡《じょくそう》（床ずれ）や肺の障害などが生じます。さらに，喀痰吸引が必要な人の場合には，仰向けのままで長時間寝ていると，背側の肺の奥に，痰がたまってしまいます。重力を利用した痰を出しやすくする姿勢（体位ドレナージ）を工夫することで，痰を出しやすくもなります。具体的には，「痰」がたまっている側方を上にした姿勢をとります。主な姿勢には，図Ⅱ-2-9のようなものがあります。医師や看護職員と相談しながら適切な体位を整えるケアを行います。同一の姿勢を長時間続けないようにします。

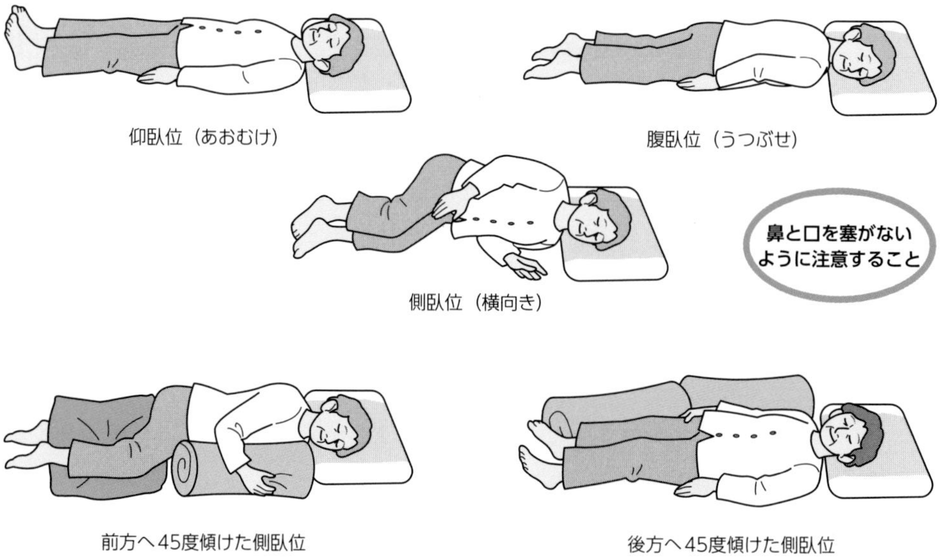

図Ⅱ-2-9　痰を出しやすくする姿勢（体位ドレナージ）

●口腔内のケア（図Ⅱ-2-10）

口腔内には，さまざまな常在菌が存在しています。これらは口腔内に存在している分には感染症の原因にはなりませんが，誤って下気道のほうへ侵入すると，感染の原因になります。

本来，唾液の自浄作用[*8]や衛生習慣によって，一定以上増加しないように保たれています。しかし，吸引が必要な方や，食事が十

*8
自浄作用：自浄作用とは，自らの力で老廃物を除去してきれいにするはたらきをいう。唾液は，常に口の中を湿らせて粘膜の保護をしたり，口のなかを殺菌するはたらきがある。

図Ⅱ-2-10　口腔ケアに用いる物品（例）

分に摂れない人などの場合，唾液の分泌も減少し，自浄作用が低下して細菌の感染・繁殖が起こりやすい状態になっています。唾液の分泌の減少，自浄作用の低下は，口臭，味覚の低下，誤嚥性肺炎を引き起こす原因になります。したがって，口腔ケアは非常に大切です。

喀痰吸引が必要な人への口腔ケアでは，口が十分開かない場合や，飲み込みやうがいができない場合があるので，体位や姿勢を整え，誤って気管に流入することがないよう，十分注意をして行います。

4 報告および記録

到達目標	
	□ 報告および連絡方法について説明できる □ 記録の意義・記録内容が説明できる

医師・看護職員への報告および連絡方法

吸引の実施前後に利用者の状態が変化していると感じた場合，速やかに医師・看護職員などの医療職へ報告する必要があります。医師・看護職員への報告は，利用者の状態の把握や，異常時の早期発見のために非常に重要です（**表Ⅱ-2-7**）。それには，異常時だけでなく，日常的に医師・看護職員と連携をとることが必要です。

連絡するポイントやタイミングなどは，あらかじめ医師・看護職員と確認をしておきます。具体的に，報告が必要な状態の目安を一覧にしておくことも有効です。

あらかじめチーム内で綿密な打ち合わせをして家族や医師・看護職員と情報を共有し，在宅の場合はすぐに電話ができるように，連絡表の場所や内容を確認します。

表Ⅱ-2-7　報告する内容

- 利用者の吸引前の状態と吸引後の変化
- 顔色，呼吸状態，鼻血や口腔内への血液等の流れ込みの有無など
- いつもと違う，何か変という時には，医師・看護職員に報告する※

※：**表Ⅱ-2-4** の吸引前の観察項目

記録の意義と記録内容・書き方

記録の目的は，行われたサービスや，利用者の状態，ケアに対する反応を残すことで，ケアの継続性を促すことにあります。在宅では，家族や介護職員，医師・看護職員などの複数の人が利用者にか

かわりますが，同時に訪問する人数は限られます。そのため，記録による情報の共有が不可欠であり，ケアの評価・継続においても非常に大切になります。

例えば，自分が吸引をした時に血液が混じっていたとします。その変化はいつからあったのでしょうか。記録を確認すると，自分が吸引をする前から痰がうっすら赤かったのかもしれません。吸引器の作動状況はどうでしょうか。自分が吸引器を正常に使用したあと，次の使用者が使おうとした時にきちんと作動しなかったらどうなるでしょうか。自分が正常に吸引器を使用できていたことは，記録にしか残すことはできません。

喀痰吸引を実施することによる変化は，必ずしも吸引直後だけに発生するとは限りません。正確な記録を残して情報を伝えることは，関係する他者のためだけでなく，自分のためのものでもあります。

記録のポイントは，「いつ？　どこで？　誰が？　どのように？　どうしたか？　どうなったか？」です（**表Ⅱ-2-8**）。主観を交えず客観的事実を，誰が読んでも同じ場面・状態をイメージできるように書き，他者へ伝えることです。

また，記録をする際の留意事項としては，共通認識できる用語や表現を使用すること，ケア実施後は速やかに記録することが望ましいです。

表Ⅱ-2-8　記録の内容

- 実施日時
- 吸引した内容物の種類や性状および量※
- 一般状態
- 特記事項（異常があり，医師・看護職員に連絡した場合もその旨を記載）
- 実施者名
- 利用者の訴え

※：ほかは**表Ⅱ-2-6**の観察項目を参照。

利用者によって必要な観察ポイントは異なります。また，記録に十分な時間が取れない場合，その重要な情報が抜け落ちることも考えられます。記録のための記録にならないよう，記入方法や様式は医師・看護職員と十分に話し合い，それぞれの利用者・家庭にあった方法を確認します。

第3章

介護職員等による喀痰吸引のケア実施の手引き

介護職員による喀痰吸引等の試行事業における喀痰吸引（口腔，鼻腔，気管カニューレ内部）のケア実施の手引きの概要

実施プロセス		実施者	施　設			居　宅		
			口腔 （咽頭の手前まで）	鼻腔 （咽頭の手前まで）	気管カニューレ内部	口腔 （咽頭の手前まで）	鼻腔 （咽頭の手前まで）	気管カニューレ内部
STEP 1	安全管理体制確保	医師，看護職員，介護職員で実施	**初の実施時および状態変化時**					
			利用者の状態に関する情報の共有と報告・連絡・相談等の連携体制を確保する					
		医師のみ実施可能	①看護職員のみで実施すべきか，看護職員と介護職員とで協働して実施できるか ②当該利用者について，喀痰吸引を実施する介護職員について，看護職員との連携の下，配置医または実施施設と連携している医師が承認する			①訪問看護職員のみで実施すべきか，訪問看護職員と訪問介護員とで協働して実施できるか， ②当該利用者について，喀痰吸引を実施する訪問介護員について，訪問看護職員との連携の下，利用者のかかりつけ医が承認する		
			状態像の変化等により介護職員等が実施することに適さない事例もあることから，実施可能かどうかについては，個別に，医師が判断する					
STEP 2-①	観察判断	看護職員により実施可能	**毎朝または当該日の第 1 回目実施時**			**定期的**		
			看護職員は利用者の口腔内，鼻腔内（注 1），気管内（注 2）および全身の状態を観察し，看護職員と介護職員との協働による実施が可能かどうか等を確認する			訪問看護職員は利用者の口腔内，鼻腔内（注 1），気管内（注 2）および全身の状態を観察し，訪問看護職員と訪問介護員との協働による実施が可能かどうかを確認する		
STEP 2-②	観察	介護職員により実施可能	**当該日の第 2 回目以降**			**当該日**		
			STEP 1 で承認された介護職員は利用者の口腔内，鼻腔内（注 1），気管内（注 2）および全身の状態を観察する					
STEP 3	実施準備		必要な物品を準備し，利用者のもとに運ぶ					
STEP 4	ケア実施		利用者に吸引の説明を行い，環境を整備する					
			吸引を実施する					
			人工呼吸器の装着を確認する（注 3）					
STEP 5	結果確認報告		利用者の状態を観察し，看護職員に報告する					
STEP 6	片づけ		吸引びんは 70～80% になる前に排液を捨てる			1 日 1 回吸引びんの内容物を廃棄し，吸引びんを洗浄する		
			使用物品を速やかに片づける					
STEP 7	評価記録		実施時刻，実施者名等を記録する					

留意事項	STEP 2-②から STEP 7 のいずれかにおいて，緊急時等，異常を確認した場合は STEP 2-①観察判断に戻り，看護職員が確認する
	STEP 2-①において，吸引を安全に実施することが可能かどうか判断に迷う場合は，STEP 1 に戻り，医師の判断を確認する

（注 1）鼻腔または気管カニューレ内部の場合
（注 2）気管カニューレ内部の場合
（注 3）人工呼吸器を装着している場合

STEP 1 安全管理体制確保

安全に吸引が実施できる者を選定することおよび緊急時に備える。

プロセス	内　容	実施者	留意事項	考えられる主なリスク	必要な知識・技術
1)	利用者の状態に関する情報を共有し，報告・連絡・相談等の連携体制を確保する（急変・事故発生時の対策を含む）。	医師 看護職員 介護職員	吸引は，まれに迷走神経反射や低酸素状態などを引き起こす危険性もあり，職員間の連携が重要である。 急変・事故発生時の連絡体制と連絡網を整備する。 急変・事故発生時の対応マニュアルをすぐ活用できるようにしておく。	• 不十分な連携体制 • 連絡網の紛失や変更時の修正漏れ	• 医師，看護職員，介護職員間の報告・連絡・相談等の連携体制 • 医療的行為に関連する関係法規 • 緊急を要する状態の把握 • 観察技術
2)	初の実施時および状態変化時については，①看護職員のみで実施すべきか，看護職員と介護職員で協働して実施できるか，②利用者について喀痰吸引を実施する介護職員について，看護職員と連携の下，医師が承認する。	医師	※利用者の状態によっては，吸引時に激しい抵抗を示す場合があり，危険をともなうと判断した場合には，看護職員による実施や安全策を検討する。 施設においては，配置医または実施施設と連携している医師が承認する。 居宅においては，利用者のかかりつけ医が承認する。 状態像の変化等により介護職員等が実施することに適さない事例もあることから，実施可能かどうかについては，個別に，医師が判断する。		• 看護職員・介護職員の知識・技術の程度 • 医療的行為に関連する関係法規

①口腔内（通常手順）

STEP 2-① 観察判断

口腔内および全身の状態を観察し，吸引の必要性を判断する。

プロセス	内　容	実施者	留意事項	考えられる主なリスク	必要な知識・技術
1）	利用者の口腔内および全身状態を観察し，吸引の必要性および看護職員と介護職員の協働による実施が可能かどうか等を確認する。	看護職員	医師からの包括的指示や利用者の状態等をもとに看護職員と介護職員が協働して実施できるか看護職員のみで実施すべきかを判断する。 総合的に利用者の状態に関する情報をアセスメントし，判断する。 ※利用者の状態によっては，吸引時に激しい抵抗を示す場合があり，危険をともなうと判断した場合には，看護職員による実施や安全策を検討する。 施設においては，毎朝または当該日の第１回目の実施時に状態を観察する。 ［居宅においては，定期的に，状態を観察する。］		• 看護職員が実施すべき利用者の状態

STEP 2-② 観察

口腔内および全身の状態を観察し，吸引の必要性を確認する。

プロセス	内　容	実施者	留意事項	考えられる主なリスク	必要な知識・技術
1）	利用者の状態を観察する。 （観察項目） • 口腔内の状態（出血や損傷の有無等） • 義歯の状態（総義歯か部分義歯か，装着状況等） • むせこみの有無 • 全身状態（意識レベル，呼吸の状態等） • 利用者の訴え	看護職員 介護職員	利用者本人の協力が得られる場合は，説明を行い，口腔内を観察する。高齢者は義歯を使用している頻度が高いため，装着の状況を確認することは重要である。口腔内の状態に加え，全身状態も観察しておく。 ※吸引が必要な状態を判断するにあたっては，個々の利用者の状態や前後のケア（食後，体位変換や入浴前後など）の状況によって異なるため，事前に看護職員に確認をしておく。 ※利用者個々に適した吸引チューブや吸引圧・吸引時間・吸引の深さおよび個々の吸引の留意点について，事前に看護職員に確認をしておく。	• 開口することによる分泌物等の貯留物や義歯の気道内への落ち込み • 利用者の精神的興奮や観察の理解が得られないことによる観察不足	• 口腔から気管支までおよび肺のしくみとはたらき • 痰および唾液などを増加させる疾患・状態 • 観察技術 • 義歯の取り扱い

STEP 3　準備

吸引に関する医師等の指示の確認を行い，必要物品を準備する。

プロセス	内　容	実施者	留意事項	考えられる主なリスク	必要な知識・技術
1)	医師の指示等の確認を行う。	看護職員 介護職員	医師の指示および看護職員からの吸引に関する指示，引き継ぎ事項の確認を行う。	• 指示内容や情報の確認不足	• 医師による指示内容の確認方法
2)	手洗いを行う。	看護職員 介護職員	石けんと流水で手洗いを行う（またはすり込み式のアルコール製剤による手指消毒を行う）。 ※吸引実施前に，他のケア（清拭やおむつ交換など）をして，その後に吸引をする場合もあるため，吸引の前には必ず，手洗いまたはすり込み式のアルコール製剤による手指消毒により手指を清潔にする。		• 清潔・不潔の知識 • 手洗いの方法
3)	必要物品を揃え，作動状況等を点検確認する。	看護職員 介護職員	ケアの途中で物品を取りに行くことがないよう，必要物品を揃えておく。 また吸引器が正常に作動するかを事前に点検しておく。	• 吸引器の誤作動による吸引のトラブル	• 吸引に必要な物品 • 吸引器のしくみ，吸引器の取り扱い
4)	必要物品を利用者のもとに運ぶ。 ※食事の際は緊急時に備え，すぐに吸引できるように，あらかじめ準備をしておく。 ※居宅では，すぐに使用できるよう利用者のそばに置いてあることが多い。	看護職員 介護職員	使用しやすい位置に物品を置いておく。 吸引チューブを保管しておくために消毒剤を使用する場合もあるが，誤飲等が起きないよう注意する。 すぐに使用できるように，誤嚥や気道閉塞（窒息）の危険がある利用者のそばに置いておく。	• 吸引チューブを保管するための消毒液の誤飲よる中毒	• 消毒剤の副作用 • 誤嚥や気道閉塞（窒息）を引き起こす事柄

①口腔内（通常手順）

STEP 4　実施					
吸引について利用者に説明し，吸引を適切かつ安全に実施し，安全に行われたかどうかを確認する。					
プロセス	内　容	実施者	留意事項	考えられる主なリスク	必要な知識・技術
1）	説明・環境整備 ・利用者に吸引の説明をする。 ・プライバシー保護のため，必要に応じてカーテン・スクリーンをする。 ・吸引を受けやすい姿勢を整える。	看護職員 介護職員	※まずは，吸引器を使用しないでの除去を試みるが，分泌物等の貯留物の量や貯留部位および水分が多い場合または吸引のほうが利用者の苦痛・不安が少ない場合に実施する。 吸引は利用者の協力が不可欠であり，十分説明をしたあとに実施する。 口を開け，苦痛をともなう処置のためプライバシーの保護に努める。		・観察技術 ・口腔内清潔の技術 ・吸引の方法 ・事前説明の必要性と方法 ・吸引を受けやすい姿勢
2）	吸引前の観察 （観察項目） ・口腔内の状態（出血や損傷の有無） ・義歯の状態 ・口腔内の分泌物等の貯留物	看護職員 介護職員	口腔内の状況は朝など定期的に，看護職員により観察され，異常がないことを確認されているが，実施前には再度，実施者の目で観察することが重要である。異常がある場合には，担当の看護職員に連絡する。	・観察不足による異常の見落とし	・口腔内のしくみ・観察技術 ・義歯の取り扱い
3）	手袋の着用またはセッシをもつ。 ※直前に，アルコール製剤等による手指消毒をする。	看護職員 介護職員	手袋を着用するか，または清潔にセッシ（吸引チューブを挟んでもつ大きなピンセット状の器具）をもつ。		・清潔・不潔の知識
4）	吸引の実施 ①保管容器に入れてある吸引チューブを取り出し，吸引器と連結管で連結する。 ②（浸漬法の場合，）吸引チューブ外側を連結部から先端まですべて清浄綿等で拭く。 ③吸引器の電源を入れて，水の入った容器へ吸引チューブを入れ，吸引力が事前に取り決められた設定になることを確認する。	看護職員 介護職員	吸引チューブを連結管と接続したら，周囲に触れないよう注意する。 事故予防のため，清潔な水を吸引して，吸引力を観察し，適切な吸引力の設定を確認する。 吸引チューブを再利用する場合，浸漬法（消毒剤入り保管容器に吸引チューブを浸して保管する方法），乾燥法（保管容器に吸引チューブを乾燥させて保管する方法）がある。 浸漬法の場合は，吸引チューブを清浄綿等で拭き，消毒剤を十分に洗い流すためにも，水を十分吸引する。	・吸引器の故障 ・消毒剤が体内に入ることによるショック ・吸引操作による口腔粘膜の損傷，出血 ・嘔気，嘔吐の誘発	・吸引器のしくみ ・吸引器の取り扱い ・必要物品の清潔保持 ・吸引器の作動確認方法 ・消毒剤の作用，副作用 ・口腔内のしくみ

STEP 4　実施

吸引について利用者に説明し，吸引を適切かつ安全に実施し，安全に行われたかどうかを確認する。

プロセス	内　容	実施者	留意事項	考えられる主なリスク	必要な知識・技術
4)	④吸引チューブの先端の水をよく切る。 ⑤利用者に吸引の開始について声かけをする。 ⑥吸引チューブを静かに挿入する。 ⑦口腔内（肉眼で貯留物を確認できる範囲）の分泌物等の貯留物を吸引する。 ⑧吸引チューブを静かに抜く。 ⑨吸引チューブの外側を清浄綿等で拭く。 ⑩洗浄水を吸引し，吸引チューブ内側の汚れを落とす。 ※1回で吸引しきれなかった場合は，呼吸の状態が落ち着くまで休んで，もう一度，②～⑩を行う。	看護職員 介護職員	※アルコール綿で拭く場合には，吸引チューブを十分に乾燥させる。 肉眼で確認できない部分までは挿入しないように注意する。 口腔粘膜の損傷や出血の予防，吸引時間短縮のため，吸引圧は事前に設定されている圧を守る。 ※吸引チューブをとどめておくと，粘膜への吸い付きが起こる場合もあるので，吸引チューブを回したり，ずらしたりしながら圧が1カ所にかからないように留意する。 ※開口しない，吸引チューブを噛むなどの場合は，バイトブロックなどを用いたり，2名体制で行うなど工夫する。途中で吸引チューブを噛んでしまう場合は，無理に吸引チューブを引っ張らず，ずらしながら開口時にはずす。 唾液等には多くの細菌等を含んでいるためにまず，吸引チューブ外側を清拭し，次に，水を通すことによって，吸引チューブ内側を清潔にし，適切に管理する。	• 吸引チューブが誤って深く挿入された場合の迷走神経反射の出現 • 吸引時間が長くなることによる低酸素状態 • 吸引中に，突然口を閉じてしまうことにより指を損傷する危険性があるため十分に注意する。	• 出現する危険がある事柄 • 吸引の操作，技術 • 緊急，症状出現時の気づき方と対応

①口腔内（通常手順）

STEP 4　実施

吸引について利用者に説明し，吸引を適切かつ安全に実施し，安全に行われたかどうかを確認する。

プロセス	内　容	実施者	留意事項	考えられる主なリスク	必要な知識・技術
5）	実施後の片づけ ・（セッシを持っている場合）セッシを戻す。 ・吸引器の電源を切る。 ・吸引チューブを連結管からはずす。 ・保管容器に吸引チューブを入れておく。	看護職員 介護職員	吸引チューブを噛んでしまう利用者の場合，吸引チューブに損傷がないか，よく観察をする。 浸漬法の場合，消毒剤入り保存液，水の順で吸引することもある。		・感染予防 ・吸引の操作，技術 ・吸引器の取り扱い
6）	手袋をはずす（手袋を使用している場合）。	看護職員 介護職員			
7）	利用者に吸引終了の声かけを行い，姿勢を整える。	看護職員 介護職員	吸引が終了したことを告げ，ねぎらいの言葉をかける。痰が取りきれたかどうかを確認する。吸引後の安楽な姿勢を整える。	・吸引による苦痛や不満	・吸引実施後の気持ちの確認の必要性 ・安楽な姿勢のとり方
8）	吸引物および利用者の状態を観察する。	看護職員 介護職員	利用者の状態，吸引した物の量，性状，異常の有無等を観察する。	・観察漏れ	・観察内容 ・観察技術
9）	利用者の吸引前の状態と吸引後の状態変化を観察する。 （観察項目） ・顔色 ・呼吸の状態 ・分泌物等の残留の有無等	看護職員 介護職員	吸引実施後に，利用者の状態が変化してないか等を観察するとともに，低酸素状態の確認については，パルスオキシメーターを用いて確認する。 また実施直後は問題なくても，その後状態変化がみられる危険性もあるため，顔色が青白くなったり，呼吸が速くなる等の異常がある場合は，直ちに，医師および看護職員に連絡する。 ※経鼻経管栄養を実施している人が対象の場合は吸引後に経鼻経管栄養チューブが口腔内に出てきていないかを確認する。	・低酸素状態の出現 ・全身状態の変化	・低酸素状態の症状 ・観察技術 ・緊急，症状出現時の対応
10）	手洗い	看護職員 介護職員			・清潔・不潔の知識 ・手洗いの方法

STEP 5　報告

吸引実施後の利用者の状態を看護職員に報告する。

プロセス	内　容	実施者	留意事項	考えられる主なリスク	必要な知識・技術
1）	介護職員が吸引を行った場合は看護職員に報告する。 （報告項目） ・利用者の全身状態 ・吸引した物の量，性状等	看護職員 介護職員	吸引中・吸引後の利用者の状態，吸引した物の量，性状，異常の有無等を報告する。 看護職員は，介護職員からの報告を受け，異常があった場合は，再度観察および確認をする。 日常的に医師・看護職員との連携をとることが望ましい。 ※経鼻経管栄養を実施している人が対象の場合は吸引後に経鼻経管栄養チューブが口腔内に出てきていないことを報告する。	・観察漏れ ・記載漏れ	・観察内容 ・観察技術 ・緊急，症状出現時の対応
2）	ヒヤリハット・アクシデントの実際と報告 （報告項目） ・いつ ・どこで ・誰が ・どのように ・どうしたか ・どうなったか	看護職員 介護職員	※いつもと違う変化が，「ヒヤリハット・アクシデント」に相当する出来事であるかどうかの判断が困難な場合があるため，介護職員はいつもと違った変化については看護職員に報告し，看護職員が「ヒヤリハット・アクシデント」に相当する出来事であるかを判断する。	・ヒヤリハット・アクシデントの見過ごし	・ヒヤリハット・アクシデントの実際 ・喀痰吸引により生じる主な危険の種類と危険防止のための留意点

①口腔内（通常手順）

STEP 6　片づけ

吸引びんや吸引器の後片づけを行う。

プロセス	内　容	実施者	留意事項	考えられる主なリスク	必要な知識・技術
1）	吸引びんの排液量が70～80％になる前に排液を捨てる。	看護職員 介護職員	機器の故障を防ぐため，適切に管理する。吸引の内容物によっては感染源となりうるものもあるので，その場合は施設が定めた指針に従い処理する。 居宅においては，1日1回吸引びんの内容物を廃棄して，吸引びんを洗浄する。 廃棄時，吸引びんの取り扱いに注意する。	• 使用後の消毒の不備による感染症のまん延 • 後片づけを実施する者の取り扱いの不備による職員の感染 • 後片づけ中の器具の破損	• 吸引に関連する感染症 • 感染予防 • 機器の取り扱い（メンテナンス）
2）	使用物品を後片づけ／交換する。 • 吸引チューブや綿・消毒剤入り保存液・水などの不足の有無と補充 ①食事時のみに使用する場合 ②食事時以外でも使用する場合 ③緊急時のみに使用する場合	看護職員 介護職員	使用が終了した機器等は事故予防や故障予防のため，できる限り速やかに持ち帰ることが望ましい。 次回の使用時に備えて，不足しているものを補充する。 吸引チューブに損傷を認めた場合や（消毒）保存液等に浮遊物などを確認したら速やかに交換する。 吸引チューブや保管容器，清浄綿等などの必要物品は定期的に交換する。 施設が定めた保管場所に保管する。 ベッドサイドでも使用する場合は，使用しやすい位置に配置する。 緊急時に備え，いつでも使用できるようにメンテナンスをしておく。	• 機器の故障 • 機器の放置による事故	• 必要物品清潔保持の仕方 • 機器の取り扱い（メンテナンス）

STEP 7　記録

吸引の実施について，その内容を記録する。

プロセス	内　容	実施者	留意事項	考えられる主なリスク	必要な知識・技術
1）	ケア実施の証明および今後のケアプランに活用できるように記録しておく。 （記録の内容） ・実施時刻 ・吸引した内容物の種類や性状および量 ・一般状態 ・特記事項 ・実施者名 ・利用者の訴え	看護職員 介護職員	客観的に記録し，共通認識できる用語や表現を使用する。 ケア実施後は速やかに記録することが望ましい。	・記載間違い	・記録の意義，内容，方法 ・一連のケアにかかわる用語

②鼻腔内（通常手順）

STEP 1　安全管理体制確保

安全に吸引が実施できる者を選定することおよび緊急時に備える。

プロセス	内　容	実施者	留意事項	考えられる主なリスク	必要な知識・技術
1）	利用者の状態に関する情報を共有し，報告・連絡・相談等の連携体制を確保する。 （急変・事故発生時の対策を含む）	医師 看護職員 介護職員	吸引は，まれに迷走神経反射や低酸素状態等を引き起こす危険性もあり，職員間の連携が重要である。 急変・事故発生時の連絡体制と連絡網を整備する。 急変・事故発生時の対応マニュアルをすぐ活用できるようにしておく。	•不十分な連携体制 •連絡網の紛失や変更時の修正漏れ	•医師，看護職員，介護職員間の報告・連絡・相談等の連携体制 •医療的行為に関連する関係法規 •緊急を要する状態の把握 •観察技術
2）	初の実施時および状態変化時については，①看護職員のみで実施すべきか，看護職員と介護職員で協働して実施できるか，②利用者について喀痰吸引を実施する介護職員について，看護職員と連携の下，医師が承認する。	医師	※利用者の状態によっては，吸引時に激しい抵抗を示す場合があり，危険をともなうと判断した場合には，看護職員による実施や安全策を検討する。 施設においては，配置医または実施施設と連携している医師が承認する。 居宅においては，利用者のかかりつけ医が承認する。 状態像の変化等により介護職員等が実施することに適さない事例もあることから，実施可能かどうかについては，個別に，医師が判断する。		•看護職員・介護職員の知識・技術の程度 •医療的行為に関連する関係法規

STEP 2-①　観察判断

口腔内および全身の状態を観察し，吸引の必要性を判断する。

プロセス	内　容	実施者	留意事項	考えられる主なリスク	必要な知識・技術
1）	利用者の口腔内，鼻腔内および全身状態を観察し，吸引の必要性および看護職員と介護職員の協働による実施が可能かどうか等を確認する。	看護職員	医師からの包括的指示や利用者の状態等をもとに看護職員と介護職員が協働して実施できるか看護職員のみで実施すべきか判断する。 総合的に利用者の状態に関する情報をアセスメントし，判断する。 鼻腔内の出血や腫れ等を観察し，吸引の刺激による悪化の可能性等から吸引の可否を確認する。 ※利用者の状態によっては，吸引時に激しい抵抗を示す場合があり，危険をともなうと判断した場合には，看護職員による実施や安全策を検討する。 施設においては，毎朝または当該日の第１回目の実施時に状態を観察する。 ［居宅においては，定期的に，状態を観察する。］		•看護職員が実施すべき利用者の状態

STEP 2-②　観察

口腔内，鼻腔内および全身の状態を観察し，吸引の必要性を確認する。

プロセス	内　容	実施者	留意事項	考えられる主なリスク	必要な知識・技術
1）	利用者の状態を観察する。 （観察項目） •口腔内および鼻腔内の状態 （出血や損傷の有無等） •全身状態 （意識レベル，呼吸の状態等） •むせこみの有無 •鼻腔から咽頭にかけての貯留物の位置 •利用者の訴え	看護職員 介護職員	利用者本人の協力が得られる場合は，説明を行い，口腔内および鼻腔内を観察する。 口腔内および鼻腔内の状態に加え，全身状態も観察しておく。 ※吸引が必要な状態を判断するにあたっては，個々の利用者の状態や前後のケア（食後・体位の変換後や入浴前後など）の状況によって異なるため，事前に看護職員に確認をしておく。 ※利用者個々に適した吸引チューブや吸引圧・吸引時間・吸引の深さおよび個々の吸引の留意点について，事前に看護職員に確認をしておく。	•分泌物等の貯留物や義歯の気道内への落ち込み •利用者の精神的興奮や観察の理解が得られないことによる観察不足	•鼻腔から気管支までおよび肺のしくみとはたらき •痰および唾液を増加させる疾患・状態 •観察技術

②鼻腔内（通常手順）

STEP 3　準備

吸引に関する医師等の指示の確認を行い，必要物品を準備する。

プロセス	内　容	実施者	留意事項	考えられる主なリスク	必要な知識・技術
1）	医師の指示等の確認を行う。	看護職員 介護職員	医師の指示および看護職員からの吸引に関する指示，引き継ぎ事項の確認を行う。	•指示内容や情報の確認不足	•医師による指示内容の確認方法
2）	手洗いを行う。	看護職員 介護職員	石けんと流水で手洗いを行う（またはすり込み式のアルコール製剤による手指消毒を行う）。 ※吸引実施前に，他のケア（清拭やおむつ交換など）をして，その後に吸引をする場合もあるため，吸引の前には必ず，手洗いまたはすり込み式のアルコール製剤による手指消毒により手指を清潔にする。		•清潔・不潔の知識 •手洗いの方法
3）	必要物品を揃え，作動状況等を点検確認する。	看護職員 介護職員	ケアの途中で物品を取りに行くことがないよう，必要物品を揃えておく。 また吸引器が正常に作動するかを事前に点検しておく。	•吸引器の誤作動による吸引のトラブル（過吸引等）	•吸引に必要な物品 •吸引器のしくみ，吸引器の取り扱い
4）	必要物品を利用者のもとに運ぶ。 ※食事の際は緊急時に備え，すぐに吸引できるように，あらかじめ準備をしておく。 ※居宅では，すぐに使用できるよう利用者のそばに置いてあることが多い。	看護職員 介護職員	使用しやすい位置に物品を置いておく。 吸引チューブを保管しておくために消毒剤を使用する場合があるが，誤飲等が起きないよう注意する。 すぐに使用できるように，誤嚥や気道閉塞（窒息）の危険がある利用者のそばに置いておく。	•吸引チューブを保管するための消毒液の誤飲よる中毒	•消毒剤の副作用 •誤嚥や気道閉塞（窒息）を引き起こす事柄

STEP 4　実施

吸引について利用者に説明し，吸引を適切かつ安全に実施し，安全に行われたかどうかを確認する。

プロセス	内　容	実施者	留意事項	考えられる主なリスク	必要な知識・技術
1)	説明・環境整備 •利用者に吸引の説明をする。 •プライバシー保護のため，必要に応じてカーテン・スクリーンをする。 •吸引を受けやすい姿勢に整える。	看護職員 介護職員	※まずは，吸引器を使用しないでの除去を試みるが，分泌物等の貯留物の量や貯留部位および水分が多い場合または吸引のほうが利用者の苦痛・不安が少ない場合に実施する。 吸引は利用者の協力が不可欠であり，十分説明をしたあとに実施する。 苦痛をともなう処置のためプライバシーの保護に努める。	•鼻腔出血	•観察技術 •鼻腔清潔の技術 •吸引の方法 •事前説明の必要性と方法 •吸引を受けやすい姿勢
2)	吸引前の観察 （観察項目） •鼻腔内の状態（出血や損傷の有無） •鼻腔内の分泌物等の貯留物	看護職員 介護職員	鼻腔内の状況は朝など，看護職員により観察され，異常がないことを確認されているが，実施前には再度，実施者の目で観察することが重要である。異常がある場合には，担当の看護職員に連絡する。	•観察不足による異常の見落とし	•鼻腔内のしくみ •観察技術
3)	手袋の着用またはセッシをもつ。 ※直前に，アルコール製剤等による手指消毒をする。	看護職員 介護職員	手袋を着用するか，または手洗い後清潔にセッシ（吸引チューブを挟んでもつ大きなピンセット状の器具）をもつ。		•清潔・不潔の知識
4)	吸引の実施 ①保管容器に入れてある吸引チューブを取り出し，吸引器と連結管で連結する。 ②（浸漬法の場合，）吸引チューブ外側を連結部から先端まですべて清浄綿等で拭く。 ③吸引器の電源を入れて，水の入った容器へ吸引チューブを入れ，吸引力が事前に取り決めら	看護職員 介護職員	吸引チューブを連結管と接続したら，周囲に触れないよう注意する。事故予防のため，清潔な水を吸引して，吸引力を観察し，適切な吸引力の設定を確認する。 吸引チューブを再利用する場合，浸漬法（消毒剤入り保管容器に吸引チューブを浸して保管する方法），乾燥法（保管容器に吸引チューブを乾燥させて保管する方法）がある。 浸漬法の場合は，吸引チューブを清浄綿等で拭き，消毒剤を十分に洗い流すためにも，水を十分吸引する。 ※アルコール綿で拭く場合には，吸引チューブを十分に乾燥させる。	•吸引器の故障 •消毒剤が体内に入ることによるショック •吸引操作による鼻腔粘膜の損傷，出血 •嘔気，嘔吐の誘発	•吸引器のしくみ •吸引器の取り扱い •吸引器の作動確認方法 •消毒剤の作用，副作用 •鼻腔内のしくみ •出現する危険がある事柄 •吸引の操作，

②鼻腔内（通常手順）

STEP 4　実施

吸引について利用者に説明し，吸引を適切かつ安全に実施し，安全に行われたかどうかを確認する。

プロセス	内　容	実施者	留意事項	考えられる主なリスク	必要な知識・技術
	れた設定になることを確認する。 ④吸引チューブの先端の水をよく切る。 ⑤利用者に吸引の開始について声かけをする。 ⑥吸引チューブを静かに挿入する。 ⑦鼻腔内の分泌物等の貯留物を吸引する。 ⑧吸引チューブを静かに抜く。 ⑨吸引チューブの外側を清浄綿等で拭く。 ⑩洗浄水を吸引し，吸引チューブ内側の汚れを落とす。 ※１回で吸引しきれなかった場合は，呼吸の状態が落ち着くまで休んで，もう一度，②～⑩を行う。	看護職員 介護職員	鼻腔入り口は，粘膜が薄く，毛細血管があるため出血をきたしやすいので，十分注意する。 鼻腔粘膜の損傷や出血の予防，吸引時間短縮のため，吸引圧は事前に設定されている圧を守る。 ※吸引チューブをとどめておくと，粘膜への吸い付きが起こる場合もあるので，吸引チューブを回したり，ずらしたりしながら圧が１カ所にかからないように留意する。	•吸引チューブが誤って深く挿入された場合の迷走神経反射の出現 •吸引時間が長くなることによる低酸素状態	技術 •緊急，症状出現時の気づき方と対応
5)	実施後の片づけ •（セッシを持っている場合）セッシを戻す。 •吸引器の電源を切る。 •吸引チューブを連結管からはずす。 •保管容器に吸引チューブを入れておく。	看護職員 介護職員	鼻汁等には多くの細菌等を含んでいるためにまず，吸引チューブ外側を清拭し，次に，水を通すことによって，吸引チューブ内側を清潔にし，適切に管理する。		•感染予防 •吸引の操作，技術 •吸引器の取り扱い

STEP 4　実施

吸引について利用者に説明し，吸引を適切かつ安全に実施し，安全に行われたかどうかを確認する。

プロセス	内　容	実施者	留意事項	考えられる主なリスク	必要な知識・技術
6)	手袋をはずす（手袋を使用している場合）。	看護職員 介護職員			
7)	利用者に吸引終了の声かけを行い，姿勢を整える。	看護職員 介護職員	吸引が終了したことを告げ，ねぎらいの言葉をかける。痰が取りきれたかどうかを確認する。 吸引後の安楽な姿勢を整える。		・吸引実施後の気持ちの確認の必要性 ・安楽な姿勢のとり方
8)	吸引物および利用者の状態を観察する。	看護職員 介護職員	利用者の状態，吸引した物の量，性状，異常の有無等を観察する。	・観察漏れ	・観察内容 ・観察技術
9)	利用者の吸引前の状態と吸引後の状態変化を観察する。 （観察項目） ・顔色 ・呼吸の状態 ・鼻血や口腔内への血液の流れ込みの有無 ・分泌物等の残留の有無等	看護職員 介護職員	吸引実施後に，利用者の状態が変化してないか等を観察するとともに，低酸素状態の確認については，パルスオキシメーターを用いて確認する。 また実施直後は問題なくても，その後状態変化がみられる危険性もあるため，顔色が青白くなったり，呼吸が速くなる等の異常がある場合は，直ちに，医師および看護職員に連絡する。 ※経鼻経管栄養を実施している人が対象の場合は吸引後に経鼻経管栄養チューブが口腔内に出てきていないかを確認する。	・低酸素状態の出現 ・全身状態の変化	・低酸素状態の症状 ・観察技術 ・緊急，症状出現時の対応
10)	手洗い	看護職員 介護職員	石けんと流水で手洗いをする（またはすり込み式のアルコール製剤による手指消毒を行う）。		・清潔・不潔の知識 ・手洗いの方法

②鼻腔内（通常手順）

STEP 5　報告

吸引実施後の利用者の状態を看護職員に報告する。

プロセス	内　容	実施者	留意事項	考えられる主なリスク	必要な知識・技術
1）	介護職員が吸引を行った場合は看護職員に報告する。 （報告項目） ・利用者の全身状態 ・吸引した物の量，性状等	看護職員 介護職員	吸引中・吸引後の利用者の状態，吸引した物の量，性状，異常の有無等を報告する。 看護職員は，介護職員からの報告を受け，異常があった場合は，再度観察および確認をする。 日常的に医師・看護職員との連携をとることが望ましい。 ※経鼻経管栄養を実施している人が対象の場合は吸引後に経鼻経管栄養チューブが口腔内に出てきていないことを報告する。	・観察漏れ ・記載漏れ	・観察内容 ・観察技術 ・緊急，症状出現時の対応
2）	ヒヤリハット・アクシデントの実際と報告 （報告項目） ・いつ ・どこで ・誰が ・どのように ・どうしたか ・どうなったか	看護職員 介護職員	※いつもと違う変化が，「ヒヤリハット・アクシデント」に相当する出来事であるかどうかの判断が困難な場合があるため，介護職員はいつもと違った変化については看護職員に報告し，看護職員が「ヒヤリハット・アクシデント」に相当する出来事であるかを判断する。	・ヒヤリハット・アクシデントの見過ごし	・ヒヤリハット・アクシデントの実際 ・喀痰吸引により生じる主な危険の種類と危険防止のための留意点

STEP 6　片づけ

吸引びんや吸引器の後片づけを行う。

プロセス	内　容	実施者	留意事項	考えられる主なリスク	必要な知識・技術
1）	吸引びんの排液量が70～80％になる前に排液を捨てる。	看護職員 介護職員	機器の故障を防ぐため，適切に管理する。吸引の内容物によっては感染源となりうる。 ものもあるので，その場合は施設が定めた指針に従い処理する。 居宅においては，1日1回吸引びんの内容物を廃棄して，吸引びんを洗浄する。 廃棄時，吸引びんの取り扱いに注意する。	• 使用後の消毒の不備による感染症のまん延 • 後片づけを実施する者の取り扱いの不備による職員の感染 • 後片づけ中の器具の破損	• 吸引に関連する感染症 • 感染予防 • 機器の取り扱い（メンテナンス）
2）	使用物品を後片づけ／交換する。 • 吸引チューブや綿・消毒剤入り保存液・水などの不足の有無と補充 ①食事時のみに使用する場合 ②食事時以外でも使用する場合 ③緊急時のみに使用する場合	看護職員 介護職員	使用が終了した機器等は事故予防や故障予防のため，できる限り速やかに持ち帰ることが望ましい。 次回の使用時に備えて，不足しているものを補充する。 吸引チューブに損傷を認めた場合や（消毒）保存液等に浮遊物などを確認したら速やかに交換する。 吸引チューブや保管容器，清浄綿等などの必要物品は定期的に交換する。 施設が定めた保管場所に保管する。 ベッドサイドでも使用する場合は，使用しやすい位置に配置する。 緊急時に備え，いつでも使用できるようにメンテナンスをしておく。	• 機器の故障 • 機器の放置による事故	• リスクマネジメント • ヒヤリハット・アクシデントの実際（介護現場で発生しうる事故等） • 必要物品清潔保持の仕方 • 機器の取り扱い（メンテナンス）

②鼻腔内（通常手順）

STEP 7　記録

吸引に関連する内容等を記録する。

プロセス	内　容	実施者	留意事項	考えられる主なリスク	必要な知識・技術
1）	ケア実施の証明および今後のケアプランに活用できるように記録しておく。 （記録の内容） • 実施時刻 • 吸引した内容物の種類や性状および量 • 一般状態 • 特記事項 • 実施者名 • 利用者の訴え	看護職員 介護職員	客観的に記録し，共通認識できる用語や表現を使用する。 ケア実施後は速やかに記録することが望ましい。	• 記載間違い	• 記録の意義，内容，方法 • 一連のケアにかかわる用語

STEP 1　安全管理体制確保

安全に吸引が実施できる者を選定することおよび緊急時に備える。

プロセス	内　容	実施者	留意事項	考えられる主なリスク	必要な知識・技術
1)	利用者の状態に関する情報を共有し，報告・連絡・相談等の連携体制を確保する（急変・事故発生時の対策を含む）。	医師 看護職員 介護職員	気管カニューレ下端より肺側の気管内吸引は，まれに迷走神経反射，気管支れん縮，低酸素状態等を引き起こす危険性があり，職員間の連携が重要である。特に，人工呼吸器を使用している場合は取り扱いを十分に理解しておくこと。 居宅においては，介護職員が実施する前または同時に看護職員が訪問をして，看護職員との連携を図る。 特に，人工呼吸器を装着している利用者の場合には，人工呼吸器の作動状況なども含めた看護職員による実施前の確認が必要である。	• 不十分な連携体制	• 医師，看護職員，介護職員間の報告・連絡・相談等の連携体制 • 医療的行為に関連する関係法規
			急変・事故発生時の連絡体制と連絡網を整備する。		• 緊急を要する状態の把握
			急変・事故発生時の対応マニュアルをすぐ活用できるようにしておく。	• 連絡網の紛失や変更時の修正漏れ	• 観察技術
2)	初の実施時および状態変化時については，①看護職員のみで実施すべきか，看護職員と介護職員で協働して実施できるか，②利用者について喀痰吸引を実施する介護職員について，看護職員と連携の下，医師が承認する。	医師	※利用者の状態によっては，吸引時に激しい抵抗を示す場合があり，危険をともなうと判断した場合には，看護職員による実施や安全策を検討する。 施設においては，配置医または実施施設と連携している医師が承認する。 居宅においては，利用者のかかりつけ医が承認する。 状態像の変化等により介護職員等が実施することに適さない事例もあることから，実施可能かどうかについては，個別に，医師が判断する。		• 看護職員・介護職員の知識・技術の程度 • 医療的行為に関連する関係法規

③気管カニューレ内部（通常手順）

STEP 2-① 観察判断

口腔内，鼻腔内，気管内および全身の状態を観察し，吸引の必要性を判断する。

プロセス	内　容	実施者	留意事項	考えられる主なリスク	必要な知識・技術
1）	利用者の口腔，鼻腔，気管カニューレ内部および全身状態等を観察し，吸引の必要性および看護職員と介護職員の協働による実施が可能かどうか等を確認する。	看護職員	医師からの包括的指示や利用者の状態等をもとに看護職員と介護職員が協働して実施できるか看護職員のみで実施すべきかを判断する。 気管カニューレや全身状態や痰の貯留状況を観察し，吸引の刺激による悪化の可能性等から吸引の可否を確認する。 総合的に利用者の状態に関する情報をアセスメントし，判断する。 カフつきの気管カニューレの場合にはカフエアの確認を行う。 ※利用者の状態によっては，吸引時に激しい抵抗を示す場合があり，危険をともなうと判断した場合には，看護職員による実施や安全策を検討する。 施設においては，毎朝または当該日の第１回目の実施時に状態を観察する。 居宅においては，定期的に，状態を観察する。ただし，居宅においては，介護職員が実施する前または同時に看護職員が訪問をして，吸引の適応であるか，介護職員と協働して実施できるかの確認をすることが望ましい。		• 看護職員が実施すべき利用者の状態

STEP 2-② 観察

口腔内，鼻腔内，気管内および全身の状態を観察し，吸引の必要性を確認する。

プロセス	内　容	実施者	留意事項	考えられる主なリスク	必要な知識・技術
1）	利用者の状態を観察する。 （観察項目） ・口腔内・鼻腔内・気管カニューレ内部の状態 （出血や損傷の有無等） ・気管カニューレ周囲の状態 （出血やびらんの有無等） ・気管内の状態 （出血や損傷の有無等） ・むせこみの有無 ・全身状態 （意識レベル，覚醒の状況，呼吸の状態等） ・利用者の訴え （息苦しさ，痰がたまっている，痰が出しにくい等）	看護職員 介護職員	利用者本人の協力が得られる場合は，説明を行い，口腔内および鼻腔内を観察する。 バイタルサインや気管カニューレ内部の状態に加え，全身状態も観察しておく。 ※吸引が必要な状態を判断するにあたっては，個々の利用者の状態や前後のケア（食後・体位の変換後や入浴前後など）の状況によって異なるため，事前に看護職員に確認をしておく。 ※利用者個々に適した吸引チューブや吸引圧・吸引時間・吸引の深さおよび個々の吸引の留意点について，事前に看護職員に確認をしておく。	・利用者の精神的興奮や観察の理解が得られないことによる観察不足	・口腔から気管支までおよび肺のしくみとはたらき ・気管カニューレのしくみと取り扱い上の留意点 ・痰および唾液を増加させる疾患・状態 ・観察技術

③気管カニューレ内部（通常手順）

STEP 3　準備

吸引に関する医師等の指示の確認を行い，必要物品を準備する。

プロセス	内　容	実施者	留意事項	考えられる主なリスク	必要な知識・技術
1）	医師の指示等の確認を行う。	看護職員 介護職員	医師の指示および看護職員からの吸引に関する指示，引き継ぎ事項の確認を行う。	• 指示内容や情報の確認不足	• 医師による指示内容の確認方法
2）	手洗いを行う。	看護職員 介護職員	石けんと流水で手洗いを行う（またはすり込み式のアルコール製剤による手指消毒を行う）。 ※吸引実施前に，他のケア（清拭やおむつ交換など）をして，その後に吸引をする場合もあるため，吸引の前には必ず，手洗いまたはすり込み式のアルコール製剤による手指消毒により手指を清潔にする。		• 清潔・不潔の知識 • 手洗いの方法
3）	必要物品を揃え，作動状況等を点検確認する。	看護職員 介護職員	ケアの途中で物品を取りに行くことがないよう，必要物品を揃えておく。 また吸引器が正常に作動するかを事前に点検しておく。	• 吸引器の誤作動による吸引のトラブル（過吸引等）	• 吸引に必要な物品 • 吸引器のしくみ，吸引器の取り扱い
4）	必要物品を利用者のもとに運ぶ。	看護職員 介護職員	使用しやすい位置に物品を置いておく。 吸引チューブを保管しておくために消毒剤を使用するが，誤飲等が起きないよう注意する。 すぐに使用できるように，気道閉塞（窒息）の危険がある利用者のそばに置いておく。	• 吸引チューブを保管するための消毒液の誤飲よる中毒	• 消毒剤の副作用

STEP 4　実施

吸引について利用者に説明し，吸引を適切かつ安全に実施し，安全に行われたかどうかを確認する。

プロセス	内　容	実施者	留意事項	考えられる主なリスク	必要な知識・技術
1）	説明・環境整備 • 利用者に吸引の説明をする。 • プライバシー保護のため，必要に応じてカーテン・スクリーンをする。 • 吸引を受けやすい姿勢に整える。	看護職員 介護職員	吸引は利用者の協力が不可欠であり，十分説明をしたあとに実施する。 苦痛をともなう処置のためプライバシーの保護に努める。		• 吸引の方法 • 事前説明の必要性と方法
2）	吸引前の観察 （観察項目） • 気管内の状態 • 気管内の分泌物等の貯留物 • 気管カニューレ周囲や固定の状態（出血や損傷の有無）	看護職員 介護職員	気管カニューレの状況は，実施前に実施者の目で観察することが重要である。異常がある場合には，担当の看護職員に連絡する。	• 観察不足による異常の見落とし	• 口腔，気道内，肺のしくみとはたらき • 気管カニューレのしくみと取り扱い上の留意点 • 観察技術
3）	手袋の着用またはセッシをもつ。 ※直前に，アルコール製剤等による手指消毒をする。	看護職員 介護職員	基本的には滅菌された清潔な手袋を両手に着用するか，または手洗い後清潔にセッシ（吸引チューブを挟んでもつ大きなピンセット状の器具）をもつ。		• 清潔・不潔の知識
4）	吸引の実施 ①保管容器に入れてある吸引チューブを取り出し，吸引器と連結管で連結する。	看護職員 介護職員	原則として無菌操作で行うが，厳密な無菌操作が行えない場合には，清潔を遵守する。吸引チューブをセッシで扱う場合もある。吸引チューブを取り出した後は，周囲に触れないよう注意する。	• 吸引器の故障	• 吸引器のしくみ • 吸引器の取り扱い • 吸引器の作動確認方法 • 必要物品の清潔保持方法
	②（浸漬法の場合，）吸引チューブ外側を連結部から先端まですべて清浄綿等で拭く。 ③吸引器のスイッ		吸引チューブは原則として単回利用とするが，吸引チューブを再利用する場合，浸漬法（消毒剤入り保管容器に吸引チューブを浸して保管する方法）と乾燥法（保管容器に吸引チューブを乾燥させて保管する方法）がある。	• 消毒剤が体内に入ることによるショック • 吸引操作による気道粘膜の損傷，	• 消毒剤の作用，副作用

③気管カニューレ内部（通常手順）

STEP 4　実施

吸引について利用者に説明し，吸引を適切かつ安全に実施し，安全に行われたかどうかを確認する。

プロセス	内　容	実施者	留意事項	考えられる主なリスク	必要な知識・技術
4)	チを入れて，原則として滅菌精製水の入った容器へ吸引チューブを入れ，吸引圧が事前に取り決められた設定になることを確認する。	看護職員 介護職員	浸漬法の場合は，吸引チューブを清浄綿等で拭き，滅菌精製水を十分吸引し，消毒剤を洗い流す。 ※アルコール綿で拭く場合には，吸引チューブを十分に乾燥させる。	出血 • 吸引チューブが誤って深く挿入された場合，気道粘膜が刺激される。	
	④吸引チューブの先端の水をよく切る。				
	⑤利用者に吸引の開始について声かけをする。				
	⑥吸引チューブを静かに挿入する。		吸引チューブの根元を折らず，圧をかけた状態で，所定の位置まで静かに挿入する。 気管カニューレの長さ以上の部分までは挿入しないように注意する。	• 吸引チューブが誤って深く挿入された場合の迷走神経反射の出現による徐脈，低血圧	• 口腔，気道内，肺のしくみ • 出現する危険がある事柄
	⑦気管カニューレ内部の分泌物等の貯留物を吸引する。		気管内の損傷や出血の予防，吸引時間短縮のため，吸引圧は事前に設定されている圧を守る。 手袋の場合：吸引チューブを静かに，回し（こより）ながら，1カ所に圧がかからないように，分泌物を吸引する。 長時間にならないよう，適切な吸引時間（10～15秒以内）で行う。	• 吸引時間が長くなることによる低酸素状態 • 気道感染，肺炎 • 不整脈，徐脈，異常血圧	• 吸引の操作，技術 • 緊急，症状出現時の気づき方と対応 • 感染予防
	⑧吸引チューブを静かに抜く。				
	⑨吸引チューブの外側を清浄綿等で拭く。				
	⑩滅菌精製水を吸引しチューブ内側を清掃する。				
	※1回で吸引しきれなかった場合は，呼吸の状態				

STEP 4　実施

吸引について利用者に説明し，吸引を適切かつ安全に実施し，安全に行われたかどうかを確認する。

プロセス	内　容	実施者	留意事項	考えられる主なリスク	必要な知識・技術
4)	が落ち着くまで休んで，もう一度，③～⑩を行う。	看護職員 介護職員			
5)	実施後の片づけ ・利用者への吸引終了後は滅菌精製水，消毒剤入り保存液の順で吸引する。 ・（セッシを持っている場合）セッシを戻す。 ・吸引器の電源を切る。 ・吸引チューブを連結管からはずす。 ・保管容器に吸引チューブを入れておく。または単回使用の場合は原則として破棄する。	看護職員 介護職員	分泌物には，多くの細菌等を含んでいるためにまず，吸引チューブ外側を清拭し，次に，滅菌精製水を通すことによって，吸引チューブ内側を清潔にし，適切に管理する。 浸漬法の場合，消毒剤入り保存液，滅菌精製水の順で吸引することもある。 吸引チューブを連結管からはずしたら，どこにも触れないよう保持し，速やかに保管容器に戻す。または単回使用の場合は原則として破棄する。		・感染予防 ・吸引の操作，技術 ・吸引器の取り扱い
6)	手袋をはずす（手袋を使用している場合）。	看護職員 介護職員			
7)	利用者に吸引終了の声かけを行い，姿勢を整える。	看護職員 介護職員	吸引後が終了したことを告げ，ねぎらいの言葉をかける。痰が取りきれたかどうかを確認する。吸引後の安楽な姿勢を整える。		・吸引実施後の気持ちの確認の必要性 ・安楽な姿勢のとり方
8)	吸引物および利用者の状態を観察する。	看護職員 介護職員	利用者の状態，吸引した物の量，性状，異常の有無等を観察する。	・観察漏れ	・観察内容 ・観察技術
9)	利用者の吸引前の状態と吸引後の状態変化を観察する。 （観察項目） ・顔色 ・呼吸の状態	看護職員 介護職員	吸引実施後に，利用者の状態が変化してないか等を観察するとともに，低酸素状態の確認については，パルスオキシメーターを用いて確認する。 また実施直後は問題なくても，その後状態変化がみられる危険性も	・低酸素状態の出現 ・全身状態の変化	・低酸素状態の症状 ・観察技術 ・緊急，症状出現時の対応

③気管カニューレ内部（通常手順）

STEP 4　実施

吸引について利用者に説明し，吸引を適切かつ安全に実施し，安全に行われたかどうかを確認する。

プロセス	内　容	実施者	留意事項	考えられる主なリスク	必要な知識・技術
9)	・気管内，気管カニューレ周囲の状況 ・全身状態等	看護職員 介護職員	あるため，顔色が青白くなったり，呼吸が速くなる等の異常がある場合は，直ちに，医師および看護職員に連絡する。 ※経鼻経管栄養を実施している人が対象の場合は吸引後に経鼻経管栄養チューブが口腔内に出てきていないかを確認する。		
10)	手洗い	看護職員 介護職員	石けんと流水で手洗いをする（またはすり込み式のアルコール製剤による手指消毒を行う）。		・清潔・不潔の知識 ・手洗いの方法

STEP 5　報告

吸引実施後の利用者の状態を看護職員に報告する。

プロセス	内　容	実施者	留意事項	考えられる主なリスク	必要な知識・技術
1)	介護職員が吸引を行った場合は看護職員に報告する。 （報告項目） ・利用者の全身状態 ・吸引した物の量，性状等	看護職員 介護職員	吸引中・吸引後の利用者の状態，吸引した物の量，性状，異常の有無等を報告する。 看護職員は，介護職員からの報告を受け，異常があった場合は，再度観察および確認をする。 日常的に医師・看護職員との連携をとることが望ましい。 ※経鼻経管栄養を実施している人が対象の場合は吸引後に経鼻経管栄養チューブが口腔内に出てきていないことを報告する。	・観察漏れ ・記載漏れ	・観察内容 ・観察技術 ・緊急，症状出現時の対応
2)	ヒヤリハット・アクシデントの実際と報告 （報告項目） ・いつ ・どこで ・誰が ・どのように ・どうしたか ・どうなったか	看護職員 介護職員	※いつもと違う変化が，「ヒヤリハット・アクシデント」に相当する出来事であるかどうかの判断が困難な場合があるため，介護職員はいつもと違った変化については看護職員に報告し，看護職員が「ヒヤリハット・アクシデント」に相当する出来事であるかを判断する。	・ヒヤリハット・アクシデントの見過ごし	・ヒヤリハット・アクシデントの実際 ・喀痰吸引により生じる主な危険の種類と危険防止のための留意点

STEP 6　片づけ

吸引びんや吸引器の後片づけを行う。

プロセス	内　容	実施者	留意事項	考えられる主なリスク	必要な知識・技術
1)	吸引びんの排液量が70～80％になる前に排液を捨てる。	看護職員 介護職員	機器の故障を防ぐため，適切に管理する。吸引の内容物によっては感染源となりうるものもあるので，その場合は施設が定めた指針に従い処理する。 居宅においては，1日1回吸引びんの内容物を廃棄して，吸引びんを洗浄する。 廃棄時，吸引びんの取り扱いに注意する。	• 使用後の消毒の不備による感染症のまん延 • 後片づけを実施する者の取り扱いの不備による職員の感染 • 後片づけ中の器具の破損	• 吸引に関連する感染症 • 感染予防 • 機器の取り扱い（メンテナンス）
2)	使用物品を後片づけ / 交換する。 • 吸引チューブや綿・消毒剤入り保存液・水などの不足の有無と補充 ①食事時のみに使用する場合 ②食事時以外でも使用する場合 ③緊急時のみに使用する場合	看護職員 介護職員	使用が終了した機器等は事故予防や故障予防のため，できる限り速やかに持ち帰ることが望ましい。 次回の使用時に備えて，不足しているものを補充する。 吸引チューブに損傷を認めた場合や（消毒）保存液等に浮遊物などを確認したら速やかに交換する。 吸引チューブや保管容器，清浄綿等などの必要物品は定期的に交換する。 施設が定めた保管場所に保管する。 ベッドサイドでも使用する場合は，使用しやすい位置に配置する。 緊急時に備え，いつでも使用できるようにメンテナンスをしておく。	• 機器の故障 • 機器の放置による事故	• リスクマネジメント • ヒヤリハット・アクシデントの実際（介護現場で発生しうる事故等） • 必要物品清潔保持の仕方 • 機器の取り扱い（メンテナンス）

③気管カニューレ内部（通常手順）

STEP 7　記録

吸引に関連する内容等を記録する。

プロセス	内　容	実施者	留意事項	考えられる主なリスク	必要な知識・技術
1）	ケア実施の証明および今後のケアプランに活用できるように記録しておく。 （記録の内容） ・実施時刻 ・吸引した内容物の種類や性状および量 ・一般状態 ・特記事項 ・実施者名 ・利用者の訴え	看護職員 介護職員	客観的に記録し，共通認識できる用語や表現を使用する。 ケア実施後は速やかに記録することが望ましい。	・記載間違い	・記録の意義，内容，方法 ・一連のケアにかかわる用語

④口腔内〔人工呼吸器装着者（非侵襲的人工呼吸療法の者を含む）〕

STEP 1　安全管理体制確保

安全に吸引が実施できる者を選定することおよび緊急時に備える。

プロセス	内　容	実施者	留意事項	考えられる主なリスク	必要な知識・技術
1)	利用者の状態に関する情報を共有し，報告・連絡・相談等の連携体制を確保する（急変・事故発生時の対策を含む）。	医師 看護職員 介護職員	吸引は，まれに迷走神経反射や低酸素状態等を引き起こす危険性もあり，職員間の連携が重要である。 非侵襲的人工呼吸療法（以下，NPPV）により口鼻マスクまたは鼻マスクを装着している人に対する口腔内吸引では，口鼻マスクまたは鼻マスクを装着して換気することにともなう危険性や適切な着脱による呼吸の安全性を十分留意する必要があるため，特に注意が必要である。 居宅においては，介護職員が実施する前または同時に看護職員が訪問をして，看護職員との連携を図る。特に，非侵襲的な人工呼吸器を装着している利用者の場合には，気道確保がされていない危険があり，非侵襲的な人工呼吸器の作動状況なども含めた看護師による実施前の確認が必要である。		・医師，看護職員，介護職員間の報告・連絡・相談等の連携体制 ・医療的行為に関連する関係法規 ・非侵襲的人工呼吸療法を要する状態
			急変・事故発生時の連絡体制と連絡網を整備する。 急変・事故発生時の対応マニュアルをすぐ活用できるようにしておく。	・連絡網の紛失や変更時の修正漏れ	・緊急を要する状態の把握 ・観察技術
2)	初の実施時および状態変化時については，①看護職員のみで実施すべきか，看護職員と介護職員で協働して実施できるか，②利用者について喀痰吸引を実施する	医師	特に，24時間NPPV装着を要する場合や病状の不安定な場合の協働については，慎重な判断が必要となる。 ※利用者の状態によっては，吸引時に激しい抵抗を示す場合があり，危険をともなうと判断した場合には，看護職員による実施や安全策を検討する。		・看護職員・介護職員の知識・技術の程度 ・医療的行為に関連する関係法規

④口腔内〔人工呼吸器装着者（非侵襲的人工呼吸療法の者を含む）〕

STEP 1　安全管理体制確保

安全に吸引が実施できる者を選定することおよび緊急時に備える。

プロセス	内　容	実施者	留意事項	考えられる主なリスク	必要な知識・技術
2)	介護職員について，看護職員と連携の下，医師が承認する。	医師	施設においては，配置医または実施施設と連携している医師が承認する。 居宅においては，利用者のかかりつけ医が承認する。 状態像の変化等により介護職員等が実施することに適さない事例もあることから，実施可能かどうかについては，個別に，医師が判断する。		

STEP 2-①　観察判断

口腔内および全身の状態を観察し，吸引の必要性を判断する。

プロセス	内　容	実施者	留意事項	考えられる主なリスク	必要な知識・技術
1）	利用者の口腔内および全身状態を観察し，吸引の必要性および看護職員と介護職員の協働による実施が可能かどうか等を確認する。	看護職員	医師からの包括的指示や利用者の状態等をもとに看護職員と介護職員が協働して実施できるか看護職員のみで実施すべきかを判断する。 口腔内の出血や腫れ，人工呼吸器による換気にともなう呼吸状態，気道閉塞の状況等を観察し，吸引の刺激による悪化の可能性等から吸引の可否を確認する。 特に，24 時間 NPPV 装着を要する場合や病状の不安定な場合の協働については，慎重な対応が必要となり，総合的に利用者の状態に関する情報をアセスメントし，判断する。 ※利用者の状態によっては，吸引時に激しい抵抗を示す場合があり，危険をともなうと判断した場合には，看護職員による実施や安全策を検討する。 施設においては，毎朝または当該日の第 1 回目の実施時に状態を観察する。		•看護職員が実施すべき利用者の状態

④口腔内〔人工呼吸器装着者（非侵襲的人工呼吸療法の者を含む）〕

STEP 2-① 観察判断

口腔内および全身の状態を観察し，吸引の必要性を判断する。

プロセス	内　容	実施者	留意事項	考えられる主なリスク	必要な知識・技術
1）		看護職員	居宅においては，定期的に，状態を観察する。		

STEP 2-② 観察

口腔内および全身の状態を観察し，吸引の必要性を確認する。

プロセス	内　容	実施者	留意事項	考えられる主なリスク	必要な知識・技術
1）	利用者の状態を観察する。 （観察項目） ・口腔内の状態 （出血や損傷の有無等） ・咳嗽反射の有無 ・義歯の状態 （総義歯か部分義歯か，装着状況等） ・全身状態 （意識レベル，覚醒の状況，呼吸状態等） ・利用者の訴え ・人工呼吸器の作動状況 ・口鼻マスクまたは鼻マスクの位置，皮膚の状態	看護職員 介護職員	利用者本人の協力が得られる場合は，説明を行い，口腔内を観察する。 咀嚼・嚥下は意識レベルや覚醒状況にも左右されるため，バイタルサインや口腔内の状態に加え，全身状態も観察しておく。 人工呼吸器の定期的な点検の下，作動状況の確認を行う（看護職員）。 口鼻マスクで24時間NPPV装着が必要な場合は，マスクをはずしての口腔内の観察が困難な場合がある。 ※吸引が必要な状態を判断するにあたっては，個々の利用者の状態や前後のケア（食後・体位の変換後や入浴前後など）の状況によって異なるため，事前に看護職員に確認をしておく。 ※利用者個々に適した吸引チューブや吸引圧・吸引時間・吸引の深さおよび個々の吸引の留意点について，事前に看護職員に確認をしておく。	・開口することによる分泌物等の貯留物や義歯の気道内への落ち込み ・上記，およびNPPVの送気による誤嚥・窒息 ・利用者の精神的興奮や観察の理解が得られないことによる観察不足 ・人工呼吸器の不具合	・口腔から気管支までおよび肺のしくみとはたらき ・痰および唾液などを増加させる疾患・状態 ・観察技術 ・義歯の取り扱い ・人工呼吸器の取り扱い口鼻マスクまたは鼻マスクの取り扱い

④口腔内〔人工呼吸器装着者（非侵襲的人工呼吸療法の者を含む）〕

STEP 3　準備

吸引に関する医師等の指示の確認を行い，必要物品を準備する。

プロセス	内　容	実施者	留意事項	考えられる主なリスク	必要な知識・技術
1）	医師の指示等の確認を行う。	看護職員 介護職員	医師の指示および看護職員からの吸引に関する指示，引き継ぎ事項の確認を行う。	•指示内容や情報の確認不足	•医師による指示内容の確認方法
2）	手洗いを行う。	看護職員 介護職員	石けんと流水で手洗いを行う（またはすり込み式のアルコール製剤による手指消毒を行う）。 ※吸引実施前に，他のケア（清拭やおむつ交換など）をして，その後に吸引をする場合もあるため，吸引の前には必ず，手洗いまたはすり込み式のアルコール製剤による手指消毒により手指を清潔にする。		•清潔・不潔の知識 •手洗いの方法
3）	必要物品を揃え，作動状況等を点検確認する。	看護職員 介護職員	ケアの途中で物品を取りに行くことがないよう，必要物品を揃えておく。 また吸引器が正常に作動するかを事前に点検しておく。	•吸引器の誤作動による吸引のトラブル	•吸引に必要な物品 •吸引器のしくみ，吸引器の取り扱い
4）	必要物品を利用者のもとに運ぶ。 ※食事の際は緊急時に備え，すぐに吸引できるように，あらかじめ準備をしておく。 ※居宅では，すぐに使用できるよう利用者のそばに置いてあることが多い	看護職員 介護職員	使用しやすい位置に物品を置いておく。 吸引チューブを保管しておくために消毒剤を使用する場合があるが，誤飲等が起きないよう注意する。 すぐに使用できるように，誤嚥や気道閉塞（窒息）の危険がある利用者の側に置いておく。	•吸引チューブを保管するための消毒液の誤飲による中毒	•消毒剤の副作用 •誤嚥や気道閉塞（窒息）を引き起こす事柄

STEP 4　実施

吸引について利用者に説明し，吸引を適切かつ安全に実施し，安全に行われたかどうかを確認する。

プロセス	内　容	実施者	留意事項	考えられる主なリスク	必要な知識・技術
1)	説明・環境整備 • 利用者に吸引の説明をする。 • プライバシー保護のため，必要に応じてカーテン・スクリーンをする。 • 吸引を受けやすい姿勢に整える。	看護職員 介護職員	※まずは，吸引器を使用しないで除去を試みるが，分泌物等の貯留物の量や貯留部位および水分が多い場合または吸引のほうが利用者の苦痛・不安が少ない場合に実施する。 吸引は利用者の協力が不可欠であり，十分説明をしたあとに実施する。 苦痛をともなう処置のためプライバシーの保護に努める。 誤嚥の防止のために，顔を横に向ける。		• 観察技術 • 口腔内清潔の技術 • 吸引器を用いない排痰介助 • 吸引の方法 • 事前説明の必要性と方法
2)	吸引前の観察 （観察項目） • 口腔内の状態（出血や損傷の有無） • 義歯の状態 • 口腔内の分泌物等の貯留物 • 口鼻マスクまたは鼻マスクの位置，皮膚の状態	看護職員 介護職員	口腔内の状況は朝など定期的に，看護職員により観察され，異常がないことを確認されているが，実施前には再度，実施者の目で観察することが重要である。異常がある場合には，担当の看護職員に連絡する。 口鼻マスクの使用者の場合，観察のため，マスクをはずすか，鼻マスクに変更してもらうかが必要になる。呼吸状態の変動に十分な注意が必要になる。	• 観察不足による異常の見落とし	• 口腔内のしくみ • 観察技術 • 義歯の取り扱い • 口鼻マスクまたは鼻マスクの取り扱い
3)	手袋の着用またはセッシをもつ ※直前に，アルコール製剤等による手指消毒をする	看護職員 介護職員	手袋を着用するか，または清潔にセッシ（吸引チューブを挟んでもつ大きなピンセット状の器具）をもつ。		• 清潔・不潔の知識
4)	吸引の実施 （※口鼻マスクまたは鼻マスクの変更，着脱） ①保管容器に入れてある吸引チューブを取り出し，吸引器と連結管で連結する。	看護職員 介護職員	吸引チューブを連結管と接続したら，周囲に触れないよう注意する。 事故予防のため，清潔な水を吸引して，吸引力を観察し，適切な吸引力の設定を確認する。 吸引チューブを再利用する場合，	• 吸引器の故障	• 吸引器のしくみ • 吸引器の取り扱い

④口腔内〔人工呼吸器装着者（非侵襲的人工呼吸療法の者を含む）〕

STEP 4　実施

吸引について利用者に説明し，吸引を適切かつ安全に実施し，安全に行われたかどうかを確認する。

プロセス	内　容	実施者	留意事項	考えられる主なリスク	必要な知識・技術
4）	②（浸漬法の場合，）吸引チューブ外側を連結部から先端まですべて清浄綿等で拭く	看護職員 介護職員	浸漬法（消毒剤入り保管容器に吸引チューブを浸して保管する方法），乾燥法（保管容器に吸引チューブを乾燥させて保管する方法）がある。	・消毒剤が体内に入ることによるショック	・必要物品の清潔保持
	③吸引器の電源を入れて，水の入った容器へ吸引チューブを入れ，吸引力が事前に取り決められた設定になることを確認する。		浸漬法の場合は，吸引チューブを清浄綿等で拭き，消毒剤を十分に洗い流すためにも，水を十分吸引する。 ※アルコール綿で拭く場合には，吸引チューブを十分に乾燥させる。	・吸引操作による口腔粘膜の損傷，出血 ・嘔気，嘔吐の誘発	・吸引器の作動確認方法 ・消毒剤の作用，副作用
	④吸引チューブの先端の水をよく切る。			・吸引チューブが誤って深く挿入された場合の迷走神経反射の出現	
	⑤利用者に吸引の開始について声かけをする。				
	⑥吸引チューブを静かに挿入する。 ⑦口腔内（肉眼で貯留物を確認できる範囲）の分泌物等の貯留物を吸引する。 ⑧吸引チューブを静かに抜く。		肉眼で確認できない部分までは挿入しないように注意する。 ※口鼻マスクの使用者の場合，挿入のため，マスクをはずすか，鼻マスクに変更してもらうかが必要になる。実施手順のうちのどの時点で，行うかは対象ごとに呼吸の状態によって考慮する必要があるが，呼吸状態の変動に十分な注意が必要になる。 口腔粘膜の損傷や出血の予防，吸引時間短縮のため，吸引圧は事前に設定されている圧を守る。 ※吸引チューブをとどめておくと，粘膜への吸い付きが起こる場合もあるので，吸引チューブを回したり，ずらしたりしながら圧が1カ所にかからないように留意する。 ※開口しない，吸引チューブを噛むなどの場合は，バイトブロックなどを用いたり，2名体制で行うなど工夫する。途中で吸引	・口鼻マスクまたは鼻マスクの着脱等操作による呼吸状態の変調 ・吸引時間が長くなることによる低酸素状態 ・吸引中に，突然口を閉じてしまうことにより指を損傷する危険性があるため十分に注意する。	・口腔内のしくみ ・口鼻マスクまたは鼻マスクの取り扱い ・出現する危険がある事柄 ・吸引の操作，技術 ・緊急，症状出現時の気づき方と対応

STEP 4　実施

吸引について利用者に説明し，吸引を適切かつ安全に実施し，安全に行われたかどうかを確認する。

プロセス	内　容	実施者	留意事項	考えられる主なリスク	必要な知識・技術
4)	※口鼻マスクまたは鼻マスクをはずすまたは変更した場合は元に戻す。 ⑨吸引チューブの外側を清浄綿等で拭く。 ⑩洗浄水を吸引し，吸引チューブ内側の汚れを落とす。 ※１回で吸引しきれなかった場合は，呼吸の状態が落ち着くまで休んで，もう一度，②～⑩を行う。	看護職員 介護職員	チューブを噛んでしまう場合は，無理に吸引チューブを引っ張らず，ずらしながら開口時にはずす。 口鼻マスクまたは鼻マスクをはずすまたは変更した場合は，元に戻すことを忘れない。		
5)	実施後の片づけ ・（セッシを持っている場合）セッシを戻す。 ・吸引器の電源を切る。 ・吸引チューブを連結管からはずす。 ・保管容器に吸引チューブを入れておく。	看護職員 介護職員	唾液等は多くの細菌等を含んでいるためにまず，吸引チューブ外側を清拭し，次に，水を通すことによって，吸引チューブ内側を清潔にし，適切に管理する。 吸引チューブを噛んでしまう利用者の場合，吸引チューブに損傷がないか，よく観察をする。浸漬法の場合，消毒剤入り保存液，水の順で吸引することもある。		・感染予防 ・吸引の操作，技術 ・吸引器の取り扱い
6)	手袋をはずす（手袋を使用している場合）	看護職員 介護職員			
7)	利用者に吸引終了の声かけを行い，姿勢を整える。	看護職員 介護職員	吸引が終了したことを告げ，ねぎらいの言葉をかける。痰が取りきれたかどうかを確認する。吸引後の安楽な姿勢を整える	・吸引による苦情や不満	・吸引実施後の気持ちの確認の必要性 ・安楽な姿勢のとり方

④口腔内〔人工呼吸器装着者（非侵襲的人工呼吸療法の者を含む）〕

STEP 4　実施

吸引について利用者に説明し，吸引を適切かつ安全に実施し，安全に行われたかどうかを確認する。

プロセス	内　容	実施者	留意事項	考えられる主なリスク	必要な知識・技術
8)	人工呼吸器の作動状況の確認	看護職員 介護職員	胸の上がり具合を確認し，呼吸器の正常作動を確認する。 固定位置・固定の強さ，皮膚の状態などを確認する。		• 吸引に必要な物品の取り扱い • 人工呼吸器の取り扱い
9)	口鼻マスクまたは鼻マスクの確認	看護職員 介護職員	口鼻マスクまたは鼻マスクを変更した場合は，元に戻したことを確認する。		• 口鼻マスクまたは鼻マスクの取り扱い
10)	吸引物および利用者の状態を観察する。	看護職員 介護職員	利用者の状態，吸引した物の量，性状，異常の有無等を観察する。	• 観察漏れ	• 観察内容 • 観察技術
11)	利用者の吸引前の状態と吸引後の状態変化を観察する。 （観察項目） • 顔色 • 呼吸の状態 • 分泌物等の残留の有無等	看護職員 介護職員	吸引実施後に，利用者の状態が変化してないか等を観察するとともに，低酸素状態の確認については，パルスオキシメーターを用いて確認する。 また実施直後は問題なくても，その後状態変化がみられる危険性もあるため，顔色が青白くなったり，呼吸が速くなる等の異常がある場合は，直ちに，医師および看護職員に連絡する。 ※経鼻経管栄養を実施している人が対象の場合は吸引後に経鼻経管栄養チューブが口腔内に出てきていないかを確認する。	• 低酸素状態の出現 • 全身状態の変化	• 低酸素状態の症状 • 観察技術 • 緊急，症状出現時の対応
12)	手洗い	看護職員 介護職員	石けんと流水で手洗いをする（またはすり込み式のアルコール製剤による手指消毒を行う）。		• 清潔・不潔の知識 • 手洗いの方法

STEP 5　報告

吸引実施後の利用者の状態を看護職員に報告する。

プロセス	内　容	実施者	留意事項	考えられる主なリスク	必要な知識・技術
1）	介護職員が吸引を行った場合は看護職員に報告する。 （報告項目） • 利用者の全身状態 • 吸引した物の量，性状等	看護職員 介護職員	吸引中・吸引後の利用者の状態，吸引した物の量，性状，異常の有無等を報告する。 看護職員は，介護職員からの報告を受け，異常があった場合は，再度観察および確認をする。 日常的に医師・看護職員との連携をとることが望ましい。 ※経鼻経管栄養を実施している人が対象の場合は吸引後に経鼻経管栄養チューブが口腔内に出てきていないことを確認する。	• 記載漏れ	• 緊急，症状出現時の対応
2）	人工呼吸器が正常に作動していること・口鼻マスクまたは鼻マスクの装着感が通常どおりであることを報告する。	看護職員 介護職員	吸引後，口鼻マスクまたは鼻マスクの着脱にともない呼吸が変動する可能性もあるため，マスクからの空気の漏れや人工呼吸器回路等が実施前と同じ状態になっていることを報告する。	• 人工呼吸器の着脱にともなう呼吸状態の悪化 • 不適切な口鼻マスクまたは鼻マスクの取り扱いにともなう皮膚の損傷	• 人工呼吸器装着に起こりうる危険性 • 口鼻マスクまたは鼻マスクの取り扱い
3）	ヒヤリハット・アクシデントの実際と報告 （報告項目） • いつ • どこで • 誰が • どのように • どうしたか • どうなったか • 人工呼吸器による不具合の状況	看護職員 介護職員	※いつもと違う変化が，「ヒヤリハット・アクシデント」に相当する出来事であるかどうかの判断が困難な場合があるため，介護職員はいつもと違った変化については看護職員に報告し，看護職員が「ヒヤリハット・アクシデント」に相当する出来事であるかを判断する。	• ヒヤリハット・アクシデントの見過ごし	• ヒヤリハット・アクシデントの実際 • 人工呼吸器装着者への喀痰吸引により生じる主な危険の種類と危険防止のための留意点

④口腔内〔人工呼吸器装着者（非侵襲的人工呼吸療法の者を含む）〕

STEP 6　片づけ

吸引びんや吸引器の後片づけを行う。

プロセス	内　容	実施者	留意事項	考えられる主なリスク	必要な知識・技術
1）	吸引びんの排液量が 70～80% になる前に排液を捨てる。	看護職員 介護職員	機器の故障を防ぐため，適切に管理する。吸引の内容物によっては感染源となりうるものもあるので，その場合は施設が定めた指針に従い処理する。 ［居宅においては，1日1回吸引びんの内容物を廃棄して，吸引びんを洗浄する。］	• 使用後の消毒の不備による感染症のまん延 • 後片づけを実施する者の取り扱いの不備による職員の感染	• 吸引に関連する感染症 • 感染予防 • 機器の取り扱い（メンテナンス）
2）	使用物品を後片づけ / 交換する。 • 吸引チューブや綿・消毒剤入り保存液・水などの不足の有無と補充 ①食事時のみに使用する場合 ②食事時以外でも使用する場合 ③緊急時のみに使用する場合	看護職員 介護職員	使用が終了した機器等は事故予防や故障予防のため，できる限り速やかに持ち帰ることが望ましい。 次回の使用時に備えて，不足しているものを補充する。 吸引チューブに損傷を認めた場合や（消毒）保存液等に浮遊物などを確認したら速やかに交換する。 吸引チューブや保管容器，清浄綿等などの必要物品は定期的に交換する。 施設が定めた保管場所に保管する。 ベッドサイドでも使用する場合は，使用しやすい位置に配置する。 緊急時に備え，いつでも使用できるようにメンテナンスをしておく。	• 機器の故障 • 機器の放置による事故	• リスクマネジメント • ヒヤリハット・アクシデントの実際（介護現場で発生しうる事故等） • 必要物品清潔保持の仕方 • 機器の取り扱い（メンテナンス）

STEP 7　記録

吸引の実施について，その内容等を記録する。

プロセス	内　容	実施者	留意事項	考えられる主なリスク	必要な知識・技術
1）	ケア実施の証明および今後のケアプランに活用できるように記録しておく。 （記録の内容） ・実施時刻 ・吸引した内容物の種類や性状および量 ・一般状態 ・特記事項 ・実施者名 ・利用者の訴え	看護職員 介護職員	客観的に記録し，共通認識できる用語や表現を使用する。 ケア実施後は速やかに記録することが望ましい。	・記載間違い	・記録の意義，内容，方法 ・一連のケアにかかわる用語

⑤鼻腔内〔人工呼吸器装着者（非侵襲的人工呼吸療法の者を含む）〕

STEP 1　安全管理体制確保

安全に吸引が実施できる者を選定することおよび緊急時に備える。

プロセス	内　容	実施者	留意事項	考えられる主なリスク	必要な知識・技術
1)	利用者の状態に関する情報を共有し，報告・連絡・相談等の連携体制を確保する（急変・事故発生時の対策を含む）。	医師 看護職員 介護職員	吸引は，まれに迷走神経反射や低酸素状態等を引き起こす危険性もあり，職員間の連携が重要である。 非侵襲的人工呼吸療法（以下，NPPV）により口鼻マスクまたは鼻マスクを装着している人に対する鼻腔内吸引では，口鼻マスクまたは鼻マスクを装着して換気することにともなう危険性や適切な着脱による呼吸の安全性を十分留意する必要があるため，特に注意が必要である。 居宅においては，介護職員が実施する前または同時に看護職員が訪問をして，看護職員との連携を図る。特に，NPPV を装着している利用者の場合には，気道確保がされていない危険があり，人工呼吸器の作動状況なども含めた看護師による実施前の確認が必要である。		• 医師，看護職員，介護職員間の報告・連絡・相談等の連携体制 • 医療的行為に関連する関係法規 • 非侵襲的人工呼吸療法を要する状態
			急変・事故発生時の連絡体制と連絡網を整備する。 急変・事故発生時の対応マニュアルをすぐ活用できるようにしておく。	• 連絡網の紛失や変更時の修正漏れ	• 緊急を要する状態の把握 • 観察技術
2)	初の実施時および状態変化時については，①看護職員のみで実施すべきか，看護職員と介護職員で協働して実施できるか，②	医師	特に，24 時間 NPPV 装着を要する場合や病状の不安定な場合の協働については，慎重な判断が必要となる。 ※利用者の状態によっては，吸引時に激しい抵抗を示す場合があ		• 看護職員・介護職員の知識・技術の程度 • 医療的行為に関連する関係法規

STEP 1　安全管理体制確保

安全に吸引が実施できる者を選定することおよび緊急時に備える。

プロセス	内　容	実施者	留意事項	考えられる主なリスク	必要な知識・技術
2)	利用者について喀痰吸引を実施する介護職員について，看護職員と連携の下，医師が承認する。	医師	り，危険をともなうと判断した場合には，看護職員による実施や安全策を検討する。 施設においては，配置医または実施施設と連携している医師が承認する。 居宅においては，利用者のかかりつけ医が承認する。 状態像の変化等により介護職員等が実施することに適さない事例もあることから，実施可能かどうかについては，個別に，医師が判断する。		

STEP 2-①　観察判断

口腔内および全身の状態を観察し，吸引の必要性を判断する。

プロセス	内　容	実施者	留意事項	考えられる主なリスク	必要な知識・技術
1)	利用者の口腔内，鼻腔内および全身状態を観察し，吸引の必要性および看護職員と介護職員が協働して実施できるか看護職員のみが実施すべきかを医師の指示および利用者の状態等から確認する。	看護職員	医師からの包括的指示や利用者の状態等をもとに看護職員と介護職員が協働して実施できるか看護職員のみで実施すべきかを判断する。 鼻腔内の出血や腫れ，人工呼吸器による換気にともなう呼吸状態等を観察し，吸引の刺激による悪化の可能性等から吸引の可否を確認する。 特に，24時間NPPV装着を要する場合や病状の不安定な場合の協働については，慎重な対応が必要となり，総合的に利用者の状態に関する情報をアセスメントし，判断する。 ※利用者の状態によっては，吸引時に激しい抵抗を示す場合があり，危険をともなうと判断した場合には，看護職員による実施や安全策を検討する。		看護職員が実施すべき利用者の状態

⑤鼻腔内〔人工呼吸器装着者（非侵襲的人工呼吸療法の者を含む）〕

STEP 2-①　観察判断

口腔内および全身の状態を観察し，吸引の必要性を判断する。

プロセス	内　容	実施者	留意事項	考えられる主なリスク	必要な知識・技術
1）		看護職員	施設においては，毎朝または当該日の第 1 回目の実施時に状態を観察する。 居宅においては，1 日 1 回以上，状態を観察する。		

STEP 2-②　観察

口腔内，鼻腔内および全身の状態を観察し，吸引の必要性を確認する。

プロセス	内　容	実施者	留意事項	考えられる主なリスク	必要な知識・技術
1）	利用者の状態を観察する。 （観察項目） ・鼻腔内の状態 （出血や損傷の有無等） ・全身状態 （意識レベル，覚醒の状況，呼吸状態等） ・むせこみの有無 ・鼻腔～咽頭にかけての貯留物の位置 ・利用者の訴え ・人工呼吸器の作動状況 ・口鼻マスクまたは鼻マスクの位置，皮膚の状態	看護職員 介護職員	利用者本人の協力が得られる場合は，説明を行い，鼻腔内を観察する。 咀嚼・嚥下は意識レベルや覚醒状況にも左右されるため，バイタルサインや鼻腔内の状態に加え，全身状態も観察しておく。 人工呼吸器の定期的な点検の下，作動状況の確認を行う（看護職員）。 24 時間 NPPV 装着が必要な場合は，マスクをはずしての鼻腔内の観察が困難な場合がある。 ※吸引が必要な状態を判断するにあたっては，個々の利用者の状態や前後のケア（食後・体位の変換後や入浴前後など）の状況によって異なるため，事前に看護職員に確認をしておく。 ※利用者個々に適した吸引チューブや吸引圧・吸引時間・吸引の深さおよび個々の吸引の留意点について，事前に看護職員に確認をしておく。	・分泌物等の貯留物や義歯の気道内への落ち込み ・上記および NPPV の送気による誤嚥・窒息 ・利用者の精神的興奮や観察の理解が得られないことによる観察不足 ・人工呼吸器の不具合	・鼻腔から気管支までおよび肺のしくみとはたらき ・痰および唾液を増加させる疾患・状態 ・観察技術 ・人工呼吸器の取り扱い ・口鼻マスクまたは鼻マスクの取り扱い

STEP 3　準備

吸引に関する医師等の指示の確認を行い，必要物品を準備する。

プロセス	内　容	実施者	留意事項	考えられる主なリスク	必要な知識・技術
1）	医師の指示等の確認を行う。	看護職員 介護職員	医師の指示および看護職員からの吸引に関する指示，引き継ぎ事項の確認を行う。	• 指示内容や情報の確認不足	• 医師による指示内容の確認方法
2）	手洗いを行う。	看護職員 介護職員	石けんと流水で手洗いを行う（またはすり込み式のアルコール製剤による手指消毒を行う）。 ※吸引実施前に，他のケア（清拭やおむつ交換など）をして，その後に吸引をする場合もあるため，吸引の前には必ず，手洗いまたはすり込み式のアルコール製剤による手指消毒により手指を清潔にする。		• 清潔・不潔の知識 • 手洗いの方法
3）	必要物品を揃え，作動状況等を点検確認する。	看護職員 介護職員	ケアの途中で物品を取りに行くことがないよう，必要物品を揃えておく。 また吸引器が正常に作動するかを事前に点検しておく。	• 吸引器の誤作動による吸引のトラブル	• 吸引に必要な物品 • 吸引器のしくみ，吸引器の取り扱い
4）	必要物品を利用者のもとに運ぶ。 ※食事の際は緊急時に備え，すぐに吸引できるように，あらかじめ準備をしておく。	看護職員 介護職員	使用しやすい位置に物品を置いておく。 吸引チューブを保管しておくために消毒剤を使用する場合があるが，誤飲等が起きないよう注意する。 すぐに使用できるように，誤嚥や気道閉塞（窒息）の危険がある利用者のそばに置いておく。	• 吸引チューブを保管するための消毒液の誤飲よる中毒	• 消毒剤の副作用 • 誤嚥や気道閉塞（窒息）を引き起こす事柄

⑤鼻腔内〔人工呼吸器装着者（非侵襲的人工呼吸療法の者を含む）〕

STEP 4　実施

吸引について利用者に説明し，吸引を適切かつ安全に実施し，安全に行われたかどうかを確認する。

プロセス	内　容	実施者	留意事項	考えられる主なリスク	必要な知識・技術
1）	説明・環境整備 ・利用者に吸引の説明をする。 ・プライバシー保護のため，必要に応じてカーテン・スクリーンをする。 ・吸引を受けやすい姿勢に整える。	看護職員 介護職員	※まずは，吸引器を使用しないで除去を試みるが，分泌物等の貯留物の量や貯留部位および水分が多い場合または吸引のほうが利用者の苦痛・不安が少ない場合に実施する。 吸引は利用者の協力が不可欠であり，十分説明をしたあとに実施する。 苦痛をともなう処置のためプライバシーの保護に努める。 誤嚥の防止のために，顔を横に向ける。		・観察技術 ・鼻腔清潔の技術 ・吸引器を用いない排痰介助 ・吸引の方法 ・事前説明の必要性と方法 ・吸引を受けやすい姿勢
2）	吸引前の観察 （観察項目） ・鼻腔内の状態（出血や損傷の有無） ・鼻腔内の分泌物等の貯留物 ・口鼻マスクまたは鼻マスクの位置，皮膚の状態		鼻腔内の状況は朝など，看護職員により観察され，異常がないことを確認されているが，実施前には再度，実施者の目で観察することが重要である。異常がある場合には，担当の看護職員に連絡する。 観察のため，マスクをはずすことが必要になる。呼吸状態の変動に十分な注意が必要になる。	・観察不足による異常の見落とし	・鼻腔内のしくみ ・観察技術 ・口鼻マスクまたは鼻マスクの取り扱い
3）	手袋の着用またはセッシをもつ。 ※直前に，アルコール製剤等による手指消毒をする	看護職員 介護職員	手袋を着用するか，または手洗い後清潔にセッシ（吸引チューブを挟んでもつ大きなピンセット状の器具）をもつ。		・清潔・不潔の知識
4）	吸引の実施 ※口鼻マスクまたは鼻マスクの着脱 ①保管容器に入れてある吸引チューブを取り出し，吸引器と連結管で連結する。	看護職員 介護職員	吸引チューブを連結管と接続したら，周囲に触れないよう注意する。事故予防のため，清潔な水を吸引して，吸引力を観察し，適切な吸引力の設定を確認する。	・吸引器の故障	・吸引器のしくみ ・吸引器の取り扱い ・必要物品の清潔保持 ・吸引器の作動確認方法
	②（浸漬法の場合，）吸引チューブ外側を連結部から先端まですべて清浄綿等で拭く。		吸引チューブを再利用する場合，浸漬法（消毒剤入り保管容器に吸引チューブを浸して保管する方法），乾燥法（保管容器に吸引チューブを乾燥させて保管する方法）がある。	・消毒剤が体内に入ることによるショック	・消毒剤の作用，副作用

STEP 4　実施

吸引について利用者に説明し，吸引を適切かつ安全に実施し，安全に行われたかどうかを確認する。

プロセス	内　容	実施者	留意事項	考えられる主なリスク	必要な知識・技術
4)	③吸引器の電源を入れて，水の入った容器へ吸引チューブを入れ，吸引力が事前に取り決められた設定になることを確認する。 ④吸引チューブの先端の水をよく切る。 ⑤利用者に吸引の開始について声かけをする。 ⑥吸引チューブを静かに挿入する。 ⑦鼻腔内の分泌物等の貯留物を吸引する。 ⑧吸引チューブを静かに抜く。 ※口鼻マスクまたは鼻マスクをはずした場合は元に戻す ⑨吸引チューブの外側を清浄綿等で拭く。 ⑩洗浄水を吸引し，吸引チューブ内側の汚れを落とす。	看護職員 介護職員	浸漬法の場合は，吸引チューブを清浄綿等で拭き，消毒剤を十分に洗い流すためにも，水を十分吸引する。 ※アルコール綿で拭く場合には，吸引チューブを十分に乾燥させる。 鼻腔入り口は，粘膜が薄く，毛細血管があるため出血をきたしやすいので，十分注意する。 ※マウスピース以外の口鼻マスクおよび鼻マスクの場合は，挿入のため，マスクをはずすことが必要になる。実施手順のうちのどの時点で，行うかは対象ごとに呼吸の状態によって考慮する必要があるが，呼吸状態の変動に十分な注意が必要になる。 鼻腔粘膜の損傷や出血の予防，吸引時間短縮のため，吸引圧は事前に設定されている圧を守る。 ※吸引チューブをとどめておくと，粘膜への吸い付きが起こる場合もあるので，吸引チューブを回したり，ずらしたりしながら圧が1カ所にかからないように留意する。	•吸引操作による鼻腔粘膜の損傷，出血 •嘔気，嘔吐の誘発 •吸引チューブが誤って深く挿入された場合の迷走神経反射の出現 •吸引時間が長くなることによる低酸素状態	•鼻腔内のしくみ •口鼻マスクまたは鼻マスクの取り扱い •出現する危険がある事柄 •吸引の操作，技術 •緊急，症状出現時の気づき方と対応

⑤鼻腔内〔人工呼吸器装着者（非侵襲的人工呼吸療法の者を含む）〕

STEP 4　実施

吸引について利用者に説明し，吸引を適切かつ安全に実施し，安全に行われたかどうかを確認する。

プロセス	内　容	実施者	留意事項	考えられる主なリスク	必要な知識・技術
4)	※１回で吸引しきれなかった場合は，呼吸の状態が落ち着くまで休んで，もう一度，②～⑩を行う	看護職員 介護職員			
5)	実施後の片づけ •（セッシを持っている場合）セッシを戻す。 •吸引器の電源を切る。 •吸引チューブを連結管からはずす。 •保管容器に吸引チューブを入れておく。	看護職員 介護職員	鼻汁等は多くの細菌等を含んでいるためにまず，吸引チューブ外側を清拭し，次に，水を通すことによって，吸引チューブ内側を清潔にし，適切に管理する。		•感染予防 •吸引の操作，技術 •吸引器の取り扱い
6)	手袋をはずす（手袋を使用している場合）。	看護職員 介護職員			
7)	利用者に吸引終了の声かけを行い，姿勢を整える。	看護職員 介護職員	吸引が終了したことを告げ，ねぎらいの言葉をかける。痰が取りきれたかどうかを確認する。吸引後の安楽な姿勢を整える。		•吸引実施後の気持ちの確認の必要性 •安楽な姿勢のとり方
8)	人工呼吸器の作動状況の確認	看護職員 介護職員	胸の上がり具合を確認し，呼吸器の正常作動を確認する。 固定位置・固定の強さ，皮膚の状態などを確認する。		•人工呼吸器の取り扱い
9)	口鼻マスクまたは鼻マスクの確認	看護職員 介護職員	口鼻マスクまたは鼻マスクを元に戻したことを確認する。		•口鼻マスクまたは鼻マスクの取り扱い
10)	吸引物および利用者の状態を観察する。	看護職員 介護職員	利用者の状態，吸引した物の量，性状，異常の有無等を観察する。	•観察漏れ	•観察内容 •観察技術
11)	利用者の吸引前の状態と吸引後の状態変化を観察する。 （観察項目） •顔色	看護職員 介護職員	吸引実施後に，利用者の状態が変化してないか等を観察するとともに，低酸素状態の確認については，パルスオキシメーターを用いて確認する。	•低酸素状態の出現 •全身状態の変化	•低酸素状態の症状 •観察技術 •緊急，症状出現時の対

STEP 4　実施

吸引について利用者に説明し，吸引を適切かつ安全に実施し，安全に行われたかどうかを確認する。

プロセス	内　容	実施者	留意事項	考えられる主なリスク	必要な知識・技術
11)	・呼吸の状態 ・鼻血や口腔内への血液の流れ込みの有無 ・分泌物等の残留の有無等	看護職員 介護職員	また実施直後は問題なくても，その後状態変化がみられる危険性もあるため，顔色が青白くなったり，呼吸が速くなる等の異常がある場合は，直ちに，医師および看護職員に連絡する。 ※経鼻経管栄養を実施している人が対象の場合は吸引後に経鼻経管栄養チューブが口腔内に出てきていないかを確認する。		応
12)	手洗い	看護職員 介護職員	石けんと流水で手洗いをする（またはすり込み式のアルコール製剤による手指消毒を行う）。		・清潔・不潔の知識 ・手洗いの方法

⑤鼻腔内〔人工呼吸器装着者（非侵襲的人工呼吸療法の者を含む）〕

STEP 5　報告

吸引実施後の利用者の状態を看護職員に報告する。

プロセス	内　容	実施者	留意事項	考えられる主なリスク	必要な知識・技術
1）	介護職員が吸引を行った場合は看護職員に報告する。 （報告項目） ・利用者の全身状態 ・吸引した物の量，性状等	看護職員 介護職員	吸引中・吸引後の利用者の状態，吸引した物の量，性状，異常の有無等を報告する。 看護職員は，介護職員からの報告を受け，異常があった場合は，再度観察および確認をする。 日常的に医師・看護職員との連携をとることが望ましい。 ※経鼻経管栄養を実施している人が対象の場合は吸引後に経鼻経管栄養チューブが口腔内に出てきていないことを確認する。	・記載漏れ	・緊急，症状出現時の対応
2）	人工呼吸器が正常に作動していること・口鼻マスクまたは鼻マスクの装着感が通常どおりであることを報告する。	看護職員 介護職員	吸引後，口鼻マスクまたは鼻マスクの着脱にともない呼吸が変動する可能性もあるため，マスクからの空気の漏れや人工呼吸器回路等が実施前と同じ状態になっていることを報告する。 特に固定位置や固定の強さなどで，呼吸状態に微妙な影響を受けやすい場合があり，注意する。	・人工呼吸器の着脱にともなう呼吸状態の悪化 ・不適切な口鼻マスクまたは鼻マスクの取り扱いにともなう皮膚の損傷	・人工呼吸器装着に起こりうる危険性 ・口鼻マスクまたは鼻マスクの取り扱い
3）	ヒヤリハット・アクシデントの実際と報告 （報告項目） ・いつ ・どこで ・誰が ・どのように ・どうしたか ・どうなったか ・人工呼吸器による不具合の状況	看護職員 介護職員	※いつもと違う変化が，「ヒヤリハット・アクシデント」に相当する出来事であるかどうかの判断が困難な場合があるため，介護職員はいつもと違った変化については看護職員に報告し，看護職員が「ヒヤリハット・アクシデント」に相当する出来事であるかを判断する。	・ヒヤリハット・アクシデントの見過ごし	・ヒヤリハット・アクシデントの実際 ・人工呼吸器装着者への喀痰吸引により生じる主な危険の種類と危険防止のための留意点

STEP 6　片づけ

吸引びんや吸引器の後片づけを行う。

プロセス	内　容	実施者	留意事項	考えられる主なリスク	必要な知識・技術
1)	吸引びんの排液量が 70～80% になる前に排液を捨てる。	看護職員 介護職員	機器の故障を防ぐため，適切に管理する。吸引の内容物によっては感染源となりうるものもあるので，その場合は施設が定めた指針に従い処理する。 ［居宅においては，1 日 1 回吸引びんの内容物を廃棄して，吸引びんを洗浄する。］	• 使用後の消毒の不備による感染症のまん延 • 後片づけを実施する者の取り扱いの不備による職員の感染	• 吸引に関連する感染症 • 感染予防 • 機器の取り扱い（メンテナンス）
2)	使用物品を後片づけ / 交換する。 • 吸引チューブや綿・消毒剤入り保存液・水などの不足の有無と補充 ①食事時のみに使用する場合 ②食事時以外でも使用する場合 ③緊急時のみに使用する場合	看護職員 介護職員	使用が終了した機器等は事故予防や故障予防のため，できる限り速やかに持ち帰ることが望ましい。 次回の使用時に備えて，不足しているものを補充する。 吸引チューブに損傷を認めた場合や（消毒）保存液等に浮遊物などを確認したら速やかに交換する。 吸引チューブや保管容器，清浄綿等などの必要物品は定期的に交換する。 施設が定めた保管場所に保管する。 ベッドサイドでも使用する場合は，使用しやすい位置に配置する。 緊急時に備え，いつでも使用できるようにメンテナンスをしておく。	• 機器の故障 • 機器の放置による事故	• リスクマネジメント • ヒヤリハット・アクシデントの実際（介護現場で発生しうる事故等） • 必要物品清潔保持の仕方 • 機器の取り扱い（メンテナンス）

⑤鼻腔内〔人工呼吸器装着者（非侵襲的人工呼吸療法の者を含む）〕

STEP 7　記録

吸引に関連する内容等を記録する。

プロセス	内　容	実施者	留意事項	考えられる主なリスク	必要な知識・技術
1）	ケア実施の証明および今後のケアプランに活用できるように記録しておく。 （記録の内容） ・実施時刻 ・吸引した内容物の種類や性状および量 ・一般状態 ・特記事項 ・実施者名 ・利用者の訴え	看護職員 介護職員	客観的に記録し，共通認識できる用語や表現を使用する。 ケア実施後は速やかに記録することが望ましい。	・記載間違い	・記録の意義，内容，方法 ・一連のケアにかかわる用語

STEP 1　安全管理体制確保

安全に吸引が実施できる者を選定することおよび緊急時に備える。

プロセス	内　容	実施者	留意事項	考えられる主なリスク	必要な知識・技術
1)	利用者の状態に関する情報を共有し，報告・連絡・相談等の連携体制を確保する（急変・事故発生時の対策を含む）。	医師 看護職員 介護職員	気管カニューレ下端より肺側の気管内吸引は，まれに迷走神経反射，気管支れん縮，低酸素状態等を引き起こす危険性があり，職員間の連携が重要である。特に，人工呼吸器を使用している場合は取り扱いを十分に理解しておくこと。 居宅においては，介護職員が実施する前または同時に看護職員が訪問をして，看護職員との連携を図る。 特に，人工呼吸器を装着している利用者の場合には，人工呼吸器の作動状況なども含めた看護師と介護職員による実施前の確認が必要である。	• 不十分な連携体制	• 医師，看護職員，介護職員間の報告・連絡・相談等の連携体制 • 医療的行為に関連する関係法規 • 侵襲的人工呼吸療法を要する状態
			急変・事故発生時の連絡体制と連絡網を整備する。 急変・事故発生時の対応マニュアルをすぐ活用できるようにしておく。	• 連絡網の紛失や変更時の修正漏れ	• 緊急を要する状態の把握 • 観察技術
2)	初の実施時および状態変化時については，①看護職員のみで実施すべきか，看護職員と介護職員で協働して実施できるか，②利用者について喀痰吸引を実施する介護職員について，看護職員と連携の下，医師が承認する。	医師	特に，24時間NPPV装着を要する場合や病状の不安定な場合の協働については，慎重な判断が必要となる。 ※利用者の状態によっては，吸引時に激しい抵抗を示す場合があり，危険をともなうと判断した場合には，看護職員による実施や安全策を検討する。 施設においては，配置医または実施施設と連携している医師が承認する。 居宅においては，利用者のかかりつけ医が承認する。 状態像の変化等により介護職員等が実施することに適さない事例もあることから，実施可能かどうかについては，個別に，医師が判断する。		• 看護職員・介護職員の知識・技術の程度 • 医療的行為に関連する関係法規

⑥気管カニューレ内部〔人工呼吸器装着者（侵襲的人工呼吸療法）〕

STEP 2-① 観察判断

口腔内，鼻腔内，気管内および全身の状態を観察し，吸引の必要性を判断する。

プロセス	内容	実施者	留意事項	考えられる主なリスク	必要な知識・技術
1）	利用者の口腔，鼻腔，気管カニューレ内部および全身状態を観察し，吸引の必要性および看護職員と介護職員の協働による実施が可能かどうか等を確認する。	看護職員	医師からの包括的指示や利用者の状態等をもとに看護職員と介護職員が協働して実施できるか看護職員のみで実施すべきかを判断する。 気管カニューレや全身状態や痰の貯留状況，人工呼吸器による呼吸状態等を観察し，吸引の刺激による悪化の可能性等から吸引の可否を確認する。 総合的に利用者の状態に関する情報をアセスメントし，判断する。 カフつきの気管カニューレの場合にはカフエアの確認を行う。 ※利用者の状態によっては，吸引時に激しい抵抗を示す場合があり，危険をともなうと判断した場合には，看護職員による実施や安全策を検討する。 施設においては，毎朝または当該日の第 1 回目の実施時に状態を観察する。 ［居宅においては，定期的に，状態を観察する。ただし，居宅においては，介護職員が実施する前または同時に看護職員が訪問をして，吸引の適応であるか，介護職員と協働して実施できるかの確認をすることが望ましい。］		• 看護職員が実施すべき利用者の状態

STEP 2-② 観察

口腔内，鼻腔内，気管内および全身の状態を観察し，吸引の必要性を確認する。

プロセス	内　容	実施者	留意事項	考えられる主なリスク	必要な知識・技術
1）	利用者の状態を観察する。 （観察項目） ・気管カニューレ周囲の状態 （出血やびらんの有無等） ・気管内の状態 （出血や損傷の有無等） ・咳嗽反射の有無 ・全身状態 （意識レベル，覚醒の状況，呼吸状態等） ・利用者の訴え （息苦しさ，痰がたまっている，痰が出しにくい等） ・人工呼吸器の作動状況	看護職員 介護職員	利用者本人の協力が得られる場合は，説明を行う。 バイタルサインや気管カニューレの状態に加え，全身状態も観察しておく。 カフつきの気管カニューレの場合にはカフエアの確認を行う。 人工呼吸器の定期的な点検の下，作動状況の確認を行う。 ※吸引が必要な状態を判断するにあたっては，個々の利用者の状態や前後のケア（食後・体位の変換後や入浴前後など）の状況によって異なるため，事前に看護職員に確認をしておく。 ※利用者個々に適した吸引チューブや吸引圧・吸引時間・吸引の深さおよび個々の吸引の留意点について，事前に看護職員に確認をしておく。	・利用者の精神的興奮や観察の理解が得られないことによる観察不足 ・人工呼吸器の不具合	・口腔から気管支までおよび肺のしくみとはたらき ・痰および唾液を増加させる疾患・状態 ・気管カニューレのしくみと取り扱い上の留意点 ・人工呼吸器の取り扱い ・観察技術

⑥気管カニューレ内部〔人工呼吸器装着者（侵襲的人工呼吸療法）〕

STEP 3　準備

吸引に関する医師等の指示の確認を行い，必要物品を準備する。

プロセス	内　容	実施者	留意事項	考えられる主なリスク	必要な知識・技術
1）	医師の指示等の確認を行う。	看護職員 介護職員	医師の指示および看護職員からの吸引に関する指示，引き継ぎ事項の確認を行う。	•指示内容や情報の確認不足	•医師による指示内容の確認方法
2）	手洗いを行う。	看護職員 介護職員	石けんと流水で手洗いを行う（またはすり込み式のアルコール製剤による手指消毒を行う）。 ※吸引実施前に，他のケア（清拭やおむつ交換など）をして，その後に吸引をする場合もあるため，吸引の前には必ず，手洗いまたはすり込み式のアルコール製剤による手指消毒により手指を清潔にする。		•清潔・不潔の知識 •手洗いの方法
3）	必要物品を揃え，作動状況等を点検確認する。	看護職員 介護職員	ケアの途中で物品を取りに行くことがないよう，必要物品を揃えておく。 また吸引器が正常に作動するかを事前に点検しておく。	•吸引器の誤作動による吸引のトラブル（過吸引等）	•吸引に必要な物品 •吸引器のしくみ，吸引器の取り扱い
4）	必要物品を利用者のもとに運ぶ。 ※居宅では，すぐに使用できるよう利用者のそばに置いてあることが多い。	看護職員 介護職員	使用しやすい位置に物品を置いておく。 吸引チューブを保管しておくために消毒剤を使用するが，誤飲等が起きないよう注意する。 すぐに使用できるように，気道閉塞（窒息）の危険がある利用者のそばに置いておく。	•吸引チューブを保管するための消毒液の誤飲よる中毒	•消毒剤の副作用

STEP 4　実施

吸引について利用者に説明し，吸引を適切かつ安全に実施し，安全に行われたかどうかを確認する。

プロセス	内　容	実施者	留意事項	考えられる主なリスク	必要な知識・技術
1)	説明・環境整備 ・利用者に吸引の説明をする。 ・プライバシー保護のため，必要に応じてカーテン・スクリーンをする。 ・吸引を受けやすい姿勢に整える。	看護職員 介護職員	吸引は利用者の協力が不可欠であり，十分説明をしたあとに実施する。 苦痛をともなう処置のためプライバシーの保護に努める。 姿勢によっては，吸引チューブを挿入しにくい場合もあり，十分留意する		・吸引の方法 ・事前説明の必要性と方法
2)	吸引前の観察 （観察項目） ・気管内の状態 ・気管内の分泌物等の貯留物 ・気管カニューレ周囲や固定の状態（出血や損傷の有無） ・人工呼吸器の作動状況	看護職員 介護職員	気管カニューレの状況は，実施前に実施者の目で観察することが重要である。異常がある場合には，担当の看護職員に連絡する。	・観察不足による異常の見落とし	・口腔，気道内，肺のしくみとはたらき ・気管カニューレのしくみと取り扱い上の留意点 ・観察技術
3)	手袋の着用またはセッシをもつ ※直前に，アルコール製剤等による手指消毒をする。	看護職員 介護職員	基本的には滅菌された清潔な手袋を両手に着用するか，または手洗い後清潔にセッシ（吸引チューブを挟んでもつ大きなピンセット状の器具）をもつ。		・清潔・不潔の知識
4)	吸引の実施 ①保管容器に入れてある吸引チューブを取り出し，吸引器と連結管で連結する。 ②（浸漬法の場合，）吸引チューブ外側を連結部から先端まですべて清浄綿等で拭く。	看護職員 介護職員	原則として無菌操作で行うが，厳密な無菌操作が行えない場合には，清潔を遵守する。 吸引チューブをセッシで扱う場合もある。吸引チューブを取り出した後は，周囲に触れないよう注意する。 吸引チューブは原則として単回利用とするが，吸引チューブを再利用する場合，浸漬法（消毒剤入り保管容器に吸引チューブを浸して保管する方法），乾燥法（保管容器に吸引チューブを乾燥させて保管する方法）がある。	・吸引器の故障	・吸引器のしくみ ・吸引器の取り扱い ・吸引器の作動確認方法 ・必要物品の清潔保持方法 ・消毒剤の作用，副作用

⑥気管カニューレ内部〔人工呼吸器装着者（侵襲的人工呼吸療法）〕

STEP 4　実施

吸引について利用者に説明し，吸引を適切かつ安全に実施し，安全に行われたかどうかを確認する。

プロセス	内　容	実施者	留意事項	考えられる主なリスク	必要な知識・技術
4)	③吸引器の電源を入れて，原則として滅菌精製水の入った容器へ吸引チューブを入れ，吸引圧が事前に取り決められた設定になることを確認する。	看護職員 介護職員	浸漬法の場合は，吸引チューブを清浄綿等で拭き，滅菌精製水を十分吸引し，消毒剤を洗い流す。	• 消毒剤が体内に入ることによるショック	
	④吸引チューブの先端の水をよく切る。		※アルコール綿で拭く場合には，吸引チューブを十分に乾燥させる。		
	⑤利用者に吸引の開始について声かけをする。				
	⑥人工呼吸器のコネクターをはずす。		コネクターをはずす際，気管カニューレを抑えすぎたり，引っ張りすぎたりしないよう，十分な注意が必要である。 人工呼吸器の吸気を確認して行う。 はずした後の回路は不潔にならないよう，保持する。		• 口腔，気道内，肺のしくみ • 人工呼吸器の取り扱い • 出現する危険がある事柄
	⑦吸引チューブを静かに挿入する。		吸引チューブの根元を折らず，圧をかけた状態で，所定の位置まで静かに挿入する。 気管カニューレの長さ以上の部分までは挿入しないように注意する。	• 吸引操作による気道粘膜の損傷，出血	• 吸引の操作，技術 • 緊急，症状出現時の気づき方と対応 • 感染予防
	⑧気管カニューレ内部の分泌物等の貯留物を吸引する。		気管内の損傷や出血の予防，吸引時間短縮のため，吸引圧は事前に設定されている圧を守る。 手袋の場合：吸引チューブを静かに，回し（こより）ながら，1カ所に圧がかからないように，分泌物を吸引する。 長時間にならないよう，適切な吸引時間（10～15秒以内）で行う。	• 吸引チューブが誤って深く挿入された場合に気道粘膜が刺激される。 • 吸引チューブが誤って深く挿入された場合の迷走神経反	

STEP 4　実施

吸引について利用者に説明し，吸引を適切かつ安全に実施し，安全に行われたかどうかを確認する。

プロセス	内容	実施者	留意事項	考えられる主なリスク	必要な知識・技術
	⑨吸引チューブを静かに抜く。 ⑩人工呼吸器のコネクターを元に戻す。 ⑪吸引チューブの外側を清浄綿等で拭く。 ⑫滅菌精製水を吸引し吸引チューブ内側を清掃する。 ※１回で吸引しきれなかった場合は，呼吸の状態が落ち着くまで休んで，もう一度，③～⑫を行う。		人工呼吸器が正常に作動していることを確認する。 気管カニューレとの接続が不十分な場合，送気が十分にならないため注意が必要。 回路を元に戻している際，吸引チューブを清潔に保持する。	射の出現による徐脈，低血圧 • 吸引時間が長くなることによる低酸素状態 • 気道感染，肺炎 • 不整脈，徐脈，異常血圧	
5)	実施後の片づけ • 利用者への吸引終了後は滅菌精製水，消毒剤入り保存液の順で吸引する。 •（セッシを持っている場合）セッシを戻す。 • 吸引器の電源を切る。 • 吸引チューブを連結管からはず	看護職員 介護職員	分泌物は，多くの細菌等を含んでいるためにまず，吸引チューブ外側を清拭し，次に，滅菌精製水を通すことによって，吸引チューブ内側を清潔にし，適切に管理する。 浸漬法の場合，消毒剤入り保存液，滅菌精製水の順で吸引することもある。 吸引チューブを連結管からはずしたら，どこにも触れないよう保持し，速やかに保管容器に戻す。または単回使用の場合は原則として破棄する。		• 感染予防 • 吸引の操作，技術 • 吸引器の取り扱い

⑥気管カニューレ内部〔人工呼吸器装着者（侵襲的人工呼吸療法）〕

STEP 4　実施

吸引について利用者に説明し，吸引を適切かつ安全に実施し，安全に行われたかどうかを確認する。

プロセス	内　容	実施者	留意事項	考えられる主なリスク	必要な知識・技術
5)	す。 ・保管容器に吸引チューブを入れておく。または単回使用の場合は原則として破棄する。	看護職員 介護職員			
6)	手袋をはずす（手袋を使用している場合）	看護職員 介護職員			
7)	利用者に吸引終了の声かけを行い，姿勢を整える。	看護職員 介護職員	吸引後が終了したことを告げ，ねぎらいの言葉をかける。痰が取りきれたかどうかを確認する。吸引後の安楽な姿勢を整える。		・吸引実施後の気持ちの確認の必要性 ・安楽な姿勢のとり方
8)	人工呼吸器の作動状況の確認	看護職員 介護職員	人工呼吸器の正常作動を回路を含めて確認する。	・人工呼吸器の不具合	・吸引に必要な物品の取り扱い ・人工呼吸器の取り扱い
9)	吸引物および利用者の状態を観察する。	看護職員 介護職員	利用者の状態，吸引した物の量，性状，異常の有無等を観察する。	・観察漏れ	・観察内容 ・観察技術
10)	利用者の吸引前の状態と吸引後の状態変化を観察する。 （観察項目） ・顔色 ・呼吸の状態 ・気管内，気管カニューレ周囲の状況 ・全身状態等	看護職員 介護職員	吸引実施後に，利用者の状態が変化してないか等を観察するとともに，低酸素状態の確認については，パルスオキシメーターを用いて確認する。 また実施直後は問題なくても，その後状態変化がみられる危険性もあるため，顔色が青白くなったり，呼吸が速くなる等の異常がある場合は，直ちに，医師および看護職員に連絡する。 ※経鼻経管栄養を実施している人が対象の場合は吸引後に経鼻経管栄養チューブが口腔内に出てきていないかを確認する。	・低酸素状態の出現 ・全身状態の変化	・低酸素状態の症状 ・観察技術 ・緊急，症状出現時の対応
11)	手洗い	看護職員 介護職員	石けんと流水で手洗いをする（またはすり込み式のアルコール製剤による手指消毒を行う）。		・清潔・不潔の知識 ・手洗いの方法

STEP 5　報告

吸引実施後の利用者の状態を看護職員に報告する。

プロセス	内　容	実施者	留意事項	考えられる主なリスク	必要な知識・技術
1）	介護職員が吸引を行った場合は看護職員に報告する。 （報告項目） ・利用者の全身状態 ・吸引した物の量，性状等	看護職員 介護職員	吸引中・吸引後の利用者の状態，吸引した物の量，性状，異常の有無等を報告する。 看護職員は，介護職員からの報告を受け，異常があった場合は，再度観察および確認をする。 日常的に医師・看護職員との連携をとることが望ましい。 ※経鼻経管栄養を実施している人が対象の場合は吸引後に経鼻経管栄養チューブが口腔内に出てきていないことを報告する。	・記載漏れ	・緊急，症状出現時の対応
2）	人工呼吸器が正常に作動していることを報告する。	看護職員 介護職員	吸引後，人工呼吸器のコネクター着脱にともない呼吸が変動する可能性もあるため，コネクター接続部からの空気の漏れや人工呼吸器回路等が実施前と同じ状態になっていることを報告する。	・人工呼吸器の着脱にともなう呼吸状態の悪化	・人工呼吸器装着に起こりうる危険性
3）	ヒヤリハット・アクシデントの実際と報告 （報告項目） ・いつ ・どこで ・誰が ・どのように ・どうしたか ・どうなったか ・人工呼吸器による不具合の状況	看護職員 介護職員	※いつもと違う変化が，「ヒヤリハット・アクシデント」に相当する出来事であるかどうかの判断が困難な場合があるため，介護職員はいつもと違った変化については看護職員に報告し，看護職員が「ヒヤリハット・アクシデント」に相当する出来事であるかを判断する必要がある。	・ヒヤリハット・アクシデントの見過ごし	・ヒヤリハット・アクシデントの実際 ・人工呼吸器装着者への喀痰吸引により生じる主な危険の種類と危険防止のための留意点

⑥気管カニューレ内部〔人工呼吸器装着者（侵襲的人工呼吸療法）〕

STEP 6　片づけ

吸引びんや吸引器の後片づけを行う。

プロセス	内　容	実施者	留意事項	考えられる主なリスク	必要な知識・技術
1)	吸引びんの排液量が70～80%になる前に排液を捨てる。	看護職員 介護職員	機器の故障を防ぐため，適切に管理する。吸引の内容物によっては感染源となりうるものもあるので，その場合は施設が定めた指針に従い処理する。 居宅においては，1日1回吸引びんの内容物を廃棄して，吸引びんを洗浄する。	・使用後の消毒の不備による感染症のまん延 ・後片づけを実施する者の取り扱いの不備による職員の感染	・吸引に関連する感染症 ・感染予防 ・機器の取り扱い（メンテナンス）
2)	使用物品を後片づけ／交換する。 ・吸引チューブや綿・消毒剤入り保存液・滅菌精製水などの不足の有無と補充 ①食事時のみに使用する場合 ②食事時以外でも使用する場合 ③緊急時のみに使用する場合	看護職員 介護職員	使用が終了した機器等は事故予防や故障予防のため，できる限り速やかに持ち帰ることが望ましい。 次回の使用時に備えて，不足しているものを補充する。 吸引チューブに損傷を認めた場合や（消毒）保存液等に浮遊物を確認した際は速やかに交換する。 吸引チューブや保管容器，清浄綿等などの必要物品は定期的に交換する。 施設が定めた保管場所に保管する。 ベッドサイドでも使用する場合は，使用しやすい位置に配置する。 緊急時に備え，いつでも使用できるようにメンテナンスをしておく。	・機器の故障 ・機器の放置による事故	・リスクマネジメント ・ヒヤリハット・アクシデントの実際（介護現場で発生しうる事故等） ・必要物品清潔保持の仕方 ・機器の取り扱い（メンテナンス）

STEP 7　記録

吸引に関連する内容等を記録する。

プロセス	内　容	実施者	留意事項	考えられる主なリスク	必要な知識・技術
1）	ケア実施の証明および今後のケアプランに活用できるように記録しておく。 （記録の内容） • 実施時刻 • 吸引した内容物の種類や性状および量 • 特記事項 • 実施者名 • 利用者の訴え	看護職員 介護職員	客観的に記録し，共通認識できる用語や表現を使用する。 ケア実施後は速やかに記録することが望ましい。	• 記載間違い	• 記録の意義，内容，方法 • 一連のケアにかかわる用語

第Ⅲ部
高齢者および障害児・者の経管栄養

第1章

高齢者および障害児・者の「経管栄養」概論

1 消化器系のしくみとはたらき

到達目標
- □ 消化器系器官の役割と機能を説明できる
- □ 嚥下のしくみを説明できる
- □ 消化に関係する器官の名称がいえる

●生命維持における栄養・水分摂取・消化機能の重要性

栄養とは，生命の維持増進を図るために，必要な成分を食物等から体内に取り入れることをいいます。また，狭義には，栄養素を栄養と呼ぶ場合もあります。人間における栄養とは，食物を摂取し，これを利用して生命活動を営むことをいいます。この場合の生命活動とは，成長を継続する日常生活であり，健康な生活を営むことです。

栄養として体内に取り入れられる物質に含まれる成分のうち，生命維持，増進に役立つものを栄養素といいます。栄養素には，炭水化物（糖質），脂質，たんぱく質，無機質（ミネラル），ビタミンの五大栄養素と食物繊維の6種類があります。そのうち，炭水化物（糖質），脂質，たんぱく質を三大栄養素といい，炭水化物（糖質）は主に活動を行うためのエネルギーとなり，たんぱく質は筋肉・内臓・骨格などの組織をつくるために，脂質はその両方の役割を担っています。

生体活動を維持するために必要な物質（栄養）を体外から取り入れ，生体内で成分を合成・分解し，組織をつくったり，エネルギー源にしたりしたあとに，不要になった物質を排出します。この反応を物質代謝と呼びます。水分は体内で，体温調節・筋肉を動かすはたらき・血液として栄養素の運搬・汗や尿として老廃物の排出などの重要な役割を担っています。また，前述した物質代謝も水に溶けて細胞の中で行われ，水が不足すると，健康や生命の維持に大きな影響をもたらします。水分の摂取方法は3つあります。

- 体内で代謝により生成される水分
- 食物に含まれている水分

- 飲料として摂取する水分

食事や水分は消化器系によって消化吸収され，身体の活動を正常に保っているので，何らかの障害があり，経口摂取が困難になってしまうと，栄養や水分が体内に取り入れられなくなり，物質代謝が正常に行われなくなって，健康や生命の維持が脅かされます。

●消化器系器官のしくみと役割・機能

摂取[*1]した食べ物は，そのままの形では体に取り入れられることができません。摂取した食べ物を，栄養素の形にしてから吸収します。

*1
摂取：栄養物などを体内に摂り入れること。

消化器系器官は，以下のようなはたらきをしています。

- 食物を摂取する
- 摂取した食物を栄養素に分解する（消化）
- 栄養素を血液中に吸収する
- 消化できない残りの部分を体から排泄する

消化器系器官は，口から肛門まで続く約 9 m の長い管状の器官（消化管）で，口腔《こうくう》・咽頭《いんとう》・食道・胃・小腸・大腸（結腸・直腸）・肛門があり，その付属器官（消化腺）として唾液腺・膵臓・肝臓・胆のうなどがあります。消化器系器官の機能は「消化管の機能」と「消化腺の機能」の 2 つに分けられます。消化管は，食物を口から摂取し，消化しながら運搬し，栄養素を吸収したのち，便として老廃物[*2]を排泄します。消化腺は，主に消化酵素などを含む分泌液を合成・分泌する役割をもっていて，消化腺から消化管の内側に流れ込む管を通してその分泌液が分泌され消化を助けます。

*2
老廃物：体内の物質代謝によって生じる代謝産物，あるいは飲食物が利用されたあと，体内に不要となったもの。

●主な消化器系器官各部の名称と構造（図Ⅲ-1-1）

1）口腔（図Ⅲ-1-2）

口は，上唇《じょうしん》と下唇《かしん》の口唇と頬に囲まれ，その内腔を口腔といいます。口腔内には，唾液を分泌する唾液腺があります。口腔内に取り込まれた食物は，上下の歯と下顎の運動によって細かく噛み砕かれ（咀嚼《そしゃく》），唾液とよく混ぜ合わされて飲み下されやすい形になり，咽頭，食道を通過して胃へ達します。

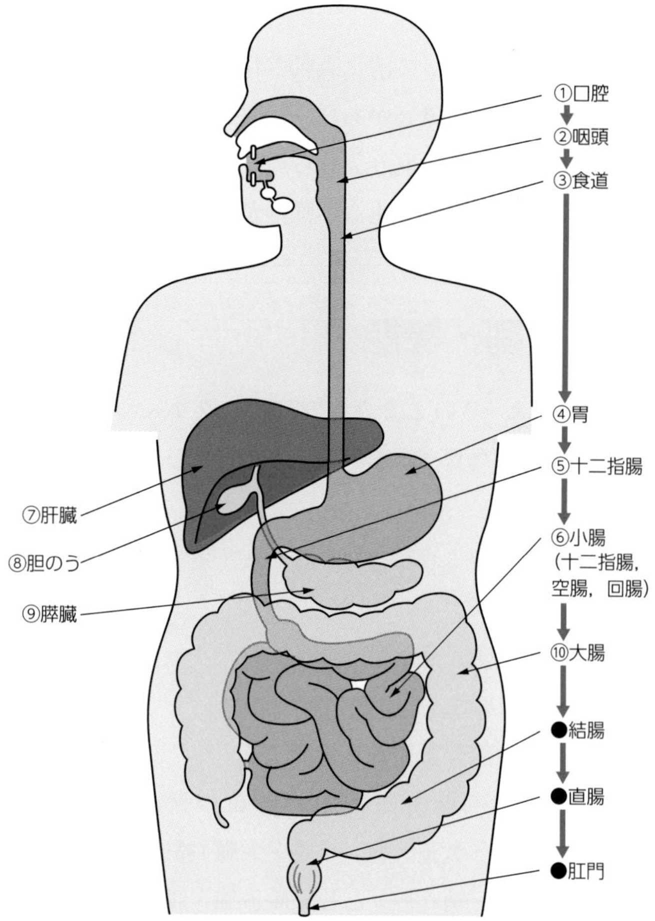

図Ⅲ-1-1　消化器官の構造と各部の名称

口腔内にある歯は，食物を噛み砕く咀嚼《そしゃく》する役割をもっています。高齢者などでは，この機能が衰えて咀嚼能力が低くなり，食事内容をきざみ食にしたり，やわらかい食材にするなどの工夫が必要になります。

2) 咽頭

口腔と食道の中間の部分です。食物が通過するとともに，空気の通り道である気道の一部でもあります。

3) 食道

食道は咽頭から続き，胃の噴門までの約 25 cm の管状の器官です。途中に 3 カ所の狭窄《きょうさく》部があり，通過障害が起こる場合があるため，食事の時の体位には気をつけます。

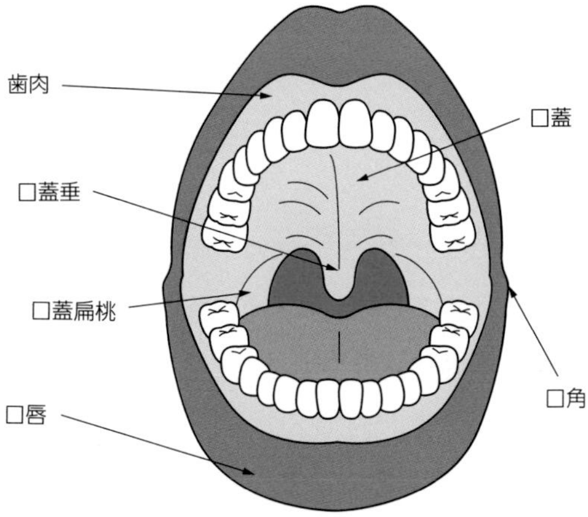

図Ⅲ-1-2　口腔の構造と各部の名称

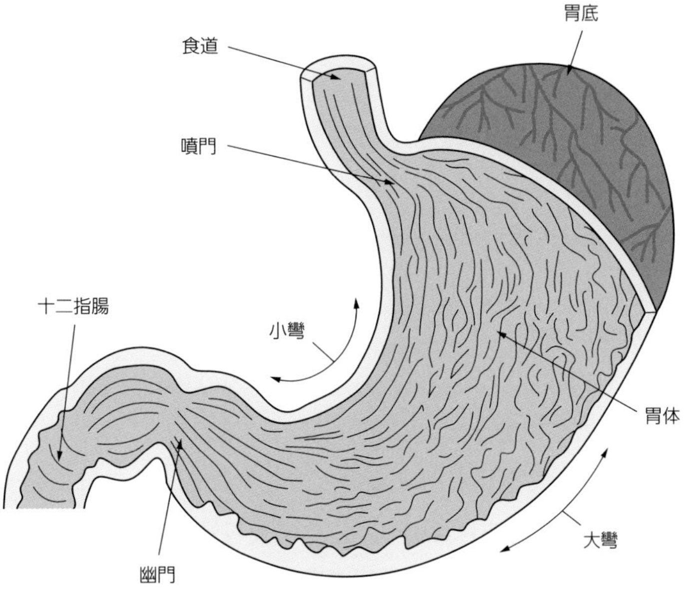

図Ⅲ-1-3　胃の構造と各部の名称

4）胃（図Ⅲ-1-3）

胃は，食道から続く噴門《ふんもん》に始まり，左上方に膨れた胃底部，それに続いて胃体部が右下方に向かい，幽門《ゆうもん》で終わります。約 1,200 ml の，消化器官中最も膨大《ぼうだい》した袋状の器官です。肝臓の下面に面した右上方の縁を小彎《しょうわん》，左下方の縁を大彎《たいわん》といいます。

胃内に入った食物（食塊）は，胃のぜん動運動[*3]によって，噴門部から幽門部へ送られます。ぜん動運動は迷走《めいそう》神経によって盛んになり，交感神経によって抑制されます。

*3
ぜん動運動：消化管壁が食物を送る運動。

胃の内容物は，通常食後 3～6 時間で十二指腸へ移送されますが，炭水化物食は最も速く移送され，次いでたんぱく質食，脂肪食の順に速く移送されます。胃液は無色透明の酸性で，塩酸および消化酵素（ペプシン，リパーゼ，レンニン）を含んでいます。

5）小腸

十二指腸から大腸に移行する 6〜7 m の管状の器官で，十二指腸，空腸《くうちょう》，回腸に区分されます。十二指腸は胃の幽門から続いており，C 字型に彎曲し空腸に移行します。長さ 25〜30 cm で，およそ指 12 本分の幅があることから十二指腸と呼ばれています。ここに膵液や胆汁が流れ込みます。

小腸は消化と吸収に関して最も重要な部分です。消化の大部分は小腸で行われ，多くの食物は加水分解されて吸収されます。胃から送られた食物は，3 つの消化液（膵液，腸液，胆汁）の作用を受けます。膵液の酵素は，たんぱく質，脂肪や炭水化物をもっと単純な吸収しやすい成分にまで分解します。小腸のぜん動運動は内容物と消化液を混ぜ合わせ，移送する役目をもちます。

6）肝臓

肝臓は横隔膜のすぐ下にあり，腹腔内の右上部を占める，重さ約 1,200 g の器官です。大部分が肋骨の下に隠れています。肝臓は胆汁を分泌して消化を助けるはたらきに加え，そのほか胃や腸から戻ってくる血液中に含まれている栄養の処理，貯蔵，中毒性物質の解毒，分解，排泄，血液性状の調節，身体防衛作用などのはたらきをしています。

7）胆《たん》のう

肝臓の下面に付き，胆汁を蓄えるナスの形をした袋です。肝臓で 1 日に 500〜1,000 ml 分泌される胆汁は，胆のうに蓄えられ，十二指腸へ分泌されます。胆汁の役割は，脂肪の消化吸収を間接的に促すことです。

8）膵臓

膵臓の大きな役割は，膵液の生成・分泌で，膵液がないと円滑な消化は行われません。膵臓からは，1 日に約 500〜1,000 ml の膵液が分泌されます。膵液は三大栄養素の消化酵素を含んでおり，弱アルカリ性で，胃液にて酸性になった食物を中和し，消化酵素をはたらかせます。膵臓のランゲルハンス島（膵島）からは，糖尿病に関係するインスリンとグルカゴンというホルモンが分泌されます。

9）大腸

大腸は，小腸から続く消化管の終末部で，腹腔の周りを取り囲んで走っており，全長約 1.5 m あります。結腸と直腸に分けられます。大腸は，小腸で吸収された残りのものから，前半部で水分および電解質を吸収して糞便を形成し，後半部で蓄積，排便します。

①結腸

結腸は上行結腸《じょうこうけっちょう》，横行結腸《おうこうけっちょう》，下行結腸《かこうけっちょう》，S 状結腸に分かれます。

②直腸

消化管の最終部で長さ約 20 cm あり，肛門として終わります。糞便は，下行結腸から S 状結腸にたまり，これが直腸に入ると便意をもよおし，排便反射が起こって肛門から排便します。

●嚥下のしくみ（図Ⅲ-1-4，Ⅲ-1-5）

食物を食べて飲み込むことを嚥下《えんげ》といいます。食物を食べて，嚥下に関係する器官として，口唇，頬，歯，上下顎，口蓋，舌，軟口蓋，咽頭，喉頭（蓋），食道があります。食べ物は，視覚や嗅覚で認識し（先行期），口腔内で唾液とともに咀嚼して飲み込みやすい塊になり（準備期），口腔から咽頭に送られて（口腔期），食塊の刺激で口蓋，喉頭蓋が閉鎖し，口腔内圧が上って「嚥下反射」が起こります。そのあと，咽頭を通過し（咽頭期）食道から胃に送られます（食道期）。

嚥下反射は，延髄の嚥下中枢により起こります。具体的には，食物を口に入れて咀嚼し，口唇を閉じて空気が逃げないようにし，呼吸を止めることで嚥下がスムーズにできます。

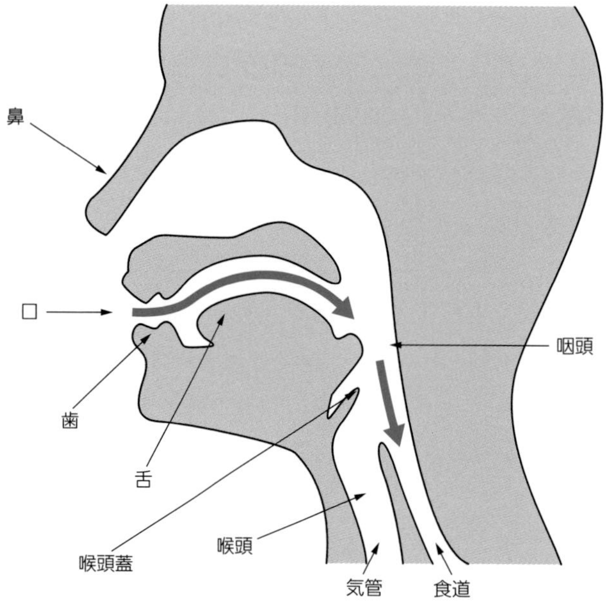

図Ⅲ-1-4　食物の流れと各部名称

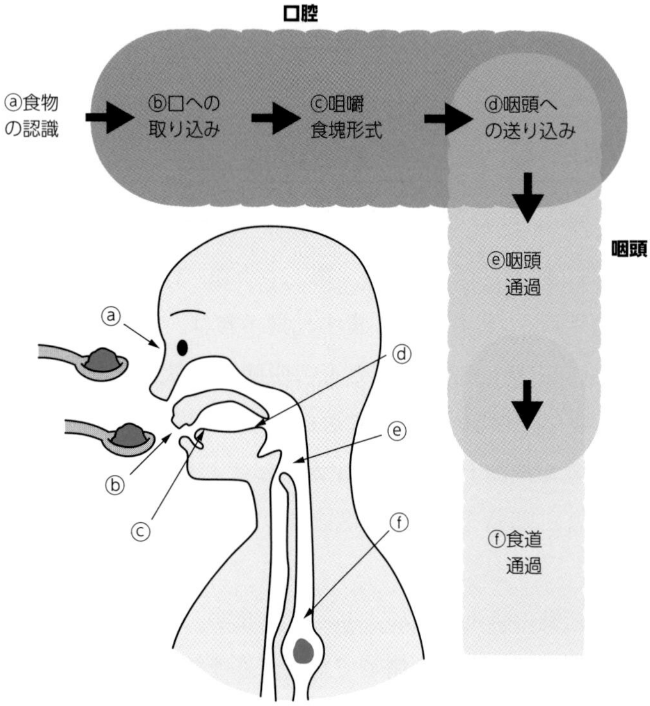

図Ⅲ-1-5　嚥下のしくみ

2 消化・吸収とよくある消化器の症状

到達目標
- □ 消化・吸収について説明できる
- □ よくある消化器の症状について説明できる

●消化・吸収

消化とは，消化酵素によって食べ物を分解し，栄養素の水溶液をつくる作業です。吸収は，主に小腸や大腸で行われます。体に吸収された栄養素は，組織をつくったり，エネルギーとして利用されます。

●よくある消化器の症状

1) げっぷ

胃の緊張増加とぜん動運動の亢進《こうしん》によって，胃内のガスが逆流して口腔から吐き出されること（おくびともいう）です。また，胃内にガスが貯留した状態で体を動かした場合，ガスが飛び出そうとする時に嘔吐することがあります。経管栄養剤を注入後は，座位にして体を起こし，背部を軽くたたくなどして，ガスを出すようなケアが必要です。

2) しゃっくり

食物や冷たいものを飲み込んだ際に，たまたま横隔膜のけいれんによって起こる症状です。また，胃内にガスがたまった状態で，横隔膜刺激が起こり，しゃっくりを引き起こすこともあります。しゃっくりが続く時は経管栄養剤の注入を中止し口腔内や他の症状の観察を行い看護職員に連絡をします。

3) 胸やけ

前胸部から胃部に感じられる焼けるような感じのことです。脂肪，炭水化物摂取時や，胃酸が食道に逆流して起こります。食道炎をともなう場合もあります。経管栄養を実施している場合は栄養物の流動性が高いため，逆流しやすくなります。半座位の体位を取るなど，逆流を防止する工夫が必要です。

4) 嘔気・嘔吐

嘔気《おうき》は胃の内容物を吐き出したいという切迫した不快感いわゆる吐き気です。嘔吐《おうと》は胃の内容物が吐き出されることです。経管栄養法では，口から食べ物を摂取していませんが，胃ろう，腸ろうから注入された経管栄養剤が，食道・口腔から逆流して嘔吐する場合もあります。経管栄養の実施で，嘔気・嘔吐を引き起こす場合とは，体位の角度が平坦で逆流しやすい状態である場合や，経管栄養で注入する栄養剤の温度による刺激，注入速度が速く消化吸収が追いつかない場合，量が多すぎて逆流する場合などがあります。

嘔気・嘔吐は，体力のある場合は口から吐くことができますが，経管栄養法を実施している利用者の場合などは，吐くことができず，気管に流れ込み，気管から入った経管栄養剤は肺に達して肺炎を起こします。

また，気道をふさぐと窒息状態になり，死に至ることがあります。嘔気・嘔吐がある場合は直ちに注入を中止し，誤嚥防止に努め，看護職員に連絡します。

5) 下痢

糞便の水分量が増して，液状の糞便を排泄《はいせつ》することです。ぜん動運動の亢進，吸収障害や分泌亢進などで起こります[*4]。下痢《げり》の際は排便回数が増加しますが，排便回数が多くなっても，水様でなければ下痢とはいいません。また1回のみであっても，水様であれば下痢です。

*4
p.284 ③下痢を参照。

6) 便秘

個人差はありますが，1日1回排便があっても，その量が少ない，または3～4日以上排便がない場合などです。

便秘による症状として多くみられるのは，ガスによるおなかの痛みや張りです。ガスは口から入った空気や，腸内での食物の発酵，腸内細菌の作用過程などで生じるもので，便秘によって体外に排出されなくなると，おなかにたまって張りや痛みが出ます。便秘になると食欲がなくなります。ガスの貯留による腹部の張りは，半座位の姿勢をとった時は特に，横隔膜を圧迫するため，呼吸の困難感として現れる場合もあります。便秘はストレスによる自律神経の乱れも原因の一つですが，便秘が続くことによってさらにストレスが募り，悪循環に陥るケースがあります。よく眠れなくなったり，頭痛や肩こりなどの症状が起こることもあります。

3 経管栄養法とは

到達目標
- □ 経管栄養が必要な状態を説明できる
- □ 経管栄養のしくみと種類が説明できる

●経管栄養が必要な状態

経管栄養が必要な状態とは，主に以下のような状態です。

- 飲み込むはたらきが低下している状態
- 栄養が不十分と推測される状態

1）飲み込むはたらきが低下している状態

嚥下障害が起こると，食べ物などの気管への流入が起こり（誤嚥《ごえん》），肺炎を起こしてしまいます。また，摂食障害による栄養低下や免疫力の低下が起こります。嚥下障害を引き起こす疾患にはいろいろありますが，特に脳梗塞・脳出血などの脳血管障害，神経や筋疾患などに合併して起こることが多いです。高齢者では，加齢により，嚥下機能が低下することによって，「誤嚥性肺炎」が引き起こされることもあります。

嚥下障害の症状としては，飲み込む時のつかえと，むせ込みがあります。明らかな病気がなくても，呼吸とタイミングが合わず，むせることは時に経験しますが，新生児や子ども，高齢者など嚥下機能が発達していない，もしくは，低下している場合ではむせることが多くなります。

飲み込む時につかえたような感じのする病気では，食物の通り道に何らかの異常があります。扁桃《へんとう》炎，食道や胃の噴門部けいれん（食道アカラジア），がんや食道裂孔ヘルニアで食物の通り道が狭くなります。

誤嚥とは，本来食道から胃腸へ流れていくべき食物や水分などが，誤って気管内に流れ込んでしまう状態をいいます。「食物や水分」

だけではなく「唾液」を誤嚥する場合もあります。

誤嚥によって，1）気道の閉塞，2）下気道感染症（肺炎）を起こします。このような状態を繰り返している場合，経管栄養法が選択されます。

なお，「誤嚥」とよく似た用語に「誤飲《ごいん》」があります。誤飲とは，食してはいけないものを誤って飲んでしまうことをいい，例えば，消毒剤を飲んでしまった時などに使用する用語です。「誤嚥」と「誤飲」は，その意味が異なるので，混同しないように注意しましょう。

2）栄養が不十分と推測される状態

栄養が不十分であるということは，単にやせているということではなく，十分なカロリーやたんぱく質，ビタミン，微量元素（ミネラル）などが足りていない状態を指します。栄養が不十分であると，免疫力が低下したり，眠気やだるさを感じたり，骨折をしやすくなったりします。

時に，高齢で栄養状態を自覚することのできない場合や，意識障害などで食事が摂れない時にも，栄養は不十分となります。

栄養不良の症状は，初期には空腹感を訴えますが，だんだんと無力感，頭重，四肢の冷感，貧血症状などが現れてきます。ひどくなってくると，消化機能・免疫力の低下，血清たんぱく質の減少，おなかが膨れて顔がむくむ，体重減少，さらには目がうつろになり，髪の毛が色あせたりします。

栄養不良の症状を改善しないと生命の危機につながります。摂取する量は足りていても，それが十分に吸収・利用がなされない場合にも，栄養不足の状態になります。

また，子どもの場合，体重や身長が増えないことが目安になります。新生児や胎児が栄養不良になると，中枢神経系や知能の正常な発達にも影響することがあります。

何らかの障害で経口摂取ができなくなり，栄養失調の症状が出現しているような場合で，消化機能に大きな障害がなければ，経管栄養法が検討されます。

●経管栄養のしくみと種類

経管栄養法とは，口から食事を摂れない，あるいは摂取が不十分な人の消化管（胃，十二指腸，空腸）にチューブを挿入して栄養剤（流動食）を注入し，栄養状態の維持・改善を行う方法です。栄養摂取の方法として，点滴などで静脈から栄養を摂る方法もありますが，消化管を使うので食事のように生理的な栄養の摂取ができ，感染のリスクが低いなどの利点があります。

経管栄養法は，管を挿入する経路によって，①胃ろう経管栄養法，②（空）腸ろう経管栄養法，③経鼻経管栄養法に分けられます（**表Ⅲ-1-1**）。経鼻経管栄養法には，胃までチューブを挿入して栄養剤を注入する場合と，腸までチューブを挿入して栄養剤を注入する場合があります。「胃ろう経管栄養法」や「腸ろう経管栄養法」は内視鏡手術を行ってカテーテルを通して造設した胃ろうまたは腸ろうから，直接胃や腸に栄養剤を注入する方法です（**図Ⅲ-1-6**）。

表Ⅲ-1-1　経管栄養法の種類

①　胃ろう経管栄養法		腹部から胃にろう孔（チューブの挿入部）をつくり，チューブを留置して栄養剤を注入する方法です。食道にチューブを通すことができない場合に行われます。
②　（空）腸ろう経管栄養法		腹部から空腸にろう孔（チューブの挿入部）をつくり，チューブを留置して栄養剤を注入する方法です。胃内への栄養補給ができない場合に行われます。胃ろうより細いチューブを使うため詰まりに注意します。ゆっくりと注入します。注入用のポンプを使うこともあります。
③　経鼻経管栄養法	**胃まで**	鼻腔から胃までチューブを挿入して，栄養剤を注入する方法です。 口の中でとぐろを巻いていないか，チューブが抜けていないか注意します。
	腸まで	鼻腔から腸までチューブを挿入して，栄養剤を注入する方法です。 嘔吐しやすい状態や誤嚥性肺炎が繰り返し起こったりする場合に用いられます。チューブが細いので，詰まりに注意します。

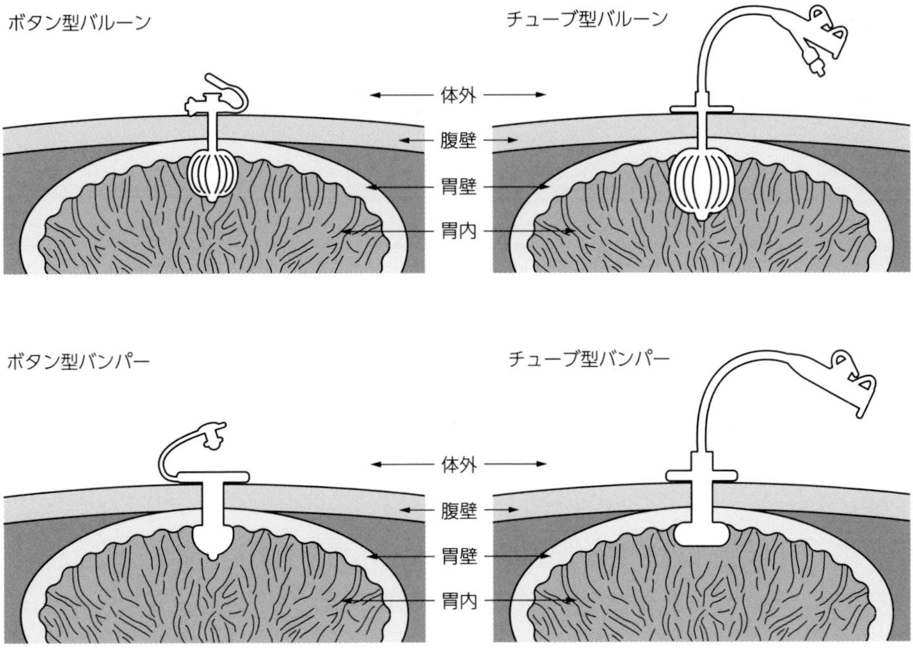

図Ⅲ-1-6　カテーテルの種類

胃ろう栄養チューブは４つの種類があります。

4 注入する内容に関する知識

到達目標 □ 経管栄養で注入する内容について説明できる

●経管栄養で注入する内容

経管栄養法で使用される栄養剤（流動食）は，以下のようなものがあり，利用者の消化器や嚥下の状態により，下痢や便秘に気をつけながら，体に合ったものを選択します（表Ⅲ-1-2）。

経管栄養法で使用される栄養剤の種類は，「食品タイプ」と「医薬品タイプ」に分けられます（図Ⅲ-1-7，表Ⅲ-1-3）。「食品タイプ」は，濃厚流動食とミキサー食（通常の食事を粉砕したもの）があります。注入する内容については医師によって決められ，「医薬品タイプ」では，医師の処方が必要です。また，経管栄養の栄養剤の条件として，以下のことがあげられます。

- 少量で高カロリーが得られる
- 栄養のバランスがとれている
- 消化吸収がよく副作用が少ない
- 栄養剤でチューブが詰まらない
- 調整が簡単にできる

表Ⅲ-1-2　**市販半固形栄養剤，半固形化剤，ミキサー食のメリット・デメリット**

	市販半固形栄養剤	濃厚流動食＋半固形化剤	ミキサー食＋半固形化剤
メリット	粘度の調節が不要	栄養剤の種類が豊富	• 家庭の食事に近い食事費用が安い • 病態に応じた食事内容を選択できる
デメリット	栄養剤の種類が少ない	粘度調節が必要	粘度調節が必要

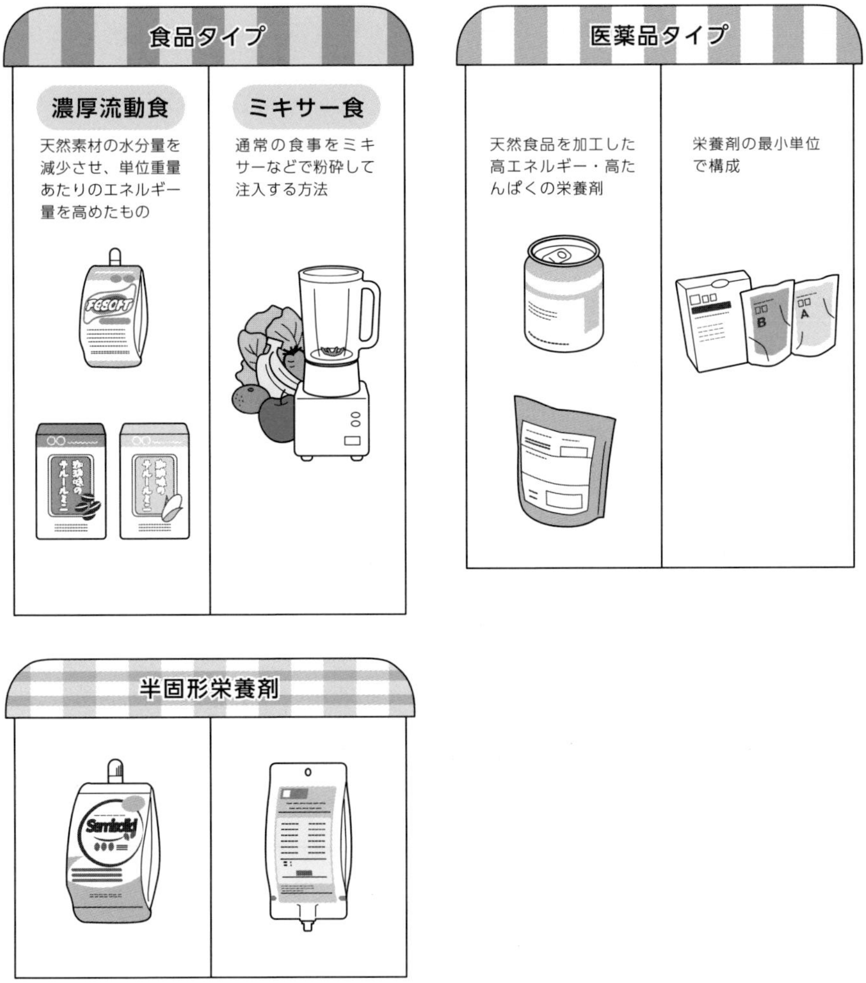

図Ⅲ-1-7　経管栄養法で使用される栄養剤（流動食）の種類

ここでは，よく使用される栄養剤について記載している。

※半固形栄養剤の経管栄養法を実施する場合には，通常の演習・実地研修に加え，別途十分な演習・実地研修を実施し，安全性の検討後行うことが必要

表Ⅲ-1-3　栄養剤の医薬品と食品の違い

	食品（濃厚流動食）	医薬品（経腸栄養剤）
保険適用	なし	あり
医師の指示	必要	必要
医師の処方箋	不要	必要
個人購入	可能	不可能

●半固形栄養剤（流動食）を使用する場合

半固形栄養剤は基本的に経鼻経管栄養法では用いられず，胃ろうや腸ろうの利用者に利用されます。半固形栄養剤の使用は，必ず医師の指示の下で行います。半固形栄養剤のメリットには，粘度があるため逆流しにくい，下痢などの便の性状を改善させる，ろう孔から漏れにくい，投与時間が短いなどがあります。

メリットがある反面，使用する場合には，以下の点に注意する必要があります。

①短時間で栄養剤を注入することから，腸のぜん動運動が亢進することもあるので，顔色・腹痛などのいつもと違う状態や本人からの訴えがあった場合は速やかに中止し，医師や看護師に相談します。

②注入時は，上半身を 30～90 度程度起こします。

③半固形栄養剤には，市販の半固形栄養剤を使用する場合と増粘剤，寒天などを用いて濃厚流動食やミキサー食を半固形化させる方法があります。市販の半固形化した栄養剤を注入する場合は，入っているパウチ容器にアダプターを付けて注入します。増粘剤，寒天などを用いて濃厚流動食等を半固形化させて注入する場合は，カテーテルチップシリンジに栄養剤を吸引してから注入します。

④アダプターを付けて注入する場合は圧力がかかるので，容器を押す際には，容器と栄養チューブがはずれないように注意します。加圧バックを使う場合もあります。注入速度は医師の指示に従います。

⑤注入中に利用者がせき込んだりゼコゼコする場合には一時中止し，医師・看護職員に連絡します。

⑥栄養剤の注入後は，胃ろうチューブや胃ろうボタンが詰まりやすいため，カテーテルチップシリンジを利用して白湯を 5～10 ml 程度注入し，洗い流します。

⑦栄養剤やミキサー食を半固形化するために用いる半固形化剤には，増粘剤・寒天・半固形化補助剤などの種類があります。

5 経管栄養実施上の留意点

到達目標　□経管栄養の実施上の留意点が説明できる

●経管栄養実施上の留意点

経管栄養を行っていると，時に本人や家族の生活や行動範囲が制限されてしまうことがあります。しかし，経管栄養は，その人の健康・生命維持には必要なことで，生活の質（QOL）を向上させることにもつながります。消化器官を使った自然に近い栄養摂取の方法ですが，チューブという異物が消化管に入っていることには変わりないので，以下のような異常に注意しましょう。

1）経管栄養で起こりうる身体の異常

疾患によっては，経管栄養において，脱水・電解質異常・血糖値の異常などが起こることがあります。電解質異常などを起こすと，発熱，心不全，呼吸不全，中枢神経障害（意識がなくなる・ぼんやりする）などの重篤な症状を呈することがあります。

利用者の状態にあった経管栄養法が医師により選択・実施されています。介護職員の判断で栄養剤の内容を変更したり，量を変更しないようにしましょう。

①誤嚥性肺炎

誤嚥性肺炎は，経管栄養法を行ううえで最も重篤な合併症で，死に至ることもあります。誤嚥性肺炎の原因は，以下のような場合があります。

- 嚥下機能の障害で口腔内の汚染物質が気道へ流れて起こる場合
- 胃の内容物が逆流し，気道に入ってしまって引き起こされる場合
- 食道裂孔ヘルニアや大きすぎる経管栄養チューブ（胃ろう・腸ろう栄養チューブも含む）を使用している時に逆流を起こして発生する場合

最も注意しなくてはならないのは，経鼻経管栄養法の場合で，鼻からのチューブが胃ではなく，気道に留置されていることに気がつかず，栄養剤を注入してしまうことです。経鼻経管栄養チューブの挿入留置は，必ず医師や看護職員が行います。

経鼻経管栄養チューブ先端が胃の中に挿入されていることを，定期的に医師や看護職員が確認します。栄養剤の注入時は，上半身を30～45度起こして，逆流を防止することも重要です（上半身を起こす角度について，30～45度と記載していますが，利用者の状態により，安定して座位の保持ができる人は，座位で行い，自力で寝返りのできないような人は，上体を30度程度挙上させるなど，医師や看護職員の指導の下で体位を調節します）。

②腹痛，嘔気・嘔吐，腹部膨満感

このような消化器症状は消化管の運動が低下したり，便秘になると発生することがあります。

③下痢

最も多い合併症の一つで，その原因にはさまざまなことが考えられます。まずは経管栄養法による下痢なのか，そのほかの原因による下痢なのかを鑑別する必要があります。

a. 注入速度による下痢

経管栄養の標準的な栄養注入速度は，利用者の状態や栄養剤の濃度などに応じて医師から指示されます（1時間あたり200 ml が標準的ですが，個人差があります）。

注入速度が原因となって下痢が起こる場合は，滴下速度を遅くするのが一般的な対処となりますが，自由に動けない時間が長くなり，QOLの低下をきたします。

b. 経管栄養の濃度による下痢

高濃度の経管栄養剤は，腸管からの水分吸収がアンバランスとなり，高浸透圧性の下痢症の原因となります。一般的な1 ml あたり1 kcalの製品の多くは，血管内の浸透圧に近づけて製造されています。そのため，希釈しなくても高浸透圧性下痢は生じません。しかし，一部の経管栄養や自宅で作成したもののなかには高い浸透圧のものもあり，浸透圧の高いものを使用する場合はあらかじめ希釈するなどの配慮が必要です。また，絶食などにより腸管機能が低下している利用者に関しては，通常の浸透圧でも下痢が生じることがあり，注意が必要です。

c. 不潔な経管栄養法の操作による下痢

経管栄養の汚染により細菌性下痢症を発症することがあります。長時間にわたる栄養剤の滴下は，栄養剤自体が細菌の培地となり，問題を生じることもあります。

栄養剤の投与ルートは注入後に十分洗浄を行い，清潔な状態で使用するように心がけましょう。

特に施設においては，十分な手洗いのうえで器具の洗浄を行わないと，経管栄養の操作自体が施設内感染の原因となります。また，医師の指示により看護職員が経腸栄養ポンプを使用して24時間の持続注入をする場合は，注入中に細菌発生が起こる可能性を考え，8時間を目安として定期的に栄養点滴チューブの交換を行う必要があります。

d. 注入する経管栄養剤の低温による下痢

体温より極端に低い温度の経管栄養を注入すると，急激な腸管刺激により，下痢を起こします。経管栄養の保存場所と利用時の気温や室温，利用者の状態について判断ができない場合は，医師・看護職員に相談しましょう。

e. その他による下痢

利用者によっては，下剤や抗生剤などの薬物によって下痢が生じることもあるので，注意してください。

2) 経管栄養チューブによるスキントラブル

経管栄養チューブ挿入部のスキントラブルは，QOLを損なう大きな要因になります。スキントラブルの種類には以下のようなものがあります。

- 機械的なもの（固定の不備などで経管栄養チューブが皮膚にあたってしまい，潰瘍やびらん[*5]を起こしてしまう）
- 化学的なもの（胃酸などによる）
- 感染によるもの
- 不良肉芽

*5
びらん：①ただれくずれること。②皮膚や粘膜の上層がはがれ落ち，内層が露出している状態になること。ただれ。

このようなことを防ぐためには，経管栄養チューブの選択が重要であり，チューブの大きさ，材質などが考慮して選ばれます。サイズが合っていない大きな（太い）チューブを使用すると，経鼻経管栄養の場合は，副鼻腔炎，咽頭および噴門部の潰瘍《かいよう》[*6]形成，消化管の穿孔《せんこう》[*7]などを引き起こすことがあります。

また，胃ろうおよび（空）腸ろう経管栄養法においては，ろう孔の大きさに合ったチューブを使用しなければろう孔から消化液が漏出して，ろう孔周囲の皮膚のびらんおよび感染を起こしてしまうことがあります。経管栄養チューブ挿入部（もしくはろう孔部）周囲が赤くなったり，滲出《しんしゅつ》液が出たり，痛みがあったり，出血していたり，また時に悪臭がしたりしていたら，医師や看護職員に連絡しましょう。

＊6
潰瘍：皮膚・粘膜などの表層がただれて崩れ落ち，欠損を生じた状態。

＊7
穿孔：人体の器官に穴があくこと。

6 子どもの経管栄養

到達目標 □子どもの経管栄養の実際に関する留意点を説明できる

●経管栄養を必要とする子どもとは

摂食・嚥下機能は，食べ物を認知し，口に摂り込むことに始まって胃に至るまでの一連の過程を指しますが，その機能の基本的なはたらきは，主に離乳期に発達・獲得されるものです。しかし，脳に重い障害をもつ重症児の場合は，機能を十分に獲得できないままに経過してしまうことがあり，その場合は栄養摂取を経管栄養法などによって，補う必要があります。

経鼻経管栄養法（胃まで，図Ⅲ-1-8A）は，消化管の消化，吸収能力は保たれていますが，経口摂取が困難であったり，あるいは経口摂取では十分な栄養摂取が困難な場合や経口摂取では誤嚥《ごえん》の危険がある場合，食欲不振や術後の場合に用いられます。

経鼻経管栄養法（腸まで，図Ⅲ-1-8B）は，胃食道逆流現象（胃の

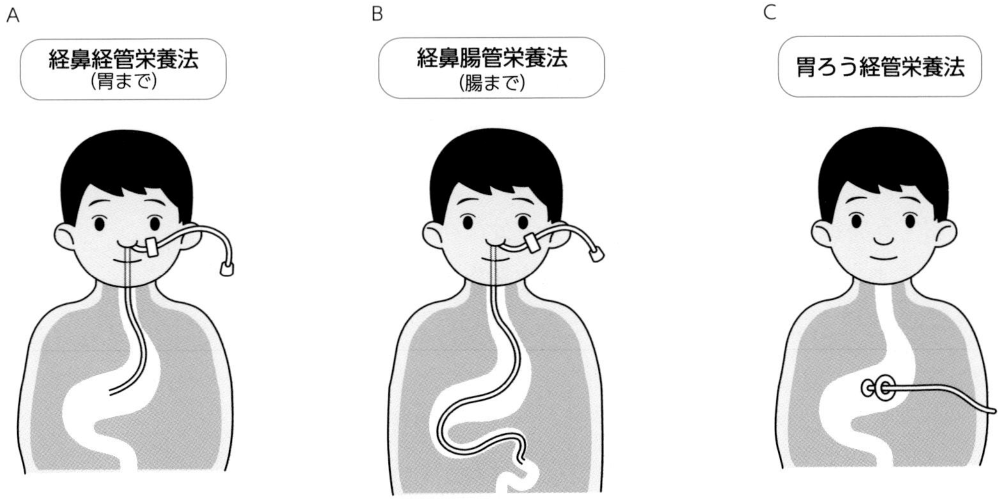

図Ⅲ-1-8　経管栄養法

内容物が食道に戻ってくる現象）などにより，嘔吐しやすい状態であったり，誤嚥性肺炎が繰り返し起こったりする場合に用いられます。

胃ろう経管栄養法（図Ⅲ-1-8C）の適応は，身体の変形が強く，経鼻経管栄養法で用いられるチューブの挿入が難しい場合に用いられます。

腸ろうは，さまざまな病気で口からミルクや食事が摂れず，胃ろうが造設できない場合に用いられます。

●子どもの経管栄養に使用する物品・使用法

子ども用の経管栄養法で使用するチューブは子どもの成長段階や体型によりサイズの違いがあり，医師によって選定されます。

また，子どもの皮膚はデリケートなので，子どもによって使用するテープの種類や幅に違いがあります。子どもは無意識に手を顔に持っていくことがあるため，耳の後ろに掛けて固定するなど固定方法にも違いがあり，主に医師・看護職員が実施します。テープがずれていたり，固定の異常などに気づいた場合は，医師・看護職員に連絡してください。

経管栄養法で特に注意をすることは，注入する内容と量を守ることです。子どもの経管栄養では，栄養剤を開封し使い切らない場合がありますが，開封した栄養剤は，適切に保管して決められた時間内に使用する必要があります。保管期間を明示して冷蔵庫などに密封して保存するなどの工夫が必要です。本来の品質が損なわれてしまうため，冷凍したり，水で薄めたり，別の容器に移し替えたりしないようにしましょう。チューブは，細菌が増殖しやすくさまざまな感染症のリスクが高くなるので，可能な限り使い捨てにします。再利用する場合は，チューブ内の汚れを十分洗浄してから完全に乾燥させます。定期的に消毒液（0.01％の次亜塩素酸ナトリウム）に1時間程度浸して消毒します。1日ごとや1週間ごとに交換するようにします。

カテーテルチップシリンジやイリゲータは食器用洗剤で洗浄します。また，カテーテルチップシリンジは，外筒から内筒をはずしてよく乾燥させ，長くても1～2週間で交換します。

●子どもの経管栄養の留意点

子どもの経管栄養の場合は，大人の経管栄養法の場合に加えて，特に以下の点に注意します。

- 大人と比べてチューブが細いので，詰まりやすい：
  滴下の速度が遅くなったり，栄養剤が注入されない時は，無理に押し込まないで医師・看護職員に連絡します。
- 長さが短いので抜けやすい：
  経管栄養を実施する前には必ずマーキングの位置や挿入されている長さがずれていないか，また，固定テープが剥がれていないか確認します。ずれや剥がれを見つけた場合も医師・看護職員に連絡します。
- 自分で引っ張ってしまう，または，抱っこなどの動作で抜いてしまうことがある：
  カテーテルは，洋服で覆われて見えにくいため，誤って引っ張ってしまったり，抱っこする際に擦ってしまうことがあります。洋服にリボンやボタンで印を付けておくなどの工夫をします。抜けてしまったカテーテルを見つけた場合は，まず医師・看護職員に連絡します。病院を受診する場合は，抜けたカテーテルを持参してください。
- 皮膚が弱くトラブルを起こしやすい：
  泣いて腹圧がかかることによって，胃ろうのチューブ挿入部が広がってしまったり，成長によってチューブの位置がだんだん変わってきたりすることによって，栄養剤が漏れることがあります。胃ろうの挿入部に異常がないか，注入時には毎回確認します。

7 経管栄養を受ける利用者や家族の気持ちと対応，説明と同意

到達目標

- □ 利用者・家族の経管栄養に対する気持ちを理解することの重要性が説明できる
- □ 利用者・家族の経管栄養に対する気持ちに添った対応をするために必要なことが説明できる
- □ 経管栄養の実施に関する説明と同意の必要性，説明内容と方法が説明できる

●利用者の経管栄養に対する気持ち

経管栄養法を必要とする利用者は，消化器官に何らかの病気や問題を抱えていたり，嚥下の障害などによって口から食事のできない，または，必要とする栄養分を摂ることのできない方です。利用者は，病気や障害に対して，さまざまな不安や症状による苦痛を抱えています。また，食事を摂るというのは，生活のうえで大きな楽しみです。その楽しみを奪われてしまい，生活意欲が低下している場合もあります。

経管栄養は，長時間かかるので，つながれているように感じることもあります。また，自分で食べる行為をしていないのに，げっぷが出たり，おなかが張ったりすることが受け入れられなかったり，不安に感じることもあります。特に鼻からチューブを挿入している利用者は，咽頭への違和感が常にあります。体からチューブが出ていることへの不安感や羞恥心をもっている場合も少なくありません。チューブが抜けてしまうと栄養が摂れないのではないかという心配も常に抱えており，このようなことから，経管栄養法に対して拒否的な気持ちをもっていることもあります。

介護職員は利用者の気持ちを受け止めながら，医療的行為だけにとらわれず，生きる喜びを損なわないようなケアが必要になります。

●家族の経管栄養に対する気持ち

自分の家族が経管栄養を必要とする状態になってしまうことに対して，利用者本人と同じように家族も不安や負担を抱いています。経管栄養を行うことによって，今後，病状に変化が生じるのか，いつまで続けるのか，経管栄養チューブが抜けてしまうことはないのかという実際の経管栄養に関する不安があります。そのほかにも，仕事には支障がないか，経済的負担は増えないか，時間的な拘束は長いのかなど，家族自身の生活にかかる心配事や不安もあります。

家族の心配事や不安を把握した場合は，その思いを関係職種で共有し，支援体制の見直しを含めてその思いに寄り添ったケアが必要です。

一方，家族は，経管栄養を行うことによって，栄養状態が改善したり，むせ込んで苦しんでいる姿を見なくてよくなったりするなど生活の質が向上することで，希望や喜び感じる場合も少なくありません。

●利用者・家族の気持ちに添った対応と留意点

前述のような利用者や家族の気持ちに対して，否定したり説得したりするのではなく，まずは，真摯に耳を傾けましょう。利用者や家族の気持ちは常に揺れ動いており，日々変化します。利用者・家族の気持ちに寄り添うことが大切です。不安や負担に対応するにあたり，内容によっては，医療的な工夫が必要になる場合もあります。利用者・家族の訴えや相談内容を具体的に聞きましょう。

例えば，「注入時間が長くて自分の仕事に影響が出る」という相談を受けた場合，注入物の形態や量を調整することによって解決できる場合があります。医師・看護職員に相談してみましょう。また，支援関係者の業務内容を見直すことで家族の負担を減らすことができる場合もあります。ケアマネジャーや多職種に相談してみることもできます。

介護に不安感を抱いている家族には，利用者や家族ができていることに着目した会話を取り入れましょう。

「栄養状態がよいので，便通が整っていますね」「いつもご家族が胃ろうの周りを清潔に保ってくれているので，皮膚トラブルがありません」「以前に比べてずいぶん顔色が良くなってきましたね」など経管栄養の効果やリスクの回避についても伝えます。

経管栄養は特別なことをしているというイメージがありますが,「これから食事にしましょう」というような声かけをするなど,普段と変わらない日常行為であることをアピールすることによって,負担感を軽減します。

利用者や家族が経管栄養の物品が不足することに対して不安を感じている場合は,経管栄養法の必要物品の不足がないようにします。

また,万が一の用心として,緊急連絡網の更新や確認を本人や家族と一緒に行うことで安心につながります。

●経管栄養の実施に関する説明と同意

経管栄養法の実施にあたっては,退院時などに医師・看護職員から実施方法や中止する場合の状態と緊急時の対応などの説明をされていますが,利用者が退院直後である場合や在宅での経管栄養開始は医師・看護職員が常に側にいるわけではなく,勝手も違うので,非常に不安感をもっています。**表Ⅲ-1-4**に示した項目について経管栄養の実施に関して,利用者や家族に説明をします。

表Ⅲ-1-4　経管栄養の実施に関する説明事項

- なぜ経管栄養が必要なのか(どのような病状であるから必要となったのか)
- 経管栄養の目的・方法(どのように実施されるのか)
- 経管栄養による効果(栄養状態の改善・誤嚥の予防など)
- 経管栄養による危険性(起こりうる状態)
- 経管栄養以外,もしくは併用して食事・栄養摂取のできる可能性
- 経管栄養を行わないことによる予想される結果

以上を説明したうえで,利用者から同意を得ます。その際には,利用者や家族の経管栄養法に対する思いや不安,利用者が家族や介助者への負担感についてどのように感じているか,生活のリズムのなかで役割分担を誰がどのように実施するのか,手技に関して不安や疑問があるのか,会話のなかから引き出します。

また,本人が経管栄養に同意しない場合は,「栄養を入れる」ことにとらわれず,なぜ,そう思っているのか傾聴[*8]することが大切です。相談を受けた介護者は一人で抱え込まないで,医師,看護

*8
傾聴:耳を傾けて,熱心に聞くこと。

師に相談し，本人家族を含めてみんなで一緒に考えましょう。

説明と同意が得られた場合であっても，実際の経管栄養法を行う前には，利用者・家族に声かけ・説明は毎回必要です。在宅で経管栄養を行っている方では，生活スケジュールの変化に合わせて行います。例えば，前の経管栄養の時間が何らかの都合で変更になった場合など，いつもと注入時間・注入内容が異なることがあります。生活の出来事に配慮し，毎回の注入をその時々の生活のペースで行っている実感をもってもらいましょう。

まず，これから経管栄養を行ってよいかどうかの同意を得ます。

> 「これから経管栄養を始めてもよろしいですか」「お食事にしましょうね」「30 分くらいかかります」「ベッドを挙上します」などと促し同意を得ます。

利用者が反応できない場合でも，個人を尊重し声かけや状態を伝えることをしましょう。

注入中に起こりうる状態の変化にも気を配りましょう

> 「ご気分はいかがですか」「痛いところや不快なところはありませんか」「あと，15 分くらいで終了します」「いつもと違うことはありませんか」などと声かけをし，異常の有無を確認します。

注入中にいつもと違ったり，異常があった場合は，注入をやめて様子を見ます。本人の意思を確認し再開するか，おかしいと思ったら，医師・看護職員に連絡します。

注入が終わったら「食事が終わりました」ということを伝えます。注入直後に状態の変化がある場合があるので，意識の確認や，経管栄養後の感覚や違和感を確認しましょう。

> 「不快なところはありませんか」「おなかは痛くありませんか」「しばらくベッドを上げておきますね」「苦しいことはありませんか」などと声かけをし，不快感や満腹感の確認します。また，顔色や表情の変化にも注意します。

経管栄養も「食事である」ということを念頭に置き，処置として行わないように注意します。

経管栄養は，口から食事を摂らなくても，食べ物のにおいのするげっぷが出たり，満腹感があったりします。それらを違和感として感じる方もいます。注入物のにおいに関しては，さまざまな種類のフレーバー(香り・味) を選ぶことができます。好みもあるので，利用者の意向について医師・看護職員に相談しましょう。

8 経管栄養に関係する感染と予防

到達目標

- □ 経管栄養を行っている利用者の消化器感染の可能性を示す状態がいえる
- □ 経管栄養を行っている状態の感染予防として実施すべきことが説明できる
- □ 口腔ケアの重要性が説明できる

●経管栄養を行っている利用者の消化器感染

感染症とは，菌やウイルスが体内に侵入して症状が現れる病気のことをいいます。消化器系の感染症で特に注意したいのは食中毒です。

経管栄養を行っている人は，一般的に免疫力や体力が低下していることが多く，簡単に感染してしまうことがあるので，注意が必要です。

消化器が感染を起こすと，発熱，腹痛，嘔気《おうき》・嘔吐《おうと》，腹部膨満，下痢などの症状が出ます。経管栄養において，感染症の原因として以下のことなどが考えられます。

- 注入物の不適切な取り扱い（期限切れなど）
- 器具類の汚染（洗浄不足，カビの発生など）
- 実施者の手指の汚染

また，胃ろうからの経管栄養を行っている場合は，胃ろう部が感染を起こすことがあります。その場合は，胃ろう挿入部周辺に発赤が見られたり膿みが付着している場合があります。そのような場合は，医師・看護職員に連絡してください。

●経管栄養を行っている状態の感染予防

経管栄養を行っている方には感染予防策を実施します。利用者の体内に菌が侵入してしまうことを防ぐために以下の点に留意します。

- 病原菌は，人の手によって媒介されることがほとんどです。経管栄養を行う前にはよく手洗いをしましょう。
- 使用した物品は，経管栄養の実施直後に中性洗剤でよく洗浄し，乾燥させます。栄養点滴チューブ内も，流水を通し，よく洗浄します。
- 物品は，定期的に新しいものに交換します。そのため，医療機関から新しいものをもらってきたら，古いものから使用できるように，新しいものを下や奥にするなど工夫しましょう。
- 栄養剤の使用期限が切れていないか確認し，期限内に使います。
- 必要物品は，いつも整理整頓しておき，風通しの良い，できればいつも同じ場所に保管します。

●口腔ケアの重要性

経管栄養を実施している利用者には，口腔から何も摂取されていない方もいます。食事を口から摂っていない方は，唾液の分泌による自浄作用が低下していて，特に，細菌感染が起こりやすい状態になっています。

意識障害のある利用者の場合，口腔内に繁殖した細菌を誤嚥《ごえん》することにより，誤嚥性肺炎を引き起こすことがあります。また，口腔内に繁殖した細菌を嚥下することにより，胃内や消化管内で細菌が繁殖し，消化器感染を引き起こしてしまうこともあります。食事を摂っていなくても，1日3～4回程度の口腔ケアを行いましょう。

口腔ケアは感染予防のみならず，爽快感を与えることにも重要な役割を果たします。

9 経管栄養により生じる危険，注入後の安全確認

到達目標

- □経管栄養により生じる危険の種類と危険防止のための留意点が説明できる
- □危険防止のために必要な医療職との連携のしかたが説明できる
- □ヒヤリハット・アクシデントの報告書が書ける

●経管栄養に関連した危険の種類と安全確認，起こりうること

経管栄養法は，一見簡単そうに見えるかもしれませんが，人為的に行う行為であり，時に生命に直結する危険をともないます。また，十分留意していても，予期せぬ出来事（リスク）が起こる可能性があります。

経管栄養に関連した危険は，人の手技や確認不足のヒューマンエラーによる場合と，病状や身体の変化によって生じる場合があります（表Ⅲ-1-5）。ヒューマンエラーによる場合は，できる限り起こさないように注意しますが，過ちを起こさない人間はいませんので，できるだけ早く異常に気がつき対処できるようにしましょう。病状の変化によって生じる場合も，その変化を見逃さないようにします。

- 利用者の状態（顔色，呼吸の状態，調子が悪そう，いつもと違う）
- 注入の姿勢や体位（注入中のベッドの角度，四肢の位置）
- 経管栄養チューブ類（経管栄養チューブが正確に挿入されていない，折れ曲がっている）等を確認します。

経鼻経管栄養法の場合で，経鼻経管栄養チューブが正確な位置に固定されておらず，肺に注入してしまい，死に至った例もあります。

また，経管栄養実施の際に“いつもと違うこと”に気がつくことがあります。“いつもと違うこと”に気がついた場合には，医師・看護職員に相談しましょう。

栄養剤の注入後は，利用者へ声かけし，身体の違和感や変化がな

表Ⅲ-1-5　経管栄養時に想定されるリスクと対応例

リスク	介護職の対応	看護職員の対応および予防策
チューブ・PEG（胃ろう）が抜けそうになっている，抜けてしまっている	•注入せずに，すぐに看護職員に連絡する	•あらかじめ医師から指示を受けておき，手順に沿って対応する •ろう孔確保（胃ろうの場合） （注意：ろう孔は，早ければ数時間ほどで閉じてしまう） •ろう孔確保と同時に，医師に連絡
チューブ挿入部からの注入液の漏れ	•接続部などがはずれていないか，折れ曲がっていないかを確認し，はずれていたら接続する ⇒チューブの接続部に問題がないにも関わらず漏れるようなら看護職員に連絡する	•主治医と相談して対応する
注入液が注入できない，または，定められた時間内に終了しない	[栄養点滴チューブ全体の確認] •途中でチューブが折れていないか •注入液が凝固してチューブを閉鎖していないか •チューブが抜けかかっていないかなど ⇒決められたとおりに実施しても，注入液が滴下しない場合は，滴下を中止し，看護職員に連絡する •いつもの時間より長くかかる場合 ⇒いったん，注入を中止して看護職員に連絡する	•介護職と一緒にルートを確認する。途中でチューブが折れていないか，注入液が凝固してチューブを閉鎖していないか，チューブが抜けかかっていないかなど •ほんの少し圧をかけて注入してみる •ルート交換 ⇒改善がなければ医師に連絡し，再挿入を検討する
出血	•経管栄養チューブ挿入部やPEG（胃ろう）からの出血や，周囲に血液が付着している場合 ⇒看護職員に連絡 •経管栄養チューブ内がいつもと違う色（赤・茶褐色など）になっている場合 ⇒看護職員に連絡する •鼻出血・吐血があった場合 ⇒直ちに注入を中止して看護職員に連絡する。	•出血部位の確認 •不良肉芽からの出血・胃内からの出血など，部位により医師の指示で対応する •鼻出血・吐血があった場合は，医師に連絡し医師の指示に従う
嘔吐	•直ちに注入を中止する •誤嚥（ごえん）を防ぐため顔を横に向ける •看護職員に連絡する	•全身状態の観察 •嘔吐の原因追求（吐物・注入速度・姿勢・体位など確認） •緊急性の判断と対応
息が苦しそう・顔色が悪い	•直ちに注入を中止し，速やかに看護職員に連絡する	•全身状態と酸素飽和濃度をチェック •緊急性の判断と対応
痰がからみ・のどがゴロゴロしている状態が始まった	•注入を中止しベッドを起こしたまま様子を見る ⇒改善すれば注入を再開し，しなければ看護職員に連絡する	•経管栄養チューブが抜けかかっていないか確認する •必要時，吸引したり体位を工夫したりする •緊急性の判断と対応
腹部膨満	•定められた注入速度であるか確認する •身体が曲がっていないか，適切にベッドが挙上されているか確認する ⇒いつもと違う状態と感じた時は，看護職員に連絡する	•全身状態の観察（特に腸のぜん動運動） •注入速度・姿勢（体位）の確認と調整
しゃっくり	•注入開始後にしゃっくりがあった場合は注入を中止する •注入速度・姿勢を確認する ⇒いつもと違う状態と感じた時には，看護職員に連絡する	•全身状態の観察 •注入速度・姿勢・体位など確認 •緊急性の判断と対応
げっぷ	•げっぷと同時に嘔吐することがあったら注入を中止し看護職員に連絡する	•全身状態を観察し，誤嚥が疑われるようなら医師に連絡する

いか，苦痛の有無など，経管栄養が安全に実施できた確認してください。

●危険防止のための医療職との連携体制（日常的な報告・連絡・相談）

経管栄養にともなう危険は，実施する人の個人的な手技・手順の誤りだけで起こるものではなく，相互の関係性など，さまざまな原因で発生します。危険を防止するためには，日常的に利用者の状態や疑問点・問題点，利用者・家族の気持ちに対する対応など，ささいなことと思われるような事柄についても医師・看護職員に連絡をして相談のうえ，共有しておきましょう。医師・看護職員との連携体制を図式化しておくことも一つの方法です。

日常的にカンファレンスなどで共有する方法もありますし，いつもと違う状態に気がついた時に医師・看護職員に連絡する場合もあります。日頃から意識的に顔を合わせたり，電話をすることによって緊急時にも連絡を取りやすくなります。

医師・看護職員に連絡することによって，その後の手技や注入内容などが変わる場合があります。変わった内容についてチームで把握しておくことに努めるとともに，記録に残すことも大切です。

●ヒヤリハット・アクシデントの実際と報告

実際に行うと，ヒヤリとして冷汗をかくこと，ハッとして手を止めてしまうこと，頭が真っ白になってどうしていいかわからなくなることがあります。それは誰にでもあり，ベテランになってもあるものです。自信過剰になってしまうことのほうが危険です。ヒヤリハットについては小さなことでも報告書に記入することになっています。

リスクは，人為的ミスから発生することばかりではありません。病態の変化や栄養点滴チューブなどの機器の不具合から生じることもあります。いつもと違う状態に気がついたり，発見したりした時には，医師・看護職員に相談し，ヒヤリハット・アクシデントを見逃さないようにしましょう。大事なことは，以下のことです。

- 「いつもと違う」という変化・状況を把握する力をつけておく。
- ヒヤリハットなのかどうか等を常に誰か（医師・看護職員，上司・同僚など）に質問する姿勢をもつこと。
- 相談を受けたり，話し合ったりすることを大事にする職場の雰囲気づくりを心がけること。

経管栄養法を巡るヒヤリハット・アクシデントの例[*9]を以下に示します（表Ⅲ-1-6）。

＊9
出典：三菱総合研究所（2014）「介護職員等喀痰吸引等制度の安全管理体制等の確立に関する調査研究報告書」平成26年度厚生労働省老人保健事業推進費等補助金，p 128

表Ⅲ-1-6　経管栄養法を巡るヒヤリハット・アクシデントの例

原因	事例
手技や手順のミス	•上半身挙上する角度が十分でなく，逆流性の肺炎を起こしかねないと思われる事例。 •嘔気があったにもかかわらず注入を続けたことにより嘔吐させてしまった。 •接続が適切でなかったため注入物が漏れてしまい，胃ろうの周囲の皮膚炎症を起こしてしまった。 •利用者専用のイリゲータや連結チューブを他の利用者のものと間違えて接続してしまった。
機器や物品等の不備	•胃ろう注入終了後，物品（シリンジ）の回収し忘れがあり，棚に置きっぱなしになっていた。
安全管理体制の不備	•チェック表を用いて30分ごとに滴下中の巡視を行っているが，チェックの記入漏れがあった。
利用者自身に起因するもの	•認知症の利用者による，胃ろう経管栄養注入中のチューブの自己抜去があった。 •利用者自身が触ったことにより，注入中に接続部がはずれ，布団の中に注入食が大量に流出していた。布団の中であったため，発見が遅くなった。

●ヒヤリハット・アクシデント報告書の書き方

ヒヤリハット・アクシデント報告書は，各施設または事業所などでその報告様式が違います。ヒヤリハット・アクシデント報告書には，施設名または事業所名，報告者氏名，管理責任者氏名，連携看護職員氏名，発生日時，発生場所，発見者，行為の種類・実施していた処置の内容，発生時の状況，医師への報告，連携看護職員への報告，対応，救急救命処置の実施，背景，要因・利用者に生じた影響などを記載します（p.302-303参照）。

一つの例として，どういう内容なのかがわかりやすいように，報告書におおよそのタイトルをつけておくと，次からもしくは他の人の参考にもなります。例えば，「利用者に声をかけることを忘れて，利用者ににらまれた事例」「注入速度の調整がうまくいかずに，規定の半分の時間で体内に注入してしまった事例」などです。それがどういう状況だったのかを振り返りながら記入します。

複数の原因が重なって，ヒヤリハット・アクシデントにつながる場合もあります。原因について看護職員やチームで共有することも次のヒヤリハット・アクシデントの防止につながります。前述の事例1をもとに，ヒヤリハット・アクシデント報告書の記入例を示しましたので，参考にしてください（別添様式4）。

事例1　確認不足から他人の経管栄養剤をセットした。

テーブルの上に数名分の経管栄養剤が置かれていた。経管栄養剤の確認をしAさんの胃ろうチューブに連結し滴下を開始した。開始後に栄養剤のパッケージに記入されている氏名がB利用者のものであると気づきすぐ注入をストップし，看護師に連絡をした。幸い栄養剤の内容は同一だったため大事には至らなかったので「ヒヤリハット」となる。本人用のパックから注入された50 mlを抜き破棄し本人の経管栄養剤を看護師とともに行った。

誤って使用したB利用者の経管栄養剤はパックごと破棄し新たにB利用者用の経管栄養剤を準備した。

栄養剤の内容が異なったまま注入した場合は「アクシデント」となる。

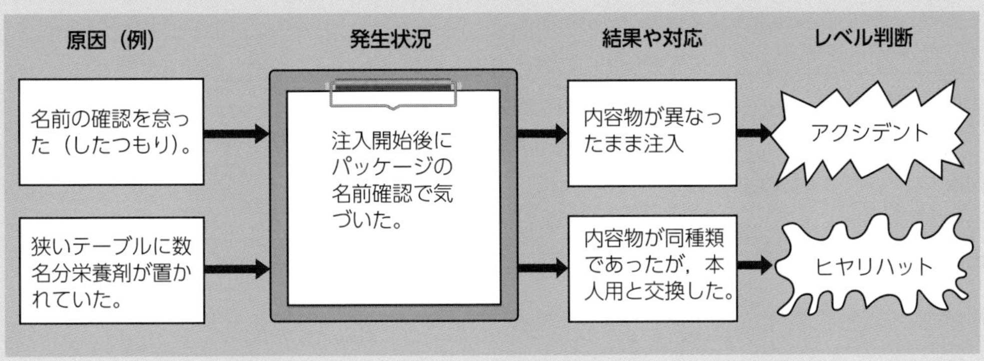

（別添様式4）

喀痰吸引等業務（特定行為業務）ヒヤリハット・アクシデント報告書（記入例）

報告者状況	事業所名称	特別養護老人ホーム
	介護職員氏名	介護　春子
	管理責任者氏名	管理　夏子
被報告者状況	事業所名称	特別養護老人ホーム
	連携看護職員氏名	看護　秋子

発生日時	令和2年1月10日（金曜日）　午前・午後　11時50分頃	
発生場所		
	☑ベッド上　□車椅子　□その他（具体的に　）	
対象者	氏名：　○○　○子　（男・女）	年齢：90歳
	当日の状況： いつもどおり，うとうとしていた。	

出来事の情報（一連の行為につき1枚）			
行為の種類	【喀痰吸引】 ①人工呼吸器の装着の有無　□なし　□あり ②部位　（□口腔　□鼻腔　□気管カニューレ内部　） 【経管栄養】（　☑胃ろう　□腸ろう　□経鼻経管　）		
第1発見者 （☑は1つ）	☑記入者自身 □記入者以外の介護職員 □連携看護職員 □連携看護職員以外の看護職員	□医師 □介護支援専門員	□家族や訪問者 □その他 （　）
出来事の発生状況	＊誰が，何を行っている際，何を，どのようにしたため，対象者はどうなったか。		
	他の利用者の経管栄養剤と間違えてつないでしまった。 全く同じ内容の経管栄養剤だったので大事には至らなかった。		
医師 への報告	□なし　☑あり		
連携看護職員 への報告	□なし　☑あり		
出来事への対応	＊出来事が起きてから，誰が，どのように対応したか。		
	直ちに中止し，連携看護職員に報告した。 連携看護職員と一緒に経管栄養剤の内容を確認し，全く同じものだと確認が取れたので，流れてしまっている分約50 ml を本人の経管栄養剤の中から破棄し，本人の経管栄養剤を接続し直す作業を連携看護職員と行った。 間違って，つないでしまった経管栄養剤はパックごと破棄し，新たにB利用者のために経管栄養剤を作成した。		
救急救命処置の 実施	☑なし □あり（具体的な処置：　）		
出来事が発生した 背景・要因	＊なぜ，どのような背景や要因により，出来事が起きたか。		
	昼12時間近になり慌てていたため，隣に置いてあったB利用者の経管栄養剤を間違って運んでしまった。		

(当てはまる要因をすべて)	【人的要因】 □判断誤り　□知識誤り　☑確認不十分　□観察不十分　□知識不足　□未熟な技術 □技術間違い　□寝不足　□体調不良　☑慌てていた　□緊張していた □思いこみ　□忘れた　□その他（　　　　　　　　　　　　　　） 【環境要因】 □不十分な照明　□業務の中断　□緊急時 ☑その他（狭いところに経管栄養剤を並べてあった） 【管理・システム的要因】 □連携（コミュニケーション）の不備　□医療材料・医療機器の不具合　☑多忙 □その他（　　　　　　　　　　　　　　　　　　　　　　　　）	
出来事の影響度分類（レベル0～5のうち一つ）	☑　0	エラーや医薬品・医療用具の不具合が見られたが，対象者には実施されなかった
	□　1	対象者への実害はなかった（何らかの影響を与えた可能性は否定できない）
	□　2	処置や治療は行わなかった（対象者観察の強化，バイタルサインの軽度変化，安全確認のための検査などの必要性は生じた）
	□　3a	簡単な処置や治療を要した（消毒，湿布，皮膚の縫合，鎮痛剤の投与など）
	□　3b	濃厚な処置や治療を要した（バイタルサインの高度変化，人工呼吸器の装着，手術，入院日数の延長，外来患者の入院，骨折など）
	□　4a	永続的な障害や後遺症が残ったが，有意な機能障害はともなわない
	□　4b	永続的な障害や後遺症が残り，有意な機能障害の問題をともなう
	□　5	レベル 4b を超える影響を与えた

介護職員　報告書記入日　令和２年１月 10 日

医師・連携看護職員の助言等	医師または看護職員が出来事への対応として実施した医療処置等について 介護職員が間違ってつないでしまってことに慌てていたので，内容物の確認と交換作業を２人で行った。10 分程度利用者Ｂさんともに注入の開始が遅くなってしまった。
	介護職員へ行った助言・指導内容等について 間違いを隠さず，すぐに連携看護職員に連絡してくれたために迅速に対応することができた。
	その他（今回実施した行為で介護職員の対応として評価できる点など） 経管栄養剤を準備する場所が手狭になっているので，このような間違いがないように環境を整える必要がある。

医師・連携看護職員　報告書記入日　令和３年１月 10 日

10 急変・事故発生時の対応と事前対策

到達目標
- □ 緊急を要する状態（症状）がいえる
- □ 急変・事故発生時に実施すべき対応が説明できる
- □ 急変・事故発生時の医療職との連携・体制を事前に共有しておくことの重要性と事前対策内容が説明できる

●緊急を要する状態

経管栄養の実施に関連して，緊急を要する状態とは，生命の危機に直結する状態です。具体的には，嘔吐物が気管に詰まってしまい，呼吸が停止している，呼吸状態が悪化している（苦しそうな表情や顔色が悪くなった），いつも意識がある人が，意識がないなどの場合です。

すぐに生命に直結しなくても，胃ろうの場合に急を要するのは，PEG（胃ろう）が抜けているのを発見した時です。時間が経つと，ろう孔部が閉鎖してしまい，再度手術を行う必要があるからです。

●急変・事故発生時の対応（報告，連絡体制，応急処置，記録）

呼吸状態や顔色が悪くなった場合，嘔吐がみられたりする場合，緊急を要する状態であると気づいた場合は，経管栄養を直ちに中止します。

そして，直ちに医師・看護職員へ報告・連絡をします。その際の報告相手や報告内容については，事前に緊急時対応のマニュアルとして医師・看護職員・家族と共有しておきましょう。

医師・看護職員へ報告する時には，慌てず，いつ・どこで・誰が，または何が・どのように・どうしたか・どうなったかを明確に伝えます。

例えば，
「経管栄養の注入を開始した5分後に嘔吐しました」「吐いた内容は経管栄養食のように見えます」などと利用者の変化を忘れずに報告しましょう。「嘔吐してから顔色が悪くなってきました」「苦しいと言っています」「おなかが痛いと言っています」「経管栄養はすぐに中止しました」などです。

連絡した医師・看護師から次の行動を指示される場合が多いと思われるので，その指示に従います。

意識がなく（通常意識のある人が呼びかけても応答しない），呼吸が停止しているような状態（胸やおなかが動いていない）では，救急蘇生を行いながら医師や看護職員の到着を待ちます。在宅の場合は，救急車を要請することもあります。

医師・看護職員の到着を待つ間は，利用者の側を離れず，さらに変化がないかどうかを確認・記録していましょう。

●急変・事故発生時の事前対策：医療職との連携・体制の確認

急変・事故発生の事態に備えて，事前に緊急時の連絡先について連絡網を用意して関係者や医師・看護職員と共有しておく必要があります。そして，誰に何を報告すべきかを整理しておきます。緊急時に医師・看護職員に報告すべき内容は，「いつ・どこで・誰がまたは何が・どのように・どうしたか・どうなったか」という内容です。

例えば，「いつ」という内容は，どのような状況の時かということです（経管栄養注入前か・注入後か・何をしている時かなど）。「どのように・どうしたか・どうなったか」という内容は，主に，利用者にどのような変化があったのか（腹部の状態，呼吸の状態，顔色，嘔吐の有無，意識状態など）や，チューブの詰まりなどの器具の不具合の様子などを伝えます。

緊急時の対応方法については，事前に医師・看護職員と相談して，利用者個々の連絡網をつくるなど「応急処置方法のマニュアル」として共有しておきましょう。

また，急変・事故発生時の記録には，人為的ミスにかかわらず「いつ・どこで・誰がまたは何が・どのように・どうしたか・どうなったか」ということを正確に記録します。前項でヒヤリハット・アクシデントの記載方法などを詳しく説明しているので参考にしてください。急変・事故発生後には，その記録を関係者・医師・看護職員とともに共有して，なぜそのようなことが起こったのかということについて話し合う機会をもち，それぞれの立場からの再発防止策を共有しておくことで，再発の防止につなげます。

また，急変・事故発生後の記録については，どのような急変・事故が，どのようにして起こっているのかという状況を，定期的に施設や事業所でまとめて，評価できるようにしておきましょう。

第2章

高齢者および障害児・者の「経管栄養」実施手順解説

1 経管栄養で用いる器具・器材とそのしくみ，清潔の保持

到達目標

- □ 経管栄養の必要物品がいえる
- □ 経管栄養の種類としくみが説明できる
- □ 必要物品の清潔保持（消毒）方法が説明できる
- □ 挿入部の消毒について説明できる

●経管栄養の必要物品

1）胃ろう，腸ろう経管栄養法の場合（図Ⅲ-2-1）

必要物品は，イリゲータ（栄養剤を入れる容器），栄養点滴チューブ，50 ml のカテーテルチップシリンジ，点滴スタンドまたは鴨居にかけるS字フック，常温[*1]に近い温度の経管栄養剤（医師の指示による経管栄養や高カロリーでバランスの取れた濃厚流動食，常食をミキサーにかけたもの），計量カップです。感染症が疑われる利用者の場合は，使い捨て手袋を準備します。

＊1
常温：標準的な温度。防寒つまり寒さ対策なしには低体温症のリスクが上昇する気温（11℃以下）や，熱中症のリスクが上昇する気温（28℃以上）を避けて，15～25℃を常温としてみなすことができる。室温が同様な意味で使われる場合もある。

2）経鼻経管栄養法の場合（図Ⅲ-2-2）

必要物品は，イリゲータ，栄養点滴チューブ，50 ml のカテーテルチップシリンジ，点滴スタンドまたは鴨居にかけるS字フック，常温に近い温度の経管栄養剤（医師の指示による経管栄養や高カロリーでバランスの取れた濃厚流動食，常食をミキサーにかけたもの），計量カップです。感染症が疑われる利用者の場合は，使い捨て手袋を準備します。

3）胃ろうまたは腸ろうによる経管栄養（半固形タイプ）

胃ろう・腸ろうによる経管栄養には半固形栄養剤を用いる方法もあります。液状よりも実際の経口摂取に近い形態の栄養投与方法です。

すでに半固形化されてパウチ等に入っている栄養剤を使う場合と，液状の栄養剤を半固形化してから投与する場合があります。栄養剤

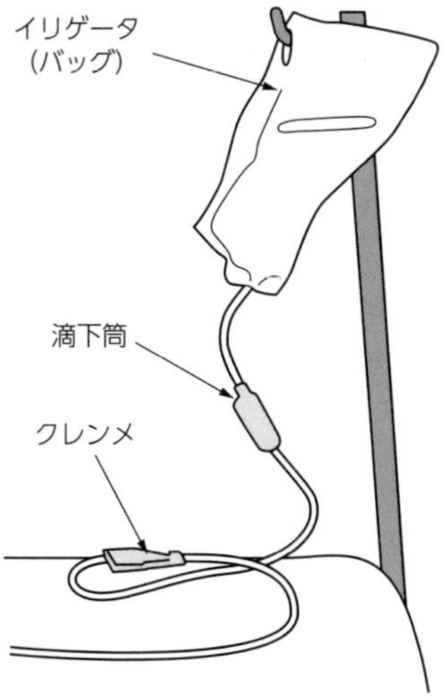

図Ⅲ-2-1　**必要物品（胃ろう，腸ろう経管栄養法）**

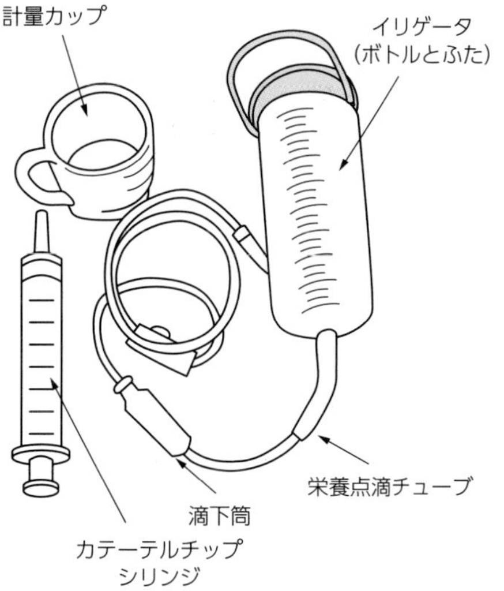

図Ⅲ-2-2　**必要物品（経鼻経管栄養法）**

の半固形化の濃度や水分を足すなどの方法については，利用者の状態によって主治医の指示により定められます。

液状の栄養剤を半固形化してから投与する場合，現在よく利用されている半固形化の方法は，寒天を用いる方法，多糖類（増粘剤・半固形化剤）を用いる方法，ペクチンを用いる方法です。

半固形栄養剤を使用する場合の必要物品を**表Ⅲ-2-1**に示します。

①市販のパウチ型のチューブに入った半固形栄養剤を直接胃ろう（腸ろう）につなぐ方法と，②市販の栄養剤に半固形化のために必要な増粘剤や半固形化剤を混入してシリンジで吸引して注入する方法と，③一般食をミキサーにかけて半固形化した食材を加圧バッグ（**図Ⅲ-2-3**）や④カテーテルチップシリンジに入れて胃ろう（腸ろう）に注入する方法がよく用いられています。それぞれの特徴は**表Ⅲ-2-1**に示したとおりです。半固形栄養剤の状態や注入量・時間などに合わせて使い分けられるので，指示を確認して正しく使いましょう。感染症の利用者の場合は使い捨て手袋を準備します。

※医療機器などで分野間の相互接続を防止するコネクタに係る国際規格（ISO（IEC）80369 シリーズ）の制定が進められており，欧米では新規格導入が始まっています。

2019 年 12 月以降，新規格製品（ISO80363-3）の準備が整い次第，販売が開始され，旧規格製品の出荷は 2022 年 11 月末に終了します。

表Ⅲ-2-1　**胃ろう（腸ろう）からの半固形栄養剤注入時の必要物品**

	カテーテルチップシリンジで注入する方法	市販半固形栄養剤のパウチから直接注入する方法	加圧バッグやスクイーザーを利用して注入する方法
必要物品	• 栄養剤を入れるボール • カテーテルチップシリンジ • 清潔なガーゼまたはティッシュなど • ボタン型の場合は専用の接続チューブ • カテーテル洗浄用の白湯※など	• 清潔なガーゼまたはティッシュなど • 市販の半固形栄養剤 • 栄養剤専用のコネクター・アダプター • ボタン型の場合は専用の接続チューブ • カテーテル洗浄用の白湯など • 加圧バッグまたはスクイーザー • 専用の胃ろう（腸ろう）接続チュー	• 清潔なガーゼまたはティッシュなど • 市販の半固形栄養剤など • 栄養剤専用のコネクター・アダプター • ボタン型の場合は専用の接続チューブ • カテーテル洗浄用の白湯など • 加圧バッグまたはスクイーザー • 専用の胃ろう（腸ろう）接続チューブ

※白湯：沸騰させたお湯を飲める温度までぬるく冷ましたもの。

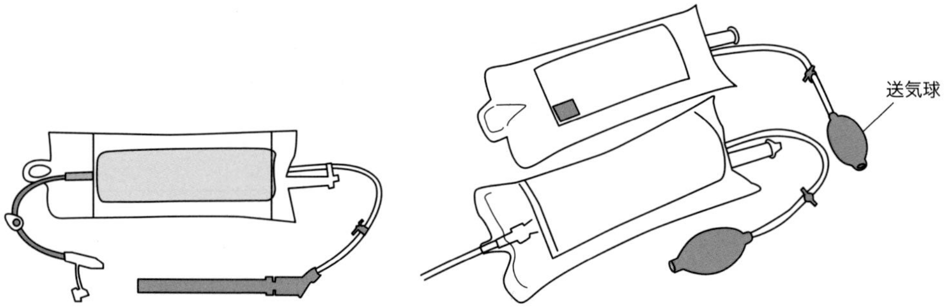

図Ⅲ-2-3　**加圧バッグ**

●必要物品の清潔保持（消毒薬・消毒方法）（図Ⅲ-2-4）

経管栄養法の必要物品を清潔保持するために，栄養剤の注入終了時に，使った物品を毎回洗浄・消毒します。清潔に保存するための準備物品には，イリゲータ（栄養剤を入れる容器），栄養点滴チューブ，50 ml のカテーテルチップシリンジ，計量カップです。また，消毒液を測定容器，次亜塩素酸ナトリウム[*2]（居宅の場合ではミルトン® などを利用）消毒用の専用の容器も準備します。半固形剤を用いる場合では，方法によって多少違いはありますが，基本的に再利用するものは食器洗浄剤で洗浄し，流水ですすいだあと，消毒します。

*2
次亜塩素酸ナトリウム：酸化作用，漂白作用，殺菌作用があり，漂白剤として使用される。

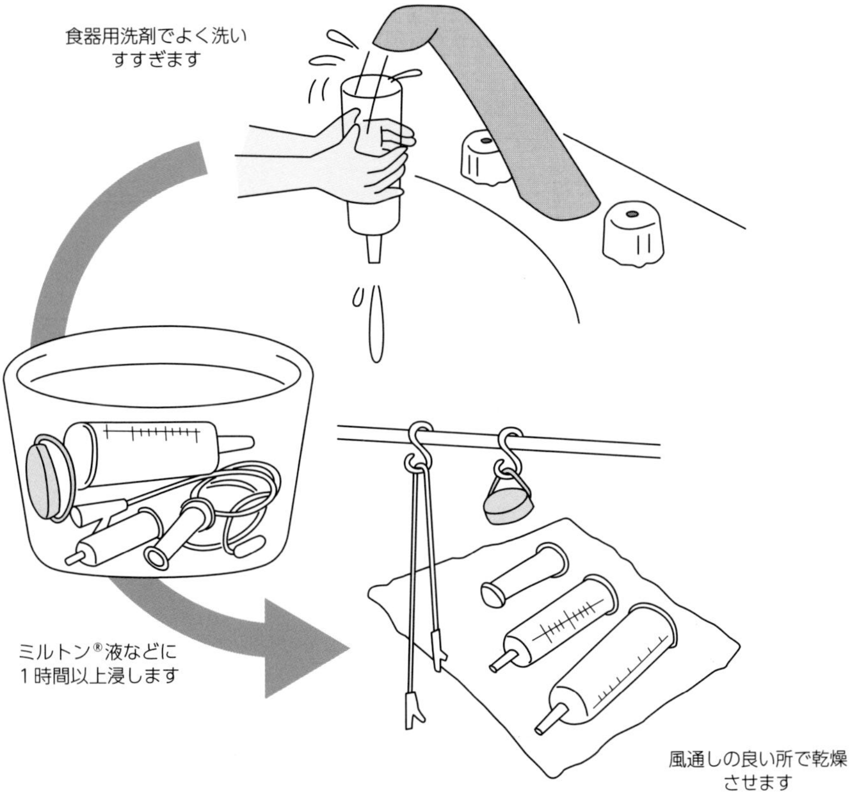

図Ⅲ-2-4　必用物品の洗浄と消毒方法

●次亜塩素酸ナトリウム（居宅ではミルトン® など）の場合

①毎回の経管栄養剤注入後，イリゲータ，栄養点滴チューブ，カテーテルチップシリンジを食器洗剤で洗浄し，イリゲータに固定金具が付属されている場合ははずします。0.0125～0.02％の次亜塩素酸ナトリウム（居宅ではミルトン® など）に1時間以上浸します。

②消毒後は流水でよく洗浄し，内腔の水滴は振り払い，風通しのよい場所で乾燥させます。

●挿入部の清潔保持

経鼻経管栄養法の場合は，鼻腔周囲の固定部分に皮膚の炎症を起こすことがあります。そのため，医師・看護職員は，経鼻経管栄養チューブを交換する時には，可能な状態であれば交互に挿入し，固定する位置を変更しています。固定されていた部分にテープの粘着性が残っているようであれば，温かく絞ったタオルでやさしく拭き取りを行います。

胃ろう（腸ろう）の場合，挿入部周囲から胃内容物が漏れることがあります。漏れが繰り返されることで，皮膚の炎症からびらんを

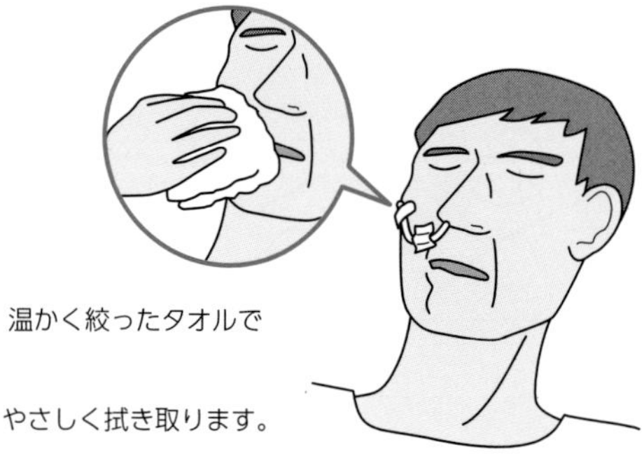

図Ⅲ-2-5　挿入部の清潔保持

生じることがあります。注入後は毎回の観察と皮膚の清潔保持が重要です。ろう孔周辺の分泌物や栄養剤の汚れは，ぬるま湯で濡らしたやわらかい布（ガーゼなど）で拭き取ります（図Ⅲ-2-5）。

胃ろう（腸ろう）栄養チューブは，内部固定板と外部固定板で固定された状態であり，その間隔が狭いとさまざまな合併症を生じます。そのため，胃ろう造設後しばらく経過したあとは，固定板が浮く程度にゆるく固定されています。

挿入部の消毒は，医師または看護職員が行います。造設術後2週間が経過した時点で挿入部に感染の徴候*3がなければ，医師の指示により消毒薬での消毒は中止します。

挿入部のガーゼ交換を実施している場合は，医師や看護職員の指

*3
徴候：状態の変化を予測される事実にあらわれ。

導の下で，清潔保持方法を確認します。医師・看護職員と連携し，ガーゼ以外の挿入部の固定方法や固定具と挿入部の観察すべき内容を確認し，いつもと違う状態であれば，医師・看護職員に報告します。

入浴は，挿入部に感染の徴候がなければ，そのまま保護せずに実施できます。感染の徴候があれば報告します。医師・看護職員の指導により，挿入部をフィルム等で保護して入浴する場合もあります。

2 経管栄養の技術と留意点

到達目標

- □ 必要物品の準備・設置方法と留意点が説明できる
- □ 経管栄養前の利用者の状態・観察内容がいえる
- □ 経管栄養前の利用者の準備方法と留意点がいえる
- □ 経管栄養の実施の流れと注入中の留意点が説明できる
- □ 経管栄養実施後，利用者の身体変化の確認項目と医療職への報告の必要性を説明できる

●必要物品の準備・設置（環境整備を含む）と留意点

①医師の判断により，利用者の状態に応じて看護職員が実施したほうがよい場合や，看護師と一緒に実施するなどの必要な指示を確認します。また，利用者の氏名，経管栄養剤の注入内容と量，注入時間，栄養剤の有効期限の確認と注入開始時間などの指示の確認も行います。看護職員による観察を１日１回以上実施します。

②手洗い後，必要物品を準備します。経管栄養剤は，原則として常温保管が可能ですが，ミキサー食や半固形栄養剤を自宅や施設で作成した場合などは，新鮮な状態で保存できるよう注意します。また，注入する栄養剤の温度が室温より低い場合は，人肌程度に温めておきます（栄養剤の温度については，環境や利用者の状態により異なりますが，注入時に栄養剤の温度差が大きいと身体に影響を及ぼすことがあるため，原則として常温に近い状態で利用します）。

③イリゲータ，栄養点滴チューブ，カテーテルチップシリンジ（図Ⅲ-2-6）などは，経管栄養に利用する利用者専用[*4]のものを使用します。

④利用者のその日の状態を観察します。排便の状況，排尿の状況，意識状態，腹部の張りや違和感について，利用者と会話しながら，いつもと違う状態がないか確認し，利用者の訴えを聞きます。異

＊4
専用：特定の人だけが使うこと。

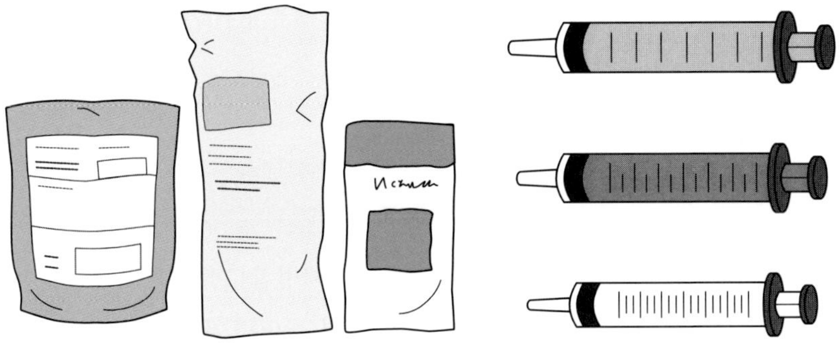

図Ⅲ-2-6　経管栄養剤のイメージとカテーテルチップシリンジ

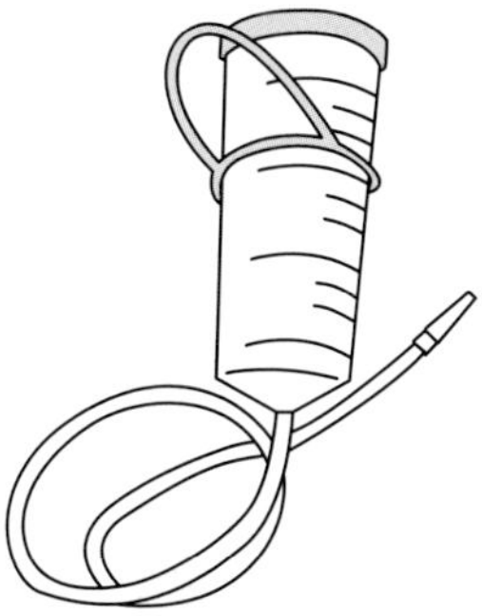

図Ⅲ-2-7　イリゲータ

常な状態があった場合は，医師や看護職員に相談します。

⑤使用物品の劣化[*5]，漏れ，汚染状況を観察し，問題がある場合は，本人，家族，医師・看護職員に相談し交換します（通常，看護職員により，栄養点滴チューブやカテーテルチップシリンジは2週間に1回程度で交換していることが多い）。

＊5
劣化：性能・品質などが低下して以前より劣ってくること。

⑥胃ろう（腸ろう）経管栄養法の場合は，ろう孔[*6]周囲の状態や挿入されている胃ろう（腸ろう）栄養チューブの位置，固定されている状態などを観察し，ろう孔周囲の異常や経管栄養チューブの抜け，固定状態の異常などがあれば，看護職員に相談します。

＊6
ろう孔：血管，胃，腸，または他の管腔臓器間などで，体内と体外との接続部位のこと。

経鼻経管栄養法の場合は，利用者に挿入されている経鼻経管栄養チューブの位置を確認し，経管栄養チューブの抜けや口腔内での停留，蛇行，咽頭違和感といった利用者からの訴えなどの異常があれば，看護職員にすぐに報告します。

⑦（看護職員）胃ろう（腸ろう）は，癒着《ゆちゃく》[*7]や圧迫を防止するため，1日に2～3回，回転させますが，原則的には看護職員が実施します。

＊7
癒着：本来は分離しているはずの臓器・組織面が，外傷や炎症のために，くっつくこと。

⑧経管栄養を実施する際は，イリゲータ（図Ⅲ-2-7）に直接日光が

当たらないように，ベッドの位置調整や遮光を行います。また，周囲環境を整えます。

●経管栄養開始前の観察

①栄養剤が利用者のものであるか確認し，利用者に食事の時間であることを伝え，経管栄養を開始することについて説明し，同意を得ます。意識のない利用者や認知機能に障害がある利用者については，事前に医師・看護職員とどのように同意を取るか決めておきます。

②体温，呼吸などの状況を確認し，いつもと変化がないか観察します。いつもと違う状態があれば，医師・看護職員に報告します。

③痰の多い利用者や，上気道感染症を起こしている利用者の場合は，経管栄養剤の注入中にむせ込み，嘔吐を引き起こす可能性があるため，医師や看護職員に判断をしてもらいます（注入前に吸引等を行う必要があれば，医師・看護職員に報告し，指示により吸引を実施する場合もあります）。

④腹部の膨満感や張り，胃部のむかつきなどの状態を観察し，いつもと違う状況が確認された場合は，医師・看護職員に報告します。

●経管栄養実施前の準備

①医師の指示書の確認を行います。

②利用者への説明を行います。経管栄養の注入時間は，医師の指示により，利用者ごとに個人差があります。30分～2時間の長時間を要することから，無意識に経管栄養チューブの挿入部や接続部分に触れ，抜去する可能性があります（在宅などでは，利用者や家族の協力が必要なため，十分説明を行います）。

③手洗い後に必要物品を揃えます。

④環境の整備を行います。栄養チューブのねじれや，周囲の物による圧迫がないように，周囲環境を整えます。また，挿入部に掛ける衣服や寝具が挿入部や経管栄養チューブを引っ張ることがないように整えます。

⑤輸液ラインや排液チューブ，その他の医療的処置を実施している

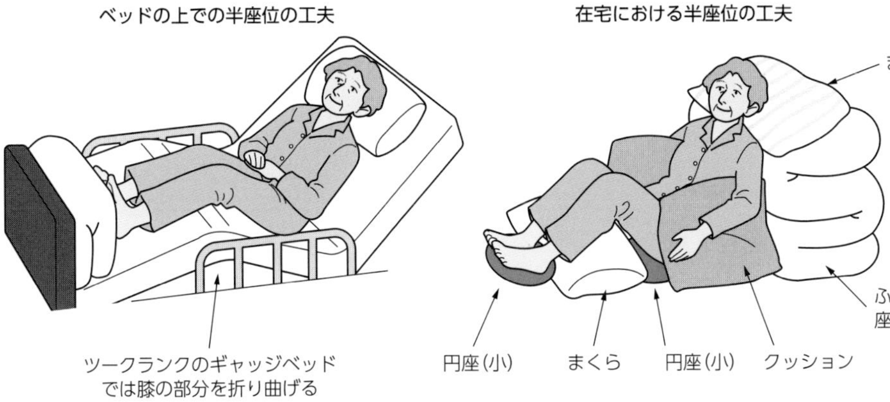

図Ⅲ-2-8　経管栄養実施前の準備（体位）

利用者の場合は，特に経管栄養を接続するチューブに間違いがないよう細心の注意を払い，看護職員と相談し，経管栄養法を実施しているチューブにテープなどの目印を付け，区別がしやすい工夫をすることが重要です。

⑥体位を整えます。注入した栄養剤が逆流し，肺に流れ込むことがないよう，医師・看護職員の指示に従って，半座位（30～45度）の姿勢に体位を整えます。しかし，仙骨部[*8]に褥瘡《じょくそう》がある場合や，強度の猫背，その他の問題がある場合は，医師・看護職員と相談し，適切な体位に整えましょう（図Ⅲ-2-8）。

＊8
仙骨部：脊柱の下方にある三角形の骨。5個の椎骨が癒合し，骨盤の後壁をつくる。

⑦プライバシーの確保に努めます。経管栄養実施の前には，必要以上に肌の露出がないようにスクリーンやカーテンで利用者のプライバシーの保護に努めます。実施中のスクリーンやカーテンの必要性については，利用者本人の意向に添ってできるだけ配慮しますが，経管栄養チューブ抜去などの可能性がある場合は，本人に同意を得て，観察できる箇所を見やすくしておきます。半固形栄養剤注入の場合は，腹部が圧迫されない体位であれば，30～90度の座位にしても構いません。

●経管栄養実施手順

1）胃ろう（腸ろう）・経鼻経管栄養法を使用している場合の手順

①経管栄養法の実施前には，石けんと流水で十分に手指を洗浄します。

②再度，利用者本人に名前を言っていただき（リストバンドをして

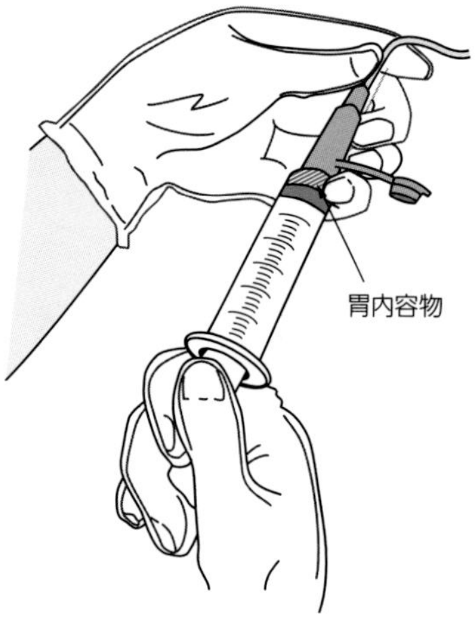

図Ⅲ-2-9　看護師によるカテーテルチップシリンジによる胃内容物の確認

いる場合はリストバンドを，施設の場合はベッドのネームプレートなどを確認します），指示された栄養剤の種類，量，時間を確認します。

③（看護職員）経鼻経管栄養法では，挿入されている栄養チューブが胃に到達しているか，看護職員が確認します。カテーテルチップシリンジ（図Ⅲ-2-9）に空気をためない状態で，チューブ先端から吸引を行い，胃内容物の確認をします。吸引の圧力をかけすぎないように注意します。胃液が引けてこない状態があれば，カテーテルチップシリンジを利用して空気を注入し，胃内の音の確認も看護職員が実施します。

④イリゲータを点滴スタンド，または鴨居などのＳ字フックに吊るします。

⑤イリゲータに栄養点滴チューブを取り付け，点滴チューブのクレンメ（図Ⅲ-2-10）が閉じていることを確認します。

⑥計量カップに指示された量の栄養剤を注ぎ入れます。

⑦計量カップの栄養剤をイリゲータに注ぎ入れます。

⑧滴下筒を圧し，滴下筒に半分ほど栄養剤を満たします。

⑨クレンメを少し開きながら栄養点滴チューブの先端まで，全体に栄養剤を行き渡らせ，クレンメを閉じます。

⑩栄養点滴チューブの先端が不潔にならないように，食器の中や，ガーゼまたは清潔なタオルの上に乗せておきます。

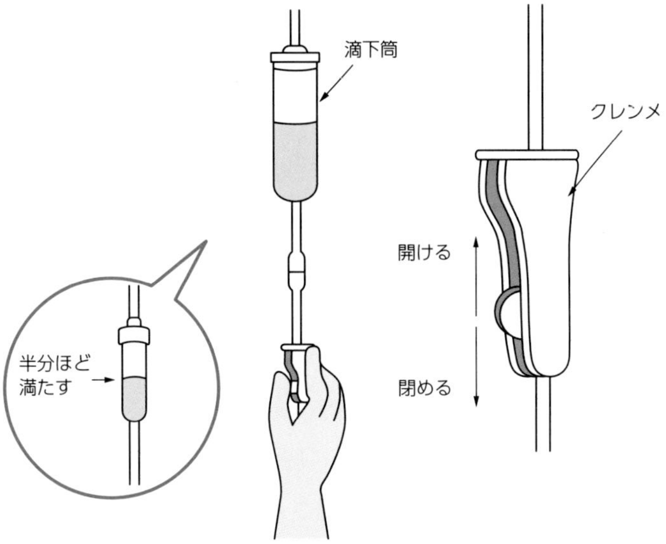

図Ⅲ-2-10　クレンメの開け・閉めによる滴下調整

⑪経鼻経管栄養法では，利用者の鼻内から出ている経鼻経管栄養チューブの先端の栓をはずします。

⑫経鼻経管栄養法では，栄養点滴チューブの先端と利用者側の経鼻経管栄養チューブの先端をはずれないように接続します。

胃ろう（腸ろう）経管栄養法では，胃ろう（腸ろう）には，チューブ型とボタン型があります。栄養点滴チューブの先端と利用者に挿入されている胃ろう（腸ろう）経管栄養チューブの先端をはずれないように接続します。

＊注意：胃ろうの経管栄養チューブによっては，複数口のあるものもあります。その場合はつなげていない口は閉じておきます。開いていると，そこから注入した栄養剤などが漏れてしまうので，必ず閉めておきます。

⑬利用者と家族に声をかけ，これから経管栄養を注入開始する旨を伝えます。

⑭クレンメを開きながら，指示どおりの滴下数に合わせるため，栄養点滴チューブの滴下筒の滴下と時計を見ながら，1分間の滴下数を合わせます。注入速度が速いと，下痢や急速な高血糖症状を引き起こします。注入速度が遅いと利用者の拘束時間が長くなり，活動が制限されてしまいます。看護職員に確認して調整します。

⑮経鼻経管栄養法では栄養点滴チューブと鼻部挿入部まで，胃ろう

（腸ろう）経管栄養法では挿入部先端までを指でたどりながら，ねじれ，折れ曲がりなど確認します。また，利用者の周囲に置いてある物で圧迫されていないかも確認します。
⑯適切に注入が始まったことを利用者と家族に伝えます。

2）半固形栄養剤を使用している場合の手順

以下の手順で実施します。
①実施前には，石けんと流水で十分に手指を洗浄します。
②再度，利用者本人に名前を言っていただき（リストバンドをしている場合はリストバンドを，施設の場合はベッドのネームプレートなどを確認します），指示された栄養剤の種類，量，温度，時間を確認します。
③パウチに詰まった市販栄養剤，または半固形状態にした，カテーテルチップシリンジに注入した栄養剤，またはミキサー食を特定の容器に詰めた栄養剤などを準備します。
④利用者の胃ろう（腸ろう）チューブに準備した半固形栄養剤の容器の接続部分をしっかり接続します。
　1：加圧バッグで注入する場合は，加圧バッグに市販のパウチされた半固形栄養剤を胃ろう（腸ろう）に専用の接続管を用いて接続します。チューブ内を栄養剤で満たしたあと，クランプを閉じて加圧バッグに挿入します。
　2：カテーテルチップシリンジの場合は胃ろう（腸ろう）にカテーテルチップシリンジの先端を接続します。
⑤利用者と家族に声をかけ，これから経管栄養の注入開始する旨を伝えます。
⑥注入を開始します。
　1：加圧バッグで実施する場合は，専用のチューブの先端を胃ろうのカテーテルに接続します。
　加圧バッグに入った栄養剤をセットします。専用チューブのクレンメを閉じます。
　加圧バッグの送気球で加圧バッグの圧力が目標の圧力（医師の指示）に到達したらクランプを開放して栄養剤を自動的に注入します。医師の指示により定められた時間内で（通常は10～15分程度）注入します（医師の指示の圧力で注入できない場合は，注入を中止して，医師・看護職員に連絡します。

加圧バッグに入っている栄養剤が平らになったら，栄養剤を加圧バッグから取り出し，バッグの中に残った栄養剤を手で絞り出して注入します。

2：カテーテルチップシリンジで注入する場合，カップなどに入った栄養剤をカテーテルチップで吸引しますが，量が多い場合は，必要な容量分のカテーテルチップを用意して吸引しておきます。

3：市販の半固形栄養剤を利用する場合は，胃ろうのカテーテルに専用のコネクターを接続します。胃ろうに取り付けた専用コネクターを取り付け，手で絞り出しながら注入します。手で圧力を加えながら注入する場合は，医師・看護職員の指示に従って圧力を加減し，利用者の状態を見ながら注入します。

⑦適切に注入が始まったことを利用者と家族に伝えます。

●経管栄養実施中の利用者の身体的変化の確認と医療職への報告

①注入中・注入直後は，利用者の状況や表情の変化を観察します。空腹時に胃内容物が入る場合は，横隔膜刺激により吃逆（しゃっくり）が出現し，利用者に苦痛を訴える場合があります。その場合，医師・看護職員に連絡します。

②注入中に，痰のからみが強かったり，嘔気や嘔吐がみられた場合は，注入をいったん中止して様子をみます。栄養剤や流動食の逆流，誤嚥《ごえん》による肺炎になってしまう可能性もあります。むせ込みや嘔気・嘔吐がないか観察します。むせ込み，嘔気・嘔吐が出現した場合は，医師・看護職員に連絡します。

③注入後は，腹鳴（おなかが鳴る）などの違和感や，腹部の膨満感を訴える場合があります。その場合，医師・看護職員に相談します。

④利用者は長時間の同一体位を保持しているので，身体の圧迫箇所の痛みや，腰痛などを生じていないか観察が大切です。時々声をかけ，体の向きや圧迫されている箇所がないかを確認します。し

かし，注入中に大きく体を動かすことで，嘔吐を引き起こしたり，接続しているチューブがはずれてしまうなどの事故につながるので慎重に対応しましょう。その点では，半固形栄養法は，長時間同一体位を保持することがないので，利用者の負担が軽減できるという利点があります。

⑤滴下による経管栄養法では，無意識にチューブや挿入部に手を持っていき，経管栄養チューブが抜けてしまうことや，接続しているチューブのはずれ，または固定しているテープがずれてしまう場合があります。長時間の行為であるため，時々声をかけ，チューブ全体の安全を指でたどり，確認します。

⑥糖尿病の利用者では，急激な栄養剤の注入により，高血糖症状を呈する場合があります。時々声をかけるなど，意識状態を観察します。寝ていると判断し，声かけをせず，病状を悪化させてしまうケースも報告されています。昏睡（どんなに強い呼びかけを繰り返しても反応できない意識の障害）などの異常の場合は，医師・看護職員に連絡します。

⑦注入中の利用者に変化がある場合は，いったん注入を止め，医師・看護職員に連絡します。

●経管栄養実施後の手順と利用者の身体変化の確認

①栄養剤の注入が終了したことを利用者，家族に伝えます。

②栄養点滴チューブのクレンメを閉めます。経管栄養チューブの先端部分と栄養点滴チューブをはずします。この際，接続をはずすことに集中しすぎて，利用者側の経管栄養チューブを引っ張りすぎないように注意します。胃ろう（腸ろう）と連結している経管栄養チューブまたは，経鼻経管栄養チューブのふたを閉じます。

＊半固形栄養法の場合は②はありません。

③カテーテルチップシリンジに30～50 mlの白湯を吸い上げます。胃ろう（腸ろう）経管栄養チューブ，または経鼻経管栄養チューブの栓を開け，カテーテルチップシリンジを接続して白湯を注入します（半固形栄養剤でも実施します）。

④経管栄養チューブ内に栄養剤が貯留していないか確認します。残留物の塊はチューブの閉塞を起こします。また，チューブ内に残

留物が付着していると，腐敗したり雑菌の繁殖を助長することになります。

⑤カテーテルチップシリンジを抜き，経管栄養チューブの注入口の栓を閉めます。

⑥経鼻経管栄養チューブを行動の邪魔にならないように固定します。胃ろう（腸ろう）栄養チューブも排泄時の更衣作業などで引っ張ることがないように固定します。

＊半固形栄養法の場合は⑥はありません。

⑦嘔吐や食道への逆流を防止するため，注入終了後も30分～1時間は，上半身を起こした状態を保つよう利用者に説明します。しかし，寝たきりの利用者や褥瘡の可能性のある利用者については，医師・看護職員の指示により体位変換をすることがあるので，医師・看護職員に確認します。

＊半固形栄養法の場合は，注入後の体位の制限はありませんが，医師より体位の指示がある場合は指示に従います。

⑧口腔環境の維持と上気道感染症の予防のため，食後の口腔ケアを実施します。特に，経口摂取を行っていない利用者は，唾液の分泌が減少しやすいため，口腔内の自浄性が保たれず，細菌が繁殖しやすい状態になっています。

⑨利用者の呼吸状態や体温などの変化を観察し，いつもと違うことがあれば，速やかに医師・看護職員に報告します。

⑩食後は腸ぜん動運動が活発になるため，排ガスの有無や，便意の確認を行います。また，腹圧が上昇するため，尿意を強く感じる場合もあります。必要な場合は排泄の介助を行います。

⑪意識状態や腹部の張り・違和感について利用者と会話しながら，いつもと違う状況がないか確認し，異常があった場合は医師・看護職員に連絡します。

●経管栄養終了後の片づけ方法と留意点

経管栄養終了後は，利用者の体力も消耗します。原則として体位を変えず，気分を楽に保てるようねぎらいの声をかけ，しばらく安静が保たれるような環境整備を行います。

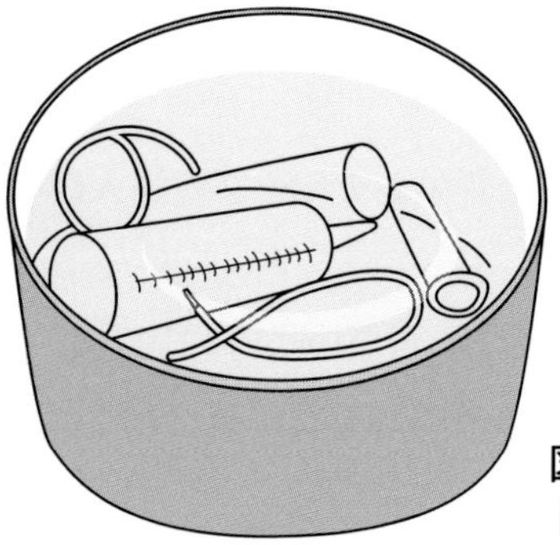

図Ⅲ-2-11　消毒方法（次亜塩素酸ナトリウム液への漬け置き）

片づけ方法：次亜塩素酸ナトリウム（居宅ではミルトン® など）の場合（図Ⅲ-2-11）

①毎回の経管栄養注入後は，食事のたびに再利用するイリゲータ，栄養点滴チューブ，カテーテルチップシリンジを食器洗剤で洗浄し，流水でよくすすぎます（イリゲータに固定金具が付属されている場合ははずします）。半固形の栄養剤を注入した場合も，再利用するカテーテルチップシリンジ，ミキサー食専用容器などを食器用洗浄剤で洗浄し流水でよくすすぎます。

新しく導入されたISO誤接続防止コネクターのオス型コネクターでは，くぼみ部分に栄養剤の残渣が付着したまま乾燥した場合，次回から使用できなくなることがあるので，ブラシなどで凹み部分を十分洗浄します。消毒は，0.0125～0.02％の次亜塩素酸ナトリウム（居宅ではミルトン® など）に1時間以上浸します。

②消毒後，再び流水でよく洗浄します。内腔の水滴は振り払い，風通しのよい場所で乾燥させます。

③物品の片づけ時には，次回の物品が揃っているか，確認をします。器具の劣化，磨耗している場合は速やかに看護職員と連携し，物品の欠品がないよう配慮します。

④一人の利用者ごと，仕事の変更ごとに手洗いを実施します。片づけが終ったあとも，必ず石けんと流水による手洗いを実施します。

3 経管栄養にともなうケア

到達目標

- □ 消化機能を促進するケアについて説明できる
- □ 体位を整えるケアについて説明できる
- □ 口腔内や鼻のケアについて説明できる
- □ 胃ろう部（腸ろう部）のケアについて説明できる

●消化機能を維持するケア

消化器官では，食物を口から摂取し，消化して，必要な栄養素を吸収したあと，残ったものを便，尿として排泄します。この一連の機能が，経管栄養を実施している場合でも正常にはたらくようにケアする必要があります。

特に経管栄養では，外界から直接チューブで栄養剤を取り込むため，衛生状態が悪いと感染症や胃腸炎などの障害を起こします。したがって，経管栄養チューブや器具の洗浄と消毒，乾燥が重要です。そして，口からの摂取が行われていないからといって口腔清潔を怠ると，上気道感染症や肺炎を起こすため，口腔内の清潔が非常に大切です。

また，消化・排泄機能を保つためにも，必要な栄養分を摂取できるよう，食事の内容や量，摂取の時間などの適切な管理が健康維持につながります。最終的に老廃物や不要なものが，尿，便として排泄されるよう，運動や歩行によって腸ぜん動運動を促すケアもあります。移動は普段の生活どおり自由にできますが，チューブがひっかかったりして，引っ張られないように注意します。特に，高齢者は，腸ぜん動運動が低下していても，急激な症状として現れないことがあるため，腸閉塞などの重篤な病状に進行する場合があります。毎日の排便，排尿の回数と症状を観察することは，介護する者が気をつけなければならないケアの一つです。

●生活様式に添った体位を整えるケア

私たちは，生命を維持するための生活行為を毎日繰り返しています。呼吸をする，体温を適切に調整する，身体の維持のため食事をする，排泄をする，眠る，身体を清潔に保つために入浴する，歯磨きをする，活動する，歩行するなどさまざまな行為を行っています。その行為は，適切な姿勢を保って慣れることによって自然に繰り返されています。しかし，適切な姿勢を保持するための体力や機能の維持ができない場合は，生命の危険をもたらすことになります。

私たちがケアをする利用者は，経鼻経管栄養法や胃ろう（腸ろう）で栄養摂取を実施している方たちです。胃内からの逆流により肺への流入が起こらないように，適切な姿勢で注入を行い，利用者や家族の今までの生活様式や意向に添って，できるだけ希望を取り入れた体位の工夫を行う必要があります。

利用者や家族は，とかく介助をしてくれる人に対して指示することに遠慮があり，自らの希望や不快感をあらわさないよう気を使っています。話しやすい雰囲気で説明を行い実施し，安楽な生活が継続できるように努めます。

●口腔内や鼻および皮膚のケア

口腔内のケアは呼吸器感染症を予防することになります。毎回の食後の口腔内清掃は，利用者にとって爽快感を促すことになります。また，口腔内の食物残渣の有無を確認するタイミングとしても重要です。

経鼻経管栄養では，チューブが鼻腔を経由し胃の中まで届いています。外界と接している鼻は清潔を保つ必要があります。鼻腔内清拭を行い，チューブが挿入されていない側の鼻腔は呼吸ができるように清拭を行います。呼気・吸気の通過状況は，ティッシュペーパーをかざして確認します。

胃ろう（腸ろう）や経鼻経管栄養法では，チューブ固定部分の皮膚にかぶれや水疱などが起こっていないか確認します。また，固定テープがチューブを引っ張って貼られていないか観察します。皮膚に異常がある場合や，チューブが引っ張られている場合は，医師・

看護職員に相談しましょう。経鼻経管栄養法の利用者は顔面にチューブが露出していることで，恥ずかしさから人との接触を避ける傾向があります。利用者の精神的な苦痛にも配慮し，なるべく鼻部や顔面の変形が起こらないよう，注入後などの整え方を利用者や看護職員と相談しながら考えましょう。

●胃ろう部（腸ろう部）のケア

胃ろう（腸ろう）栄養チューブ挿入部は，体内と外界が接する部分です。胃ろう（腸ろう）栄養チューブは，1日に2～3回，回転させ，癒着や圧迫を防止しますが，介護職員が実施することはできません。医師や看護職員，家族などが実施します。皮膚の発赤，圧迫などがあれば，医師・看護職員に報告します。

日々の清潔は大変重要で，夏は発汗も多く，ろう孔周辺に汗などがたまりやすい状態になります。入浴では，石けんを使って周囲皮膚の洗浄をし，十分に洗い流します。また，冬季は空気が乾燥して

いるため，皮膚の水分も少なくなるので，特に子どもや高齢者では，ろう孔部分周囲の皮膚亀裂などに注意が必要です。入浴後や清拭のあとは，医師・看護職員の判断のもと，指示があった場合は保湿クリームを塗布します。

胃ろう（腸ろう）栄養チューブは，睡眠時，無意識に腹部に手を乗せることが多いため，衣服から露出しないように注意します。

4 報告および記録

到達目標
- □ 報告・連絡方法について説明できる
- □ 記録の意義・記録内容が説明できる

●医師・看護職員への報告・連絡方法

定められた作業は，最初は注意深く実施しますが，だんだん慣れてくると，業務の手順が順調であれば，観察がおろそかになることがしばしばあります。それは，気を抜いて行っているからではなく，誰にでも慣れによって生じうる事柄なのです。しかし，小さな見落としや観察漏れであっても，利用者の生命に直結することがあります。いつでも細心の気配りと観察を丁寧に実施し，記録することが大切です。

医師・看護職員などの医療職との連携体制は，日頃からの信頼関係の構築が重要です。忙しいからこそ，いつでも話をしたい人間関係を構築することが，利用者の信頼を得て，安全，安心な生活を支えるケアにつながります。

報告には，簡潔に要領よく伝える技術が必要です。誰が，何時，どこで，どのように，どうなったか，などを伝え，判断をしやすい伝達をします。自らの憶測や必要以上の修飾語はかえって判断を鈍らせます。

また，常日頃から重要なことをメモに取る癖をつけると，大変便利です。業務を終了した翌日に前日のことを尋ねられても，忘れていることはよくあります。特に，点滴スタンドの高さ，滴下数，注入時間などや顔色，嘔吐物の量，色など，数値や色はメモすることでその場の状態を，はっきり思い出せ，作業の証拠にもなります。

利用者情報は，日々共有することが重要です。担当者会議などの場で関係者が集まった時には，なるべく具体的に利用者の意向や，医師・看護職員の方針をわかるまで確認しておくとよいでしょう。

また，緊急連絡網は，利用者の家族の連絡先や，携帯電話番号を記載し，医師や看護職員の連絡先も昼間，夜間，休日など，わかりやすいように記載して，関係者と共有します。個人情報の保護の観点から，重要な連絡番号を不用意に他人に伝えたり，コピーして持ち歩いたり，紛失しないようにします。

緊急連絡先は，日頃の相談時の連絡先と区別し，了解なく，むやみに業務報告などに利用しないよう注意が必要です。

物品の補充などの連絡事項も報告することで，欠品を防ぐことができます。

●記録の意義と記録内容・書き方

記録は客観的に記述し，誰が見てもわかる表現や用語を使います。連絡と報告のところでも述べていますが，誰が，いつ，どこで，誰と，どのように，どうなったというような起承転結が一目で理解できるように記入し，利用者，家族，医師・看護職員と協働して統一したフォーマットを作成しておくと便利です（表Ⅲ-2-2）。

栄養剤の注入では，実施時間，栄養剤の注入方法，栄養剤の種類・内容・量を記録し，注入時間や利用者の状態や表情，意識状態などを，実施後速やかに記録します。最後に実施者の氏名を記入します。

記録の意義の一つは，利用者の生命を預かり，支援の内容が正確に実施できている事実を確認できることと，利用者にかかわるすべての人が共通の認識をもってケアを行っているか確認できることです。もう一つの意義は，利用者に事故，急変，異常な事態が発生した場合，過去の事実が記載されていることで，適正な業務実施が証明される証拠となることです。

また，昨今の災害などでは，避難指示によって利用者が移動せざるを得ない状況があった場合でも，公的機関や保健師，他の医師・看護職員に対しての情報伝達のツールとして利用できます。

記録には，実施日，実施時刻，経管栄養の方法と栄養剤の種類と量，実施時刻も記入します。また，利用者の状態や訴え，環境の状態などと併せ，実施者の氏名や所属を記入します。

表Ⅲ-2-2　記録に記載する内容一覧

記載日	令和●年●月●日	**記載時間**	午前 11 時 40 分
記載者	○岡　花子	**職種**	介護職員（交付番号○○番）
対象者氏名	○沢　太郎　　　　様	**部屋番号**	A 棟―1 番

実施場所	デイルームにて実施　　　　理由：ご家族と面会があったため		
実施内容	• 昼食を胃ろうからチアーパック入り栄養剤を加圧バッグで注入 • カテーテルチップシリンジから白湯を注入		
注入内容	半固形化栄養剤 250 ml　　白湯 50 ml		
注入開始時刻			
注入時間	15 分かけて注入　　　　●時●分開始　　●時●分終了		
観察事項	注入前 • 空腹感があると話されていた。 • 胃ろう周囲の皮膚の状態は良好。	注入中 腹部の膨満感や，嘔気などの症状はない。	注入後 • リクライニング椅子の角度を立ててほしいとご要望があり，30 度から 50 度に変更した。 • 嘔気や腹部膨満感はない。 • 家族との面談で気分が落ち着いている。 • 妻と中庭の散歩に出かける。
実施後の報告			
報告担当者	○田　朝子看護師	○村　次郎日直リーダー	
備考	• カテーテルチップシリンジを利用しようとしたら，コネクターの凹みに栄養剤の残渣が残っており，新しいカテーテルチップシリンジを使用しました。 • 洗浄時はブラシで念入りに洗浄しましょう。		

第3章

介護職員等による経管栄養のケア実施の手引き

介護職員による喀痰吸引等の試行事業における経管栄養（胃ろう，腸ろう，経鼻経管）のケア実施の手引きの概要

実施プロセス		実施者	施設		居宅	
			胃ろう・腸ろう	経鼻経管	胃ろう・腸ろう	経鼻経管
STEP 1	安全管理体制確保	医師，看護職員，介護職員で実施	**初の実施時および状態変化時**			
			利用者の状態に関する情報の共有と報告・連絡・相談等の連携体制を確保する			
		医師のみ実施可能	①看護職員のみで実施すべきか，看護職員と介護職員とで協働して実施できるか ②当該利用者について，経管栄養を実施する介護職員について，看護職員との連携の下，配 置医または実施施設と連携している医師が承認する		①訪問看護職員のみで実施すべきか，訪問看護職員と訪問介護員とで協働して実施できるか， ②当該利用者について，経管栄養を実施する訪問介護員について，訪問看護職員との連携の下，利用者のかかりつけ医が承認する	
			状態像の変化等により介護職員等が実施することに適さない事例もあることから，実施可能かどうかについては，個別に，医師が判断する			
STEP 2―①	観察判断	看護職員により実施可能	**毎朝または当該日の第 1 回目実施時**	**毎回実施前**	**1 日 1 回以上**	**毎回実施前**
			看護職員は利用者の胃腸，鼻（注 1）および全身の状態を観察し，看護職員と介護職員との協働による実施が可能かどうか等を確認する		看護職員は利用者の胃腸，鼻（注 1）および全身の状態を観察し，看護職員と介護職員との協働による実施が可能かどうか等を確認する	
			胃ろう・腸ろうの状態に問題のないことの確認は 1 日 1 回以上看護職員が行う		胃ろう・腸ろうの状態に問題のないことの確認は 1 日 1 回以上訪問看護職員が行う	
STEP 2―②	観察	介護職員により実施可能	**当該日の第 2 回目以降**	**毎回実施時**	**当該日**	**毎回実施時**
			STEP 1 で承認された介護職員は利用者の胃ろう・腸ろうの状態に問題のないことを観察する		STEP 1 で承認された介護職員は利用者 / の胃ろう・腸ろうの状態に問題のないことを観察する	
STEP 3	実施準備		必要な物品を準備し，利用者のもとに運ぶ			
STEP 4	ケア実施		利用者に経管栄養開始の説明を行い，適切な体位をとり，環境を整備する			
		看護職員により実施可能		鼻からの栄養チューブが正確に胃の中に挿入されているか確認する		鼻からの栄養チューブが正確に胃の中に挿入されているか確認する
		介護職員により実施可能	チューブを接続し，流動物をゆっくり注入する			
			注入中の状態を定期的に観察する			
			注入終了後，白湯を注入し，状態を観察する			
STEP 5	結果確認報告		利用者の状態を観察し，看護職員に報告する			
STEP 6	片づけ		使用物品を速やかに片づける			
STEP 7	評価記録		実施時刻，実施者名等を記録する			

留意事項	STEP 2―②（経管の場合は STEP 3）から STEP 7 のいずれかにおいて，緊急時等，異常を確認した場合は STEP 2- ①観察判断に戻り，看護職員が確認する
	STEP 2―①において，経管栄養を安全に実施することが可能かどうか判断に迷う場合は，STEP-1 に戻り，医師の判断を確認する

（注 1）経鼻経管の場合

STEP 1　安全管理体制確保

安全に胃ろうまたは腸ろうによる経管栄養が実施できる者を選定することおよび緊急時に備える。

プロセス	内容	実施者	留意事項	考えられる主なリスク	必要な知識・技術
1)	利用者の状態に関する情報を共有し，報告・連絡・相談等の連携体制を確保する（急変・事故発生時の対策を含む）。	医師 看護職員 介護職員	経管栄養は，栄養チューブが正確に胃の中に挿入されていない場合に，誤って注入を行うと，腹膜炎など重大な事故につながる危険性があり注意が必要である。 腸の動きが不十分な場合には，腹部膨満感，嘔気・嘔吐等を引き起こす可能性がある。特に，嘔吐は誤嚥や気道閉塞（窒息）の危険性がある。 また終了までに時間を要する場合には，利用者の拘束感が強く，利用者自身によるチューブの自己抜去の可能性もあるため，職員間の連携が重要である。	• 不十分な連携体制	• 医師，看護職員，介護職員間の報告・連絡・相談等の連携体制 • 医療的行為に関連する関係法規
			急変・事故発生時の連絡体制と連絡網を整備する。 急変・事故発生時の対応マニュアルをすぐ活用できるようにしておく。	• 連絡網の紛失や変更時の修正漏れ	• 緊急を要する状態の把握 • 観察技術
2)	初の実施時および状態変化時については，①看護職員のみで実施すべきか，看護職員と介護職員で協働して実施できるか，②利用者について経管栄養を実施する介護職員について，看護職員と連携の下，医師が承認する。	医師	施設においては，配置医または実施施設と連携している医師が承認する。 居宅においては，利用者のかかりつけ医が承認する。 状態像の変化等により介護職員等が実施することに適さない事例もあることから，実施可能かどうかについては，個別に，医師が判断する。		• 看護職員・介護職員の知識・技術の程度

①胃ろうまたは腸ろうによる経管栄養

STEP 2-① 観察判断

胃ろう・腸ろう栄養チューブおよび利用者の状態を観察し，胃ろうまたは腸ろうによる経管栄養の可否を確認する。

プロセス	内　容	実施者	留意事項	考えられる主なリスク	必要な知識・技術
1）	利用者の胃腸および全身の状態を観察し，看護職員と介護職員の協働による実施が可能かどうか等を確認する。	看護職員	医師からの包括的指示や利用者の状態等をもとに看護職員と介護職員が協働して実施できるか看護職員のみで実施すべきかを判断する。 施設においては，毎朝または当該日の第１回目の実施時に状態を観察する。 ［居宅においては，１日１回以上，状態を観察する。］ 経管栄養を安全に実施することが可能かどうか判断に迷う場合は，医師に確認する。 総合的に利用者の状態に関する情報をアセスメントし，安全に経管栄養が実施可能か，また，栄養剤（流動食）を注入後どのような状態（下痢等）になるかを推測し，実施の有無を判断する。 看護職員は１日１回以上胃ろう・腸ろうの状態に問題のないことを確認する。	• 判断間違い	• 観察技術 • 腹部の触診，聴診技術 • 看護職員が実施すべき利用者の状態

STEP 2-② 観察

胃ろう・腸ろう栄養チューブおよび利用者の状態を観察し，胃ろうまたは腸ろうによる経管栄養の可否を確認する。

プロセス	内 容	実施者	留意事項	考えられる主なリスク	必要な知識・技術
1)	利用者の状態を観察する。 （観察項目） ・胃ろう・腸ろう栄養チューブの固定または挿入部の状態 ・呼吸の状態・腹部膨満感 ・腹痛の有無 ・腸音（看護職員） ・排便の状況 ・ガスの排泄状態 ・嘔気・嘔吐の有無 ・嚥下の状態 ・利用者の訴え	看護職員 介護職員	経管栄養開始時における胃腸の調子の確認は，看護職員が行うことが望ましい。 定期的な排ガス，排便があるかなど，全身状態に気をくばり，腹部の張りなども合わせて確認する。 介護職員のみで行う場合で，観察項目において異常がある場合には看護職員に連絡する。	・胃ろう・腸ろう栄養チューブの固定または挿入部の異常などの状態の見逃し ・既往歴や日常生活の情報不足，利用者の腹痛等の状態の確認不足 ・腸音の誤聴取（看護職員）	・消化管のしくみとはたらき ・挿入された胃ろう・腸ろう栄養チューブの観察 ・経管栄養に必要な観察項目

①胃ろうまたは腸ろうによる経管栄養

STEP 3　準備

胃ろうまたは腸ろうによる経管栄養に関する医師等の指示の確認を行い，必要物品を準備する。

プロセス	内　容	実施者	留意事項	考えられる主なリスク	必要な知識・技術
1）	医師の指示等の確認を行う。	看護職員 介護職員	医師の指示および看護職員からの胃ろうまたは腸ろうによる経管栄養に関する指示，引き継ぎ事項の確認を行う。	• 指示内容，既往歴や情報の確認不足	• 医師による指示内容の確認方法
2）	手洗いを行う。	看護職員 介護職員	石けんと流水で手洗いを行う（またはすり込み式のアルコール製剤による手指消毒を行う）。		• 清潔・不潔の知識 • 手洗いの方法
3）	必要物品を揃え，指示された栄養剤（流動食）の種類，量，時間を確認する。	看護職員 介護職員	氏名・経管栄養剤の内容と量・有効期限・注入開始時間・注入時間を確認する。	• 必要物品の間違い	• 経管栄養に必要な物品と使用方法
4）	パッケージされていない栄養剤（流動食）については，指示内容に従って，栄養点滴チューブをつないだボトルに詰め，パッケージされた栄養剤（流動食）については，利用者のものであることを確認し，滴下筒を圧し滴下筒の半分まで栄養剤を入れ栄養点滴チューブの先端まで流して，栄養点滴チューブ内の空気を排除し準備しておく。	看護職員 介護職員	＜栄養剤（流動食）の取り扱いについて＞ 栄養剤（流動食）の温度により，低温では腸ぜん動を亢進させ，腹痛や下痢を引き起こす危険性があり，保存場所の気温に影響されることを留意する。 種類により，加熱禁止などあるので取り扱い説明書や注意書きを確認し，適温にする。 居宅においては，冬期など保管場所の温度が低い場合は，適切な温度の管理が必要。 ミキサー食は分離する可能性もあるので，適宜かくはんさせる。 栄養点滴チューブ内に空気が残っていると，利用者の胃腸に空気も注入され，合併症を誘発する危険があるため，できる限り空気を抜いておく。 イリゲータ（栄養剤を入れる容器）のふたは確実に閉め，ほこりや落下菌等からの汚染を予防する。	• 栄養剤（流動食）の取り扱い間違い	• 腹痛や下痢など合併症を引き起こす状態 • 腹部膨満感や嘔気・嘔吐を引き起こす事柄 • 栄養剤（流動食）の取り扱い
5）	準備した栄養剤（流動食）を利用者のもとに運ぶ。	看護職員 介護職員	指示されている利用者を間違えないようにベッドのネームプレートや本人に名乗ってもらう等で確認する。	• 利用者の間違い	• 利用者の確認方法

STEP 4　実施

胃ろうまたは腸ろうによる経管栄養について，利用者に処置を説明し，適切かつ安全に実施し，安全に行われたかどうかを確認する。

プロセス	内　容	実施者	留意事項	考えられる主なリスク	必要な知識・技術
1）	利用者に本人確認を行い，経管栄養の実施について説明を行う。	看護職員 介護職員	注入には30分から2時間程度の時間を要するため，利用者が胃ろう・腸ろう栄養チューブの挿入部や接続部に，無意識に手をもっていき，胃ろう・腸ろう栄養チューブ抜去の可能性があるため，利用者や家族の協力が必要であり，十分に処置の説明を行う。 利用者本人の同意が得られない場合は，家族に同意を得る。いつもと違う状態であれば看護職員に相談する。		• 胃ろう・腸ろうの経管栄養の方法と手技
2）	注入する栄養剤（流動食）が利用者本人のものかどうかを確認し，適切な体位をとり，環境を整備する。	看護職員 介護職員	指示されている利用者を間違えないようにベッドのネームプレートや本人に名乗ってもらう等で確認し，適切な体位をとる。 輸液ポンプを使用せずに（自然落下で）経管栄養を行う場合には，胃部より50 cm以上高い所にイリゲータ（栄養剤を入れる容器）の液面がくるようにつるす。	• 利用者の間違い	• 利用者の確認方法
3）	経管栄養チューブに不具合がないか確認し，確実に接続する。 計量カップに指示された栄養剤を注ぎ入れ，計量カップの経管栄養剤をイリゲータに注ぎ入れる。滴下筒を押し，滴下筒に半分ほど経管栄養剤を満たす。クレンメを少し開きながら栄養点滴チューブの先端まで，全体に経管栄養剤を行き渡らせ，クレンメを閉じる。	看護職員 介護職員	多くの輸液ラインがある場合は，胃ろう・腸ろう栄養チューブを間違えて接続する可能性があるため，十分注意する。 経管栄養チューブが，ねじれたり折れたりしていないか，固定が外れていないかを確認する。外れないように確実に接続する。 介護職員のみで行う場合，胃ろう・腸ろう栄養チューブに詰まりがある時には，看護職員に連絡する。 （観察内容） • 接続前に，経管栄養チューブ内に残渣物の塊がないか目で確かめる。 • チューブが折れ曲がったり，何かに圧迫され，内宮が狭窄していないか目で確かめる。 • 経管栄養チューブ挿入部からの胃または腸内容物の漏れ出しがないか確認する。	• 胃ろう・腸ろう栄養チューブの迷入等による誤嚥 • 輸液ラインとの誤った接続 • 注入速度設定間違い	• 消化管のしくみとはたらき • 腹部の状態，呼吸の状態の観察技術 • 挿入部の観察技術 • 体位変換，良肢位の保持，安楽な体位の保持技術 • 療養環境の整備

①胃ろうまたは腸ろうによる経管栄養

STEP 4　実施

胃ろうまたは腸ろうによる経管栄養について，利用者に処置を説明し，適切かつ安全に実施し，安全に行われたかどうかを確認する。

プロセス	内　容	実施者	留意事項	考えられる主なリスク	必要な知識・技術
4)	栄養点滴チューブの先端を栄養チューブに接続し，クレンメをゆるめ，ゆっくり注入し，注入直後の状態を観察する。	看護職員 介護職員	注入する速度によっては下痢や高血糖症状を引き起こす可能性があり，注入速度が遅すぎると，長時間にわたり利用者の活動制限にもつながることから，注入速度を適切に調整する。	•腹部膨満感 •嘔気，嘔吐 •腹痛 •呼吸困難 •気分不快 •同一体位による圧迫 •胃ろう・腸ろう栄養チューブの抜去	•胃ろう・腸ろう栄養チューブの取り扱い •胃ろう・腸ろうの経管栄養法による合併症 •胃ろう・腸ろうによる経管栄養の実際の手技と注意事項 •利用者の総合的観察技術 •緊急，症状出現時の対応
5)	注入中の表情や状態を定期的に観察する。 （観察項目） •利用者の体位 •滴下の状態（詰まりの有無，速度） •胃ろうまたは腸ろうの場合は，挿入部からの栄養剤（流動食）の漏れ •気分不快 •腹部膨満感 •嘔気・嘔吐 •腹痛 •呼吸困難等	看護職員 介護職員	注入中には，胃の内容物が増えることによって，食道裂孔ヘルニアを併発している利用者の場合などでは，食道への逆流から誤嚥の危険性もあり，腹部膨満感などの不快感に注意を払う。注入により消化器系の血流が増すため，全身状態の注意深い観察が必要である。 異常を確認した場合は医師または看護職員に連絡し，対応方法を確認する。		•利用者の総合的観察技術 •緊急，症状出現時の対応
6)	注入が終了したらクレンメを閉め，栄養点滴チューブの先端と胃ろう・腸ろう栄養チュー	看護職員 介護職員	留置している胃ろう・腸ろう栄養チューブを抜去する危険があるため，十分に注意する。 異常を確認した場合は医師または看護職員に連絡し，対応方法を確	•経管栄養チューブの抜け •経管栄養チューブ内の	•胃ろう・腸ろうの経管栄養の方法と手技 •胃ろう・腸

STEP 4　実施

胃ろうまたは腸ろうによる経管栄養について，利用者に処置を説明し，適切かつ安全に実施し，安全に行われたかどうかを確認する。

プロセス	内　容	実施者	留意事項	考えられる主なリスク	必要な知識・技術
6)	ブの連結をはずし，注入物の逆流を防ぐため，栄養点滴チューブを閉める。経管栄養チューブに30〜50 ml の白湯を注入し，状態を観察する。	看護職員 介護職員	認する。 （観察内容） ・白湯注入前の利用者の状態の観察 経管栄養チューブの抜けや栄養剤の経管栄養チューブ挿入部からの漏れ，腹痛の訴えや経管栄養チューブ挿入部の痛み等 ・白湯注入中の利用者の状態の観察 注入中の腹痛や違和感の訴え。また，経管栄養チューブからの内容物の漏れ等 ・白湯注入後の観察 腹痛や嘔気等いつもと違う違和感がないか確認する。また，経管栄養チューブ内に注入した栄養剤が停留していないか確認する。	食物残渣物の塊の停留 ・嘔気，嘔吐 ・口腔内への逆流	ろうの経管栄養による合併症の理解
7)	半坐位の状態を保つ。	看護職員 介護職員	注入終了直後，仰臥位にすると注入物が逆流し，窒息や肺炎を起こす危険性があるため，半坐位の状態を保つ。		・良肢位の保持 ・胃ろう・腸ろう栄養チューブの取り扱い

①胃ろうまたは腸ろうによる経管栄養

STEP 5　報告

胃ろうまたは腸ろうによる経管栄養実施後の利用者の状態を看護職員に報告する。

プロセス	内　容	実施者	留意事項	考えられる主なリスク	必要な知識・技術
1）	利用者の状態を食後しばらく観察し，看護職員に報告する。 （観察項目） ・体位 ・腹部膨満感 ・嘔気・嘔吐 ・腹痛 ・呼吸困難等	看護職員 介護職員	注入後しばらくは，胃内容物増加により腹部膨満感，嘔気・嘔吐・腹痛，横隔膜の動きが制限されることによる呼吸困難の危険，血液が胃部に集中することによる，血圧の変動や気分不良等の危険があるため，十分に観察する。 利用者の状態，異常の有無等を報告し，異常があった場合は医師および看護職員が再度観察および確認をする。 日常的に医療職との連携をとることが望ましい。	・異常発見の遅れ ・観察漏れ ・記載漏れ	・胃ろう・腸ろうの経管栄養による合併症 ・観察内容 ・観察技術 ・緊急，症状出現時の対応
2）	体位変換が必要な利用者に対しては，異常がなければ体位変換を再開する。	看護職員 介護職員	注入中の同一体位保持により，褥そうの危険もあるため異常がなければ体位変換を再開する。 ただし，体位変換が刺激となり，嘔吐を誘発する可能性もあるため観察は継続する。 異常がある場合は医師および看護職員に連絡する。		・胃ろう・腸ろうの経管栄養による合併症 ・体位変換 ・観察技術 ・緊急，症状出現時の対応
3）	ヒヤリハット・アクシデントの実際と報告 （報告項目） ・いつ ・どこで ・誰が ・どのように ・どうしたか ・どうなったか	看護職員 介護職員	※いつもと違う変化が，「ヒヤリハット・アクシデント」に相当する出来事であるかどうかの判断が困難な場合があるため，介護職員はいつもと違った変化については看護職員に報告し，看護職員が「ヒヤリハット・アクシデント」に相当する出来事であるかを判断する。	・ヒヤリハット・アクシデントの見過ごし	・ヒヤリハット・アクシデントの実際 ・胃ろう・腸ろうの経管栄養により生じる主な危険の種類と危険防止のための留意点

STEP 6　片づけ

注入終了後，速やかに後片づけを行う。

プロセス	内　容	実施者	留意事項	考えられる主なリスク	必要な知識・技術
1）	使用物品を速やかに後片づけする。	看護職員 介護職員	環境を汚染させないよう使用物品は速やかに片づける。再利用物品の湿潤や注入物の残留は，細菌を繁殖させるため食器用洗剤での洗浄を行い流水で十分すすぎ，洗浄と乾燥を十分に行う。 物品を衛生的に保つ。	• チューブの詰まり • 細菌繁殖	• 洗浄，消毒に関する知識 • 感染予防

STEP 7　記録

胃ろうまたは腸ろうによる経管栄養の実施について，その内容を記録する。

プロセス	内　容	実施者	留意事項	考えられる主なリスク	必要な知識・技術
1）	ケアの実施の証明および今後のケアプランに活用できるように記録する。 （記録の内容） • 実施時刻 • 栄養剤（流動食）の種類と量 • 一般状態 • 特記事項 • 実施者名	看護職員 介護職員	客観的に記録し，共通認識できる用語や表現を使用する。 ケア実施後は速やかに記録することが望ましい。	• 記載間違い	• 記録の意義，内容，方法 • 一連のケアにかかわる用語

②経鼻経管栄養

STEP 1　安全管理体制確保

安全に経鼻経管栄養が実施できる者を選定することおよび緊急時に備える。

プロセス	内　容	実施者	留意事項	考えられる主なリスク	必要な知識・技術
1）	利用者の状態に関する情報を共有し，報告・連絡・相談等の連携体制を確保する（急変・事故発生時の対策を含む）。	医師 看護職員 介護職員	経管栄養は，栄養チューブが正確に胃の中に挿入されていない場合に，誤って注入を行うと，肺炎など重大な事故につながる危険性があり注意が必要である。 腸の動きが不十分な場合には，腹部膨満感，嘔気・嘔吐等を引き起こす可能性がある。特に，嘔吐は誤嚥や気道閉塞（窒息）の危険性がある。 また終了までに時間を要する場合には，利用者の拘束感が強く，利用者自身によるチューブの自己抜去の可能性もあるため，職員間の連携が重要である。	• 不十分な連携体制	• 医師，看護職員，介護職員間の報告・連絡・相談等の連携体制 • 医療的行為に関連する関係法規
			急変・事故発生時の連絡体制と連絡網を整備する。 急変・事故発生時の対応マニュアルをすぐ活用できるようにしておく。	• 連絡網の紛失や変更時の修正漏れ	• 緊急を要する状態の把握 • 観察技術
2）	初の実施時および状態変化時については，①看護職員のみで実施すべきか，看護職員と介護職員で協働して実施できるか，②利用者について経管栄養を実施する介護職員について，看護職員と連携の下，医師が承認する。	医師	施設においては，配置医または実施施設と連携している医師が承認する。 居宅においては，利用者のかかりつけ医が承認する。 状態像の変化等により介護職員等が実施することに適さない事例もあることから，実施可能かどうかについては，個別に，医師が判断する。		• 看護職員・介護職員の知識・技術の程度

STEP 2 −① 観察判断

経鼻経管栄養チューブおよび利用者の状態を観察し，経鼻経管栄養の可否を確認する。

プロセス	内 容	実施者	留意事項	考えられる主なリスク	必要な知識・技術
1）	利用者の全身状態を観察し，看護職員と介護職員の協働による実施が可能かどうか等を確認する。 （観察項目） ・経鼻経管栄養チューブの固定または挿入部の状態 ・腹部膨満感 ・腹痛の有無 ・腸音 ・排便・排ガスの状況 ・嘔気・嘔吐の有無 ・嚥下の状態 ・チューブの位置 ・利用者の訴え	看護職員	毎回，医師からの包括的指示や利用者の状態等をもとに看護職員と介護職員が協働して実施できるか看護職員のみで実施すべきかを判断する。 定期的な排便があるかなど，全身状態に気をくばり，腹部の張りなども合わせて確認する。 利用者の状態に関する情報をアセスメントし，安全に経管栄養が実施可能か，また，栄養を注入後どのような状態（下痢等）になるかを推測し，実施の有無を判断する。	・判断間違い ・経鼻経管栄養チューブの固定または挿入部の異常などの見逃し ・既往歴や日常生活の情報不足，利用者の腹痛等の状態の確認不足 ・腸音の誤聴取	・消化管のしくみとはたらき ・挿入された経鼻経管栄養チューブの観察技術 ・腹部の触診技術・腸音の聴取技術 ・看護職員が実施すべき利用者の状態

②経鼻経管栄養

STEP 3　準備

経鼻経管栄養に関する医師等の指示の確認を行い，必要物品を準備する。

プロセス	内　容	実施者	留意事項	考えられる主なリスク	必要な知識・技術
1)	医師の指示等の確認を行う。	看護職員 介護職員	医師および他の看護職員からの経鼻経管栄養に関する指示，引き継ぎ事項の確認を行う。	• 指示内容，既往歴や情報の確認不足	• 医師による指示内容の確認方法
2)	手洗いを行う。	看護職員 介護職員	石けんと流水で手洗いを行う（またはすり込み式のアルコール製剤による手指消毒を行う）。		• 清潔・不潔の知識 • 手洗いの方法
3)	必要物品を揃え，指示された栄養剤（流動食）の種類，量，時間を確認する。	看護職員 介護職員	氏名・経管栄養剤の内容と量・有効期限・注入開始時間・注入時間を確認する。	• 必要物品の間違い	• 経管栄養に必要な物品と使用方法
4)	パッケージされていない栄養剤（流動食）については，指示内容に従って，栄養点滴チューブをつないだボトルに詰め，パッケージされた栄養剤（流動食）については，利用者のものであることを確認し，滴下筒を圧し滴下筒の半分まで栄養剤を入れ栄養点滴チューブの先端まで満たして，栄養点滴チューブ内の空気を排除し準備しておく。	看護職員 介護職員	＜栄養剤（流動食）の取り扱いについて＞ 栄養剤（流動食）の温度により，低温では腸ぜん動を亢進させ，腹痛や下痢を引き起こす危険性があり，保存場所の気温に影響されることを留意する。 種類により，加熱禁止などあるので取り扱い説明書や注意書きを確認し，適温にする。 居宅においては，冬期など保管場所の温度が低い場合は，適切な温度の管理が必要。 ミキサー食は分離する可能性もあるので，適宜かくはんさせる。 栄養点滴チューブ内に空気が残っていると，利用者の胃腸に空気も注入され，合併症を誘発する危険があるため，できる限り空気を抜いておく。 イリゲータ（栄養剤を入れる容器）のふたは確実に閉め，ほこりや落下菌等からの汚染を予防する。	• 栄養剤（流動食）の取り扱い間違い	• 腹痛や下痢など合併症を引き起こす状態 • 腹部膨満感や嘔気・嘔吐を引き起こす事柄 • 栄養剤（流動食）の取り扱い
5)	準備した栄養剤（流動食）を利用者のもとに運ぶ。	看護職員 介護職員	指示されている利用者を間違えないようにベッドのネームプレートや本人に名乗ってもらう等で確認する。	• 利用者の間違い	• 利用者の確認方法

STEP 4 実施

経鼻経管栄養について，利用者に処置を説明し適切かつ安全に実施し，安全に行われたかどうかを確認する。

プロセス	内容	実施者	留意事項	考えられる主なリスク	必要な知識・技術
1）	利用者に本人確認を行い，経管栄養の実施について説明を行う。	看護職員 介護職員	注入には30分から2時間程度の時間を要すため，利用者が，経鼻経管栄養チューブの挿入部や接続部に，無意識に手をもっていき，経鼻経管栄養チューブ抜去の可能性のあるため，利用者の協力が必要であり，利用者に十分に処置の説明を行う。 利用者本人の同意が得られない場合は，家族に同意を得る。いつもと違う状態であれば看護職員に相談する。		• 経鼻経管栄養の方法と手技
2）	注入する栄養剤（流動食）が利用者本人のものかどうかを確認し，適切な体位をとり，環境を整備する。	看護職員 介護職員	指示されている利用者を間違えないようにベッドのネームプレートや本人に名乗ってもらう等で確認し，適切な体位をとる。 輸液ポンプを使用せずに（自然落下で）経管栄養を行う場合には，胃部より50 cm以上高い所にイリゲータ（栄養剤を入れる容器）の液面がくるように吊るす。	• 利用者の間違い	• 利用者の確認方法
3）	経鼻経管栄養チューブが正しく挿入されているかを確認する。 計量カップに指示された栄養剤を注ぎ入れ，計量カップの経管栄養剤をイリゲータに注ぎ入れる。滴下筒を押し，滴下筒に半分ほど経管栄養剤を満たす。 クレンメを少し開きながら栄養点滴チューブの先端まで，全体に経管栄養剤を行き渡らせ，クレンメを閉じる。	看護職員	経鼻経管栄養チューブにカテーテルチップシリンジにて空気を注入し気胞音を聴取するとともに胃液の逆流を確認し，胃内に挿入されていることを判断する。 また，気道等に入っていたり，経鼻経管栄養チューブの先端が組織に密着していたりして注入できない場合は事故にもつながるため注意する。 通常，所定の位置で経鼻経管栄養チューブが固定されているが，鼻からの経鼻経管栄養チューブの先端が正確に胃の中に挿入されていることの確認は毎回，看護職員が行う。	• 経鼻経管栄養チューブの迷入等による誤嚥 • 注入速度設定間違い	• 消化管のしくみとはたらき • 腹部の状態・呼吸の状態の観察技術 • 挿入された経鼻経管栄養チューブの観察技術 • 体位変換，良肢位の保持，安全な体位の保持技術

②経鼻経管栄養

STEP 4 実施

経鼻経管栄養について，利用者に処置を説明し適切かつ安全に実施し，安全に行われたかどうかを確認する。

プロセス	内　容	実施者	留意事項	考えられる主なリスク	必要な知識・技術
4)	経管栄養チューブに不具合がないか確認し，確実に接続する。	看護職員 介護職員	多くの輸液ラインがある場合は，経管栄養チューブを間違えて接続する可能性があるため，十分注意する。 経管栄養チューブが，ねじれたり折れたりしていないか，固定が外れていないかを確認する。 外れないように確実に接続する。 介護職員のみで行う場合，経鼻経管栄養チューブに詰まりがある時は，看護職員に連絡する。 （観察内容） ・接続前に，経管栄養チューブ内に残渣物の塊がないか目で確かめる。 ・チューブが折れ曲がったり，何かに圧迫され，内腔が狭窄していないか目で確かめる。 ・経管栄養チューブ挿入部からの胃または腸内容物の漏れ出しがないか確認する。	・経管栄養チューブの迷入等による誤嚥 ・輸液ラインとの誤った接続 ・注入速度設定間違い	・消化管のしくみとはたらき ・腹部の状態，呼吸の状態の観察技術 ・挿入部の観察技術 ・体位変換，良肢位の保持，安楽な体位の保持技術 ・療養環境の整備
5)	栄養点滴チューブの先端を栄養チューブに接続し，クレンメをゆるめ，ゆっくり注入し，注入直後の状態を観察する。	看護職員 介護職員	看護職員の確認後は直ちに注入を開始し，数分間は看護職員による観察を行う。 注入直後に誤挿入されていないかなどの確認を行うため看護職員は，連結後数分間は異常の有無を観察する。 注入する速度によっては下痢や高血糖症状を引き起こす可能性があり，注入速度が遅すぎると，長時間にわたり利用者の活動制限にもつながることから，注入速度を適切に調整する。	・腹部膨満感 ・嘔気・嘔吐 ・腹痛 ・呼吸困難 ・気分不快 ・経鼻経管栄養チューブの抜去	・経鼻経管栄養チューブの取り扱い ・経鼻経管栄養法による合併症 ・経鼻経管栄養の実際の手技 ・利用者の総合的観察技術 ・緊急，症状出現時の対応
6)	注入中の表情や状態を定期的に確認する。 （観察項目） ・利用者の体位 ・滴下の状態（詰まりの有無，	看護職員 介護職員	注入中には，胃の内容物が増えることによって，食道裂孔ヘルニアを併発している利用者の場合などでは，食道への逆流から誤嚥の危険性もあり，腹部膨満感などの不快感に注意を払う。注入により消化器系の血流が増すため，全身状	・腹部膨満感 ・嘔気・嘔吐 ・腹痛 ・呼吸困難 ・気分不快 ・血圧の変動 ・高血糖症状	・経鼻経管栄養法による合併症 ・観察技術 ・緊急，症状出現時の対応

STEP 4 実施

経鼻経管栄養について，利用者に処置を説明し適切かつ安全に実施し，安全に行われたかどうかを確認する。

プロセス	内　容	実施者	留意事項	考えられる主なリスク	必要な知識・技術
6)	速度） • 気分不快 • 腹部膨満感 • 嘔気・嘔吐 • 腹痛 • 呼吸困難・むせ込み • 顔色・表情の変化 • 苦悶表情の出現等	看護職員 介護職員	態の注意深い観察が必要である。また，途中で経鼻経管栄養チューブが抜けてきてしまい，誤嚥してしまうような状況になることもあるのでむせ込み，表情の変化などの観察には十分注意を払う。	• 経鼻経管栄養チューブの抜去	• 体位変換，良肢位の保持，安全な体位の保持技術
7)	注入が終了したらクレンメを閉め，栄養点滴チューブの先端と経鼻経管栄養チューブの連結をはずし，注入物の逆流を防ぐため，栄養点滴チューブを閉める。 経管栄養チューブに30～50 ml の白湯を注入し，状態を観察する。	看護職員 介護職員	留置している経鼻経管栄養チューブを抜去する危険があるため，十分に注意する。異常を確認した場合は医師または看護職員に連絡し，対応方法を確認する。 （観察内容） • 白湯注入前の利用者の状態の観察 経管栄養チューブの抜けや栄養剤の経管栄養チューブ挿入部からの漏れ，腹痛の訴えや経管栄養チューブ挿入部の痛み等 • 白湯注入中の利用者の状態の観察 注入中の腹痛や違和感の訴え。また，経管栄養チューブからの内容物の漏れ等 • 白湯注入後の観察 腹痛や嘔気等いつもと違う違和感がないか確認する。また，経管栄養チューブ内に注入した栄養剤が停留していないか確認する。	• 経管栄養チューブの抜け • 経管栄養チューブ内の食物残渣物の塊の停留 • 嘔気・嘔吐 • 口腔内への逆流	• 経鼻経管栄養の方法と手技 • 経鼻経管栄養による合併症の理解
8)	半坐位の状態を保つ。	看護職員 介護職員	注入終了直後，仰臥位にすると注入物が逆流し，窒息や肺炎を起こす危険性があるため，半坐位の状態を保つ。		• 良肢位の保持 • 経鼻経管栄養チューブの取り扱い

②経鼻経管栄養

STEP 5　報告

経鼻経管栄養実施後の利用者の状態を看護職員に報告する。

プロセス	内　容	実施者	留意事項	考えられる主なリスク	必要な知識・技術
1)	利用者の状態を食後しばらく観察し，看護職員に報告する。 （観察項目） ・体位 ・腹部膨満感 ・嘔気・嘔吐 ・腹痛 ・呼吸困難等	看護職員 介護職員	注入後しばらくは，胃内容物増加により腹部膨満感，嘔気・嘔吐・腹痛，横隔膜の動きが制限されることによる呼吸困難の危険，血液が胃部に集中することによる，血圧の変動や気分不良等の危険があるため，十分に観察する。 利用者の状態，異常の有無等を報告し，異常があった場合は医師および看護職員が再度観察および確認をする。 日常的に医療職との連携をとることが望ましい。	・異常発見の遅れ ・観察漏れ ・記載漏れ	・経鼻経管栄養による合併症 ・観察内容 ・観察技術 ・緊急，症状出現時の対応
2)	体位交換が必要な利用者に対しては，異常がなければ体位交換を再開する。	看護職員 介護職員	注入中の同一体位保持により，褥そうの危険もあるため異常がなければ体位変換を再開する。 ただし，体位変換が刺激となり，嘔吐を誘発する可能性もあるため観察は継続する。 異常がある場合は医師および看護職員に連絡する。		・経鼻経管栄養による合併症 ・体位変換 ・観察技術 ・緊急，症状出現時の対応
3)	ヒヤリハット・アクシデントの実際と報告 （報告項目） ・いつ ・どこで ・誰が ・どのように ・どうしたか ・どうなったか	看護職員 介護職員	※いつもと違う変化が，「ヒヤリハット・アクシデント」に相当する出来事であるかどうかの判断が困難な場合があるため，介護職員はいつもと違った変化については看護職員に報告し，看護職員が「ヒヤリハット・アクシデント」に相当する出来事であるかを判断する。	・ヒヤリハット・アクシデントの見過ごし	・ヒヤリハット・アクシデントの実際 ・経鼻経管栄養により生じる主な危険の種類と危険防止のための留意点

STEP 6　片づけ

注入終了後，速やかに後片づけを行う。

プロセス	内　容	実施者	留意事項	考えられる主なリスク	必要な知識・技術
1)	使用物品を速やかに後片づけする。	看護職員 介護職員	環境を汚染させないよう使用物品は速やかに片づける。再利用物品の湿潤や注入物の残留は，細菌を繁殖させるため食器用洗剤での洗浄を行い流水で十分すすぎ，洗浄と乾燥を十分に行う。 物品を衛生的に保つ。	• チューブの詰まり • 細菌繁殖	• 洗浄，消毒に関する知識 • 感染予防

STEP 7　記録

経鼻経管栄養による経管栄養の実施について，その内容を記録する。

プロセス	内　容	実施者	留意事項	考えられる主なリスク	必要な知識・技術
1)	ケアの実施の証明および今後のケアプランに活用できるように記録する。 （記録の内容） • 実施時刻 • 栄養剤（流動食）の種類と量 • 一般状態 • 実施者名 • 特記事項	看護職員 介護職員	客観的に記録し，共通認識できる用語や表現を使用する。 ケア実施後は速やかに記録することが望ましい。	• 記載間違い	• 記録の意義，内容，方法 • 一連のケアにかかわる用語

③半固形栄養剤による胃ろう（腸ろう）の経管栄養法

STEP 1　安全管理体制確保

安全に半固形栄養剤による胃ろうまたは腸ろうの経管栄養が実施できる者を選定することおよび緊急時に備える。

プロセス	内　容	実施者	留意事項	考えられる主なリスク	必要な知識・技術
1）	利用者の状態に関する情報を共有し，報告・連絡・相談等の連携体制を確保する（急変・事故発生時の対策を含む）。	医師 看護職員 介護職員	経管栄養は，栄養チューブが正確に胃の中に挿入されていない場合に，誤って注入を行うと，腹膜炎など重大な事故につながる危険性があり注意が必要である。 腸の動きが不十分な場合には，腹部膨満感，嘔気・嘔吐等を引き起こす可能性がある。特に，嘔吐は誤嚥や気道閉塞（窒息）の危険性がある。	• 不十分な連携体制	• 医師，看護職員，介護職員間の報告・連絡・相談等の連携体制 • 医療的行為に関連する関係法規
			急変・事故発生時の連絡体制と連絡網を整備する。 急変・事故発生時の対応マニュアルをすぐ活用できるようにしておく。	• 連絡網の紛失や変更時の修正漏れ	• 緊急を要する状態の把握 • 観察技術
2）	初の実施時および状態変化時については，①看護職員のみで実施すべきか，看護職員と介護職員で協働して実施できるか，②利用者について経管栄養を実施する介護職員について，看護職員と連携の下，医師が承認する。	医師	施設においては，配置医または実施施設と連携している医師が承認する。 居宅においては，利用者のかかりつけ医が承認する。 状態像の変化等により介護職員等が実施することに適さない事例もあることから，実施可能かどうかについては，個別に，医師が判断する。		• 看護職員・介護職員の知識・技術の程度

STEP 2- ①　観察判断

胃ろう・腸ろう栄養チューブおよび利用者の状態を観察し，半固形栄養剤による胃ろうまたは腸ろうの経管栄養の可否を確認する。

プロセス	内　容	実施者	留意事項	考えられる主なリスク	必要な知識・技術
1）	利用者の全身状態を観察し，看護職員と介護職員の協働による実施が可能かどうか等を確認する。	看護職員	医師からの包括的指示や利用者の状態等をもとに看護職員と介護職員が協働して実施できるか看護職員のみで実施すべきかを判断する。 施設においては，毎朝または当該日の第１回目の実施時に状態を観察する。 居宅においては，１日１回以上，状態を観察する。 経管栄養を安全に実施することが可能かどうか判断に迷う場合は，医師に確認する。 総合的に利用者の状態に関する情報をアセスメントし，安全に経管栄養が実施可能か，また，半固形栄養剤を注入後どのような状態（下痢等）になるかを推測し，実施の有無を判断する。 看護職員は１日１回以上胃ろう・腸ろうの状態に問題のないことを確認する。	• 判断間違い	• 観察技術 • 腹部の触診，聴診技術 • 看護職員が実施すべき利用者の状態

③半固形栄養剤による胃ろう（腸ろう）の経管栄養法

STEP 2-② 観察

胃ろう・腸ろう栄養チューブおよび利用者の状態を観察し，半固形栄養剤による胃ろうまたは腸ろうの経管栄養の可否を確認する。

プロセス	内　容	実施者	留意事項	考えられる主なリスク	必要な知識・技術
1）	利用者の状態を観察する。 （観察項目） ・胃ろう・腸ろう栄養チューブの固定または挿入部の状態 ・呼吸の状態・腹部膨満感 ・腹痛の有無 ・腸音（看護職員） ・排便の状況 ・ガスの排泄状態 ・嘔気・嘔吐の有無 ・嚥下の状態 ・利用者の訴え	看護職員 介護職員	経管栄養開始時における胃腸の調子の確認は，看護職員が行うことが望ましい。 定期的な排ガス，排便があるかなど，全身状態に気をくばり，腹部の張りなども合わせて確認する。 介護職員のみで行う場合で，観察項目において異常がある場合には看護職員に連絡する。	・胃ろう・腸ろう栄養チューブの固定または挿入部の異常などの状態の見逃し ・既往歴や日常生活の情報不足，利用者の腹痛等の状態の確認不足 ・腸音の誤聴取（看護職員）	・消化管のしくみとはたらき ・挿入された胃ろう・腸ろう栄養チューブの観察 ・経管栄養に必要な観察項目

STEP 3　準備

半固形栄養剤の胃ろうまたは腸ろうによる経管栄養に関する医師等の指示の確認を行い，必要物品を準備する。

プロセス	内　容	実施者	留意事項	考えられる主なリスク	必要な知識・技術
1）	医師の指示等の確認を行う。	看護職員 介護職員	医師の指示および看護職員からの胃ろうまたは腸ろうによる経管栄養に関する指示，引き継ぎ事項の確認を行う。	•指示内容，既往歴や情報の確認不足	•医師による指示内容の確認方法
2）	手洗いを行う。	看護職員 介護職員	石けんと流水で手洗いを行う（またはすり込み式のアルコール製剤による手指消毒を行う）。		•清潔・不潔の知識 •手洗いの方法
3）	必要物品を揃え，指示された栄養剤（半固形栄養剤）の種類，量，温度，時間を確認する。	看護職員 介護職員	氏名・経管栄養剤の内容と量・有効期限・注入開始時間・注入時間を確認する。	•必要物品の間違い	•経管栄養に必要な物品と使用方法
4）	パウチに詰まった市販栄養剤または，半固形栄養剤状態にした，カテーテルチップシリンジに注入した栄養剤または，ミキサー食を特定の容器に詰めた栄養剤などを準備する。	看護職員 介護職員	居宅においては，冬期など保管場所の温度が低い場合は，適切な温度の管理が必要。 ミキサー食は分離する可能性もあるので，適宜かくはんさせる。	•半固形栄養剤の取り扱い間違い	•腹痛や下痢など合併症を引き起こす状態 •腹部膨満感や嘔気・嘔吐を引き起こす事柄 •半固形栄養剤の取り扱い
5）	準備した半固形栄養剤を利用者のもとに運ぶ。	看護職員 介護職員	指示されている利用者を間違えないようにベッドのネームプレートや本人に名乗ってもらう等で確認する。	•利用者の間違い	•利用者の確認方法

③半固形栄養剤による胃ろう（腸ろう）の経管栄養法

STEP 4 実施

半固形栄養剤の胃ろうまたは腸ろうによる経管栄養について利用者に処置を説明し，適切かつ安全に実施し，安全に行われたかどうかを確認する。

プロセス	内　容	実施者	留意事項	考えられる主なリスク	必要な知識・技術
1)	利用者に本人確認を行い，半固形栄養剤の経管栄養の実施について説明を行う。	看護職員 介護職員	半固形栄養剤の注入時間は短時間であるが，利用者が胃ろう・腸ろう栄養チューブの挿入部や接続部に，無意識に手をもっていき，胃ろう・腸ろう栄養チューブ抜去の可能性があるため，利用者や家族の協力が必要であり，十分に処置の説明を行う。 利用者本人の同意が得られない場合は，家族に同意を得る。いつもと違う状態であれば看護職員に相談する。		•胃ろう・腸ろうの経管栄養の方法と手技
2)	注入する半固形栄養剤が利用者本人のものかどうかを確認し，適切な体位をとり，環境を整備する。	看護職員 介護職員	指示されている利用者を間違えないようにベッドのネームプレートや本人に名乗ってもらう等で確認し，適切な体位をとる。	•利用者の間違い	•利用者の確認方法
3)	経管栄養チューブに不具合がないか確認し，確実に接続する。	看護職員 介護職員	多くの輸液ラインがある場合は，胃ろう・腸ろう栄養チューブを間違えて接続する可能性があるため，十分注意する。 介護職員のみで行う場合，胃ろう・腸ろう栄養チューブに詰まりがある時には，看護職員に連絡する。 （観察内容） •接続前に，経管栄養チューブ内に残渣物の塊がないか目で確かめる。 •チューブが折れ曲がったり，何かに圧迫され，内腔が狭窄していないか目で確かめる。 •経管栄養チューブ挿入部からの胃または腸内容物の漏れ出しがないか確認する。	•輸液ラインとの誤った接続	•消化管のしくみとはたらき •腹部の状態，呼吸の状態の観察技術 •挿入部の観察技術 •体位変換，良肢位の保持，安楽な体位の保持技術 •療養環境の整備
4)	半固形栄養剤の注入接続口の先端を胃ろう（腸ろう）栄養チューブに接続し，ゆっくり注入し，注入直後の状態を観察する。	看護職員 介護職員		•腹部膨満感 •嘔気・嘔吐 •腹痛 •呼吸困難 •気分不快 •胃ろう・腸ろう栄養チューブの抜去	•胃ろう・腸ろう栄養チューブの取り扱い •胃ろう・腸ろうによる経管栄養の実際の手技と注意事項

STEP 4 実施

半固形栄養剤の胃ろうまたは腸ろうによる経管栄養について利用者に処置を説明し，適切かつ安全に実施し，安全に行われたかどうかを確認する。

プロセス	内 容	実施者	留意事項	考えられる主なリスク	必要な知識・技術
4）		看護職員 介護職員			• 利用者の総合的観察技術 • 緊急，症状出現時の対応
5）	注入中は利用者の表情や状態の変化を観察する。 （観察項目） • 挿入部からの漏れ • 気分不快 • 腹部膨満感 • 嘔気・嘔吐	看護職員 介護職員	異常を確認した場合は医師または看護職員に連絡し，対応方法を確認する。		• 胃ろう・腸ろうの経管栄養の方法と手技 • 利用者の総合的観察技術 • 緊急，症状出現時の対応
6）	注入が終了したら30～50 ml の白湯を注入し，状態を観察する。	看護職員 介護職員	留置している胃ろう・腸ろう栄養チューブを抜去する危険があるため，十分に注意する。 異常を確認した場合は医師または看護職員に連絡し，対応方法を確認する。 （観察内容） • 白湯注入前の利用者の状態の観察 経管栄養チューブの抜けや半固形栄養剤の経管栄養チューブ挿入部からの漏れ，腹痛の訴えや経管栄養チューブ挿入部の痛みなど • 白湯注入中の利用者の状態の観察 注入中の腹痛や違和感の訴え。また，経管栄養チューブからの内容物の漏れなど • 白湯注入後の観察 腹痛や嘔気等いつもと違う違和感がないか確認する。また，経管栄養チューブ内に注入した栄養剤が停留していないか確認する。	• 経管栄養チューブの抜け • 経管栄養チューブ内の食物残渣物の塊の停留 • 嘔気・嘔吐 • 口腔内への逆流	• 胃ろう・腸ろうの経管栄養の方法と手技
7）	注入物の逆流を防ぐため，半坐位の状態を保つ。	看護職員 介護職員	注入終了直後，仰臥位にすると注入物が逆流し，窒息や肺炎を起こす危険性があるため，半坐位の状態を保つ。		• 良肢位の保持 • 胃ろう・腸ろう栄養チューブの取り扱い

③半固形栄養剤による胃ろう（腸ろう）の経管栄養法

STEP 5　報告

半固形栄養剤の胃ろうまたは腸ろうによる経管栄養実施後の利用者の状態を看護職員に報告する。

プロセス	内　容	実施者	留意事項	考えられる主なリスク	必要な知識・技術
1)	利用者の状態を食後しばらく観察する。 （観察項目） ・体位 ・腹部膨満感 ・嘔気・嘔吐 ・腹痛 ・呼吸困難等	看護職員 介護職員	注入後しばらくは，胃内容物増加により腹部膨満感，嘔気・嘔吐，腹痛，横隔膜の動きが制限されることによる呼吸困難の危険，血液が胃部に集中することによる，血圧の変動や気分不良等の危険があるため，十分に観察する。 利用者の状態，異常の有無等を報告し，異常があった場合は医師および看護職員が再度観察および確認をする。 日常的に医師・看護職員との連携をとることが望ましい。	・異常発見の遅れ ・観察漏れ ・記載漏れ	・胃ろう・腸ろうの経管栄養による合併症 ・観察内容 ・観察技術 ・緊急，症状出現時の対応
2)	体位変換が必要な利用者に対しては，異常がなければ体位変換を再開する。	看護職員 介護職員	注入後は褥そうの危険もあるため異常がなければ体位変換を再開する。 ただし，体位変換が刺激となり，嘔吐を誘発する可能性もあるため観察は継続する。 異常がある場合は医師および看護職員に連絡する。		・胃ろう・腸ろうの経管栄養による合併症 ・体位変換 ・観察技術 ・緊急，症状出現時の対応
3)	ヒヤリハット・アクシデントの実際と報告 （報告項目） ・いつ ・どこで ・誰が ・どのように ・どうしたか ・どうなったか	看護職員 介護職員	※いつもと違う変化が，「ヒヤリハット・アクシデント」に相当する出来事であるかどうかの判断が困難な場合があるため，介護職員はいつもと違った変化については看護職員に報告し，看護職員が「ヒヤリハット・アクシデント」に相当する出来事であるかを判断する	・ヒヤリハット・アクシデントの見過ごし	・ヒヤリハット・アクシデントの実際 ・胃ろう・腸ろうの経管栄養により生じる主な危険の種類と危険防止のための留意点

STEP 6　片づけ

注入終了後，速やかに後片づけを行う。

プロセス	内　容	実施者	留意事項	考えられる主なリスク	必要な知識・技術
1）	使用物品を速やかに後片づけする。	看護職員 介護職員	環境を汚染させないよう使用物品は速やかに片づける。再利用物品の湿潤や注入物の残留は，細菌を繁殖させるため食器用洗浄での洗浄を行い流水で十分すすぎ，乾燥を十分に行う。 物品を衛生的に保つ。	• チューブの詰まり • 細菌繁殖	• 洗浄，消毒に関する知識 • 感染予防

STEP 7　記録

半固形栄養剤による胃ろうまたは腸ろうによる経管栄養の実施について，その内容を記録する。

プロセス	内　容	実施者	留意事項	考えられる主なリスク	必要な知識・技術
1）	ケアの実施の証明および今後のケアプランに活用できるように記録する。 （記録の内容） • 実施時刻 • 栄養剤（流動食）の種類と量 • 一般状態 • 特記事項 • 実施者名 • 特記事項	看護職員 介護職員	客観的に記録し，共通認識できる用語や表現を使用する。 ケア実施後は速やかに記録することが望ましい。	• 記載間違い	• 記録の意義，内容，方法 • 一連のケアにかかわる用語

第Ⅳ部
介護職員等による喀痰吸引等の研修評価票

1. 喀痰吸引　介護職員等評価票

（1）喀痰吸引「基本研修・演習」
口腔内・鼻腔内吸引（通常手順） 自己評価票

※業務内容については、手引きを用いながらチェックすること

評価	ア．手引きの手順どおりに実施できている
	イ．この項目について、手引きの留意事項・考えられる主なリスクに記載されている細目レベルで、手順を抜かしたり間違えた
	ウ．この項目について、抜かした

回数				例	（ ）回目	（ ）回目	（ ）回目	（ ）回目	（ ）回目
月日				10/5					
時間				14:00					
ケア実施対象者									
準備		1	医師の指示等の確認を行う	ア					
準備		2	手洗いを行う	ア					
準備		3	必要物品をそろえ、作動状況等を点検確認する	ア					
準備		4	必要物品を利用者のもとに運ぶ	ア					
実施		5	利用者に吸引の説明をする	ア					
実施		6	吸引の環境・利用者の姿勢を整える	ア					
実施		7	口腔内・鼻腔内を観察する	ア					
実施		8	手袋の着用またはセッシを持つ	ア					
実施	吸引の実施	9	吸引チューブを清潔に取り出す	ア					
実施	吸引の実施	10	吸引チューブを清潔に吸引器と連結管で連結する	ア					
実施	吸引の実施	11	（浸漬法の場合）吸引チューブ外側を洗浄綿等で拭く	ア					
実施	吸引の実施	12	吸引器の電源を入れて水を吸い決められた吸引圧になることを確認する	ア					
実施	吸引の実施	13	吸引チューブの先端の水をよく切る	ア					
実施	吸引の実施	14	利用者に吸引開始について声かけをする	ア					
実施	吸引の実施	15	適切な吸引圧で適切な深さまで吸引チューブを挿入する	ア					
実施	吸引の実施	16	適切な吸引時間で分泌物等の貯留物を吸引する	ア					
実施	吸引の実施	17	吸引チューブを静かに抜く	ア					
実施		18	吸引チューブの外側を洗浄綿等で拭く	ア					
実施		19	洗浄水を吸引し、吸引チューブ内側の汚れを落とす	ア					
実施		20	（セッシを持っている場合）セッシを戻す	ア					
実施		21	吸引器の電源を切る	ア					
実施		22	吸引チューブを連結管からはずし保管容器に戻す	ア					
実施		23	手袋をはずす（手袋を使用している場合）	ア					
実施		24	利用者に吸引終了の声かけを行い、姿勢を整える	ア					
実施		25	吸引物および利用者の状態を観察する	ア					
実施		26	利用者の吸引前の状態と吸引後の状態変化を観察する	イ					
実施		27	手洗いをする	ア					
報告		28	吸引物および利用者の状態を報告する	イ					
報告		29	ヒヤリハット・アクシデントの報告をする（該当する場合のみ）	イ					
片づけ		30	吸引びんの排液量が 70%～80%になる前に排液を捨てる	イ					
片づけ		31	使用物品を速やかに後片づけまたは交換する	ア					
記録		32	ケア実施の証明および今後のケアプランに活用できるように記録しておく	ア					
アの個数※				28					
※具体的な内容を記述してください 手引きの留意事項・考えられる主なリスク等に 記載されている細目レベルで記述									

＊□は、記載例です。

(2) 喀痰吸引「基本研修・演習」
口腔内・鼻腔内吸引（人工呼吸器装着者：非侵襲的人工呼吸療法） 自己評価票

※業務内容については、手引きを用いながらチェックすること

評価	ア．手引きの手順どおりに実施できている
	イ．この項目について、手引きの留意事項・考えられる主なリスクに記載されている細目レベルで、手順を抜かしたり間違えた
	ウ．この項目について、抜かした

回数				例	( )回目	( )回目	( )回目	( )回目	( )回目
月日				10/5					
時間				14:00					
ケア実施対象者									
準備		1	医師の指示等の確認を行う	ア					
		2	手洗いを行う	ア					
		3	必要物品をそろえ、作動状況等を点検確認する	ア					
		4	必要物品を利用者のもとに運ぶ	ア					
実施		5	利用者に吸引の説明をする	ア					
		6	吸引の環境・利用者の姿勢を整える	ア					
		7	口腔内・鼻腔内を観察する	ア					
		8	手袋の着用またはセッシを持つ	ア					
	吸引の実施	9	吸引チューブを清潔に取り出す	ア					
		10	吸引チューブを清潔に吸引器と連結管で連結する	ア					
		11	（浸漬法の場合）吸引チューブ外側を洗浄綿等で拭く	ア					
		12	吸引器の電源を入れて水を吸い決められた吸引圧になることを確認する	ア					
		13	吸引チューブの先端の水をよく切る	ア					
		14	利用者に吸引開始について声かけをする	ア					
		15	口鼻マスクまたは鼻マスクをはずす（注）	ア					
		16	適切な吸引圧で適切な深さまで吸引チューブを挿入する	ア					
		17	適切な吸引時間で分泌物等の貯留物を吸引する	ア					
		18	吸引チューブを静かに抜く	ア					
		19	口鼻マスク・鼻マスクを適切に戻す（注）	ア					
		20	吸引チューブの外側を洗浄綿等で拭く	ア					
		21	洗浄水を吸引し、吸引チューブ内側の汚れを落とす	ア					
		22	（セッシを持っている場合）セッシを戻す	ア					
		23	吸引器の電源を切る	ア					
		24	吸引チューブを連結管からはずし保管容器に戻す	ア					
		25	手袋をはずす（手袋を使用している場合）	ア					
		26	利用者に吸引終了の声かけを行い、姿勢を整える	ア					
		27	人工呼吸器が正常に作動していること・口鼻マスクまたは鼻マスクの装着感が通常どおりであることを確認する	ア					
		28	吸引物および利用者の状態を観察する	ア					
		29	利用者の吸引前の状態と吸引後の状態変化を観察する	イ					
		30	手洗いをする	ア					
報告		31	吸引物および利用者の状態を報告する	イ					
		32	人工呼吸器が正常に作動していること・口鼻マスクまたは鼻マスクの装着感が通常どおりであることを報告する	ア					
		33	ヒヤリハット・アクシデントの報告をする（該当する場合のみ）	イ					
片づけ		34	吸引びんの排液量が70%~80%になる前に排液を捨てる	イ					
		35	使用物品を速やかに後片づけまたは交換する	ア					
記録		36	ケア実施の証明および今後のケアプランに活用できるように記録しておく	ア					
アの個数※				32					
※具体的な内容を記述してください 手引きの留意事項・考えられる主なリスク等に 記載されている細目レベルで記述									

（注）個人差があり、順番が前後することがある。

＊　　は、記載例です。

（3）喀痰吸引「基本研修・演習」
気管カニューレ内部吸引（通常手順）　自己評価票

※業務内容については、手引きを用いながらチェックすること

評価	ア．手引きの手順どおりに実施できている
	イ．この項目について、手引きの留意事項・考えられる主なリスクに記載されている細目レベルで、手順を抜かしたり間違えた
	ウ．この項目について、抜かした

			回数	例	（　）回目	（　）回目	（　）回目	（　）回目	（　）回目
			月日	10/5					
			時間	14:00					
			ケア実施対象者						
準備		1	医師の指示等の確認を行う	ア					
		2	手洗いを行う	ア					
		3	必要物品をそろえ、作動状況等を点検確認する	ア					
		4	必要物品を利用者のもとに運ぶ	ア					
実施		5	利用者に吸引の説明をする	ア					
		6	吸引の環境・利用者の姿勢を整える	ア					
		7	気管カニューレ周囲や固定の状態を観察する	ア					
		8	手袋の着用またはセッシを持つ	ア					
	吸引の実施	9	吸引チューブを清潔に取り出す	ア					
		10	吸引チューブを清潔に吸引器と連結管で連結する	ア					
		11	（浸漬法の場合）吸引チューブ外側を洗浄綿等で拭く	ア					
		12	吸引器の電源を入れて原則として滅菌精製水を吸い決められた吸引圧になることを確認する	ア					
		13	吸引チューブの先端の水をよく切る	ア					
		14	利用者に吸引開始について声かけをする	ア					
		15	適切な吸引圧で適切な深さまで吸引チューブを挿入する	ア					
		16	適切な吸引時間で気管カニューレ内の分泌物等の貯留物を吸引する	ア					
		17	吸引チューブを静かに抜く	ア					
		18	吸引チューブの外側を洗浄綿等で拭く	ア					
		19	滅菌精製水を吸引し、吸引チューブ内側の汚れを落とす	ア					
		20	（セッシを持っている場合）セッシを戻す	ア					
		21	吸引器の電源を切る	ア					
		22	吸引チューブを連結管からはずし保管容器に戻す、または単回使用の場合は原則として破棄する	ア					
		23	手袋をはずす（手袋を使用している場合）	ア					
		24	利用者に吸引終了の声かけを行い、姿勢を整える	ア					
		25	吸引物および利用者の状態を観察する	ア					
		26	利用者の吸引前の状態と吸引後の状態変化を観察する	イ					
		27	手洗いをする	ア					
報告		28	吸引物および利用者の状態を報告する	イ					
		29	ヒヤリハット・アクシデントの報告をする（該当する場合のみ）	イ					
片づけ		30	吸引びんの排液量が70%～80%になる前に排液を捨てる	ア					
		31	使用物品を速やかに後片づけまたは交換する	ア					
記録		32	ケア実施の証明および今後のケアプランに活用できるように記録しておく	ア					
			アの個数※	29					
			※具体的な内容を記述してください 手引きの留意事項・考えられる主なリスク等に 記載されている細目レベルで記述						

＊気管カニューレ内部の吸引については、無菌的に操作することが必要であり、吸引チューブを再利用せず一回ごとに未開封の吸引チューブを使用することが望ましい。そのため、上記「吸引チューブを連結管からはずし保管容器に戻す」の評価項目については、「単回使用の場合は吸引チューブを破棄する」として評価する。

＊□は、記載例です。

(4) 喀痰吸引「基本研修・演習」
気管カニューレ内部吸引（人工呼吸器装着者：侵襲的人工呼吸療法） 自己評価票

※業務内容については、手引きを用いながらチェックすること

評価	ア. 手引きの手順どおりに実施できている
	イ. この項目について、手引きの留意事項・考えられる主なリスクに記載されている細目レベルで、手順を抜かしたり間違えた
	ウ. この項目について、抜かした

			回数	例	( )回目	( )回目	( )回目	( )回目	( )回目
			月日	10/5					
			時間	14:00					
			ケア実施対象者						
準備		1	医師の指示等の確認を行う	ア					
		2	手洗いを行う	ア					
		3	必要物品をそろえ、作動状況等を点検確認する	ア					
		4	必要物品を利用者のもとに運ぶ	ア					
実施		5	利用者に吸引の説明をする	ア					
		6	吸引の環境・利用者の姿勢を整える	ア					
		7	気管カニューレ周囲や固定の状態、人工呼吸器の作動状況を観察する	ア					
		8	手袋の着用またはセッシを持つ	ア					
	吸引の実施	9	吸引チューブを清潔に取り出す	ア					
		10	吸引チューブを清潔に吸引器と連結管で連結する	ア					
		11	（浸漬法の場合）吸引チューブ外側を洗浄綿等で拭く	ア					
		12	吸引器の電源を入れて原則として滅菌精製水を吸い決められた吸引圧になることを確認する	ア					
		13	吸引チューブの先端の水をよく切る	ア					
		14	利用者に吸引開始について声かけをする	ア					
		15	人工呼吸器のコネクターをはずす	ア					
		16	適切な吸引圧で適切な深さまで吸引チューブを挿入する	ア					
		17	適切な吸引時間で気管カニューレ内の分泌物等の貯留物を吸引する	ア					
		18	吸引チューブを静かに抜く	ア					
		19	人工呼吸器のコネクターを元に戻す	ア					
		20	吸引チューブの外側を洗浄綿等で拭く	ア					
		21	滅菌精製水を吸引し、吸引チューブ内側の汚れを落とす	ア					
		22	（セッシを持っている場合）セッシを戻す	ア					
		23	吸引器の電源を切る	ア					
		24	吸引チューブを連結管からはずし保管容器に戻す、または単回使用の場合は原則として破棄する	ア					
		25	手袋をはずす（手袋を使用している場合）	ア					
		26	利用者に吸引終了の声かけを行い、姿勢を整える	ア					
		27	人工呼吸器が正常に作動していることを確認する	ア					
		28	吸引物および利用者の状態を観察する	ア					
		29	利用者の吸引前の状態と吸引後の状態変化を観察する	イ					
		30	手洗いをする	ア					
報告		31	吸引物および利用者の状態を報告する	イ					
		32	人工呼吸器が正常に作動していることを報告する	ア					
		33	ヒヤリハット・アクシデントの報告をする（該当する場合のみ）	イ					
片づけ		34	吸引びんの排液量が70%～80%になる前に排液を捨てる	ア					
		35	使用物品を速やかに後片づけまたは交換する	ア					
記録		36	ケア実施の証明および今後のケアプランに活用できるように記録しておく	ア					
			アの個数※	33					
			※具体的な内容を記述してください 手引きの留意事項・考えられる主なリスク等に記載されている細目レベルで記述						

＊気管カニューレ内部の吸引については、無菌的に操作することが必要であり、吸引チューブを再利用せず一回ごとに未開封の吸引チューブを使用することが望ましい。そのため、上記「吸引チューブを連結管からはずし保管容器に戻す」の評価項目については、「単回使用の場合は吸引チューブを破棄する」として評価する。

＊□は、記載例です。

（5）喀痰吸引「実地研修」
口腔内・鼻腔内吸引（通常手順）　自己評価票

※業務内容については、手引きを用いながらチェックすること

達成度	ア．１人で実施し、手引きの手順どおりに実施できている
	イ．１人で実施しているが、手引きの手順を抜かしたり間違えており、実施後に指導を受けた
	ウ．１人で実施しているが、手引きの手順を抜かしたり間違えており、その場で指導を受けた
	エ．１人での実施を任せてもらえない

回数				例	(　)回目	(　)回目	(　)回目	(　)回目	(　)回目
月日				10/5					
時間				14:00					
ケア実施対象者									
準備		1	医師の指示等の確認を行う	ア					
		2	手洗いを行う	ア					
		3	必要物品をそろえ、作動状況等を点検確認する	ア					
		4	必要物品を利用者のもとに運ぶ	ア					
実施		5	利用者に吸引の説明をする	ア					
		6	吸引の環境・利用者の姿勢を整える	ア					
		7	口腔内・鼻腔内を観察する	ア					
		8	手袋の着用またはセッシを持つ	ア					
	吸引の実施	9	吸引チューブを清潔に取り出す	ア					
		10	吸引チューブを清潔に吸引器と連結管で連結する	ア					
		11	（浸漬法の場合）吸引チューブ外側を洗浄綿等で拭く	ア					
		12	吸引器の電源を入れて水を吸い決められた吸引圧になることを確認する	ア					
		13	吸引チューブの先端の水をよく切る	ア					
		14	利用者に吸引開始について声かけをする	ア					
		15	適切な吸引圧で適切な深さまで吸引チューブを挿入する	ア					
		16	適切な吸引時間で分泌物等の貯留物を吸引する	ア					
		17	吸引チューブを静かに抜く	ア					
		18	吸引チューブの外側を洗浄綿等で拭く	ア					
		19	洗浄水を吸引し、吸引チューブ内側の汚れを落とす	ア					
		20	（セッシを持っている場合）セッシを戻す	ア					
		21	吸引器の電源を切る	ア					
		22	吸引チューブを連結管からはずし保管容器に戻す	ア					
		23	手袋をはずす（手袋を使用している場合）	ア					
		24	利用者に吸引終了の声かけを行い、姿勢を整える	ア					
		25	吸引物および利用者の状態を観察する	ア					
		26	利用者の吸引前の状態と吸引後の状態変化を観察する	イ					
		27	手洗いをする	ア					
報告		28	吸引物および利用者の状態を報告する	イ					
		29	ヒヤリハット・アクシデントの報告をする（該当する場合のみ）	イ					
片づけ		30	吸引びんの排液量が70%～80%になる前に排液を捨てる	イ					
		31	使用物品を速やかに後片づけまたは交換する	ア					
記録		32	ケア実施の証明および今後のケアプランに活用できるように記録しておく	ア					
アの個数※				28					
※具体的な内容を記述してください 手引きの留意事項・考えられる主なリスク等に 記載されている細目レベルで記述									

＊　は、記載例です。

（6）喀痰吸引「実地研修」
口腔内・鼻腔内吸引（人工呼吸器装着者：非侵襲的人工呼吸療法）　自己評価票

※業務内容については、手引きを用いながらチェックすること

達成度	ア．1人で実施し、手引きの手順どおりに実施できている
	イ．1人で実施しているが、手引きの手順を抜かしたり間違えており、実施後に指導を受けた
	ウ．1人で実施しているが、手引きの手順を抜かしたり間違えており、その場で指導を受けた
	エ．1人での実施を任せてもらえない

回数				例	（　）回目	（　）回目	（　）回目	（　）回目	（　）回目
月日				10/5					
時間				14:00					
ケア実施対象者									
準備		1	医師の指示等の確認を行う	ア					
		2	手洗いを行う	ア					
		3	必要物品をそろえ、作動状況等を点検確認する	ア					
		4	必要物品を利用者のもとに運ぶ	ア					
実施		5	利用者に吸引の説明をする	ア					
		6	吸引の環境・利用者の姿勢を整える	ア					
		7	口腔内・鼻腔内を観察する	ア					
		8	手袋の着用またはセッシを持つ	ア					
	吸引の実施	9	吸引チューブを清潔に取り出す	ア					
		10	吸引チューブを清潔に吸引器と連結管で連結する	ア					
		11	（浸漬法の場合）吸引チューブ外側を洗浄綿等で拭く	ア					
		12	吸引器の電源を入れて水を吸い決められた吸引圧になることを確認する	ア					
		13	吸引チューブの先端の水をよく切る	ア					
		14	利用者に吸引開始について声かけをする	ア					
		15	口鼻マスクまたは鼻マスクをはずす（注）	ア					
		16	適切な吸引圧で適切な深さまで吸引チューブを挿入する	ア					
		17	適切な吸引時間で分泌物等の貯留物を吸引する	ア					
		18	吸引チューブを静かに抜く	ア					
		19	口鼻マスク・鼻マスクを適切に戻す（注）	ア					
		20	吸引チューブの外側を洗浄綿等で拭く	ア					
		21	洗浄水を吸引し、吸引チューブ内側の汚れを落とす	ア					
		22	（セッシを持っている場合）セッシを戻す	ア					
		23	吸引器の電源を切る	ア					
		24	吸引チューブを連結管からはずし保管容器に戻す	ア					
		25	手袋をはずす（手袋を使用している場合）	ア					
		26	利用者に吸引終了の声かけを行い、姿勢を整える	ア					
		27	人工呼吸器が正常に作動していること・口鼻マスクまたは鼻マスクの装着感が通常どおりであることを確認する	ア					
		28	吸引物および利用者の状態を観察する	ア					
		29	利用者の吸引前の状態と吸引後の状態変化を観察する	イ					
		30	手洗いをする	ア					
報告		31	吸引物および利用者の状態を報告する	イ					
		32	人工呼吸器が正常に作動していること・口鼻マスクまたは鼻マスクの装着感が通常どおりであることを報告する	ア					
		33	ヒヤリハット・アクシデントの報告をする（該当する場合のみ）	イ					
片づけ		34	吸引びんの排液量が70%～80%になる前に排液を捨てる	イ					
		35	使用物品を速やかに後片づけまたは交換する	ア					
記録		36	ケア実施の証明および今後のケアプランに活用できるように記録しておく	ア					
アの個数※				32					
※具体的な内容を記述してください 手引きの留意事項・考えられる主なリスク等に記載されている細目レベルで記述									

（注）個人差があり、順番が前後することがある。

＊□は、記載例です。

(7) 喀痰吸引「実地研修」
気管カニューレ内部吸引(通常手順)　自己評価票

※業務内容については、手引きを用いながらチェックすること

達成度	ア. 1人で実施し、手引きの手順どおりに実施できている
	イ. 1人で実施しているが、手引きの手順を抜かしたり間違えており、実施後に指導を受けた
	ウ. 1人で実施しているが、手引きの手順を抜かしたり間違えており、その場で指導を受けた
	エ. 1人での実施を任せてもらえない

			回数	例	( )回目	( )回目	( )回目	( )回目	( )回目
			月日	10/5					
			時間	14:00					
			ケア実施対象者						
準備		1	医師の指示等の確認を行う	ア					
		2	手洗いを行う	ア					
		3	必要物品をそろえ、作動状況等を点検確認する	ア					
		4	必要物品を利用者のもとに運ぶ	ア					
実施		5	利用者に吸引の説明をする	ア					
		6	吸引の環境・利用者の姿勢を整える	ア					
		7	気管カニューレ周囲や固定の状態を観察する	ア					
		8	手袋の着用またはセッシを持つ	ア					
	吸引の実施	9	吸引チューブを清潔に取り出す	ア					
		10	吸引チューブを清潔に吸引器と連結管で連結する	ア					
		11	(浸漬法の場合)吸引チューブ外側を洗浄綿等で拭く	ア					
		12	吸引器の電源を入れて原則として滅菌精製水を吸い決められた吸引圧になることを確認する	ア					
		13	吸引チューブの先端の水をよく切る	ア					
		14	利用者に吸引開始について声かけをする	ア					
		15	適切な吸引圧で適切な深さまで吸引チューブを挿入する	ア					
		16	適切な吸引時間で気管カニューレ内の分泌物等の貯留物を吸引する	ア					
		17	吸引チューブを静かに抜く	ア					
		18	吸引チューブの外側を洗浄綿等で拭く	ア					
		19	滅菌精製水を吸引し、吸引チューブ内側の汚れを落とす	ア					
		20	(セッシを持っている場合)セッシを戻す	ア					
		21	吸引器の電源を切る	ア					
		22	吸引チューブを連結管からはずし保管容器に戻す、または単回使用の場合は原則として破棄する	ア					
		23	手袋をはずす(手袋を使用している場合)	ア					
		24	利用者に吸引終了の声かけを行い、姿勢を整える	ア					
		25	吸引物および利用者の状態を観察する	ア					
		26	利用者の吸引前の状態と吸引後の状態変化を観察する	イ					
		27	手洗いをする	ア					
報告		28	吸引物および利用者の状態を報告する	イ					
		29	ヒヤリハット・アクシデントの報告をする(該当する場合のみ)	イ					
片づけ		30	吸引びんの排液量が70%~80%になる前に排液を捨てる	ア					
		31	使用物品を速やかに後片づけまたは交換する	ア					
記録		32	ケア実施の証明および今後のケアプランに活用できるように記録しておく	ア					
			アの個数※	29					
			※具体的な内容を記述してください 手引きの留意事項・考えられる主なリスク等に記載されている細目レベルで記述						

＊気管カニューレ内部の吸引については、無菌的に操作することが必要であり、吸引チューブを再利用せず一回ごとに未開封の吸引チューブを使用することが望ましい。そのため、上記「吸引チューブを連結管からはずし保管容器に戻す」の評価項目については、「単回使用の場合は吸引チューブを破棄する」として評価する。

＊▭は、記載例です。

(8) 喀痰吸引「実地研修」
気管カニューレ内部吸引(人工呼吸器装着者:侵襲的人工呼吸療法) 自己評価票

※業務内容については、手引きを用いながらチェックすること

達成度	ア. 1人で実施し、手引きの手順どおりに実施できている
	イ. 1人で実施しているが、手引きの手順を抜かしたり間違えており、実施後に指導を受けた
	ウ. 1人で実施しているが、手引きの手順を抜かしたり間違えており、その場で指導を受けた
	エ. 1人での実施を任せてもらえない

			回数	例	( )回目	( )回目	( )回目	( )回目	( )回目
			月日	10/5					
			時間	14:00					
			ケア実施対象者						
準備		1	医師の指示等の確認を行う	ア					
準備		2	手洗いを行う	ア					
準備		3	必要物品をそろえ、作動状況等を点検確認する	ア					
準備		4	必要物品を利用者のもとに運ぶ	ア					
実施		5	利用者に吸引の説明をする	ア					
実施		6	吸引の環境・利用者の姿勢を整える	ア					
実施		7	気管カニューレ周囲や固定の状態、人工呼吸器の作動状況を観察する	ア					
実施		8	手袋の着用またはセッシを持つ	ア					
実施	吸引の実施	9	吸引チューブを清潔に取り出す	ア					
実施	吸引の実施	10	吸引チューブを清潔に吸引器と連結管で連結する	ア					
実施	吸引の実施	11	(浸漬法の場合)吸引チューブ外側を洗浄綿等で拭く	ア					
実施	吸引の実施	12	吸引器の電源を入れて原則として滅菌精製水を吸い決められた吸引圧になることを確認する	ア					
実施	吸引の実施	13	吸引チューブの先端の水をよく切る	ア					
実施	吸引の実施	14	利用者に吸引開始について声かけをする	ア					
実施	吸引の実施	15	人工呼吸器のコネクターをはずす	ア					
実施	吸引の実施	16	適切な吸引圧で適切な深さまで吸引チューブを挿入する	ア					
実施	吸引の実施	17	適切な吸引時間で気管カニューレ内の分泌物等の貯留物を吸引する	ア					
実施	吸引の実施	18	吸引チューブを静かに抜く	ア					
実施		19	人工呼吸器のコネクターを元に戻す	ア					
実施		20	吸引チューブの外側を洗浄綿等で拭く	ア					
実施		21	滅菌精製水を吸引し、吸引チューブ内側の汚れを落とす	ア					
実施		22	(セッシを持っている場合)セッシを戻す	ア					
実施		23	吸引器の電源を切る	ア					
実施		24	吸引チューブを連結管からはずし保管容器に戻す、または単回使用の場合は原則として破棄する	ア					
実施		25	手袋をはずす(手袋を使用している場合)	ア					
実施		26	利用者に吸引終了の声かけを行い、姿勢を整える	ア					
実施		27	人工呼吸器が正常に作動していることを確認する	ア					
実施		28	吸引物および利用者の状態を観察する	ア					
実施		29	利用者の吸引前の状態と吸引後の状態変化を観察する	イ					
実施		30	手洗いをする	ア					
報告		31	吸引物および利用者の状態を報告する	イ					
報告		32	人工呼吸器が正常に作動していることを報告する	ア					
報告		33	ヒヤリハット・アクシデントの報告をする(該当する場合のみ)	イ					
片づけ		34	吸引びんの排液量が70%~80%になる前に排液を捨てる	ア					
片づけ		35	使用物品を速やかに後片づけまたは交換する	ア					
記録		36	ケア実施の証明および今後のケアプランに活用できるように記録しておく	ア					
			アの個数※	33					
			※具体的な内容を記述してください 手引きの留意事項・考えられる主なリスク等に 記載されている細目レベルで記述						

*気管カニューレ内部の吸引については、無菌的に操作することが必要であり、吸引チューブを再利用せず一回ごとに未開封の吸引チューブを使用することが望ましい。そのため、上記「吸引チューブを連結管からはずし保管容器に戻す」の評価項目については、「単回使用の場合は吸引チューブを破棄する」として評価する。

*□は、記載例です。

2. 経管栄養　介護職員等評価票

（1）経管栄養「基本研修・演習」
胃ろうまたは腸ろうによる経管栄養　評価票

※業務内容については、手引きを用いながらチェックすること

評価	ア．手引きの手順どおりに実施できている
	イ．この項目について、手引きの留意事項・考えられる主なリスクに記載されている細目レベルで、手順を抜かしたり間違えた
	ウ．この項目について、抜かした

			回数	例	（ ）回目	（ ）回目	（ ）回目	（ ）回目	（ ）回目
			月日	10/5					
			時間	14:00					
実施準備		1	医師の指示等の確認を行う	ア					
		2	手洗いを行う	ア					
		3	必要な物品を準備する	ア					
		4	指示された栄養剤（流動食）の種類、量、温度、時間を確認する	ア					
		5	経管栄養の注入準備を行う	ア					
		6	準備した栄養剤（流動食）を利用者のもとに運ぶ	ア					
ケア実施		7	利用者に本人確認を行い、経管栄養の実施について説明する	ア					
		8	注入する栄養剤（流動食）が利用者本人のものかどうかを確認し、適切な体位をとり、環境を整備する	ア					
		9	経管栄養チューブに不具合がないか確認し、確実に接続する	ア					
	経管栄養の実施	10	注入を開始し、注入直後の状態を観察する	ア					
		11	注入中の表情や状態を定期的に観察する	ア					
		12	注入中の利用者の体位を観察する	ア					
		13	注入物の滴下の状態を観察する	ア					
		14	挿入部からの栄養剤（流動食）の漏れを観察する	ア					
		15	注入中の利用者の状態（気分不快、腹部膨満感、おう気・おう吐、腹痛、呼吸困難等）を観察する	ア					
		16	注入終了後はクレンメを閉め、経管栄養チューブの連結をはずす	ア					
		17	経管栄養チューブに白湯を注入し、状態を観察する	ア					
		18	半座位の状態を保つ	ア					
結果確認報告		19	利用者の状態を食後しばらく観察し、看護職員に報告する	イ					
		20	体位変換が必要な利用者に対しては、異常がなければ体位変換を再開する	ア					
		21	ヒヤリハット・アクシデントの報告をする（該当する場合のみ）	ア					
片づけ		22	使用物品を速やかに後片づけする	ア					
記録		23	ケアの実施の証明および今後のケアプランに活用できるように記録する	ア					
			アの個数※	22					
			※具体的な内容を記述してください 手引きの留意事項・考えられる主なリスク等に記載されている細目レベルで記述						

＊　　は、記載例です。

(2) 経管栄養「基本研修・演習」
半固形栄養剤による胃ろうまたは腸ろうによる経管栄養　評価票

※業務内容については、手引きを用いながらチェックすること

評価	ア．手引きの手順どおりに実施できている
	イ．この項目について、手引きの留意事項・考えられる主なリスクに記載されている細目レベルで、手順を抜かしたり間違えた
	ウ．この項目について、抜かした

回数				例	(　)回目	(　)回目	(　)回目	(　)回目	(　)回目
月日				10/5					
時間				14:00					
実施準備		1	医師の指示等の確認を行う	ア					
		2	手洗いを行う	ア					
		3	必要な物品を準備する	ア					
		4	指示された栄養剤（半固形栄養剤）の種類、量、温度、時間を確認する	ア					
		5	半固形栄養剤の注入準備を行う	ア					
		6	準備した半固形栄養剤を利用者のもとに運ぶ	ア					
ケア実施		7	利用者に本人確認を行い、半固形栄養剤の経管栄養の実施について説明を行う	ア					
		8	注入する半固形栄養剤が利用者本人のものかどうかを確認し、適切な体位をとり、環境を整備する	ア					
		9	経管栄養チューブに不具合がないか確認し、確実に接続する	ア					
	経管栄養の実施	10	注入を開始し、注入直後の状態を観察する	ア					
		11	注入中の表情や状態を定期的に観察する	ア					
		12	挿入部からの栄養剤（半固形栄養剤）の漏れを観察する	ア					
		13	注入中の利用者の状態（気分不快、腹部膨満感、おう気・おう吐等）を観察する	ア					
		14	注入終了後は白湯を注入し、状態を観察する	ア					
		15	半座位の状態を保つ	ア					
結果確認報告		16	利用者の状態を食後しばらく観察し、看護職員に報告する	イ					
		17	体位変換が必要な利用者に対しては、異常がなければ体位変換を再開する	ア					
		18	ヒヤリハット・アクシデントの報告をする（該当する場合のみ）	ア					
片づけ		19	使用物品を速やかに後片づけする	ア					
記録		20	ケアの実施の証明および今後のケアプランに活用できるように記録する	ア					
アの個数※				19					
※具体的な内容を記述してください 手引きの留意事項・考えられる主なリスク等に 記載されている細目レベルで記述									

＊□は、記載例です。

(3) 経管栄養「基本研修・演習」
経鼻経管栄養　評価票

※業務内容については、手引きを用いながらチェックすること

評価	ア．手引きの手順どおりに実施できている
	イ．この項目について、手引きの留意事項・考えられる主なリスクに記載されている細目レベルで、手順を抜かしたり間違えた
	ウ．この項目について、抜かした

回数				例	( )回目	( )回目	( )回目	( )回目	( )回目
月日				10/5					
時間				14:00					
実施準備		1	医師の指示等の確認を行う	ア					
		2	手洗いを行う	ア					
		3	必要な物品を準備する	ア					
		4	指示された栄養剤（流動食）の種類、量、温度、時間を確認する	ア					
		5	経管栄養の注入準備を行う	ア					
		6	準備した栄養剤（流動食）を利用者のもとに運ぶ	ア					
ケア実施		7	利用者に本人確認を行い、経管栄養の実施について説明する	ア					
		8	注入する栄養剤（流動食）が利用者本人のものかどうかを確認し、適切な体位をとり、環境を整備する	ア					
		9	経管栄養チューブに不具合がないか確認し、確実に接続する	ア					
	経管栄養の実施	10	注入を開始し、注入直後の状態を観察する	ア					
		11	注入中の表情や状態を定期的に観察する	ア					
		12	注入中の利用者の体位を観察する	ア					
		13	注入物の滴下の状態を観察する	ア					
		14	注入中の利用者の状態（気分不快、腹部膨満感、おう気・おう吐、腹痛、呼吸困難・むせ込み、顔色・表情の変化、苦悶表情の出現等）を観察する	ア					
		15	注入終了後はクレンメを閉め、経管栄養チューブの連結をはずす	ア					
		16	経管栄養チューブに白湯を注入し、状態を観察する	ア					
		17	半座位の状態を保つ	ア					
結果確認報告		18	利用者の状態を食後しばらく観察し、看護職員に報告する	イ					
		19	体位変換が必要な利用者に対しては、異常がなければ体位変換を再開する	ア					
		20	ヒヤリハット・アクシデントの報告をする（該当する場合のみ）	ア					
片づけ		21	使用物品を速やかに後片づけする	ア					
記録		22	ケアの実施の証明および今後のケアプランに活用できるように記録する	ア					
アの個数※				21					
※具体的な内容を記述してください 手引きの留意事項・考えられる主なリスク等に 記載されている細目レベルで記述									

＊□は、記載例です。

(4) 経管栄養「実地研修」
胃ろうまたは腸ろうによる経管栄養　自己評価票

※業務内容については、手引きを用いながらチェックすること

達成度	ア．1人で実施し、手引きの手順どおりに実施できている
	イ．1人で実施しているが、手引きの手順を抜かしたり間違えており、実施後に指導を受けた
	ウ．1人で実施しているが、手引きの手順を抜かしたり間違えており、その場で指導を受けた
	エ．1人での実施を任せてもらえない

回数				例	(　)回目	(　)回目	(　)回目	(　)回目	(　)回目
月日				10/5					
時間				14:00					
実施準備		1	医師の指示等の確認を行う	ア					
		2	手洗いを行う	ア					
		3	必要な物品を準備する	ア					
		4	指示された栄養剤（流動食）の種類、量、温度、時間を確認する	ア					
		5	経管栄養の注入準備を行う	ア					
		6	準備した栄養剤（流動食）を利用者のもとに運ぶ	ア					
ケア実施		7	利用者に本人確認を行い、経管栄養の実施について説明する	ア					
		8	注入する栄養剤（流動食）が利用者本人のものかどうかを確認し、適切な体位をとり、環境を整備する	ア					
		9	経管栄養チューブに不具合がないか確認し、確実に接続する	ア					
	経管栄養の実施	10	注入を開始し、注入直後の状態を観察する	ア					
		11	注入中の表情や状態を定期的に観察する	ア					
		12	注入中の利用者の体位を観察する	ア					
		13	注入物の滴下の状態を観察する	ア					
		14	挿入部からの栄養剤（流動食）の漏れを観察する	ア					
		15	注入中の利用者の状態（気分不快、腹部膨満感、おう気・おう吐、腹痛、呼吸困難等）を観察する	ア					
		16	注入終了後はクレンメを閉め、経管栄養チューブの連結をはずす	ア					
		17	経管栄養チューブに白湯を注入し、状態を観察する	ア					
		18	半座位の状態を保つ	ア					
結果確認報告		19	利用者の状態を食後しばらく観察し、看護職員に報告する	イ					
		20	体位変換が必要な利用者に対しては、異常がなければ体位変換を再開する	ア					
		21	ヒヤリハット・アクシデントの報告をする（該当する場合のみ）	ア					
片づけ		22	使用物品を速やかに後片づけする	ア					
記録		23	ケアの実施の証明および今後のケアプランに活用できるように記録する	ア					
アの個数※				22					
※具体的な内容を記述してください 手引きの留意事項・考えられる主なリスク等に記載されている細目レベルで記述									

＊　　は、記載例です。

(5) 経管栄養「実地研修」
半固形栄養剤による胃ろうまたは腸ろうによる経管栄養　自己評価票

※業務内容については、手引きを用いながらチェックすること

達成度	ア．１人で実施し、手引きの手順どおりに実施できている
	イ．１人で実施しているが、手引きの手順を抜かしたり間違えており、実施後に指導を受けた
	ウ．１人で実施しているが、手引きの手順を抜かしたり間違えており、その場で指導を受けた
	エ．１人での実施を任せてもらえない

			回数	例	( )回目	( )回目	( )回目	( )回目	( )回目
			月日	10/5					
			時間	14:00					
実施準備		1	医師の指示等の確認を行う	ア					
		2	手洗いを行う	ア					
		3	必要な物品を準備する	ア					
		4	指示された栄養剤（半固形栄養剤）の種類、量、温度、時間を確認する	ア					
		5	半固形栄養剤の注入準備を行う	ア					
		6	準備した半固形栄養剤を利用者のもとに運ぶ	ア					
ケア実施		7	利用者に本人確認を行い、半固形栄養剤の経管栄養の実施について説明を行う	ア					
		8	注入する半固形栄養剤が利用者本人のものかどうかを確認し、適切な体位をとり、環境を整備する	ア					
		9	経管栄養チューブに不具合がないか確認し、確実に接続する	ア					
	経管栄養の実施	10	注入を開始し、注入直後の状態を観察する	ア					
		11	注入中の表情や状態を定期的に観察する	ア					
		12	挿入部からの栄養剤（半固形栄養剤）の漏れを観察する	ア					
		13	注入中の利用者の状態（気分不快、腹部膨満感、おう気・おう吐等）を観察する	ア					
		14	注入終了後は白湯を注入し、状態を観察する	ア					
		15	半座位の状態を保つ	ア					
結果確認報告		16	利用者の状態を食後しばらく観察し、看護職員に報告する	イ					
		17	体位変換が必要な利用者に対しては、異常がなければ体位変換を再開する	ア					
		18	ヒヤリハット・アクシデントの報告をする（該当する場合のみ）	ア					
片づけ		19	使用物品を速やかに後片づけする	ア					
記録		20	ケアの実施の証明および今後のケアプランに活用できるように記録する	ア					
			アの個数※	19					
			※具体的な内容を記述してください 手引きの留意事項・考えられる主なリスク等に 記載されている細目レベルで記述						

＊□は、記載例です。

(6) 経管栄養「実地研修」
経鼻経管栄養　自己評価票

※業務内容については、手引きを用いながらチェックすること

達成度	ア．1人で実施し、手引きの手順どおりに実施できている
	イ．1人で実施しているが、手引きの手順を抜かしたり間違えており、実施後に指導を受けた
	ウ．1人で実施しているが、手引きの手順を抜かしたり間違えており、その場で指導を受けた
	エ．1人での実施を任せてもらえない

回数				例	( )回目	( )回目	( )回目	( )回目	( )回目
月日				10/5					
時間				14:00					
実施準備		1	医師の指示等の確認を行う	ア					
		2	手洗いを行う	ア					
		3	必要な物品を準備する	ア					
		4	指示された栄養剤（流動食）の種類、量、温度、時間を確認する	ア					
		5	経管栄養の注入準備を行う	ア					
		6	準備した栄養剤（流動食）を利用者のもとに運ぶ	ア					
ケア実施		7	利用者に本人確認を行い、経管栄養の実施について説明する	ア					
		8	注入する栄養剤（流動食）が利用者本人のものかどうかを確認し、適切な体位をとり、環境を整備する	ア					
		9	経管栄養チューブに不具合がないか確認し、確実に接続する	ア					
	経管栄養の実施	10	注入を開始し、注入直後の状態を観察する	ア					
		11	注入中の表情や状態を定期的に観察する	ア					
		12	注入中の利用者の体位を観察する	ア					
		13	注入物の滴下の状態を観察する	ア					
		14	注入中の利用者の状態（気分不快、腹部膨満感、おう気・おう吐、腹痛、呼吸困難・むせ込み、顔色・表情の変化、苦悶表情の出現等）を観察する	ア					
		15	注入終了後はクレンメを閉め、経管栄養チューブの連結をはずす	ア					
		16	経管栄養チューブに白湯を注入し、状態を観察する	ア					
		17	半座位の状態を保つ	ア					
結果確認報告		18	利用者の状態を食後しばらく観察し、看護職員に報告する	イ					
		19	体位変換が必要な利用者に対しては、異常がなければ体位変換を再開する	ア					
		20	ヒヤリハット・アクシデントの報告をする（該当する場合のみ）	ア					
片づけ		21	使用物品を速やかに後片づけする	ア					
記録		22	ケアの実施の証明および今後のケアプランに活用できるように記録する	ア					
アの個数※				21					
※具体的な内容を記述してください 手引きの留意事項・考えられる主なリスク等に記載されている細目レベルで記述									

＊□は、記載例です。

第Ⅳ部

資料

喀痰吸引等の制度（全体像）

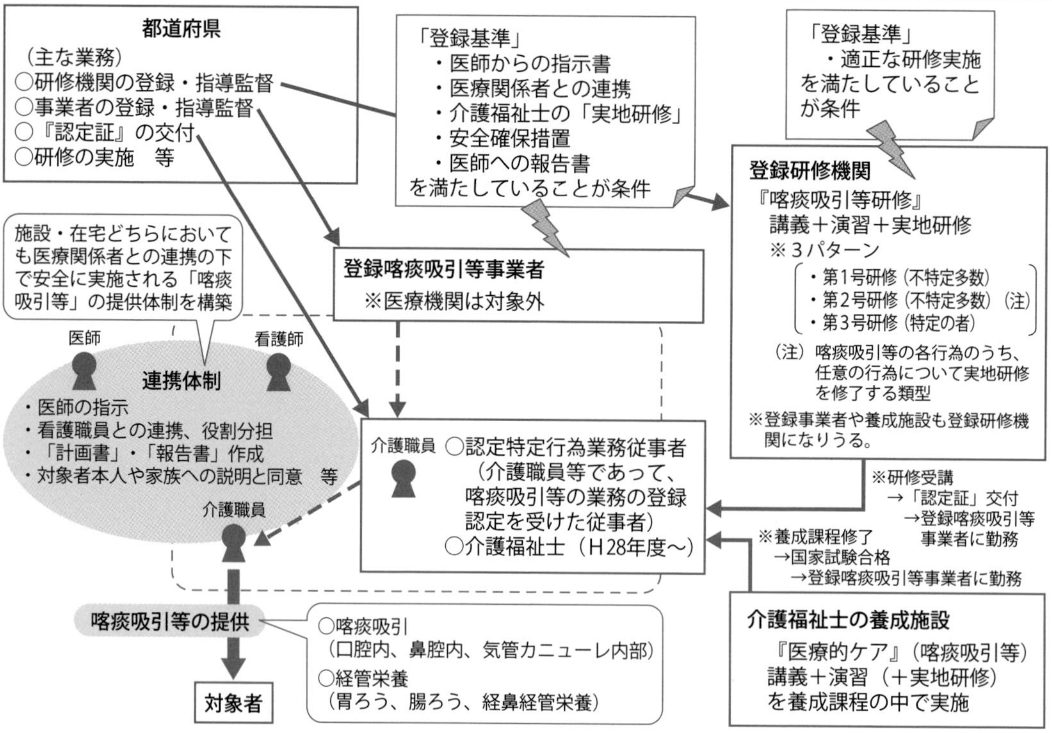

介護職員等による喀痰吸引等（不特定多数の者対象）の研修カリキュラム概要

基本研修

講義　50時間

演習

喀痰吸引
口腔：５回以上
鼻腔：５回以上
気管カニューレ内部：５回以上

経管栄養
胃ろう又は腸ろう：５回以上
経鼻経管栄養：５回以上

※救急蘇生法演習（１回以上）も必要
※人工呼吸器装着者に対する喀痰吸引が必要な場合には、別途演習を行う
※演習はシミュレーターが必要

評価①

知識の確認（筆記試験）

評価の実施による技能の修得の確認

→

実地研修

施設、在宅等における利用者へのケアの回数

喀痰吸引
口腔：10回以上
鼻腔：20回以上
気管カニューレ内部：20回以上

経管栄養
胃ろう又は腸ろう：20回以上
経鼻経管栄養：20回以上

※実地研修については行為別の類型もあり
※介護福祉士については、必要な行為について登録事業所において実地研修を行う
※人工呼吸器装着者の研修については、別途研修を行う

評価②

評価の実施による技能の修得の確認

喀痰吸引等の研修

			基本研修		実地研修
喀痰吸引等研修	不特定多数	①喀痰吸引及び経管栄養について、対象となる行為のすべてを行う類型	講義 50Ｈ ＋ 各行為のシミュレーター演習	＋	実地研修
		②経管栄養の各行為のうち、任意の行為を行う類型	講義 50Ｈ ＋ 各行為のシミュレーター演習	＋	実地研修 ※それぞれの行為別
	特定の者	③実地研修を重視した類型	講義及び演習 ９Ｈ ※重度訪問介護従事者養成研修と併せて行う場合には20.5時間	＋	実地研修 ※特定の者に対する必要な行為についてのみ。
介護福祉士の養成課程			講義 50Ｈ ＋ 各行為のシミュレーター演習	＋	実地研修 (登録喀痰吸引等事業者) 実地研修

注：養成課程において可能な限り、実地研修を実施。又は登録喀痰吸引等事業者において実地研修を実施

索引

た

執筆等一覧

編集

一般社団法人全国訪問看護事業協会

編集・執筆者（五十音順）

	阿部　智子	訪問看護ステーションけせら所長
	阿部　英明	ヘルパーステーションせら管理者
	上野　桂子	一般社団法人全国訪問看護事業協会顧問
	窪田　里美	公益社団法人全国老人福祉施設協議会老施協総研運営委員会委員
	佐野けさ美	東京大学工学系研究科化学システム工学専攻水流研究室学術専門員
	西田　伸一	医療法人社団梟杜会西田医院理事長
	秦　実千代	看護小規模多機能型居宅介護坂町ミモザの家管理者
◎	原口　道子	公益財団法人東京都医学総合研究所社会健康医学研究センター主席研究員
	日高　　聡	特別養護老人ホーム芦花ホーム施設長
	人見　優子	十文字学園女子大学人間生活学部人間福祉学科准教授
	町田　正子	東京ふれあい・ほほえみヘルパーステーション所長
	望月　太敦	公益社団法人東京都介護福祉士会副会長・理事
	吉原由美子	一般社団法人全国訪問看護事業協会業務主任

（◎編集代表）

新版
介護職員等による
喀痰吸引・経管栄養研修テキスト

2021 年 9 月 1 日　初版発行
2023 年 7 月20日　第 2 版第 2 刷発行

編　集　一般社団法人全国訪問看護事業協会
発行者　荘村明彦
発行所　中央法規出版株式会社
〒110-0016　東京都台東区台東 3-29-1　中央法規ビル
TEL 03-6387-3196
https://www.chuohoki.co.jp/
装幀・デザイン・本文イラスト・印刷・製本　永和印刷株式会社
ISBN978-4-8058-8374-7

定価はカバーに表示してあります。

落丁本・乱丁本はお取り替えいたします。
本書の内容に関するご質問については，下記 URL から「お問い合わせフォーム」にご入力いただきますようお願いいたします。
https://www.chuohoki.co.jp/contact/